21世纪
经济管理精品教材
旅游管理系列

会展策划与管理

（第2版）

舒波　冯麟茜◎ 主编

清华大学出版社

北京

内 容 简 介

本书内容涉及设计与选择会展方案、对会展全过程进行系统管理的整个过程。本书从会展立项、招展、招商、现场、服务、相关活动、品牌七方面的策划活动和项目管理、服务管理、品牌管理、客户关系管理、危机管理、信息管理六方面的管理内容系统地向读者展示了会展组织过程。全书共十一章,每章包含理论内容、案例与实践专栏,在理论内容中为了方便读者更深层次理解相关内容,加入了"知识链接"和"即学即用"模块,方便读者在了解会展基本知识和理论的同时,开阔视野,并同步增强实践能力。

本书既适合直接在课堂讲授和进行实训,也适合采用翻转课堂教学模式进行讲授。本书内容丰富,是读者自学的好帮手。

图书在版编目(CIP)数据

会展策划与管理 / 舒波,冯麟茜主编. —2版. —北京:清华大学出版社,2021.6(2025.1重印)
21世纪经济管理精品教材.旅游管理系列
ISBN 978-7-302-57248-0

Ⅰ. ①会… Ⅱ. ①舒… ②冯… Ⅲ. ①展览会-策划-高等学校-教材②展览会-管理-高等学校-教材 Ⅳ. ①G245

中国版本图书馆 CIP 数据核字(2020)第 260558 号

责任编辑:张 伟
封面设计:李召霞
责任校对:宋玉莲
责任印制:宋 林

出版发行:清华大学出版社
网　　　址:https://www.tup.com.cn,https://www.wqxuetang.com
地　　　址:北京清华大学学研大厦 A 座　　　　邮　　编:100084
社 总 机:010-83470000　　　　　　　　　　邮　　购:010-62786544
投稿与读者服务:010-62776969,c-service@tup.tsinghua.edu.cn
质量反馈:010-62772015,zhiliang@tup.tsinghua.edu.cn
课件下载:https://www.tup.com.cn,010-83470236

印 装 者:三河市少明印务有限公司
经　　销:全国新华书店
开　　本:185mm×260mm　　印　张:18.5　　　字　数:427 千字
版　　次:2016 年 7 月第 1 版　　2021 年 6 月第 2 版　　印　次:2025 年 1 月第 8 次印刷
定　　价:49.80 元

产品编号:088227-01

未来 10 年是中国会展业发展的黄金时代。2015 年 4 月,李克强总理签发《国务院关于进一步促进展览业改革发展的若干意见》(国发〔2015〕15 号),会展业已经作为平台产业成为国务院关注的重点行业之一。新中国成立以来,这是国务院第二次制定专门的会展业发展促进意见,其涉猎范围和定位的高度远超 18 年前国务院办公厅发布的《国务院办公厅关于对在我国境内举办对外经济技术展览会加强管理的通知》(国办发〔1997〕25 号)的意义。这正说明我国会展业经过不断发展,已经形成了对国民经济不可忽视的重要影响力。2019 年中国在专业展览展馆举办的展会约 6 000 场,展览总面积超过 1.3 亿平方米,展会举办规模和可供展览面积均居世界首位。2019年,我国展览经济已由高速增长向高质量发展转变。展览经济的产业结构也发生了重大变化,重工业展览数量超过服务业展览,跃升至第二位,展览面积实现快速增长。与此同时,中国赴境外参办展逐年平稳增长。当然,目前会展业最发达的仍属于欧美国家。根据国际大会及会议协会(ICCA)发布的信息,2019 年全球会议国家前七位是:美国、德国、法国、西班牙、英国、意大利、中国。全球会议城市前十位是巴黎、里斯本、柏林、巴塞罗那、马德里、维也纳、新加坡、伦敦、布拉格、东京。显然,欧美国家和城市领先者偏多。

我国会展业要赶超欧美国家,必须弥补一些短板,解决一些关键问题。《中国展览经济发展报告(2019)》指出,全国展览业 2020 年总体发展态势趋缓,展览业将从数量扩张阶段过渡到质量提升新阶段。科技领域的新进展、消费升级、新生代和新文化将为展览业发展带来新气象。展览业发展仍存在一些问题,如市场在展览资源配置中的决定性作用不强,产权关系不清限制了展览要素的流动;营商环境存在盲区,参展商和主办方知识产权得不到有效保护;缺乏强制性展览业绿色环保标准等。然而,其中会展专业人才的不足,始终是会展业发展的"瓶颈"要素,高等学校中高端会展人才的培养和储备是未来会展业发展的最根本保障。

2018 年,全国开设会展专业的高等院校为 254 所,其中本科院校 99 所,其余为专科/高职院校。而旅游管理等一些专业中,也要求学生具有会展策划、管理等方向的专业知识。近几年来,国内会展专业使用的教材种类逐渐丰富起来,但针对本科的教材种类偏少,推陈出新速度较慢,特别是针对旅游管理等相关专业的会展类课程的教材更少。这些专业没有大量的细分课时去了解会展专业的各方面知识内容,但需要让学生了解会展策划与管理的骨架,能使学生对会展专业课程的最核心内容有相对深入的理解。所以,亟须一本内容上要比《会展概论》更专业、具有"基础+实践"的特点、起到四两拨千斤作用的教材。

本书正是基于这一思路来筹划和组织材料,并结合会展行业和会展企业面临的新常态而编写的。这些新常态包括:第一,2012 年 12 月中央提出"八项规定",政府会展进入规范有序阶段,规范化、标准化和科学化的会展管理成为会展行业良性发展的必然;第二,会展业市场化导向成为常态,创新成为会展企业发展的驱动力;第三,会展业与文化、体育、旅游等产业深度融合的趋势不可逆转;第四,以移动互联为先锋的新技术、新科技和以O2O(线上到线下)为口号的商业模式将成为推动会展企业升级转型的重要力量。

本书包含十一章内容,第一章为会展概述;第二章到第十一章分别对会展立项、招展、招商、现场、服务、相关活动、品牌、客户关系、危机和信息管理的基本概念、主体内容进行阐述。每一章都包含引言、本章学习目标、导入案例(或新视角)和讨论案例。同时,为了增加知识量,在部分章节中加入案例故事、拓展阅读和知识链接。第一章从会展发展历程、发展渊源中厘清会展业发展脉络,并阐述了会展的概念、研究内容,以及会展管理和会展策划的相关理论。此外,在实践层面上,以导入案例"西门子与汉诺威工业博览会的前世今生"和讨论案例"上海世博会的成功之道"让读者就相关问题进行思考。第二章阐述了会展项目的概念和内涵,介绍了会展项目的特征与分类,会展立项策划包括的内容、会展可行性研究的编写步骤与内容框架,会展项目管理的相关理论,即内涵、组织管理与财务管理。在实践层面上引用了"海峡两岸(山东)创业创富项目博览会 25 日济南开幕"的视角新闻和"苏州秋季住房博览会立项策划书"两个专栏。第三章阐述招展概念,招展代理和招展分工,会展招展宣传推广策划的步骤、方式等。引入"夏季世界 O2O 博览会开幕 参展企业达到 2 500 家"和"会展招展方案范例"两个与实践对接的栏目。第四章主要介绍会展招商的相关内容,包括会展招商方案编写、会展宣传推广的相关内容和主要计划、会展招商的对象。引入新视角"渠道网观点:如何在会展上吸引客户"和讨论案例"该招商方案是否可行"来进行实践对接和训练。第五章介绍会展项目现场管理的具体内容,包括场馆开幕式管理、会展现场服务管理、项目后续工作和现场危机管理四个方面。实践对接专栏包括"值得思考的系列会展安全事故""A 汽车有限公司与 B 汽车有限公司签署技术合作协议仪式"两个案例。第六章包含:会展服务的定义,会展服务的内容和基本特征,阐述了会展服务流程的概念和内容,会展服务流程设计的基本方法和工具,会展服务质量评估和基本步骤,以及会展服务补救的方式和方法。实践对接专栏主要包括"深圳会展中心不断升级服务水平""展会为重点采购商实行专门服务""2015 宁波国际旅游展——展销合一、商机无限的'大市场'"等案例。第七章包含:会展相关活动的定义,会展相关活动策划的作用和原则,会展活动策划的内容和步骤、策划的种类和方法,会展旅游活动策划的内容。实践对接栏目包括"2015 年博鳌亚洲论坛主题活动""魅力四射的大连国际服装节"等案例。第八章包括:会展品牌的概念和特征,建立会展品牌的作用和途径,品牌定位的原则、流程和策略,品牌形象设计的原则、程序,会展品牌识别系统等。实践对接专栏包含"威海市国际人居节品牌定位""上海国际车展的品牌之路"等案例。第九章包含：会展客户关系管理的概念和内涵，会展客户的构成，客户关系管理的目标和作用，会展客户关系管理的内容、方法和策略，会展客户关系管理的流程，会展客户关系管理系统。实践对接专栏包括"从'展览主办方'到'关系经纪人'""解决广交会的客户烦恼"。第十章包含：会展危机的内涵，会展危机的危害性、突发性、不确定性、紧迫性等特性，会展危机的管理九原则，危机后管理阶段的主要任务、修正，危机后管理阶段的管理内容等。实践对接专栏包含"香港珠宝展会　数百万元钻石被盗""模拟情境训练"等案例和训练内容。第十一章包含：会展信息的内涵、类型，会展信息管理的作用、内容，会展信息化管理的现实应用与建设情况识别，会展信息管理系统的功能、结构，会展电子商务的发展和互联网时代会展业的发展趋势。实践对接专栏包含"时代双雄：云计算与大数据""2015 中国出境旅游交易会信息发布平台"等。

本书舒波参与了第二、三、四、五、六、九、十章的编写和校对工作，冯麟茜参与了第一、七、八、十一章的编写和校对工作，魏金金参与了第二、三章的资料收集和编写工作，安娜参与了第四、五章的资料收集与编写工作，阚艳丽参与了第六、七章的资料收集和编写工作，曹旸参与了第八、九章的资料收集、编写和校对工作，芦珊参与了第十、十一章的资料收集与编写工作。在第 2 版修订中，裴芳华、于蒙霞、黄凯悦、王韧、程裴娴、王雅贤、靳晓双、王飞、梁玉琳、舒小艺、李敏、查钰雯、闫舒月、郑凯夫参与了书稿的修订、即测即练设计和撰写工作。

希望本书能够为高等院校会展管理专业或相关专业的学生或对会展感兴趣的读者提供系统的会展策划与管理的知识，成为大家的智慧益友。

编　者

2020 年 12 月于燕山大学

第一章

会展概述

 引 言

　　会展业的存在已有相当长的历史,称不上是一个新近诞生的行业。即使是现代意义上的世界第一个展览会——1894 年的德国莱比锡第一届国际工业样品博览会,距今也已有 100 多年了。本章回顾会展业的历史,介绍欧洲、北美、亚太地区及中国会展业的情况;并阐述会展的概念及研究内容;同时对会展管理与会展策划的相关概念、特点及理论进行了重点介绍。

 本章学习目标

➢ 掌握会展、会展管理、会展策划的基本概念及内涵;
➢ 了解会展业的起源及其发展历史;
➢ 了解世界范围内会展业发展现状及其特点;
➢ 了解我国会展业发展现状及存在的问题;
➢ 理解会展策划的原则,熟悉会展策划的基本流程。

 导入案例

西门子与汉诺威工业博览会的前世今生

　　汉诺威工业博览会是世界最大的工业展会。工业巨头们借机展示最前沿的理念和技术,在参观者的心中编织着色彩不同但却同样斑斓的未来图景。一部汉诺威工业博览会简史也见证了各个工业国家对于自身的突破。技术变革带来的工业火种在展会内外不断撒播。西门子与汉诺威工业博览会结缘于 1947 年。那时的博览会还只是笼统地被称作"出口商品交易会"。69 年来,在历史的惊鸿一瞥中,西门子历年以来的"扮相"及其技术、产品往往是各方焦点。

　　1947 年第一届汉诺威商品交易会(自 1961 年起称为"汉诺威工业博览会")是由英国军方组织的,有 1 300 家企业参与。由于资金和原材料限制等原因,西门子在 4 号展厅的展位上,公司的产品只能简单地挨个排列展示。

　　1949 年,那时的欧洲大陆还处在战后的影响之下,博览会也不例外。在物资匮乏的情形下,参观者"只对那些能够重新可用的东西感兴趣"。当时的文件记录,西门子在 200 平方米的展区上把公司内"几乎所有部门的产品或设备都搬了出来,以至于展位像一个仓库"。当然,这样简单直白的展示倒是为西门子赢得了不少出口订单。

进入 20 世纪 50 年代,战后阴霾的消散更好地为工业国家的崛起奠定了基础。汉诺威工业博览会也逐渐成为德国经济奇迹的一个象征。1951 年,马蹄形的西门子展区有了 2 层设计,覆盖 500 平方米。

自 1954 年的博览会开始,西门子不再单单展示其单一产品,而是以展示整个产品组合为主。其他产品,诸如家用电器和收音机,则在其他区域单独展示。

自 1955 年开始,随着西门子产品组合的不断扩大和丰富,西门子决定每年为其展示确立不同主题。当年的主题是"能源和电厂建设"。

1960 年,随着市场和客户对于信息需求的发展,西门子带给博览会的内容也随之发展。单单通过个别产品的展示已经远不能对外解释越来越复杂的系统及其真实表现、质量和功用了。企业开始通过各种手段——影片、图表或是幻灯片等来解释各项技术、产品和系统。

1961 年,西门子为电视新闻记者展示数据是如何传输的。

20 世纪 60 年代见证了电视机开始在工业国家的普及。1961 年,西门子抓住了影像时代的脉搏,为电视机前的观众实时展现了不同数据收集、传输和处理的过程是如何整合在一个系统平台里,使商业流程更为合理。在 60 年代的后几次博览会上,西门子也专门展示了自动化的解决方案及工业领域的信息处理技术。

20 世纪 70 年代初期,糟糕的经济形势给企业是否要参与汉诺威工业博览会打上了问号。作为德国最大的电子工程企业,西门子还是决定参加展会。一份给公司管理层的报告这样写道:"如果我们终止参与博览会,我们将失去向公众展示公司及其市场领先者形象的机会。同样,我们的客户也会得不到他们期待看到的信息。"

来到 20 世纪 80 年代,"创新"这个字眼在社会和政治的进步中有了更深的意义。例如,在 1981 年,以"来自西门子的创新"为主题的特别展览就吸引了超过 10 万观众,颇具哲学色彩的名为"技术进步:在信任和怀疑之间"的讨论在当时十分热门。

1997 年是个值得纪念的年份:汉诺威工业博览会 50 周年,以及西门子公司诞生 150 周年。"迷人的未来"是西门子为其 8 000 平方米展馆起的名字。参观者在展馆内走过 70 米的历史隧道之后,又在 3D 技术的引领下一窥未来工厂的虚拟面貌。同年,没法亲临现场的观众可以通过因特网浏览西门子的 3D 展馆。90 年代,气候问题也是个重要话题,西门子的环保业务组合频频亮相。

2007 年,汉诺威工业博览会不再是工业大佬们和客户的聚会,年轻的面孔意味着更新的想法、更天马行空的点子。博览会上一些青年项目的开展,让年轻人有机会接触前沿技术,并能从中发现职业发展方向。2007 年,作为主要赞助企业之一,西门子带领 1 000 名学生来参观展会。

在 2012 年的展会上,时任中国国务院总理的温家宝和德国总理默克尔莅临西门子展区,重申了中德经贸往来、建立科技交流纽带的重要性。在两位总理的面前展示的是在中国生产的西门子高效节能电机 Simotics 1LE0。

2013 年,西门子展会主题为"更上一层楼——高效成就生产力"。信息技术不断突破、工业技术日益融合等越来越成为趋势。但是,若干年后我们再回过头来看今天,基于信息技术的人、产品与机器之间的互动,将是一场真正的工业革命。德国人提出的"工业

4.0"依旧振聋发聩,集成的西门子产品线覆盖软件、硬件及服务业务为制造业的未来打下了坚实的基础。

2014年,西门子为制造业的未来铺平道路。21世纪最初的十几年,技术革新带来的惊喜和人类首次登上月球的震撼一样,给未来留下更多的想象空间。技术进步、基础设施及商业模式不断给我们带来新的挑战。未来将是怎样的?如何才能在全球竞争中保持自身的优势?2014年汉诺威工业博览会期间,西门子推出涵盖制造业价值链各个阶段的集成解决方案、大城市全面智能交通管理解决方案及可持续能源供应基础解决方案。西门子展示了其如何利用先进技术通过数据链接、智能软件和工业软件推动电气化、自动化、数字化等领域向前发展。这几个问题并没有标准答案,只存在于企业和人们的不断思考和实践中。

2015年,数字化企业不再只是一个愿景。能否对企业的整个价值链进行全面的数字化呈现,是提升效率、缩短上市时间的一个决定性因素。2015年西门子特别设立"数字化展厅",展示数字化技术在制造业、过程工业及机械行业等领域的案例和解决方案。

资料来源:http://www.wendangyang.com/doc/141693f8332cf07c5650b0,有改动.

点评
会展成就企业、点亮城市、强大国家。

第一节　国内外会展发展回顾

一、会展业的起源和历史阶段

世界会展业有非常悠久的历史,它的起源可以追溯到原始社会。关于会展的起源有两个说法:一是"物物交换"说,二是"集市、庙会演变"说。前者是一种交换活动,它有交换场所,虽然那并不固定,并且它的功能是交易和传递信息。后者是指在固定的场所和时间里举办的交易、文化、娱乐和表演等活动,而且相对于"物物交换"说,"集市、庙会演变"说里已经包括货币在各种商业交换活动中的交换介质的作用。所以"交换"是会展最初的属性之一。

(一)古代欧洲的集市活动

会展活动是人类物质文化交流活动发展到一定阶段的产物。早期的会展活动,萌芽于部落战争、结盟及国家形成过程中的不同部落之间的物质、文化交流活动。人类早期的宗教、祭祀活动,诸侯小国向中央王国、大国的进贡与分封活动,都是会展活动的早期萌芽。考古学家在考察古代文化时,发现许多原始遗址都是古人用来讨论诸如狩猎和战争、和平谈判以及部落庆典等公共事务而经常使用的场所。欧洲集市源于希腊,最初是交换、买卖奴隶的场所。古奥林匹克时期(公元前800—前700年),希腊就有了常规的集市,与奥林匹克运动会同时举行。希腊早期的集市大多都是一年一次或两年一次。在古罗马时期,有许多专门用于举行辩论和会议的建筑物。集会则是展览会的雏形。最初,集市的主要功能是初级产品的现场交易,人们参加集市的主要目的是满足生产活动和生活需要而进行物质交换,每周举行一次的集市贸易,叫作"周市",如鱼市、米市、油市等。后来,随着集市规模的扩大,交易的商品类和参加的人员越来越多,集市期间的人文气息越来越浓,人们就把规模较大的定期集市称为展销会。

人类社会进入封建社会,在社会分工和私有制的基础上,生产力进一步发展,集市作为一种商品交易的场所和手段也得到了迅速的发展。到中世纪时代,作为展览会前身的贸易集市已经盛行于一些人口集中、商业较为发达的欧洲城市了。欧洲公认的最早的国际性集市,是公元 629 年法国巴黎近郊圣丹尼斯举办的交易会。由于当时交通不便利,社会商品也不丰富,人们只能自发地将剩余的物品拿到集市,进行最原始的商品陈列与交换。11 世纪后,欧洲集市进入鼎盛时期。此时欧洲集市的规模较大,举办时间较长,功能齐全,具有零售、批发、国际贸易、文化娱乐等功能。在 12 世纪和 13 世纪,法国北部的香槟集市是最著名的国际性集市。它是名义上依附于法兰西国王的香槟伯爵在其领地上建立的跨国界的集市贸易中心,位于当时法国的东北部,东邻德意志,北靠佛兰德,其边界为法兰西所环抱,正处在北欧诸国与地中海之间的贸易商道上,无论是陆路还是水路,交通都极为方便。因而这里商贾云集,成为意大利、佛兰德、英格兰、德意志和法国其他地区的商人聚会之地,集市每年定期在香槟伯爵领地内 4 个城市轮流举行。在这里,东方的香料和奢侈品,佛兰德的呢绒,法国的葡萄酒和家畜,德国的金属制品,英国的羊毛、铅、锡,北欧的皮毛都在集市上出售,伯爵则从商品交易中抽税取利。1300 年,香槟伯爵的领地归法王治理,封建主沿途征税,损害商人利益,商路开始由内陆转向大西洋。1337 年爆发英法百年战争,纷乱的战争环境最终使兴旺达 200 年之久的集市在 14 世纪逐渐衰落,失去了昔日的繁荣。香槟集市的形成和发展,是社会分工和生产力发展的结果,是早期会展经济活动的较为完善的形式。

14 世纪以后,由于城市商业和运输业的发展,大部分商人开始集中精力固定在一个地方经营,集市的作用逐渐变小。在这个时期,批发商的兴起和工业的迅速发展改变了传统集市的经营方式,生产者为了寻求大批销售货物的机会,便于批发商选择订购产品,纷纷采用提供样品和图样的方式进行贸易。这样,集市渐渐地演变为样品博览会和展览会。随着 16 世纪"地理大发现"时代的来临,各大洲的经济和文化交流迅速密切起来;随着欧洲国家的殖民扩张和全球贸易活动的发展,欧洲早期的会展活动也扩展到世界其他地区。

(二)近代世界范围内会展的发展

18 世纪 60 年代英国工业革命以后,英国成为当时的"世界工厂",同时也推动了欧洲经济的迅速发展,引发了展览业的一系列变革。同早期纯展示性质的展览会相比,出现了具有很强展示性和宣传性,并有着严密的组织体系的工业展览会,这种新的展览形式对以后展览会的发展产生了很大的影响。18 世纪末到 19 世纪,英国有着巨大的工业优势,英法贸易严重不平衡,两个大国展开了具有很强政治色彩的展会大战。1798 年,法国举办了工业产品大众展,这是世界上第一个由政府组织的国家工业展览会。截至 1849 年,法国政府陆续举办了 11 届国家工业展览会,作为国家促进工业发展的手段,当时许多国家也相继效仿。尽管国家工业展览会有利于展示和让人们了解国家工业的整体水平,显示成就,促进发展,但由于当时保护主义盛行,各国视他国为自身发展的威胁。直到 1851 年,英国在伦敦首次举办了"万国工业博览会"(the Great Exhibition of the Industries of All Nations),简称大展览会(Great Exhibition)。这是第一个发展到国际规模的工业展览会,亦即第一届世界博览会。该博览会在伦敦海德公园的水晶宫内举办,展期为 161 天,展出面积约 10 万平方米。参展商数达 17 000 家,其中 50% 为英国的参展商,50% 来自世界其他 40 个国家,参观人数达 630 万人次。展出产品约 10 万件,有英国的机床、机车、冶金、轻纺及细瓷产品,俄国的白金、皮毛、地毯,法国的家具、化妆品,等等。在展览期间,还进行了展品评比和工艺展示活动,内容丰富多彩。组委会为参展商及其产品颁发了 170 项大奖、2 918 项普通奖和 1 996 项荣誉提名奖。这次博览会堪称展览会历史上的里程碑。它不仅规模空前,而且打破了以往国家工业展览会以促进本国经济发展为目的、视其他国家为威胁的思维,强调通过国家间的合作与贸易来促进各国社会和经济的共同发展。该博览会对扩大国际贸易起到了积极的推动作用,并且促进了国际科技文化交流。首次世界博览会取得了巨大成功,产生了深远的社会经济影响,并奠定了日后各届世博会的基本模式。

19 世纪末至 20 世纪初,各国不再满足于工业展览会的展示与宣传功能,开始探索具备市场功能的新形式。于是 1894 年德国莱比锡举办了第一届国际工业样品博览会,这种新型展览形式兼具集市的市场性和工业展览会的展示性,即以展示为手段、以交易为目的。为了适应商品贸易的需求,配合资本主义生产方式和市场扩张,莱比锡博览会对展览方式和宣传手段等方面进行了改革和创新,如按国别和专业划分展台,以期货贸易为主以便商人看样订货。这种方式引起了展览界的重视,欧洲各地的展览会纷纷效仿,现代展览业由此走上规范化和市场化的轨道。第一次世界大战使许多国家陷入经济困难,同时也破坏了此前国际自由贸易环境,战争造成的国际贸易壁垒使各国依赖国内市场促进经济发展。一些国家为促进经济复苏大力举办贸易展览会,因而使得综合性贸易展览会和博览会迅速发展起来。例如 1916 年和 1919 年之间,法国就举办了三届国际博览会,并取得了较大的成功。德国从 1919 年到 1924 年,贸易展览会的数量从 10 个增加到 112 个。由于这段时间举办了过多的展览活动,展出水平和实际效益普遍下降,展览业出现了混乱的局面。1928 年 11 月,来自 31 个国家的政府代表在巴黎签订了《国际展览公约》。其规定了世界博览会的类型、举办周期、主办者和参展者的权利和义务等。1931 年,正式成立了《国际展览公约》的执行机构——国际展览局(The Bureau of International Expositions, BIE),总部设在巴黎。国际展览局是政府间的国际展览组织,成员为各缔约国政府,它负责协调和管理世界博览会,并决定审批世博会的举办国。

(三)现代会展业

第二次世界大战后,世界各国忙于修复战争创伤。1948 年,欧洲的英国、法国、比利时等国经济已经恢复或超过战前的水平;美国经济已经是第二次世界大战前(1938 年)的 1.65 倍;1951 年,德国经济也恢复到第二次世界大战前水平。在经济复苏的过程中,欧美等国很重视发挥展览的作用,一批因战争而停办的会展活动重整旗鼓,为世界经济复苏注入了勃勃生机,也为日后成为展览强国打下了基础。20 世纪四五十年代德国创办、举办了“汉诺威工业博览会”“汉诺威商用车博览会”“法兰克福国际消费品博览会”“法兰克福书展”“科隆国际家具展”“杜塞尔多夫时装博览会”“科隆世界食品博览会”和“慕尼黑国际工程机械、建筑机械、矿山机械、工程车辆及设备博览会”等众多展会。1956 年,杜塞尔多夫举办了“国际塑料及橡胶展览会”。其中的“慕尼黑国际建筑机械博览会”已经发展成当今同类展览的世界第一大展。法国巴黎则举办了"国际餐饮、酒店设备展览会";美国举办了"国际五金工具展(拉斯维加斯)""国际五金制品展(奥兰多)";日本也举办了"东京车展"。当时世界著名的"米兰博览会""莱比锡博览会""巴黎博览会"被誉为"连接各国贸易的三大桥梁"。世界各国在战后都致力于经济建设和科技教育事业的发展,社会劳动分工越来越细,产品更新速度明显加快,综合性贸易展览会已难以全面、深入地反映各行业的发展水平和市场状况。在这种背景下,现代展览会开始向专业化方向发展。

20 世纪六七十年代,会展向着专业化、国际化、全球化方向不断发展。这一时期,世界各国由官方或民间举办的各种展览会不胜枚举。在展览手段上,运用了更多灵活多变、造型优美、使用方便各种展览专用设备和各种灯具,将新的科学成就和先进的技术更多地应用到展览领域。同时,一些学者和展览工作者也开始着手研究会展理论、会展史等学术问题。20 世纪 60 年代开办的传统产品展览有:科隆的"国际体育用品、露营设备、花园生活博览会";慕尼黑的"建筑材料、建筑系统、建筑更新国际贸易展览会""国际环保、能源、资源综合利用博览会""柏林世界旅游博览会""汉诺威金属加工博览会""杜塞尔多夫国际船展""汉堡海事展""法兰克福国际卫生取暖空调博览会"等。20 世纪 70 年代新开办的展览主要有"杜塞尔多夫世界医疗论坛国际展览会及会议""法兰克福国际家用纺织品展览会""慕尼黑国际体育用品、运动时装博览会""科隆五金博览会""汉诺威木材加工机械博览会""法国家纺展"等。

20 世纪八九十年代以来,会展业呈现不断对外扩张的形式。随着许多国家的体制改革与经济转轨,很多发展中国家具备了发展展览的条件。但其中大部分国家经验不足,这为发达国家展览业对外扩张奠定了基础。英国励展博览集团通过成立合资公司、兼购等方法,在欧洲、美洲、非洲、中东和亚太地区的 38 个国家建立了分公司、办事处。励展集团每年在世界各地举办航天与航空、汽车、建筑与施工、电子、能源、环境、医疗保健、信息技术与通信、珠宝、安全、体育与娱乐、旅游等 40 多个行业有关的展览会 400 多个。德国作为世界展览最发达的国家,在对外扩张方面也很出色。2006 年,德国公司在国外举办展览近 200 个,其中,中国为 63 个,俄罗斯为 28 个,印度为 14 个,阿联酋为 13 个。德国法兰克福展览公司在世界各地举办 98 个展览,除在本土举办展览外,还在亚洲举办了 26 个,在美国举办了 15 个,在欧洲举办了 8 个。进入 20 世纪 90 年代后,以信息技术为核心的新一轮科技革命,又推动世界会展业朝着信息化和高科技化方向发展。世纪之交,世界各国都积极兴建现代化的会展设施,大量培养专业会展人才,掀起了一股发展会展经济的热潮。会展已经成为一个在全球经济中占有相当比例,并对各国经济发展产生重要影响的成熟的经济部门。

二、国外会展业发展概述

(一)欧洲会展业

欧洲的会展产业一直被认为是现代国际会议的起源,经过 100 多年的积累和发展,欧洲展览经济整体实力最强,规模最大,占据会展业产业领袖的地位。全球几乎超过 50% 的会展经济及市场在欧洲。在世界上 25 个举办大型展览最多的国家中,欧洲国家就占 70% 以上。目前国际上公认的 300 多个最知名的、展出面积在 3 万平方米以上的专业贸易展览会,有 2/3 在欧洲举办。世界上大的展览场馆也绝大多数集中在欧洲。之所以会形成这样的经济及市场规模,与其本身的国家多元性、地理位置、历史背景、经济及生活质量、交通便利性以及社会化成熟程度有着极其重要的关系,而且其中的几个国家和城市更是不遗余力地投入资金及专业研究资源,推动会展产业的发展,创造其特殊的竞争实力。依据世界各个重要的国际会议组织的相关统计及评估,全球前十名的社团会议(association meetings)会展中心城市(2000—2004 年)分别是:①巴塞罗那(西班牙);②哥本哈根(丹麦);③斯德哥尔摩(瑞典);④维也纳(奥地利);⑤里斯本(葡萄牙);⑥布达佩斯(匈牙利);⑦新加坡(新加坡);⑧首尔(韩国);⑨爱丁堡(英国);⑩赫尔辛基(芬兰)。其中 8 个城市都位于欧洲,可见其发展的实力,确实让人不敢小觑,几个会展大国如英国、德国、法国、意大利、西班牙、瑞士和葡萄牙等都足以作为欧洲的具体代表。对于社团会议,特别是国际社团会议,欧洲主导着相当大的市场。欧洲举办的展览会在展出规模、参展商数量、国外参展商比例、参观人数、专业观众比例和质量、贸易效果和相关服务质量等方面,均居世界领先地位。根据《进出口经理人》杂志 2011 年发布的"世界百强商展",德国举办的入选世界百强的展会 56 个,其他欧洲国家共计 23 个,欧洲在百强商展中共计举办展会 79 个,展出面积 1 503.8 万平方米,占百强商展总面积的 83.1%。2019 年全球国际会议举办地依旧是以欧洲国家和城市为主,见表 1-1。

表 1-1　ICCA2019 年城市和国家榜单排行 TOP20 　　　　　个

序号	城　　　市	会议数量	序号	国　　　家	会议数量
1	巴黎	237	1	美国	934
2	里斯本	190	2	德国	714
3	柏林	176	3	法国	595
4	巴塞罗那	156	4	西班牙	578
5	马德里	154	5	英国	567
6	维也纳	149	6	意大利	550
7	新加坡	148	7	中国	539
8	伦敦	143	8	日本	527
9	布拉格	138	9	荷兰	356
10	东京	131	10	葡萄牙	342
11	布宜诺斯艾利斯	127	11	加拿大	336
12	哥本哈根	125	12	澳大利亚	272
13	曼谷	124	13	韩国	248
14	阿姆斯特丹	120	14	比利时	237
15	首尔	114	15	瑞典	237
16	都柏林	109	16	奥地利	231

序号	城　　市	会议数量	序号	国　　家	会议数量
17	雅典	107	17	瑞士	221
18	罗马	102	18	阿根廷	214
19	台北	101	19	波兰	213
20	悉尼	93	20	巴西	209

资料来源:http://www.ncecsh.cn/new/new-16-402.html.

近些年来,虽然面临全球经济不景气问题,会展产业的利润下降、成本升高,但是作为会展领袖的欧洲各国,却仍然运用更多的高科技投资,进行 e 化改革,即大量运用客户关系管理(customer relationship management,CRM)的电子化,如在线预订系统,创造更人性化的服务理念,以及工作流程标准化等做法,减少各种经济困境所引发的会展产业损失。而这些努力,为欧洲几个会展重镇,如德国(展览)、法国及英国(会议展览)、西班牙及意大利(节庆)等保住其盟主的地位发挥了重要作用。

1. 德国

德国是世界第一会展强国。全球顶级的专业会展中有 2/3 是在德国举办的;世界收入最高的 10 家会展公司中、德国占了 5 家;全球最大的五大展览中心,德国占了 4 家。根据德国展览业协会(AUMA)的统计,每年有大约 150 场国际性展会和展览在德国举行,吸引 18 万展商和上千万观众参加,堪称“世界会展王国”。德国平均每年通过举办展会创造高达 280 亿欧元的产值,创造就业岗位逾 23 万个。德国拥有室内展出面积约占世界展览总面积的 20%,室内展厅面积超过 10 万平方米的会展中心就有 10 个。德国通过会展这个平台每年为世界各国与地区 20 万以上的展商和生产厂家提供了一个面对面交流的场所。会展成就了一大批专门依靠会展生存的企业和职业。通过会展形成的订单对德国经济的影响也是巨大的,会展业作为服务业的龙头还带动了一大批服务行业的兴起与发展,会展业的繁荣为德国服务业的持续增长提供了充足的发展空间。

鉴于会展业所产生的庞大经济效益和社会效益,德国各大城市纷纷建立了自己的博览会场馆,成为世界上会展中心最多的国家。目前,法兰克福、杜塞尔多夫、斯图加特、慕尼黑、柏林、汉诺威、科隆、纽伦堡等许多德国城市都是因其会展而享誉海内外的。尽管这些城市的会展业都有各自的风格和特点,但也有很多共同之处:均具有 10 万平方米以上大面积的大型现代化展览场馆;每年都要举办一批世界级、大规模的展览会,并吸引上百万的参展商和观众;都能提供优质高效的会展服务。如柏林举办的“国际娱乐电子产品和家用电器博览会”以其代表行业最新的科技成果使得博览会和柏林的名气及人气大增。另外,德国很多知名博览会不仅成为国际参展商的追求,而且也成为世界各国了解德国城市的最好媒介。会展不仅提高了德国会展公司的知名度,更为举办城市增辉添彩,大大带动了当地旅游业的发展。另外,德国展览机构在全世界的办事机构达 386 个,已形成全球化的展览营销网络。会展业在德国至少已有 100 年的历史,随着工业和商业的文明不断发展,这种投入少、社会效益高、无污染、零排放的绿色产业已成为工业化国家现代服务业的主要经济支持。

2．法国

法国位于欧洲中心,交通便捷、气候温和、风景秀丽,具有一流的展馆和服务系统,是全世界会展业最为发达的国家之一。法国每年 1 500 多场的展会之中,国际性或全国性的展览有 175 个。其主要优势是具有综合性的展览,虽然近年来其发展势头有所减缓,但法国在开发专业的展览会上的努力已渐有成效,如其航空展、时装展及设计展等。巴黎依旧是法国的展览重镇,近一半展览选择在巴黎举办。另外两个主要的区域是里昂附近的隆纳-阿尔匹斯区(Rhone-Alpes)和科戴阿祖省(Provence Alpes Cofe d'Azur)。法国总共拥有 600 余家展览公司,其中营业额超过 1 亿欧元的展览公司有 3 家。与德国相比,法国的优势在于综合性展览会。近年来,法国开始重视开发国际专业贸易展,综合性展览会的数量呈下降趋势,国际专业展在展出面积、参展企业和参展人数等方面均有不同程度的提高。法国展馆总面积约为 200 万平方米,分布于 80 个城市,其中巴黎拥有两个超过 10 万平方米的展场。法国也是重要的国际会议接待国,巴黎一直是全球举办国际会议最多的城市之一。作为“会展之都”——巴黎大区每年举办专业展会 400 多个,大型展览占法国80％以上,每年参展商近 10 万家,接待观众 900 万人,展会涉及几乎所有行业,平均每天有 5 个展会同期举办,最多的时候,每天有 15 个不同领域的展会同时举办,为本地区带来超过 30 亿欧元的经济收入,创造了 5 万多个全职工作岗位。据统计数据显示,巴黎平均44％的参展商和 31％的观众,来自法国之外的其他国家,这为巴黎带来源源不断的外汇收入。

法国举办的展会被分为展览会和博览会两种,前者是指只允许专业人士入场的专业展会和可允许社会公众入场的专业展会;后者是指以社会公众为观众的多种行业参加的展会。近些年,法国博览会呈现轻微下降趋势,而其专业展会却保持旺盛局面。例如,根据法国职业和大型活动联盟(UNIMEV)发布的统计数字,2013 年,各种博览会平均每平方米展台面积实现的营业额(不含增值税)为 79.4 欧元,针对普通大众开放的各种展览会平均每平方米展台面积所实现的营业额(不含增值税)为 115.4 欧元,而针对专业人士开放的各种展览会为 260.9 欧元。法国针对专业人士开放的各种展会的经营活动之所以能够取得较佳的经营业绩,在相当大的程度上得益于巴黎凡尔赛展览中心所举办的国际成衣展的巨大成功。近两年来,该展的举办规模,无论是参展商总数还是展台总面积,均呈快速上升态势。

3．英国

英国会展业发展仅次于德国、法国和意大利,近几年来英国会展业步入前所未有的高速发展阶段,其国际会议市场占有率已居世界第四位。据官方统计,广义上的英国活动产业对英国经济的价值每年约为 700 亿英镑,提供 70 万个就业机会。2019 年,商务活动参与者在英国直接支出超过 310 亿英镑。作为活动产业的一部分,英国展览业每年为英国经济带来 110 亿英镑的贡献,直接或间接提供 11 万个就业岗位,经济效益明显。英国本土举办的展览会每年吸引 900 多万名观众和近 18 万名参展商。英国每年通过各类展会吸引 1 700 万国内外观众。与欧洲其他国家相比,英国举办的展览多为国内展览,以中小项目为主,会展场馆规模也不大,英国会展业的规模水平影响虽不如德国和法国,然而,英国培育出的励展集团(Reed Exhibition)、蒙哥马利展览公司,却是世界知名的跨国展览公司。伦敦每年举办的世界旅游交易会(WTM)是世界三大旅游展之一,伦敦书展是最有影响力的图书展览之一。近年来,英国会展业已经成为连接金融服务、创意产业、旅游产业和电子产业等支柱产业的重要纽带。作为英国的创意之都和全球的创意中心,伦敦的支柱产业包括文化创意产业,创意产业各部门在全国的比重非常大。伦敦集中了全英国90%的音乐商业活动、70%的影视活动,有1 850家书籍及杂志的出版商,拥有1/3以上的英国设计机构、2/3的国际广告公司总部,是全球三大电影制作中心之一。立足优势,伦敦重点培育了世界旅游交易会、伦敦书展、伦敦国际时装展等品牌展会。艺术、文化、休闲、体育以及服务业等主题展会占到所有展会的42%,是会展业中最大的门类,形成了展会同文化创意产业和服务业相互促进的局面。

4. 意大利

意大利会展经济相当发达,全国有40多个展场,每年办展达700多个,是欧洲办展最多的国家之一。每年在意大利境内举办的各类展览活动,达千余次,包括200多个国际性展会、400多个全国性展会,另有约500个具有区域和地方特色的展览。意大利的展览会,每年约吸引3万家外国参展商、20万家国内参展商及2 200万观众,展会上的成交额每年均为600亿欧元。据不完全统计,意大利产品出口额的10%是从展会中产生的。意大利的展会对世界各国参展商颇具吸引力,一方面是因为其展览范围广泛,几乎涉及各个生产领域,并且重视展示领导市场潮流的新产品、新技术;另一方面是由于其会展设施先进和会展服务项目齐全。意大利大型国际展览会举办地主要集中在米兰、波洛尼亚、巴里、维罗纳和帕多瓦等城市。作为意大利重要的经济中心,米兰因建筑、时装设计、艺术、制造业和金融业闻名。米兰会展经济发达,拥有悠久的会展发展历史,曾举办过1906年的世界博览会,全球展览业协会(UFI)于1925年在意大利米兰成立。米兰国际展览中心早已闻名世界,共有38个展馆、65万平方米展场,是世界三大展场之一。

作为意大利最重要的会展旅游目的地,米兰历史悠久、风景如画,名胜古迹众多,文化艺术活动异彩纷呈,形成了独特而综合的旅游、城市营销形象,着力推动会展商务同旅游度假之间的良性互动,并通过网站运用各种语言推介米兰的文化旅游魅力。为在国际会展业竞争中立于不败之地,米兰国际展览中心对17万平方米的老馆进行了大修,投资2 600亿里拉兴建了20万平方米新馆,还修建了10.4万平方米屋顶停车场和3万平方米地面停车场。依托米兰乃至意大利的优势产业,米兰积极拓展了一系列的专业展会,主题涵盖纺织面料、家具、皮革皮草、机床、自动化、酒店用品、太阳能等多个领域,并且专业分工详细,为意大利的众多中小企业构建了良好的信息交流和营销平台。例如围绕服装和纺织的"米兰国际纺织面料展览会""意大利米兰国际皮革皮草展""米兰国际男装展""米兰设计周"等,围绕建筑装潢主题的"意大利米兰家具展""米兰国际照明展览会""意大利卫浴展""米兰灯饰展"等。系列化的发展形成了一批颇具影响力的著名展会,例如"米兰国际照明、新能源、电气及楼宇自动化展"已经成为意大利最大、最权威的工业商业照明类及能源技术展览会,米兰马契夫春季国际家居用品博览会已经成为意大利历史最悠久、规模最大的家具用品、装饰品、礼品展览会。同时,系列化的发展也促进了服装、家具、太阳能、建筑等产业的集群式发展。2015年米兰成功主办"世界博览会"。

（二）北美会展业

北美的会展业发展水平仅次于欧洲。美国和加拿大的会展业起步较欧洲晚，但发展较快，特别在20世纪90年代的10年间，由于美国经济保持快速增长，对外贸易迅猛扩大，极大地促进了会展业的发展。目前，美国和加拿大会展业仍保持着增长势头，每年举办的展览会近万个，其净展出面积达5亿平方英尺（约4 600万平方米），参展商120万家，观众近7 500万人次。最著名的会展城市有拉斯维加斯、芝加哥、纽约、奥兰多、亚特兰大、新奥尔良、旧金山、波士顿和多伦多等。美国一直是世界上最大的国际会议举办国，无论是举办会议数量还是会议收入均为世界第一位。奖励旅游自20世纪60年代在美国兴起，已经发展成为会展市场的重要组成部分。美国仍是世界上最大的奖励旅游市场，约占整个世界奖励旅游市场总量的2/3。虽然北美展会的贸易性不及欧洲，但这一地区强劲的经济实力和巨大的市场容量，仍吸引着世界各国的参展商前来参展。北美会展业在发展过程中还形成了自己独特的办展规模风格。

1. 美国

北美会展业以美国为主，美国大部分行业均以展会作为商品促销、流通手段。自从1896年底特律会议局成立以来，美国会议产业开始得到越来越多的地方政府与相关机构的重视并逐步发展起来。目前，拉斯维加斯、奥兰多、芝加哥等已成为美国最著名的会展中心城市，一些专业协会影响力也日益增加，如国际展览管理协会（IAEM）、美国专业会议管理者协会（PCMA）、国际会议专家协会（MPI）等。美国长期占据国际会议市场的领先地位，2019年举办国际会议达934个，是全世界举办国际会议最多的国家。拉斯维加斯是美国著名的会展之都，每年举办各类会展22 000多个，吸引访客600万人次，经济收入超过80亿美元。

美国会展业的管理主要靠行业自律，采取的是一种主要以会展企业自发而形成的组织、自愿参加为特点的"水平运作模式"。这种模式具有较强的民间性，在管理上自由放任，规范宽松。其最大的特点就是企业自主推动，会展企业在发展过程中，碰到同行业内部价格上的相互倾轧与产品质量问题时，会展企业组织出于维护自身利益和市场秩序的需要，被迫产生组建行业协会的冲动，尝试着用行业自律的方式规范市场行业秩序。例如，国际展览管理协会。显然，在这种背景下所成立的行业协会，其动力源就在于企业本身，其他的因素，如政府提供帮助或指导仅仅是外部因素。即会展企业只要存在相同的利益，就可以建立一个行业协会，政府对此既不干预，也不予资助。行业协会为企业提供技术与信息服务，协调政府、企业、消费者之间的关系，同时实力强劲的行业协会，如美国商会及美国制造商协会与联邦政府、议会都保持密切联系。当政企发生矛盾时，这些行业协会组织寻求议会的支持与介入，按照长期以来美国人所推崇的以对立制衡原则处理政府与行业协会的关系。

美国会展业的管理主要依靠行业自律，属于企业推动型的管理模式，以企业自愿参加为特点，没有专门的政府部门通过行政手段来直接管理会展业。任何商业机构和贸易组织都不需要特殊的审批程序就可进入会展业。

美国政府对会展业提供间接支持，通过对展览会的质量和组展水平进行认证与监督，以保证美国企业无论是出国参展还是参加国内展览都能取得较好的参展效果。由美国商务部具体负责的贸易展认证计划对组织美国企业集体出国参展活动进行审核、监督并提供相关服务。对审查合格者授予"贸易展认证"证书,获得认证的组展单位可在招展材料和组展宣传材料中使用美国商务部授予的贸易展认证 Logo(标识);美国商务部通过其在国内外分支商务机构宣传获得认证的展览会项目,并对企业参展和出口业务洽谈提供服务和支持。此外,美国商务部通过实施"国际购买商项目"把大批高质量的专业观众带到展览会现场,使美国参展企业不出国门就能有效接触到来自世界各地的潜在客户。

2. 加拿大

与大多数西方发达国家不同,加拿大还是一个自然资源和生态资源非常丰富的国家。加拿大采矿业发达,是世界第三矿业大国,是世界最大的矿产品出口国,其 80% 的矿产品销往国际市场。资源优势和能源优势是加拿大会展业的一个突出特点。另外加拿大庞大的经济规模和发达的进出口贸易,为加拿大会展业的发展奠定了良好的基础。加拿大主要的展览企业多为国际化的展览公司,例如 Reed Exhibitions、DMG world media、The Exposium Group 等,加拿大本土展览企业有 Master Promotions Ltd.、York Communications Inc. 等。以著名的国际展览公司励展集团(Reed Exhibitions)为例,其加拿大公司是全加最大的展览公司,在加拿大承办 25 个大型展览,分布在多个行业,每年为 10 万家国内外采购商和销售商服务。国际化还表现在加拿大的展览会日益面向国际,国内展览和国际展览不断融合。另外,加拿大更趋向于专业性的展览会,最大的 50 个贸易展览会中,几乎都是专业性的展览,跨越 35 个不同行业。作为加拿大最大的经济城市和会展中心,多伦多每年举办的各种会展可达 580 个。多伦多市还申请承办 2015 年的世界博览会,但最后输给了米兰。加拿大曾分别于 1967 年和 1986 年在蒙特利尔和温哥华举办过世博会。2019 年,据国际专业会展研究机构(CEIR)发布,加拿大国家的展览会数目以每年 15% 的速度增长。加拿大每年的展会总数约为 3 300 个,参展商家 38 万,观展人数 6 000 万人次。根据推算,加拿大展览业年产值约为 50 亿美元,间接经济效益约为 125 亿美元。

加拿大会展业已经很成熟,市场化程度高,展览公司能够为参展商提供市场化的"一条龙"服务,不但囊括了整个展会运作过程中的各个环节,而且包括展会的后续服务。加拿大的展览公司和行业协会、展馆合作紧密。大型的展览会,既有行业协会主办的,也有展览公司组织的,很多贸易展览每年定时定点举行,主办者和展览场馆长期合作,实现共赢,也方便了参展商和与会观众。加拿大很多年度展览会和行业年会、协会颁奖、国际会议和专业论坛同期进行,可以使参展商和与会企业、专家学者济济一堂,聚拢人气,充分利用展会和年会的机会,获取最新的市场信息,进行面对面的技术交流。此外,加拿大的展馆设施的硬件水平和智能化程度都比较高,配套设施齐全。在加拿大的经济和展览业中心多伦多市就有 4 座承办大型国际展览的场馆,分别是:大多伦多会展中心(MTCC)、国家贸易中心(NTC)、国际中心(International Center)、多伦多会议中心(Toronto Congress Centre);在其他城市,著名的展览设施还有:埃德蒙顿展览中心(Edmonton Expo Centre)、蒙特利尔会展中心(Palais des Congrès de Montréal)、温哥华会展中心(Vancouver Convention & Exhibition Centre)、卡尔加里(Stampede Park)的 Round Up Centre 展览中心。加拿大展览业的电子化水平和网络普及率也很高。各大展会、展览公司、展览场馆的网站内容丰富,互动性强。许多展会都通过互联网与参展商建立联系,利用电子邮件直接邀请专业人士参展。组展者、参展商和观众之间的交流通过计算机和互联网络可以方便地进行。也有一些企业和社会机构通过网络积极参与加拿大展览业的推广和宣传,如"加拿大会展网"就是以中文为主的加拿大会展信息网站。

(三)亚太地区会展业

20 世纪 80 年代以来,亚洲地区开始成为会展组织者所青睐的会展目的地之一,其发展速度已经超过欧美等传统会展发达地区,亚洲会展业的规模和水平比拉美和非洲要高,仅次于欧美。日本、中国、西亚的阿联酋和东南亚的新加坡,由于基础设施发达、市场潜力巨大,并有较高的国际开放度和有利的地理位置,分别成为该地区的展览中心。大洋洲会展经济发展水平稍次于欧美,但规模则小于亚洲,但其上升趋势也很明显。该地区的会展业主要集中于澳大利亚,每年举办的大型展览会有 300 多个,参展商超过了 5 万家,观众达 660 多万人次,每年展览业创造收益大约为 25 亿澳元。例如,举办 2000 年奥运会当年,澳大利亚的国际会议增长率高达 80%,会展业发展势头良好。

1. 新加坡

新加坡是著名的国际航运中心、国际金融中心、国际贸易中心和国际会展中心。2008 年和 2009 年被评为国际协会联盟(UIA)世界第一大会议城市。每年举办 6 000 多个商业会展项目,占亚洲举办会展项目的 1/4,会展收益占亚洲总收益的 40%。便利的交通条件、精细的会展服务、高效的行政效率等都是新加坡会展业发展的突出优势条件。新加坡最具特色的高效、专业的公共管理和行业管理是会展业得以快速发展的核心因素。新加坡政府清廉高效、管理公开透明,是会展业成功发展的一个重要推动力。新加坡政府努力营造有利于会展业发展的环境,简化会展活动手续,不需要申报审批,无论是本土还是国外公司,举办会展活动均不需要向政府部门登记,便捷高效。此外,政府与公司协同助推会展业发展。会展业具有行业多元整合的特征,新加坡采取政府与行业合作协同化运作模式,成功主办了许多国际重大活动,如国际水资源博览会、新加坡航空展等。为了推动会展业的发展,政府逐步放开了对服务业的进入管制,并为服务业发展设立专门的推进机构。1974 年,新加坡贸易与工业部所属旅游局成立了展览会议署,主要任务是协助、配合会展公司开展工作,推介新加坡国际会展的优越条件。对去海外参展的本土企业和来新加坡办展的国外企业,按照一个展览会海外宣传费的 30% 给予赞助,在金融危机期间,政府为会展主办者特设援助资金,对筹办 MICE 项目者提供多达 50% 的额外资助,对到国外进行会展项目促销者给予 70% 的促销费用资助。

2. 韩国

韩国会展业的发展始于 1988 年汉城奥运会。2002 年韩日世界杯、2005 年釜山APEC(亚洲太平洋经济合作组织)会议,进一步使韩国成为会议、奖励旅游、展览、大型体育比赛与节事活动等的重要举办地。首先,会议与奖励旅游是韩国会展业的"两驾马车"。韩国政府视"国际会议业"为单独的产业。韩国举办过的知名会议包括大田国际宇宙大会、首尔 G20 峰会等。韩国是国际会议举办增长率世界最高的国家之一。2006 年,首尔市会议举办数量排名世界第 5 位,据 UIA 测算,韩国 2003 年举办国际会议的排名是第 23 位(韩国旅游局,2007)。2009 年韩国已跃居世界第 11 位,令国际会议界瞩目。奖励旅游是韩国会展业的生力军，它为旅游经济的发展作出了重要贡献。凯姆等人利用投入产出模型估算出会奖旅游对韩国经济的影响：2001 年韩国会展旅游者的总花费约为 13.9 亿美元，这些花费又创造了 21.7 亿美元的社会产值、13 702 个就业机会、4.74 亿美元的居民收入和 1.19 亿美元的政府税收。其次，韩国展览业自 2000 年保持着持续的增长势头，展览场馆的平均出租率也呈上升趋势。截至 2015 年底，韩国处在运营状态的会展场馆共有 15 家，可供展览总面积达到 27.5 万平方米。其中，KINTEX 和 EXCO 于 2011 年扩建，致使可供展览总面积大幅增加，突破 20 万大关。之后的几年，虽有部分场馆仍在扩建，但总面积涨幅不大。韩国展馆的优势明显。以 KINTEX 为例，由于具备单层无柱式的建筑结构，因此与复层结构的其他东北亚地区展馆相比，不仅更适宜举办大型工业展，还可以满足多种空间需求。韩国不仅是全球最大的造船产业集聚地，它还以电子通信、机械、纤维、消费、文化与休闲产业闻名世界。强大的工商业实力为展会的举办提供了强大后盾。知名展会包括韩国国际海事技术展、韩国电子展览会、韩国纤维交易展、首尔国际动漫展、大邱国际光学展等。目前，韩国正努力使展览业年增长 7% 以上。在承办展览的同时，这些展览还同时推动各类学术会议、国际技术研讨会、主题演讲会、贸易洽谈会及产业颁奖仪式等活动的举办，为参展商和观众提供最新的行业信息与全方位的服务。最后，节事活动是韩国主打的旅游项目之一。它的内容丰富多彩，艺术类、体育类、宗教类、纪念类无所不包：在国际上，知名的国际节事有襄阳世界夏季跆拳道节、釜山国际电影节与光州泡菜节，国内则以显忠日、佛诞节、父母节、中秋节、鲑鱼冰钓节、斗牛节、青椒节较为出名。其中，襄阳跆拳道节（2005 年）是首次在海边避暑胜地举办的跆拳道活动。该项赛事不仅吸引了来自美国、南非等国 1 500 名爱好者参加，还极大地促进了当地旅游观光业、土特产与跆拳道市场的发展。当前，韩国正致力于整合会议与旅游资源，为打造全球会展旅游目的地国而努力。首尔、釜山、光州现已拥有国际一流的会议中心与商务度假酒店。济州岛也因其神秘的自然景观，成为举办国际首脑会议的旅游胜地。来自世界各地的会议参加者不仅能够在韩国享受到专业的会议服务，还能够坐在韩国传统宫廷建筑中享受晚宴，参加整容旅游，体验丰富多彩的韩国文化。

3．日本

作为亚洲最早开始发展会展业的国家，日本以雄厚的经济实力、良好的基础设施、快捷的交通条件、周到的服务和独特的民族文化，赢得了众多国际会议展览和大型节事活动的举办权。日本政府于 1994 年制定了《国际会议促进法》，通过减少税收、资金援助等手段来促进会展业的发展。日本的展览业非常发达，无论是展览的档次、水平还是展馆的设施和经营管理都非常好，但由于日本国内市场一直非常发达，所以日本长期以来只专注于国内市场，少量地面向欧美，对国际市场的开拓缺乏进取精神。绝大多数参展商和观众也都来自日本国内的企业。日本会展业由政府、行业协会和企业所组成。政府部门负责会展业管理的主要是日本贸易振兴会（JETRO）和日本观光振兴会。其中日本贸易振兴会还专门设置了会展部。与会展有关的协会有日本大型活动振兴会和日本展示会协会（简称日展协，JEXA）。与会议有关的协会有日本专业会议主办商协会和日本会议营运事业者协议会，专门负责会议的运作。根据相关资料，日本全国共有各种会展设施 291 个，总面积为 106.4 万平方米。主要分布在以东京为中心的关东区（35.4%），名古屋、静冈周围的中部地区(21.8%)和以大阪、神户为中心的近畿地区(17%)。这三大地区的面积占了日本全国的74%。日本最大的会议中心是由美国 Rafael Vinoly 设计的东京国际会议中心(Tokyo International Forum),占地面积为2.7万平方米,建筑面积14.5万平方米。设有 A、B、C、D 共 4 个主会议厅,分别为 5 012 席的剧场式大会堂、1 502 席的剧场式中会堂、1 400 平方米和 340 平方米的平地会议厅,还有 600 平方米的招待厅、34 个会议室以及 5 000 平方米的展厅、信息中心、地下停车场等。日本每年大约举办展览 600 个,参展商 7 000 家以上,标准展位数近 15 万个,观众人数 2 000 万左右。由于日本是亚洲最为昂贵的旅游目的地,为了配合宣传、发展日本旅游业,日本观光振兴会等组织机构也会通过国际会议宣传其旅游业。例如,东京将国际会议作为宣传东京、提高东京国际知名度的大好机会。东京不仅加强会展人才培养,同时也在资金等方面资助与协助会议的招揽与主办。

4. 澳大利亚

澳大利亚为亚太地区经济强国,会展业是其现代服务业的重要标志,其会展经济发展水平仅次于欧美。据统计,澳大利亚整个会展业每年的经济贡献约 23 亿澳元,公众性和专用性展览会共吸引约 500 万观众,有 10 700 家企业参展。澳大利亚会展活动的类型包括体育盛会、文化艺术和娱乐、商业促销、会议和展览、特殊节日及慈善募捐活动等。会展活动的规模有特大型、特色型、大型和小型。2000 年在悉尼举行的第 27 届奥林匹克运动会是澳大利亚规模最大的会展活动。众所周知,悉尼奥运会获得了巨大成功。国际奥委员会(International Olympic Committee, IOC)前主席胡安・安东尼奥・萨马兰奇(Juan Antonio Samaranch)称悉尼奥运会为"有史以来最好的"。另外,国际奥委会营销总监 Michael Payne 高度评价澳大利亚旅游委员会制定的奥运战略,称它为"东道主国家运作的典范"。

一项研究表明,悉尼奥运会带来的商业利益达 30 亿澳元,更有研究表明,该数字可创下 60 亿澳元的新高。这些商业利益包括新的商业投资、新的技术业务和奥运会后运动基础设施及服务合同。(悉尼奥运会的)成功指数里还包含了另一项指标,即游客人数在 2000 年第四季度的巨幅上升量。根据澳大利亚统计局提供的数据,1999 年同期该上升量保持在 23%。澳大利亚在全球的知名度也达到了创纪录的水平,澳大利亚旅游委员会体验到了一个增加 600%的登录其澳洲旅游网站的访问量。另外,会展市场收益也大幅增加,澳洲当地旅游业喜获丰收。超过 1 000 个单项活动被启动,从而使得旅游业的利益达到最大化,并一直保持到奥运会后。认识到运动及会展旅游业对当地经济的价值,维多利亚大学的研究专家们已拥有知识产权和一套软件程序,重点研究会展业的经济价值和开发程度、会展业对社会的影响力度及会展业在帮助树立品牌旅游目的地方面所扮演的角色。

(四)其他地区会展业

1. 中南美洲

近年来,中美洲和南美洲的经济贸易也逐步发展起来。2019 年阿根廷、巴西举办的会议分别为 214 个和 209 个,跻身全球前 20 强。墨西哥近几年的会展业也发展十分迅速。除这三个国家外,其他拉美国家的展览经济规模很小,很多国家处在起步阶段。

2. 非洲

非洲尽管所占国际会议市场的份额很小，但在过去 25 年间其市场份额也一直在增长。整个非洲大陆的会展业发展情况基本与拉美相似，主要集中于经济较发达的南非和埃及。南非凭借其雄厚的经济实力及对周边国家的辐射能力，其会展业在整个南部非洲地区处于遥遥领先的地位。埃及为北部非洲会展业代表，凭借其在连接亚非欧和沟通中东、北非市场的极有利的地理位置，近年来发展突飞猛进，展览会的规模和国际性大大提高，每年举办的大型展览会可达 30 个。当然，由于种种条件所限，大型展览会一般都集中在首都开罗举办。开罗大型展览馆有两个：一个是开罗展览馆，另一个是开罗国际会议展览中心。除南非和埃及外，非洲其他地区的展会规模都很小，一个国家一年只能举办一两个展会。

三、中国会展业发展概述

（一）我国会展业发展的历史过程

1. 古代时期（原始社会末期至 1840 年）

作为早期展览会雏形的集市在我国有着悠久的历史，大约形成于公元前 11 世纪的商、周时期，并在唐宋以后得到了蓬勃发展。

集市在我国不同的时期和地区有许多种形式与名称，如集、市、墟、场等。集市的参加者主要是农民、手工业者，他们之间的买卖活动既是生产者向消费者直接出售，也是生产者之间的产品流通。几千年来，集市一直是我国商品流通的重要途径。

在古代城市，集市一般称为"市"。城市里的集市随着货币和商人的介入，具备了商业性质，逐渐发展成商业区，市中先后出现零售性质的肆和批发性质的邸店。起初，市的设立或撤销由官府决定，实行市坊制，市是商业区，不建住宅；坊是住宅区，不设店铺。到宋代，市的地域、时间限制都被打破，官府控制的市逐渐消亡，市进入新的发展阶段，商业色彩越来越浓。在古代农村，集市一般称为草市、村市等。草市产生于东晋，发展于唐，到北宋年间，草市遍布各地城郊。

除了城乡各有特色的集市外，还有一种城乡并存的定期集市——庙会。在我国，庙会的历史悠久，在唐朝已流行，宋朝继之，明、清盛行。最初，在宗教节日，因有许多人聚集在寺庙及祭祖场所求神拜佛，一些小生产者、商贩便借此机会兜售香火、供品等产品。后来，逐渐百货云集，成为比一般集市规模更大、货物更多的大型集市。由于这样的集市是因宗教事件并在宗教场所产生、发展起来的，因此一般称为庙会，也称庙市。庙会的内容更加丰富多彩，除了传统的产品交换之外，还有宗教活动和文化娱乐活动等。北宋时期，庙会非常繁荣，《东京梦华录》卷三记载："相国寺每月五次开放，万姓交易。大三门上皆是飞禽猫犬之类，珍禽奇兽，无所不有。第二、三门皆动用什物……殿后资圣门前，皆书籍、玩好、图画及诸路罢任官员土物、香药之类。"特别是明清时期，京城、中小城市、乡村都有庙会。庙会作为商品交换媒介，对促进商品流通、沟通城乡联系，具有重要的历史作用。

在我国古代，还出现过类似现代展览会的有组织的展览活动。《旧唐书》卷一百五"韦坚传"就有记载：在唐代天宝初年（742 年），陕郡太守、水陆转运使韦坚开漕渠引渭水至长安,在官苑墙外造广运潭,广集各地舟楫所载的地方特产供皇帝观览。就形式和规模而言,广运潭展示已相当于现代的博览会。同时,也出现过专业性的展览形式,如唐代曾收集各地收割用的农具,陈列于殿堂,以供宫廷王公大臣等参观,倡导农具革新。元代纺织专家黄道婆死后,人们为纪念她,将其生前所用之纺车、织机汇集在一起,立庙展览。

2. 近代时期(1840—1949 年)

1840 年,社会经济发展处于落后状态的中国,在西方的炮舰下被迫打开门户,中国人开始尝试着与外部世界接触。当时,参加世界博览会就是我国早期参与国际性活动的重要形式,也是近代中国会展活动的发端。1851 年,中国商人徐荣村和一些在中国经商的外国人将丝绸、茶叶、中药材等一些中国传统的出口商品运往英国,以私人身份参加了在伦敦举行的首届世界博览会。1876 年,中国政府第一次自派代表,以国家身份参加了费城世界博览会。此后,官方或民间商人又以组团参展、寄物参展、派员参观等形式,先后参加了法国巴黎(1878 年、1900 年)、美国奥尔良(1885 年)等世界博览会。清政府鼓励国际会展,1905 年,清朝商部颁行《出洋赛会通行简章》20 条,对华裔出国参加国际性博览会作出了统一规定,鼓励各省商家踊跃赴赛。1915 年,中华民国政府派员参加了在美国旧金山召开的巴拿马·太平洋万国博览会。在这届博览会上,中国展品共获 1 211 个奖项,其中,大奖章 57 枚,荣誉奖章 74 枚,金牌奖章 258 枚,银牌奖章 337 枚,铜牌奖章 258 枚,鼓励奖 227 个,在 31 个参展国中独占鳌头。自参加1926 年美国费城博览会后,由于国内战乱和动荡,中国长久地离开了世博会的舞台。

在国内会展方面,1910 年,清政府为了缓解产业状况,促进工商业的发展,在江宁(今南京)由官府和商界合办了南洋劝业会。南洋劝业会是我国有史以来第一次全国性博览会。劝业会会场占地约 46 万平方米,展览区域设有专业馆、实业馆和国际馆。其中,专业馆包括农业、医药、教育、工艺、设备、机械、美术、通运等展馆以及劝业场;实业馆包括江宁缎业馆、湖南瓷业馆、博山玻璃馆、浙江水产馆等;国际馆包括为英、美、日、德等国参览者设立的第一、二、三参考馆及为南洋华侨参览者设立的暨南馆。会场还设有服务和娱乐区域,如商店、饮食店、银行、邮局、游戏场、跑马场、动物园、演剧场等。劝业会的场地安排、组织、规章和评奖等多仿效世博会。这次"博览会"会期 5 个月,仅两江地区物产展品就达100 万件,会上获奖展品 5 269 件,参观人数达 30 余万人次。1915 年,北洋军阀政府农商部所属劝业委员会设立了商品陈列所。在此之后,全国各大城市相继举办了类似的展览会,如 1926 年的上海中华国货展览会。1929 年 6 月 6 日至 10 月 10 日,浙江省政府在杭州举办了第一届西湖博览会,其宗旨是提倡国货,奖励实业,振兴文化。博览会设革命纪念馆、博物馆、艺术馆、农业馆、教育馆、卫生馆、丝绸馆、工业馆、特种陈列所、参考陈列所,展品约 15 万件,观众达 2 000 余万人次,盛况空前。

1935 年 11 月至 1936 年 3 月,中国艺术国际展览会在英国伦敦举办,这是我国第一次出国办展。中国政府从故宫博物院、河南博物馆、安徽博物馆等处挑选了约 3 000 件展品,有铜器、瓷器、书画、玉器、织绣、景泰蓝、家具、文具等。展览会轰动了英伦三岛,参观人数达 42 万人次,以致中国瓷器、绸缎、茶叶畅销一时,中餐馆生意兴隆。抗日战争时期,国民党统治区和解放区分别举办了许多展览会。在国民党统治区,主要举办的展览会有迁川工厂出品展览会、四川省物产竞赛展览会和重庆工矿产品展览会等。在各解放区,比较有名的是陕甘宁解放区举办的三届农工业展,也称生产展。这些展览会的目的基本是显示成就、鼓舞士气、促进经济发展,以抵抗日本的侵略。从性质、意义和特征上看,这些展览会相当于欧洲国家的工业展览会,但是在展览规模和展示手法上比较落后。我国会展活动在近代时期有了较大发展,对促进国家经济、社会和科技进步,增强国际交流,开阔国民眼界和振奋民族精神都起到了重要的促进作用,但由于当时我国国力屡弱,政局动荡,战争频繁,因而会展活动发展始终没能与世界同步,会展活动对整个社会经济的影响仍然十分有限。

3. 现代时期(1949 年至今)

中华人民共和国成立后,我国会展活动进入全新的发展时期,从发展内容和速度来看,其发展历程可分为以下四个阶段。

1) 中国会展业发展的起步阶段(1949—1978 年)

1951 年 3 月,新中国第一次参加德国的"莱比锡春季博览会",这标志着中国会展业进入起步阶段。据统计,自 1951 年至 1985 年中国共举办了 427 个出国展。1953 年,中国国际贸易促进委员会接待了新中国成立后的第一次来华展览会——德意志民主共和国工业展览会。1953 年到 1978 年,中国共接待了 112 个来华展。由于多种政治经济因素的影响,中国的会展业在其起步阶段发展缓慢。

2) 中国会展业的萌芽阶段(1979—1989 年)

改革开放以来,伴随着中国经济体制改革的不断深入和对外开放的不断扩大,特别是社会主义市场经济体制的建立,中国会展业迎来了大变革和大发展时期。这一时期不论是出国展览还是来华展览,均在宣传我国的经济建设成就等方面发挥了独特的历史作用。但这一阶段作为中国会展业的萌芽时期,会展数量少,组织水平和专业化程度还处于初级阶段,把会展作为一个产业来发展的经营意识尚未形成,会展从严格意义上讲大都不具备现代贸易会展的特征。

3) 中国会展业发展的积累阶段(1990—1999 年)

中国会展业的产业化历程起步于 20 世纪 90 年代。随着我国建设国际经济、金融、贸易中心等目标的确立,以及金融、贸易和现代工业的聚集,我国一线城市上海、广州、北京等城市的会展业迅速崛起,以年均 20%的速度递增。90 年代末开始,全国明确提出将会展经济作为新的增长点的城市多达三四十个。总体来看,这个时期是我国会展业发展的积累阶段,会展数量逐渐增多,新的会展法规的颁布,展览器材企业的成立,国际展览的逐渐增多,展览中心的逐渐增多,为我国会展业的发展奠定了很好的基础。

4) 中国会展业发展的飞跃阶段(2000 年至今)

从会展业的专业化、国际化、品牌化来看,在北京、上海、大连、珠海等城市涌现出诸如"国际纺织机械博览会""国际机床展览会""国际汽车展览会""大连时装博览会""珠海航空博览会"等一批在亚洲乃至世界上都有一定影响的知名品牌专业化国际博览会。与此同时,越来越多的国际会议选择在中国召开,也有力地推动了当地城市建设和会展水平的提高。国际商会年会、环太平洋论坛年会、亚太法官会议、国际引航员大会、APEC 会议等700 多个国际性会议在上海举行,为上海赢得了国际会议中心的美誉。

(二) 我国会展业发展的现状

据中国会展经济研究会 2015—2019 年度《中国展览数据统计报告》数据,2015 年全国举办经济贸易展览总数 9 283 场,展览总面积 11 571.36 万平方米;2019 年全国举办经贸展览 11 033 场,展览总面积达 14 877.38 万平方米;展览数量增长 18.85%,展览面积增长 28.57%。据中国贸促会发布的《中国展览经济发展报告(2019)》显示,2019 年全国 91 家组展单位共赴 73 个国家参办展 1 766 项;展出面积 92.13 万平方米;参展企业 6.1 万家。中国展览直接收入在国民经济中的比重大体保持在 0.7% 左右。据《2019 中国会展产业年度报告》估算,2018 年中国会展直接产值 6 451 亿元人民币;占全国国内生产总值的 0.72%,占第三产业总值的 1.38%;综合贡献为 5.6 万亿元人民币。

我国会展业呈现出开放性会展体系不断完善、会展平台效应不断提升的特点。经过多年努力,我国基本构建形成了开放性经济贸易展览会体系、周边地区经济贸易合作机制性展览会体系、多边机制性国际会议展览体系、区域经济贸易合作会展体系、新兴产业会展体系、市场化、专业性会展体系和世界博览会、世界园艺博览会、世界专业组织会议、展览申办、举办体系等一整套全方位、立体化会展体系。开放性对外经济贸易展览会体系包括中国进出口商品交易会(广交会)、中国服务贸易交易会(服贸会)、中国投资贸易洽谈会(厦洽会)、中国(上海)国际技术进出口交易会(上交会)、中国义乌国际小商品博览会(义博会)、中国加工贸易产品博览会(加博会)、中国国际进口博览会(进博会)、中国非洲经贸博览会等。"十三五"期间,创办了全球唯一的中国国际进口博览会(进博会),京交会转型升格为服贸会,进一步健全完善了中国国际贸易展览会的体系,凸显了广交会、进博会、服贸会的主体贸易展会地位。周边地区经济贸易合作机制性展览会体系包括中国—东盟博览会、中国—亚欧博览会、中国—阿拉伯国家博览会、中国—东北亚博览会、中国—俄罗斯博览会、中国—南亚博览会、中国—蒙古国博览会等。多边机制性国际会议、展览体系有博鳌亚洲论坛、夏季达沃斯论坛、"一带一路"国际合作高峰论坛、亚太经合组织峰会、上合组织峰会、金砖国家峰会、G20 峰会等;区域经济贸易合作会展体系有中国西部博览会、中国中部投资贸易博览会等;新兴产业会展体系有中国贵州大数据博览会、中国重庆国际智能产业博览会、中国石家庄国际数字经济博览会等。中国成功申办了中国北京世界园艺博览会、多项世界专业组织会议和展览,并正在积极申办 2030 年世界博览会。

我国各地会展业百花齐放,形成会展城市群、城市带和城市特区的新格局,会展业竞争力不断增强。2019 年,全国按展览面积排名的前 10 个城市为上海、广州、重庆、北京、南京、青岛、成都、沈阳、深圳、昆明。10 个城市举办展览 4 397 场,占全国展览总数的 39.86%,展出面积 7 096 万平方米,占全国展览总面积的 47.69%。上海、广州、北京三大一线城市,2019 年举办展览数量共计 2 057 场,展览面积 3 555 万平方米,分别占全国展览总数的 18.64% 和展出面积的 23.90%;其中上海、广州展览总面积均超过 1 000 万平方米:上海 1 043 场,展出面积 1 941 万平方米,广州 690 场,展出面积 1 024 万平方米。上海一马当先,展览数量、面积遥遥领先,不仅荣登中国会展城市榜首,而且一举超过巴黎和法兰克福,名列世界会展城市实力排名第一。上海大学教授张敏主编的《会展蓝皮书:中外会展业动态评估研究报告》显示,我国已经发展形成了三大会展城市群、三条会展城市带和两个会展城市特区。三大会展城市群:以上海为核心,以杭州、南京、宁波、苏州等城市为代表的长三角会展城市群；以广州为核心，以深圳、东莞等城市为代表的珠三角会展城市群；以北京为核心，以天津、太原、石家庄等城市为代表的环渤海会展城市群。三条会展城市带：以重庆、成都、昆明等城市为代表的西部会展城市带；以沈阳、大连、长春等城市为代表的东北会展城市带；以长沙、郑州、武汉、洛阳为代表的中部会展城市带。两个会展城市特区分别是：以福州、厦门为代表的海西会展城市特区，以海口、三亚为代表的海南国际旅游会展城市特区。依据 2019 年 7 月《进出口经理人》杂志"2019 年世界商展 100 大排行榜"，中国有 22 个展会入围世界商展百强。

新技术与会展业出现深度融合，带动会展业进入新时代的变革期。随着物联网技术、云计算、人工智能、大数据应用、5G、VR/AR（虚拟现实/增强现实）技术的进一步成熟，将以不同的产品形态和能力融入会展业中，进一步提升会展业活动的时间和空间的延展性，放大会展业经济的带动效益。2020 年新冠疫情中，诸多线上企业服务于会展行业。例如，腾讯服务于广交会，京东服务于中国国际服务贸易交易会（即服贸会），阿里巴巴也与上海市贸促会合作成立了云上会展有限公司，还与中粮集团联手打造了云上"全国糖酒商品交易会"；京东、百度也与中国酒业协会共同举办了"线上中国国际酒业博览会"。这些互联网巨头拥有巨大的资本和技术优势，也看到了会展业在企业数据收集、客情关系维护、整合产业资源等方面的优势和潜力，因此积极开发线上会展应用技术，大力推动线上会展的发展。

2022 年 10 月，中国共产党第二十次全国代表大会召开，提出了中国经济发展的新理念、新格局。提出全面建成社会主义现代化强国的宏伟目标；提出了高质量发展是我国全面建设社会主义现代国家的首要任务；提出了必须完整、准确、全面贯彻新发展理念，坚持社会主义市场经济改革方向，坚持高水平对外开放，加快构建以国内大循环为主体、国内国际双循环相互促进的新发展格局。2022 年 11 月 5 日至 10 日，第五届中国国际进口博览会（以下简称进博会）在中国上海召开，作为全球首个以进口为主题的国家级博览会，超过 280 家世界 500 强企业和行业龙头企业参展，是党的二十大之后第一个重量级国际展会。进博会不只是单纯的进口商品展，更是推动中国与世界市场相遇、产业相融、创意互促、规则互鉴的国际大平台。可见，高质量的会展项目对促进区域经济的高速发展、践行二十大中提出的国内国际双循环的新发展格局发挥着重要的作用。同时，会展业面临着高质量发展的新机遇。如何构建高质量的会展产业体系，推动会展业与其他重点产业融合发展，充分发挥会展经济助推产业、拉动消费、营销城市的重要作用，已经成为各地区经济发展的重要战略选择。

拓展阅读

5G 驱动会展经济"蝶变"，千亿市场复苏在即

5G 作为重要的国家战略，将渗透到各行各业。这对于作为我国经济"晴雨表"的会展业来说也不例外。2020 年，在全球疫情冲击下，全球会展业受重创，融合以 5G 为代表的新技术，通过线上会展打一场"翻身仗"成为会展行业的新趋势。那么，5G 对于会展行业来说，将创造何种新经济模式？

会展经济的"危"与"机"

2020年,新冠疫情给全球经济贸易带来前所未有的冲击。在常态化疫情防控形势下,会展业成为遭受冲击最大的行业之一。

据悉,全球会展产业每年直接经济效益超过3000亿美元,而国内会务经济规模大约为3万亿元。疫情以来,会展经济几乎陷入"停摆"状态。有关机构的最新调查结果显示,全球有3700多场大型的展会取消或者延期。在国内,据中国会展业报告数据显示,因疫情带来的直接损失约300亿元人民币。

南国智库负责人南智君指出,"疫情对会展业造成了比较大的冲击,总体上看影响有五个特点:第一对国际影响比国内要大,第二对一线城市影响比二、三线城市大,第三对中小企业影响要比大型企业大,第四对展览主办企业影响比场馆大,第五对面对企业的展览影响要比面对普通消费者的展览大。"

虽然,会展经济正在遭遇疫情等多重不利因素,但业内人士认为,从国家政策导向、中国经济数字化发展、5G发展等多方面看,正面临新一轮发展机遇。

在新基建风潮下,5G同时被按下"快进键",5G技术的运用必定会掀起新一轮的行业改革,而会展行业若能够抓住行业新的跳台机会,用高速的信息传递,多方面进行数据分析与分享,开创新的发展模式,增加与各个行业之间的信息和资源的传播与共享,将实现会展行业新升级。

5G赋能"云会展"

在政策、疫情因素的推动作用下,会展业的新场景、新业态、新模式得到进一步激发。

2020年4月,商务部出台《关于创新展会服务模式,培育展览业发展新动能有关工作的通知》等鼓励云上办展。疫情常态化期间,策展商和相关企业纷纷将线下展会搬到线上"自救","云展会"成为会展行业新趋势。

2020年6月,网上举办的第127届广交会(中国进出口商品交易会)成为业内标志性"云展会"。这场"云展会"带动了近2.6万家企业、180万件商品、数十万全球采购商在10天时间内24小时不间断地进行云展示、云对接、云洽谈、云签单,创造了斐然业绩。由此可见,在线上办展、看展和交易是行业和时代发展的必然趋势。而"云展会"的实现,与5G、直播、VR等新技术手段的应用密不可分。

在"面对面"到"屏对屏"的过程中,融合5G,成为可以利用好新兴技术的手段,这不仅大大降低成本,同时也能为企业拓宽营销渠道、增强抵抗风险能力。

5G的到来,使会展经济迎来新"蝶变",而对于未来的会展模式,策展人、办展机构也在探索不断。

日前,全国首个会展新经济产业园在成都开园。依托5G技术,产业园将提供"影像视听、短视频、直播、会展活动策划、人才培育技能提升、企业孵化、IP打造"等全产业链服务,探索会展新经济的发展潜力,形成"新服务、新场景、新产品、新消费、5G商业应用"为一体的"成都模式",为城市营销、经济发展、新业态赋能。

可以预见的是,基于5G的会展应用将成为未来会展活动的标配。会展业给经济及城市带来强大助推作用,而以"5G＋会展"重启的商业想象空间将被颠覆。

融合 5G 打好城市新名片

众所周知,会展业素有"城市面包"的美誉,在为打造城市名片的同时,也能为城市经济服务。

有研究报告预计,中国会展行业未来 5 年年均复合增长率在 10％以上,2022 年国内会展业直接经济产值将突破 1 万亿元。可以说,会展业是城市经济崛起的"发动机",而用好智能科技赋能会展业,则为城市带来美好未来。

眼下,让城市会展业与 5G 深度融合,即将爆发的是新一代万亿产值的战略新兴产业,同时也是国家重点发展和扶持的未来产业之一。5G 时代,云计算、物联网、大数据、人工智能等这些新一代技术,都将是未来会展经济的应用场景。

业内人士认为,5G 加持下的会展业不仅会在营销模式上发生变革,会展产业链各环节也都将发生变化。一是展会参与者未来需要面临海量的数据,5G 网络则能提升数据的价值应用;二是虚拟现实和增强现实的应用让会展业突破了空间和时间的限制,未来,实物会展与虚拟会展相结合,这也是会展业发展的必经之路,而 5G 则能进一步激发 VR/AR 潜能。

不可否认的是,虚拟会展不可能在短期内代替实物会展,且实物会展所带来的感受是虚拟会展中难以比拟的。而疫情之下,把线下展会搬到云上这一应急之举,打开了传统展会的创新之路。5G 赋能的云上会展,使线上展会的参展企业不再受制于时间、品牌、知名度、营销人员以及成本限制,可以无数次"回放、重现"和被"传播、流动"。同时,线下展会利用数字技术为实体展服务,通过创新云展会、云直播、云推广、云沙龙等服务,丰富展会内涵,提升参展客商观展体验和展会价值,推动"双线会展"发展。

当前,我国是会展大国,但还不是会展强国,中国正在从大国走在强国的路上。步入 5G 时代的会展商业模式正临新一轮变革,并为会展经济的复苏不断升温。

资料来源:李玲. 5G 驱动会展经济"蝶变" 千亿市场复苏在即[EB/OL]. 通信信息报. https://mp. weixin. qq. com/s/ZLJjqXK8udayCXVNtD-Guw,有改动。

第二节　会展的核心概念与研究内容

一、会展的核心概念

（一）会展的含义

在国际上,公认的"会展业"指"MICE-industry",含义非常广泛,包含公司业务会议（meeting）、奖励旅游（incentive and program）、协会/团体组织会议（convention）和展览（exhibition）四部分。随着会展形式的不断发展,节事活动被纳入 MICE 中,因此,会展业的内涵可以理解为会议、展览、奖励旅游及节事活动。由于会展业可以吸引大量商务客和游客,促进产品市场的开拓、技术和信息交流、对外贸易和旅游观光,并以此带动交通、住宿、商业、餐饮、购物等多项相关产业的发展,因此被称为"无烟工业"。

在研究会展理论时,由于研究者具有各自不同的社会背景和研究目的,往往对会展的含义有不同的阐释。另一种观点认为会展就是会议和展览。例如在欧洲,会展被称为

C&E 或者 M&E。这是对会展较为狭义的认识。此外，还有学者认为所谓 MICE 的"E"不仅指 exhibitions，还应包括 events。按照这一观点，诸如节日庆典、体育运动会、文艺演出等活动都属于会展，从而大大扩展了会展的范围。我们不难发现，上述对会展含义的不同认识，其实是对"会展"一词所涵盖的范围认识上的不一致造成的。从逻辑学上来说，给一个概念下定义，必须遵循属加种差的原则：界定某个事物，不能仅仅根据其表现形式，而应依据其本质特征。上面所说的会议、展览及其他被纳入会展范围的活动，尽管表现形式和名称有很大差异，但都属于一种"活动"；同时它们也具有本质上的"共性"：其一，它们都是一种地域空间内的人群聚集；其二，它们都是物质文化的交流活动。会展应是具有以上共性的各种活动的集合。因此，会展是指在一定区域空间，由多人聚集在一起形成的集体性的物质和文化交流活动。

按照《国民经济行业分类》（国家标准 GB/T 4754—2017）的规定，"会展业"全称是"会议展览服务业"，行业代码 L7292，对其具体解释是："为商品流通、促销、展示、经贸洽谈、民间交流、企业沟通、国际往来而举办的展览和会议活动。"

（二）会展的组成部分

现代会展主要由会议、展览、奖励旅游和节事活动四部分组成。

1. 会议

会议是指人们怀着各自相同或不同的目的，围绕一个共同的主题，进行信息交流或聚会、商讨的活动。一次会议的利益主体主要有主办者、承办者和与会者（许多时候还有演讲人），其主要内容是与会者之间进行思想或信息的交流。会议是人们为了解决某个共同的问题或出于不同的目的聚集在一起进行讨论、交流的活动，它往往伴随着一定规模的人员流动和消费。会议的种类很多，按照组织形式可划分为大会（年会）、专门会议、代表会议、论坛、研讨会、讲座、座谈会和集会等。国际上还通常根据会议主办者的不同将会议划分为公司会议、协议会议和非营利组织会议。其中前两者是最主要的会议类型，无论从会议数量、与会人数还是会议支出上看，都占到会议的绝大部分。公司会议和协议会议都有很多种形式。常见的公司会议形式有管理会议、销售会议、产品介绍会、培训会议、专业技术会议、股东会议和公共会议等。而协议会议主要包括年度大会、地区性年会、专门会议、研讨会和专题讨论会、董事会和委员会会议等。此外，所谓非营利组织会议主要由政府会议、工会和政治团体会议、宗教团体会议、慈善机构会议及社交团体会议等构成。作为会展业的重要组成部分，大型会议特别是国际性会议在提升城市形象、促进市政建设、创造经济效益等方面具有特殊的作用。

2. 展览

根据全球展览业协会的定义，展览是指一种市场活动，在特定时间内，众多厂商聚集于特定场地陈列产品，从而推销其最新产品或服务。展览的种类繁多，有博览会、展览会、展览、展销会、博览展销会、看样订货会、展览交流会、交易会、贸易洽谈会、展示会、展评会、样品陈列、庙会、集市、墟、场等。另外，还有一些展览会使用非专业名词。加上这些非专业的名称，展览会名称将更多。

（1）展览会。展览会是指由单位和组织指导主办，另一些单位和组织承担整个展览期间的运行，通过宣传或广告的形式邀请或提供给特定人群和广大市民来参观欣赏交流的一种聚会,比较常见的如画展、车展、房展等。

展览必须具备场地、参展方、展品、主办方、承办方、观众六个基本条件。在通常情况下,举办展览都是参展的单位或个人对外展示自己在某一阶段时间内取得的成果和成就,并通过一个适合自己表达的场地与观众分享成就的一个过程。基本上画家、书法家等艺术家选择对外展览的场地首选是美术馆,然后是画廊,世界著名的艺术展览地有卢浮宫、大英博物馆、伦敦国家美术馆、凡·高博物馆,在国内艺术展览相对比较有影响力的有中国美术馆、墨干山美术馆、上海美术馆、故宫博物院、广东美术馆、石家庄美术馆等。

(2)集市。集市是指在固定的地点,定期或临时集中做买卖的市场。集市是由农民(包括渔民、牧民等)以及其他小生产者为交换产品而自然形成的市场。集市有多种称呼,比如集、墟、场等。在中国古代,常被称作草市;在中国北方,一般称作集;在两广、福建等地称作墟;在川、黔等地称作场;在江西称作圩。还有其他一些地方称谓,一般统称作集市。集市可以认为是展览会的传统形式。在中国,集市在周朝就有记载。目前在中国农村,集市仍然普遍存在,它是农村商品交换的主要方式之一,在农村经济生活中起着重要的作用。在集市上买卖的主要商品是农副产品、土特产品、日用品等。

(3)庙会。庙会是在寺庙或祭祀场所内或附近做买卖的活动,所以称作庙会,常常在祭祀日或规定的时间举办。庙会也是传统的展览形式。因为村落不大可能有较大规模的寺庙,所以庙会主要出现在城镇。在中国,庙会在唐代已流行。庙会的内容比集市要丰富,除商品交流外,还有宗教、文化、娱乐活动。庙会也称作庙市、香会。广义的庙会还包括灯会、灯市、花会等。目前,庙会在中国仍然普遍存在,是城镇物资交流、文化娱乐的场所,也是促进地方旅游及经济发展的一种方式。

(4)博览会。博览会是指规模庞大、内容广泛、展出者和参观者众多的展览会。一般认为博览会是高档次的,对社会、文化以及经济的发展能产生影响并能起促进作用的展览会。但是在实际生活中,"博览会"有被滥用的现象,不时可以在街上看到由商店举办的"某某博览会"。

3．奖励旅游

根据国际奖励旅游协会的定义,奖励旅游的目的是协助企业达到特定的目标,并对达到该目标的参与人士给予一个尽情享受、难以忘怀的旅游假期作为奖励。其种类包括:商务会议旅游、海外教育训练、奖励对公司运营及业绩增长有功的人员。需要指出的是,奖励旅游并非一般的员工旅游,而是企业业主提供一定的经费,委托专业旅游业者精心设计的"非比寻常"的旅游活动。用旅游这一形式作为对员工的奖励,会进一步调动员工的积极性,增强企业的凝聚力。

4．节事活动

节事涉及范围极广,按照活动的不同属性,节事可以分为传统节庆、现代节庆、体育赛事、文化娱乐盛事和其他团体活动等。节事活动一般都根据特定的主题来开展,主题类型包括风物特产、文化、宗教、民俗、体育、政治和自然景观等。节事作为群体性的休闲娱乐活动,是对大众开放的,与其他会展活动相比,节事的大众参与性最强。

二、会展管理的研究内容及内涵

会展管理的研究内容主要包括会展场馆管理、会展项目管理、会展营销管理、会展财务管理、会展物流管理、会展人力资源管理、会展客户关系管理及会展电子商务管理等,这些内容共同构成了会展管理的研究框架。

(一)会展场馆管理

会展场馆作为会展业发展的重要物质依托,其国际化、智能化、特色化的程度是会展业发展水平的重要衡量标志之一。会展场馆管理的重要内容包括会展服务设施管理、展区管理、会展现场管理工作。良好的会展现场管理是展会成功的重要保证。对于展会组织者而言,现场管理的重要内容有:举行开幕式、会议注册、现场设备的管理以及突发事件的处理。而参展商的现场管理的工作目的就是最好地实现展出目的。具体工作内容有:确定展台工作人员、展台接待、贸易洽谈和情况记录。

(二)会展项目管理

会展项目管理是指以会议和展览为中心,进行项目管理和执行,包括会展项目前期策划与组织、项目的运行与实施,具体涉及项目策划、组织、推广以及运作。会展的主办单位可以使用本部人员或聘用专业公司管理公司来策划、组织、推广以及运作某一个会展项目。

在现代市场经济中,项目已经成为组织经营活动的一种典型形式,其应用已从最初的建筑施工延展到科学研究、商业贸易、文化教育以及军事等各个领域。一个成功的项目能托起一个企业,因此项目管理工作在全球得到了广泛重视。会展业以会议和展览为中心展开各项工作。会议与展览的时效性,要求会展组织者在有限的时间里做好展会的组织工作。在这一过程中如果以项目的概念贯穿始终,能更好地实现时间、技术和人力的有效利用,使会展组织者最大限度地实现会展目的,服务好参展商与观展者。

(三)会展营销管理

会展活动的基本内容是会议与展览。展览顾名思义也由两部分组成,即"展"与"览"。"展"是指产品展示,"览"是指观众参观。无论是吸引具有实力的参展商进行产品展示,还是吸引数量众多的专业观众进行展会参观,都离不开会展营销。因此会展营销管理是会展经济研究中最为重要和最为基础的内容之一。

会展营销管理也是一个运用市场营销组合,通过为客户和顾客创造价值,来实现组织工作目标的过程。其营销原理的基本内容也不外乎是"4P"(产品、价格、渠道、促销),但是会展业的特性也决定了其"4P"所包含的具体内容与其他行业营销的"4P"存在很大区别。会展营销管理的过程贯穿在展览组织、展览组团与展览推销以及客户联络与谈判等各个具体环节之中。

(四)会展财务管理

会展业是一项经济产业,没有投入就没有产出,要使会展业的效益功能发挥到最大,会展财务管理是不可或缺的重要环节。承办展会的各项工作都需要费用,从时间上看,会展财务管理包括财务预算、财务支出、财务结算和经济效益评估等几个环节。会展财务预算应该在作出展会承办决定时就予以确定,并与计划工作结合作出详细预算。在展会承办过程中,应根据实际情况对财务支出进行必要的调整和控制,并在展会结束后进行必要的财务分析与展会经济效益评估。

从费用支出的用途看,会展财务管理的内容则一般包括直接费用管理和间接费用管理。直接费用是指为筹办展览直接开支的费用,包括宣传、新闻、广告、公共关系、交际、联络、编印资料、摄影摄像等。间接费用是指为筹办和承办展会花费的人力、时间以及从其他预算中开支的费用,包括正式筹备人员、临时人员以及公关等相关工作人员的工资、开会、差旅、交通通信、文书(电话、传真、复印等)等费用。

（五）会展物流管理

会展物流是指展销活动供需双方以外的第三方组织者所提供的一种具有后勤保障功能的服务,是指展销产品从参展商经由会展中转流向购买者的物理运动过程,它是由会展组织者在综合会展现场多个供需对应体的信息要求后,统一指挥、统一安排、统一协调的物资流通体系。

物流管理是以物流过程整体为对象,对供应、制造、销售全过程中产品、服务及其相关信息的流动与储存进行规划、执行和控制的动态过程。会展物流管理则是运用物流管理的技术及手段,结合会展物流的特点与任务,对会展物流的全过程进行运作、协调与控制。会展物流管理的内容主要包括会展物流相关政策的研究与运用、会展物流渠道的管理、会展物流机制的管理等,核心内容是会展物流体系的建立与管理。会展物流管理将大幅度提高会展物资的配送流通效率,使会展活动的专业化服务体系更趋完善。

（六）会展人力资源管理

知识经济时代,在产业发展中最具活力和起决定性作用的因素是人,会展业的发展也是如此。会展队伍的建设与管理是一个系统化的过程,会展业要获得长足和可持续的发展,展览队伍必须朝着专业化、系统化和团队化的方向发展,这就是现代会展业人力资源管理的目标。会展人力资源管理的对象不仅包括对展览经理的管理、专业展览人员的管理,还包括对展出工作人员、展会现场临时工作人员以及志愿人员的培训与管理。

我国会展业人力资源在数量规模、专业结构、素质能力以及空间分布等方面存在的问题都在一定程度上制约了我国会展经济的发展。因此会展人力资源管理成为我国会展经济发展需要研究的重要内容之一。

（七）会展客户关系管理

在日趋激烈的行业竞争中,作为独立的经济实体,会展企业与市场的关系最重要、最根本地表现为企业与客户的关系如何。近年来,中国会展市场呈高速成长态势,但会展业的组织管理水平却不尽如人意。很多办展企业和组织者由于缺乏对客户关系管理的认知,无法提高与客户的沟通技巧,往往忽视数字时代客户对互动性和个性化的需求,最终导致会展客户资源的大量流失。随着中国加入世界贸易组织后经济全球化带来的一系列挑战,越来越多的会展企业开始重视客户关系管理在企业管理中的运用。

会展客户关系管理是会展企业以客户为企业资产的管理过程,是企业利用IT(信息技术)技术和互联网技术对客户进行整合营销的过程。会展企业客户关系管理通过改进客户价值、满意度和忠诚度等手段,来提高企业管理的有效性。会展企业实施客户关系管理的过程主要包括:收集客户信息,发现市场机遇;制订客户方案,实施定制服务;实现互动反馈,追踪需求变化;评估活动绩效,改善客户关系等几个环节。

(八)会展电子商务管理

电子商务的普及与推广,给会展业的发展带来了新的契机。因为会展本身就是人们进行信息交流发布、洽谈商业合作和市场营销的场所,它发挥的是一种桥梁和媒介的作用,而与传统会展业相比,电子商务为展会提供了一个更为快捷、互动和有效的商务通道,因此电子商务进入会展业是其自身发展的需要。

会展商务管理的内容主要包括两个方面,根据电子商务对于传统会展业的影响程度与介入程度分为不完全会展电子商务和完全会展电子商务。不完全会展电子商务即在会展的运作过程中部分地借助电子商务,主要是借助电子商务手段为会展服务,实现网上招商、网上广告、订货、付款、货物递交、售前售后服务以及市场调查分析、财务核计、生产安排等一项或多项内容。完全会展电子商务即网上会展,会展的组织、举办各个环节都实现电子化,举办者、与会者、参展者和观众之间的交流主要通过互联网进行。

第三节　会展组织概述

一、会展组织设计

组织是一群人为了达到一个共同的目标,通过人为的分工和智能的分化,运用不同层次的权力和职责,充分利用这群人的人力资源和智力资源的团体。有效率的组织通常具有整体性、实现性和反应快速等特点。①整体性。组织是一个团体所要实现目标的工具,同一组织中不同层次的员工构成了领导与被领导的关系,这种从属关系一定程度上影响员工的心理反应,而组织目标不是依靠个人的能力所能实现的,它是整体智慧的结晶。从这个意义上说,有效率的组织必须保证员工心理上的统一和力量上的凝聚。②实现性。组织不是一个抽象的名词,而是体现人群结合的体系和人群活动的模式。有效组织必须做到为员工创造一个最佳的内部环境,协调员工关系以达到统一一致,结合人群,运用人力与物力实现企业目标。③反应快速。高效组织必须做到使内部信息快速顺畅流通,以提高企业经营效益,确保企业经营活力。

对展会组织者来说,如何使企业现有的各项资源包括人、财、物等,围绕企业经营目标有效营运起来是其面临的重要问题之一。合理而高效的组织形式将是确保组展活动正常运行的前提条件,组展质量如何、效率如何、效益如何,都与组织工作的开展密切相关。

(一)会展企业组织设计原则

组织设计原则指的是对会展企业组织建构的准则和要求。它是评价会展企业组织设计是否合理的必要条件。一般情况下,会展企业组织设计应遵循以下几个基本原则。

1.目标导向原则

在组织职能运作过程中,每一项工作均应是为总目标服务的,也就是说,会展企业组织部门的划分应以企业经营目标为导向,对于任何妨碍目标实现的部门都应予以撤销、合并或改造。在这一总目标下有许多任务要完成,所以设计中要求"以任务建机构,以任务设职务,以任务配人员"。同时,考虑到具体工作实践中无法真正找到与职位要求完全相符的人员,故在遵循"因事设人"原则的前提下,根据员工具体情况,适当调整职务的位置,以利于发挥每一位员工的主观能动性。

2.分工协作原则

在社会化大生产中,适度的分工可以提高工作专业化程度,进而达到提高劳动生产率的目的。会展企业的组织分工有利于提高人员的工作技能、工作责任心,提高员工服务质量与效率。但是,过度分工往往导致协作困难,协作搞不好,分工再合理也难以取得良好的整体效益。因而在具体职责权限划分中,要注意安排中间协调机构,做好中间人工作,以促进组织内部的良好合作。

3.控制跨度原则

由于个人能力和精力有限,每个管理人员直接管辖的下属人数不可能无限多。控制跨度原则就涉及对特定管理人员直接管辖和控制下属人数范围的确定问题,也即是管理跨度的大小问题。受个人能力、业务的复杂程度、任务量、机构空间分布等多方面的因素的影响,会展企业管理跨度的确定必须综合考虑各方面因素,且需要在实践中不断调整。

4.有效制约原则

企业组织作为一个整体,它的各项业务的运转离不开各部门的分工与合作,这种分工引发的是彼此之间的牵制与约束,适当的约束机制可以确保各部门按计划顺利完成目标任务。如下级对上级的适当制约机制可以使上级的错误及时得以制止,对领导人的约束机制可以避免其独断专行,对财务工作进行约束可以避免财务漏洞,等等。

5.动态适应原则

要求企业组织在发展过程中,以动态的眼光看待环境变化和组织调整问题,当外部环境要求组织进行适度调整甚至产生变革时,组织要有能力作出相应反应,组织结构该调整的要调整,人员岗位该变动的应变动。而且反应速度要快,改变要及时,从而得以应付竞争日益加剧的外部环境。

(二)项目组织结构设计考虑因素

进行会展会议活动项目组织结构设计,首先应了解企业及项目的一些组织信息。一般来说,组织结构设计的主要考虑因素见表 1-2。

表 1-2 组织结构设计的主要考虑因素

考 虑 因 素	简 单 描 述
组织层次	即组织的纵向结构。如在大型会展会议活动项目中从项目经理到项目基层员工,中间可能有5～6个或更多的层次,而在小型项目中则可能仅有2～3个层次
管理跨度	一名管理者直接管理的下级人员数量。一般来讲,管理跨度越大,组织层次越少;反之则组织层次多一些
专业化程度	组织内各职能部门分工的精细程度,具体表现为部门数量的多少。同样规模的企业,部门越多,则分工越细,专业化程度越高
规范化程度	组织的业务活动所采用的手段和方法规范化的程度。在规范化程度高的企业中,相似的工作可以在各个部门以相同的方式进行
制度化与正规化程度	组织的行为和活动以正式书面文件的形式表述的程度
集权与分权程度	组织的决策权和管理权在高层与较低层分布的状况。若较多分布在高层,则集权程度较高;若较多分布在较低层次上,则分权程度较高
核心职能	组织基本职能中的关键职能,它对实现组织目标和战略起关键性作用。不同类型的组织可能有不同的核心职能,有的以生产为核心,有的以研发、营销为核心
地区分布	该项指标反映了组织结构在空间上的复杂程度,如企业在多个地区设立分公司、分厂等。一般来讲,企业的组织结构分布越广,结构越复杂
分工形式	按不同的标准进行劳动分工与协作。常见的形式有职能制、产品制和地区制及混合制等
人员结构	组织中的各个层次、部门人员在企业员工总数的比例情况,如管理人员比例、技术人员比例等

二、会展企业的组织结构

会展企业组织结构模型指组织中相对稳定和规范的工作关系模式,如工作任务如何分工、分配等。虽然受诸多外界与内部因素影响,不同会展企业有不同的组织结构形式,但主要的结构模型有以下几种。

1. 职能式组织结构

职能式组织结构最早是由被称为"科学管理之父"的泰勒提出来的。这种组织结构模型授予各职能部门一定的指挥和指导权,允许它们在自己的业务范围内对下面各部门实施此项权力。一般地,单一业务和主导业务的会展企业(即企业主要在一个行业领域中经营),应当采用职能式组织结构。其优点是加强了各部门的业务监督和专业性指导,使各职能部门注意力集中,便于高效率完成本部门职责;缺点则在于常常出现多头指挥而使执行部门无所适从,如图 1-1 所示。

2. 事业部制组织结构

事业部制组织结构强调分权管理,是分权型的组织结构形式,这种组织结构形式被进行相关产品或服务多样化的大型综合性会展公司普遍采用,它体现的是"集中政策,分散经营"的指导思想。当会展项目增加、经营范围逐渐多元化,多元化事业部制结构组织随之出现。多产品、多项目经营有助于分散企业风险,提高会展企业经营的稳定性,也有利于各部门进行专业化分工,提高生产率。但同时也具有一定局限性,这种组织形式需要雇用更多的专业人才,雇用更多的员工,经营成本会有所增加,各事业部也可能会过分强调本部门利益而影响整个会展经营的统一指挥。事业部制组织结构如图1-2所示。

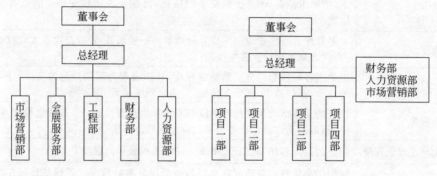

图 1-1　职能式组织结构　　　　图 1-2　事业部制组织结构

3.区域型组织结构

在区域型组织结构中,会展企业产品或服务的生产所需要的全部活动都基于地理位置而集中在一起,这种结构一般针对企业主要目标市场的销售区域来设置。区域型组织结构有较强的灵活性,它将权力和责任授予基层管理层次,能较好地适应各个不同地区的竞争情况,增进区域内营销、组织、财务等活动的协调。但同时该结构也可能增加了企业在保持发展战略一致性上的困难,有些机构的重复设置也可能导致成本的增加。区域型组织结构如图1-3所示。

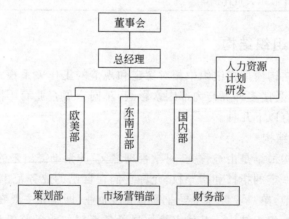

图 1-3　区域型组织结构

三、国际主要会展组织

目前,影响力较大的国际性行业协会主要有国际大会及会议协会、全球展览业协会、国际展览与项目协会(International Association of Exhibitions and Events,IAEE)、国际展览和服务联盟(IFES)及参观者协会等。

（一）国际大会及会议协会

国际大会及会议协会,简称ICCA,创建于1963年,是全球国际会议最主要的机构组织之一,是会展业最为全球化的组织。逾90个国家和地区约1 100个政府组织专门从事国际展会筹办的公司及会展中心加入成为会员,其首要目标是通过对实际操作方法的评估以促使旅游业大量地融入日益增长的国际会议市场,同时为它们对相关市场的经营管理提供实际信息。作为会议产业的领导组织,ICCA为所有会员提供最优质的组织服务,为所有会员间的信息交流提供便利,为所有会员最大限度地发展提供商业机会,并根据客户的期望值提高专业水准。我国有74家单位加入ICCA。国内ICCA为进一步推进中国会议市场发展,吸引招徕更多的国际大会和协会会议来华举办,上海市旅游局联手北京市发展委员会以及国内其他ICCA会员单位,以北京奥运会和上海世博会成功举办为契机,于2010年9月21日成立ICCA中国委员会,并设规划工作组,负责委员会工作目标的具体执行。ICCA中国委员会的成立是中国会议旅游业发展的一个里程碑,标志着中国会议旅游业界有了一个专门的组织和一个专业的团队,同国际组织之间的交流与合作将更加密切,从而增强中国会议旅游业的国际竞争力,共同推动中国的会议旅游市场的发展。

（二）全球展览业协会

全球展览业协会,原为法文Union des Foires Internationales(国际展览联盟,UFI),英文写作Union of International Fairs,在2003年10月20日开罗第70届会员大会上,该组织决定更名为全球展览业协会(The Global Association of the Exhibition Industry),仍简称UFI。于1925年在意大利米兰成立,并将总部设在法国巴黎。在最初成立的时候,参加国际展览联盟的只是欧洲的20个展览公司,而且也不是这些公司的所有展览项目都能自然而然地成为国际展览联盟成员。所以,参加UFI实际是两种"概念",一是成员单位(展览公司);二是成员项目(即由所认证的展览会)。全球展览业协会是迄今为止世界展览业最重要的国际性组织。

截止到2015年,全球展览业协会所拥有的684个正式会员来自世界85个国家,获得全球展览业协会认可的国际性展览会或贸易博览会超过900个。此外,全球展览业协会还拥有40个协作会员,以各国的全国性会展行业协会为主。如美国的IAEE(国际展览与项目协会)、中国的展览馆协会和深圳市会展业协会等。

（三）国际展览与项目协会

国际展览与项目协会,是目前国际会展业重要的行业协作组织之一,在国际展览界享有盛誉。IAEE与UFI现已结成全球战略伙伴,共同促进国际会展业的发展与繁荣。国际展览与项目协会成立于1928年,总部位于美国达拉斯,IAEE前身为国际展览管理协会,2006年11月更名为国际展览与项目协会。2006年,中国贸促会(CCPIT)以"团体会员"的身份加入IAEE。目前,该协会代表着来自全球逾50个国家和地区约12 000名会展业从业者及提供相关业务支援的专业人士。任何积极参与IAEE事务的会员组织,不论其规模大小,均享有投票权。

IAEE系面向所有会展从业者的非营利性国际贸易展览会行业组织管理机构和培养会展专业人才的专业机构,旨在促进国际展览业的发展和交流。IAEE通过举办培训、组织会议、开展调研、出版刊物、传播信息等方式促进会展行业的发展,研究国际会展业的发展趋势,传播展会信息,向会员组织提供咨询、培训服务,提高展览组织者的管理水平。

(四)国际展览和活动服务联盟

国际展览和活动服务联盟的全称是 International Federation of Exhibition and Event Services,成立于1984年,总部设在比利时的布鲁塞尔。截至2020年3月,有来自世界36个国家的270个会员企业、机构和组织。IFES 的使命包括:行业领域的研究及参与;规范、准则和标准的改进;组织国际会议和研讨会,帮助会员面对面沟通与交流,并与各国际机构与组织合作,促进行业的发展;为会员提供一个知识共享、国际合作和产生新商业机会的平台;等等。

第四节　会展策划概述

一、会展策划的含义、特点和作用

(一)会展策划的含义

从广义上讲,会展策划应涵盖会展的市场调研、方案策划、销售和营运管理等相关活动。会展策划是指充分利用现有信息和资源,判断事物变化发展的趋势,全面构思、设计,选择合理、有效的方案,使之达到预期目标的活动。策划是一个综合性的系统工程,目标是起点,信息是基础,创意是核心。会展策划就是会展企业根据收集和掌握的信息,对会展项目的立项、方案实施、品牌树立和推广、会展相关活动的开展、会展营销及会展管理进行总体部署和具有前瞻性规划的活动。会展策划对会展活动的全过程进行全方位的设计并找出最佳解决方案,以实现企业开展会展活动的目标。

成功的会展活动源于成功的会展策划,成功的会展策划源于对社会资源的有效整合。会展策划是对相关社会资源进行整合的过程,是一个系统工程。因此,用系统的观念去认识资源,用系统的方法去分析整合资源,用系统的功能去实现资源的优化是会展成功策划的创造性思维原理之一。从会展策划系统看,一般而言,会展策划系统包括策划者、策划对象、策划依据、策划方案和策划效果评估等要素。会展策划不光是坐在办公室里想点子,它既是确定会展的主题、内容、表现形式的思考过程,也是统领一切可用资源,奔向一个明确目标的执行过程。以这种思维方式来进行会展策划,将全面提升会展从业人员的素质和整体水平。

(二)会展策划的特点

会展策划具有针对性、系统性、变异性、可行性等特点。

1. 针对性

会展策划是具有针对性的活动。它是会展理论在会展活动中的具体运用。在进行会展策划时,要首先明确会展活动应达到什么目的,它是针对什么问题而举办的会展。譬如,有的会展以特定消费群体的生活方式为依据,具有鲜明的主题,这就要求在进行策划时必须围绕主题组织展品、开展活动。

2．系统性

会展策划是对整个会展活动的运筹规划，因此具有系统性的特点。

系统性表现在策划时要针对会展的各个方面、各个环节进行权衡，通过权衡，使企业目标特别是通过参展而实现的企业市场营销目标具有一致性，使其在产品、包装、品牌、价格、服务、渠道、推销、广告、促销、宣传等方面保持统一性。系统性可以减少会展策划的随意性和无序性，提高效率。

随着会展理论研究的不断深入，近年来有学者提出"立体策划"的概念，可以说是会展策划系统性的一种表现。

3．变异性

《孙子兵法·虚实篇》中说："兵无常势，水无常形。能因敌变化而取胜者，谓之神。"这里的"神"是指战术上的灵活性、变通性。市场永远是千变万化的，会展策划也必须充分考虑到市场的变化。变异性强调对市场环境的适应性，是为了更有效地实现既定的战略目标。例如，2003年春，突如其来的"非典"疫情打乱了几乎所有的会展计划，作为会展的策划者必须有充分的应对措施，才能适应这种变化。据悉，由于"非典"的重创，中国会展业当年损失40亿元人民币，占会展全年收入的1/2。然而，当年的广交会开拓网络展览，其网上展览成交额达2.18亿美元，中国会展人首次学会了对危机说"不"。

4．可行性

可行性是指会展策划方案在现实中要切实可行。没有可行性的策划方案，写得再完美也只是纸上谈兵。一般说来，会展策划方案必须经过分析论证才能实施。分析论证策划方案的可行性主要围绕策划的目标定位、实施方案以及经济效益等主要方面进行。

（三）会展策划的作用

对于会展的组织者来说，会展策划是会展运作的核心环节；对于参展厂商来说，会展策划提供的是参展策略和具体计划。

会展策划的重要作用主要有以下几点。

1．战略指导作用

策划是一种理性思维，以确保未来即将进行的活动有条不紊地按预定的目标进行。它是策划者为策划目标进行决策谋划、探索、设计多种备选方案的过程。决策者以策划方案为基础，进行选择和决断，从而保证决策的程序化和科学化。

战略指导作用是指会展策划能为会展活动的执行提供总体的指导思想。

以展览策划为例，诸如展览场地、展会规模、展会的主题及时间的安排、展会品牌、主要合作伙伴（行业）等方面，在会展策划方案中都要事先提出详细的预案。

2．实施规划作用

实施规划作用是指会展策划能为会展活动提供具体的行动计划。一般说来，会展策划方案通过之后，在具体的实施过程中可以根据情况做适当调整，但会展活动运行的总体思路与要求是不会改变的，策划案是会展活动实施的主要依据。

3．进程制约作用

进程制约作用是指会展策划能安排并制约会展活动的进程。尤其是大的会展活动，所涉及的工作千头万绪，在会展活动执行的进程中，必须严格按照策划所提出的方案进行工作,这样才能确保会展活动的顺利进行。

4. 效果控制作用

策划一般会对会展活动发展的长远问题或本质问题,针对会展环境的未来变化发展,进行超前研究,预测发展趋势,思考未来发展问题,以提高会展活动策划主体适应未来和创造未来的主动性。

效果控制作用是指会展策划能预测、监督会展项目活动的效果。某一会展活动在执行过程中是否达到预期的效果,通过对照策划案的相关要求就能够清晰地看出。会展策划一方面能对会展活动的最终完成效果进行控制;另一方面也可以对策划案本身的可行性、合理性进行检验。

5. 规范运作作用

会展策划者在进行计划或规划之前,运用科学的策划运作程序对计划进行构思和设计,为计划生成提供智谋,使计划切实可行,使预算投向可靠。规范运作作用是指会展策划能使会展运作趋于科学、合理、规范。

二、会展策划的原则

(一)利益主导原则

会展企业要获得持续发展,每个项目的推出都应实现某种预期的目标利益。企业在策划时应该考虑的利益包括以下两方面。

(1)会展企业自身的利益。对于每个会展项目来说,会展企业都要在人、财、物和时间等方面投入,任何的投入都希望获得回报。任何会展策划都是从企业的利益出发而开展的,策划任何项目都要在考虑为企业尽量实现"投入一产出"最大化的基础上进行,能否保证会展企业自身利益的实现是衡量一项策划是否成功的主要指标。企业的利益包括长期的利益和短期的利益,在策划时应合理协调好长期利益和短期利益的关系,保证企业的健康持续发展。

(2)目标客户的利益。会展企业的目标客户是会展企业生存发展的根本。满足客户的利益,为客户实现其价值,企业自身的利益才能实现。因此在进行会展项目策划时,要充分考虑客户希望获得哪些利益,并为实现客户的利益进行合理的设计与安排。比如一项展览策划,就是要通过策划,为参展企业提供使其在参展中获益的方案,包括展位的设计、展品的摆放、广告的投放、专业观众的来源、参展商的贸易机会等。一项理想的会展策划应该是一项实现客户和企业自身利益的双赢的策划。

(二)系统性原则

会展策划的系统性原则,就是运用系统理论对会展策划进行充分分析,从系统的整体和部分之间相互依赖、相互制约的关系中,揭示会展策划这一系统的特征和运动规律,以取得最佳的展览效果。

每一个完整的会展项目都需要围绕会展主题把很多社会资源通过不同的方法整合在一起,从信息集合分析、寻找行业支持单位、选择合作伙伴到会展营销,每一个环节都是相对独立地进行,要把每一个环节做到最好,又要把握这些环节运作过程中的互动,以利于优化,增强项目组织的有序性,即把会展项目作为一个系统来进行管理。系统性原则就是要综合运用各种不同的方法、手段、工具,促进各个子项目之间的资源、功能和优势的互补、匹配,使其产生"1+1＞2"的效果,从而为会展项目创造出更大的竞争优势。

会展策划的系统性原则的运用要把握以下几点。

1. 动态性

动态性是根据系统总是处于运动、变化之中的特性,在动态过程中,做好会展策划工作。会展项目作为一个系统,具有鲜明的开放式运作管理的特点,随时与外界发生能量、物质、信息、知识的交换,会展项目运作过程中必然会受到内外环境不确定性因素的影响,在强调会展策划系统的时候应该时刻关注系统的变化,并且及时调整相关的计划,以保证系统的运行,顺利应对变化,实现最终目标。

2. 协同性

会展项目的各个独立的子项目之间涉及的各种管理要素、管理对象以及运用的管理方法,都需要通过策划的系统性原则形成一种互动协作的状态,才能使得会展策划发挥资源的聚变效应,调动一切可以调动的各种优势因素共同为实现会展目标服务。

3. 整体性

会展策划必须有全局观点,有一个系统的统筹规划,全面安排。整体性目标就是提高会展管理项目系统的整体效率,重视系统的集成功能,形成设计科学、运行高效的工作流程,如立项、前期准备、会展实施、现场运营、评估和总结等,以及在这个流程中的资源分配和组织等。

(三)效益性原则

会展策划的效益性是由会展的营利性决定的,会展活动要取得良好的经济效益和社会效益是举办会展活动的一个主要目的,会展各方主体的目标在很大程度上是通过会展活动获取利润,可以说会展的效益是衡量会展策划是否成功的标准。

(四)创新性原则

创新性原则应该贯穿企业策划的始终,会展是一个具有自身特色的特殊行业,它是一个开放性很强的活动,即从会展立项开始的调研工作,就需要与不同的组织合作和协调,例如向有关机构索取信息和数据,听取参展商的意见,等等;在准备工作中,会展机构要进行选址和融资工作;而在整个实施过程中,从营销到会展期间,也要广泛开展社会资源的吸纳和整合。这种开放性决定了会展工作的不确定性,因此会展策划必须不断创新动态变化的形式,保证最终目标的实现。

创新性原则的应用要注意以下几点。

1. 全程性

会展策划的创新是一个连续优化的过程,每一次的优化可能是相对的优化,通过每一次不断连续的优化,最后达到整体优化。这也就是在通过经验提高效率的过程中,利用创新不断解决项目流程中经验解决不了的问题。

2. 全员性

创新主要是通过不断地发现新的机遇来防范风险。发现机遇和防范风险都是十分复杂的创造性工作,创新需要会展项目责任人和全体员工共同参与,既要发挥组织的有计划、有步骤、有控制的效率,也允许员工即兴发挥,提高会展团队的应变能力。

3. 渐进性

由于会展项目随着环境的变化而进行相应的创新,但是这些创新不是立竿见影的,而是逐渐地渗透到具体的工作方法中去,改变行动中的某些关键细节和要素结构,方便灵活地实现功能重构,而且转换的代价也较小,因此其效果也表现出逐步完善的渐进性质。

(五)前瞻性原则

所谓前瞻性,就是指会展策划方案在时间的延续上要经得起历史的考验,具有较长时期的适应性、实用性、领先性,这对企业设立和企业技术改造策划尤为重要。前瞻性是指会展主题要引领行业发展趋势,捕捉行业的潜在需求,否则会展策划案就会缺乏市场吸引力。前瞻性从时间序列角度,大体上可以分成两个层次:一是显性趋势,即一个行业的趋势已经众所周知,会展主题必须进行相应的调整,来适应已经变化了的环境,以实现新的协调,这在时间上有一定滞后性;二是隐性趋势,即根据对某一可能发生的变化的预测分析,充分发挥策划者的主观能动性,创新主题,引导环境向有利于会展的方向发展,时间上有一定超前性。

(六)艺术性原则

艺术性是策划人的知识、灵感、经验、分析能力、洞察能力、判断能力和应变能力的综合体现,目的是在会展策划中闪现创意的新奇亮点和应时而变的灵活性,以做到出其不意。艺术性的具体内容相对比较宽泛,难以具体表述和总结,一般地说,表现如下。

1. 会展主题开发

会展主题确立之后,需要围绕该主题进行艺术化形象定位,设计简洁、独特的标识,并配以清晰、明快的宣传用语,在市场上达到迅速传播该主题的效果,有利于营销推广工作的开展。

2. 会展空间设计

会展空间设计主要是对会展空间的合理规划、布局和装饰,以及参展商展台的设计。除此之外,无论在结构化的构思还是在颜色组合调配时都要融入美学灵感,让参展商和观众在高度艺术化的氛围中接受行业信息、感受行业趋势前景,以促进双赢的交易活动。

3. 会展活动组合

会展活动组合主要是围绕会展开展的一系列艺术性的服务活动,集中于会展开展期间。开幕仪式是否可以起到抛砖引玉的作用,高峰论坛是否在推动会展的信息荟萃、行业引导上有足够的吸引力,研讨会的论题设计是否为参展商之间、参展商和观众之间搭建一个互动的平台,最后这些活动的组合是否安排巧妙和灵活都是很重要的问题,这些活动不仅内容要精彩,而且要便于观众安排。

艺术性原则就是运用艺术手段融合信息传播工具,增加会展作为信息媒介的传播力度和深度,让整个会展都像一个精心构思的艺术剧本,但是又恰到好处地进行了临场发挥,实现商业信息高效集中和高效传播,促进更多成功的交易。

三、会展策划的主要内容

会展策划行为离不开市场,策划者必须以市场为导向,利用各种宣传、广告手段,营造商业氛围,形成市场声势,并利用各种关系和途径,建立起庞大的展会营销网络,进行广泛的市场推广和招展招商,最终令目标客户纷纷前来报名参加。在整个策划活动中,以专业的展会服务,赢得买家和卖家的支持与信赖十分重要。以展览为例,会展策划原则上是以使80%以上的参展商都达到参展目的,使70%以上的参观商都达到参观效果为标准。

会展策划是一项综合性的工程,它所涉及的内容是多方面的,一般说来,会展策划的内容有会展的调查与分析、会展的决策与计划、会展的运作与实施、会展的效果评价与测定等。

(一) 会展的调查与分析

会展的市场调查是选定会展项目的重要依据。它是会展策划的基础,也是必不可少的第一步。

一般情况下,市场调查要根据本地、本区域的经济结构、产业结构、地理位置、交通状况和展会设施条件等特点,围绕市场进行调查。市场调查的主要内容包括会展环境的调查、会展企业情况的调查、会展项目情况的调查、会展市场竞争情况的调查以及参观商、支持协助单位等情况的调查。只有在充分了解市场潜力、市场限制以及市场动态等信息的基础上,才能有的放矢地进行策划。

(二) 会展的决策与计划

做会展决定是一个决策的过程,应该掌握一定的决策策略。影响会展决策的要素有营销需要、市场条件、营销方式、内部条件等,会展的决策与计划应从分析决策的要素入手,确定会展的基本目标、集体目标和管理目标,然后决定展会的战略安排、市场安排、方式安排等。

(三) 会展的运作与实施

会展的运作与实施是进行会展的中心环节,也是会展策划的重心之所在。在这个阶段,会展策划人员根据《会展策划书》的计划与安排进行广告宣传工作、组织招展招商工作、会展设计工作以及会展相关活动策划等。

会展宣传的主要方式包括媒体广告和户外广告等。媒体广告包括专业媒体,如报纸、杂志、网站等;大众媒体,如电视、电台、主导性报纸等,主办者可以围绕不同的会展特点和亮点来进行宣传。除此之外,还可以通过新闻发布会、行业研讨会等形式来传播展会信息。户外广告,则是利用人流量较大的公共场所,以海报、灯箱、广告牌、宣传布幅、彩旗等形式,进行宣传。

组织招展招商工作要求充分宣传、认真选择。在招展招商的准备阶段,需要建立潜在客户名单,设计并发放参展说明书,熟知参展中的知识产权问题,等等。

展会工作筹划的步骤一般为:第一,按实际需要将工作分为招展招商组团、设计施工、展品运输、宣传联络、行政后勤、展台工作、后续工作等几大类;第二,在各大类之下详细列明具体事项;第三,弄清工作之间的关系;第四,定期检查工作进度和质量,及时发现并解决问题,以保证整体工作协调正常运作。

(四) 会展的效果评价与测定

计划、实施、评估,是现代经营管理的三个步骤。会展的效果评价与测定是全面验证会展策划实施情况必不可少的工作。当整个会展策划、实施工作结束后，会展人员应及时进行评估、总结经验、寻找问题，并写出评估测定工作总结报告，为以后会展工作准备可借鉴的历史参考文献，不断提高会展策划的水平。

会展评估工作一般可分为以下两个方面：一是对展会环境、展会筹办工作及展会后台工作的评估，这一部分工作在展会结束时完成；二是对展台工作及展会前台工作进行评估，这一部分比较复杂，先在展会结束时针对展台工作进行评估，然后在展会的后续工作过程中跟踪评估。

四、会展策划步骤和策划方案的制订

（一）会展策划的基本流程

大型展会如世博会的策划，不仅要考虑经济因素，还要考虑政治因素、社会文化因素等，因而，它的策划有时国家的有关部长乃至元首都会参与。在我国，虽然展会市场化的进程在加快，但不少的大型展会还带有政府行为的色彩，因而，其决策规划情况更加复杂。这里，参照国际展会的一般惯例，就一般展会的策划流程进行概述。

1. 成立策划小组

会展策划工作需要集合各方面的人士进行集体决策，因此，首先要成立一个会展策划小组，具体负责会展策划工作。一般而言，会展策划小组应由以下几种人组成。

（1）项目主管。项目主管一般由总经理、副总经理或业务部经理、创作总监、策划部经理等人担任。在会展公司里，业务主管（贸易展会经理）具有特殊地位，他是沟通会展公司与展会服务承包商、参展商的中介，一方面，他代表会展公司与展会服务承包商、参展商等洽谈业务；另一方面，他又代表展会服务承包商、参展商等监督会展公司一切活动的开展。

（2）策划人员。策划人员一般由策划部的正副主管和业务骨干来担任，主要负责编拟会展计划。

（3）文案撰写人员。文案撰写人员专门负责撰写各种会展文案，包括会展常用文书、会展业务社交文书、会展业务专用文书、会展业务推介文书、会展业务事务文书、会展业务合同协议文书、会展业务法律文书以及会展策划案等。文案撰写人员应该能够准确地领悟策划小组的集体意图，具有很强的文字表述能力。

（4）会展设计人员。会展设计人员专门负责进行各种类型视觉形象的设计。会展设计人员是策划小组很重要的组成部分。因为在整个会展策划过程中，诸如各种类型的广告设计、展示设计、展示空间设计等都需要设计人员的参与。设计人员必须具有很强的领悟能力和很强的将策划意图转化为文字、图画的能力。

（5）市场调查人员。市场调查人员能进行各种复杂的市场行情调查，并能写出精辟的市场调查报告。

（6）媒体联络人员。媒体联络人员要求熟悉各种媒体的优势、劣势、刊播价格，并且与媒体有良好的关系，能按照会展策划的部署，进行媒体规划，争取最佳的广告宣传效果。

（7）公关人员。公关人员能够为会展公司创造融洽、和谐的公众关系氛围，获得各方面的支持帮助，同时能够从公关的角度提供建议。

在会展策划过程中，由项目主管负责，各方面人员需通力配合，协调一致，共同做好会展策划工作。

2．进行市场调查

市场调查是以科学的方法,有系统、有计划、有组织地收集、调查、记录、整理、分析有关产品或劳务市场等信息,客观地测定与评价,发现各种事实,用以协助解决有关营销的问题,并作为各种营销决策的依据。

会展市场调查是会展策划的基础。从传播学的角度来看,市场调查是会展策划者为了了解市场信息,把握市场动态,进而确定会展目标和主题,编写会展策划方案,选择会展策略,检查会展效果等所必需的调研工作。只有在系统地收集有关市场与相关背景的资料,并加以科学概括分析的基础上确立的会展策划,才能卓有成效地实现其总体目标。

在执行市场调查时,不仅要考虑本区域的优势产业和主导产业,还要考虑重点发展中的行业、政府扶植的行业等。具体分析行业市场状况,要摸清市场的归属,即是买方市场还是卖方市场等。

主办者需要将市场调研的重点放在以下四个方面。

（1）市场前景分析（如政策可行性、市场规模及类型等）。

（2）同类展会的竞争能力分析。

（3）本次展会的优势条件分析。

（4）潜在客户需求调查。

总之,在瞬息万变的市场中,如果没有科学的市场调研和预测做先导,会展的策划、运作就很难达到预期的目的。

3．决定会展策略

作出会展决定是一个决策过程,应该有相应的程序。在一般情况下,会展决策应考虑营销需求、市场条件、营销方式、内部条件等因素。

在充分地进行市场调研与预测之后,接下来,需要进行会展目标市场的定位与制订会展营销计划。

以展览会为例,组织者在进行目标市场定位时需考虑以下因素。

（1）展览会的类型。组织者首先要明确自己所主办的是什么类型的展览会,因为政府主办的展览会、公益性质的展览会和商贸展览会在具体操作模式和策略的制定上有很大区别。

（2）产业标准。导致展览目标市场定位复杂的原因之一是一次展览会往往要涉及多个产业。如举办一次汽车展览会,组织者除考虑汽车生产企业外,还要努力吸引销售、运输等汽车需求较大的企业,甚至一些研究机构等。

（3）地理细分。由于不同地区的参展商和专业观众有着不同的需求特征及营销反应,所以地理变量经常被作为划分展览市场的依据。在进行地理细分时,展会组织者不仅要分析不同国家的参展商对展览会的个性化要求,而且要弄清参展商在本国的具体分布,这样才能行之有效地进行决策。

（4）行为细分。行为细分是指根据参展商的参展动机、购买动机、购买状态或对展览会的态度等进行划分,其中参展动机被认为是进行展览市场细分的最佳起点。

决定会展策略应该在充分掌握现有相关资料的基础上进行,如宏观政策环境、企业经营实力、会展市场竞争状况、顾客满意程度等。如从会展营销的角度来说,一份会展营销计划应包括会展营销现状分析、企业(或具体会议、展览会、节事活动)SWOT 分析、营销目标的确立、市场营销组合策略、具体的行动方案、营销预算费用以及营销计划的执行与控制等。

4. 制定媒体策略

现代社会是一个信息社会,人与人之间、企业与企业之间都需要交流,而信息交流的主要载体便是各种各样的媒体。实施有效的媒体策略对会展活动组织者至关重要,会展组织者要根据有限的广告预算以及举办会议、展览会、节事活动的需要和条件,来选择合适的媒体。在选择媒体的类型时需要综合考虑目标受众的媒体习惯、产品性质、信息类型以及广告成本等因素。

在市场经济的冲击下,中国传媒的市场化步伐越来越快。市场化程度的提高,带来了媒体的迅速成长或衰落,会展专业媒体也不例外。因而,在制定具体的媒体策略时,必须分析媒体在会展活动中的成长策略。以展览活动为例,在制定策略上,要综合考虑媒体在宣传活动中、联系活动中以及提升展览企业形象活动中的成长策略等。在会展活动中,不同利益的相关主体面向特定的公众需要采取不同的媒体策略。

例如,若从提升城市形象的角度分析,在一次大型的国际会议、展览会或节事活动中,城市政府面向媒体的主要工作包括以下三点。

(1) 在会展活动开始之前,政府需要媒体对展会前期的准备工作、展会的特点及创新性等做大量宣传报道,具体方式有举行记者招待会或组织专家学者讨论并在专门的媒体上发表声明,以吸引市民和潜在专业观众的注意。

(2) 在展会举办期间,继续组织有关媒体尤其是本地的主流报纸或电视台对会展活动做进一步宣传,以满足不同公众对此次活动的关注需要。

(3) 活动结束之后,政府应该鼓励媒体对此次活动的效应和成果等做总结性的报道,以加深公众的印象,并达到提升城市形象的目的。

若从参展商与媒体的角度来说,在展会开幕之前,参展商除了可以通过直接邮寄等方式与客户联系并邀请对方光临自己的展台外,还可以积极利用各种形式的媒体对本企业的参展活动做大量的宣传,可以在报纸、杂志或参展手册上刊登广告,也可以利用展会主办者发行的展会快讯,宣传和介绍企业参展产品,以吸引专业买家来洽谈。在展会期间,还可以通过别出心裁的现场表演、公关事件,或召开新产品推介会等,来吸引媒体和专业观众的广泛关注。

另外,为推广企业的品牌形象或提高产品的知名度,参展商必须与媒体保持良好的关系,并积极提供有价值的新闻,争取让媒体在展会期间对本企业给予更多的报道。

随着会展活动的不断升温,不仅是大众媒体,专业媒体也跟着热起来。纵观现有的会展杂志、报纸及网站的竞争格局和特点可以发现:专业刊物正走向多元化,刊物定位也更加鲜明,媒体的形式丰富多彩,互联网正在被深入地应用,因而,在会展的媒体策略制定上,必须与时俱进,选择更加有效的媒体策略。

5. 制定设计策略

商业展览展示设计是以传达展览信息、吸引参观者为主要机能的有目的、有计划的环境、展台、展品设计。好的设计能提高展会的品位,吸引参展者、参观者,对产品营销也起着潜移默化的作用。一般而言,较大的展会活动,有关会展的设计问题在开展前9个月就开始了。

从参展商的角度来说,设计不仅仅是一个展台设计的问题,在策划阶段就要考虑设计展览结构、取得展览公司的设计批准、制作展会宣传册等。

展台设计根据具体情况要求有不同的设计原则、功能区分,所以其设计的策略也是千变万化的。

以宣传材料的设计与制作为例。对于参展商来说,狭义的宣传材料主要指各种文字资料,如宣传册页、新闻稿件等。而事实上,宣传材料不仅仅限于现场分发给观众或记者的文字资料,它还包括很多形式,如直接邮寄资料、产品介绍、纪念包(手提袋)、酒店的户外广告或展会的每日快讯等。

在宣传材料外观的设计上,必须尊重整体风格,同时,要能形成强大的视觉冲击力。外观设计主要是要解决材料的形状和大小两个问题,并要求设计富有人性化,便于人们携带。

6. 制订预算方案

良好的财务管理和预算控制是成功筹办会展最重要的因素之一,如果安排得当,不仅能起到增加收益、提高效益的作用,而且能使管理者清楚地了解收入的来源及比例、分析主要的投入项目、确定主要的收入来源。预算是协助实现财务目标的一个工具。可以把预算看作一张特有地图,它能引导公司达到预定的目标。为了达到这个目标,会展在制定预算时必须做到有计划、有步骤,不断更新信息。

一般说来,制定一份会展预算至少包括以下几方面的内容。

(1) 历史数据。回顾过去的工作,以便制定出相对精确的新预算。

(2) 行政管理费。行政管理费包括项目共享的费用如工资、奖金和复印、电话、信函来往、计算机等要支付的费用。

(3) 收益。收益即预算带来的收入,包括拨款、预算、注册费、出售展品和纪念品的收入、赞助等。

(4) 固定费用。如印刷和邮寄宣传资料所需的费用。

(5) 可变费用。如餐饮费等。

(6) 详细开列的项目。详细开列的项目列明预算中的各个项目。

(7) 调整控制。由于预算是根据估计而制定的,因此不一定准确,需要不断地调整。

在会展中,为了衡量一个项目的财务成果,必须设置一个用于实现既定财务目标的预算开支。预算采用的方式,可视具体情况而定。

7. 撰写策划方案

会展策划就是会展的策略规划,为了会展的成功举办,必须对会展的整体性和未来性的策略进行规划。它包括从构想、分析、归纳、判断,一直到拟定策略、方案的实施、事后的追踪与评估过程。

会展策划与计划不同,它有为达到目的的各种构想,这些构想和创意是新颖的,与目标保持一致的方向,有实现的可能。把策划过程用文字完整地记录下来就是会展策划案。

广义的会展策划案可以涵盖经市场调查而产生的可行性研究报告、项目意向书、项目建议书及广告策划方案、宣传手册等，包括围绕某次会展的展前、展期、展后所有的策划文案。

8. 实施效果评估

展会的效果是长期的。展出者在重视并投入很大力量进行展台设计、产品展示、展览宣传、展台接待和推销等工作的同时，也应当投入相当的力量做会展后续工作。如果说会展相当于"播种"，建立新的客户关系，那么，会展的后续工作就相当于"耕耘"与"收获"，将新的关系发展为实际的客户关系。会展的后续工作有很多，实施效果评估是其中的重要一环。

会展的效果评估内容也很丰富，有展会工作评估和展会效果评估。

展会效果评估需要由展出者自己安排或委托专业评估公司来做。展会效果的评估内容有定性的内容也有定量的内容，条件许可的情况下尽量用定量的评估内容，这样，能使评估的结果更客观、更有价值。

（二）会展策划的基本方法

方法是对具体行动方案如何产生的反映，是如何制订方案的一种行为。通常所说的策划方法就是指利用现存的可利用资源，选择最佳手段完成策划目标的过程。会展策划的方法是多种多样的，到底选择何种方法进行策划，不仅要看会展策划团队所能利用的资源条件如何，更要看策划者本身所具备的学识、能力和素养。

以下是一些人们在策划中常使用的方法，因而，对会展策划也是适用的。

1. 系统方法

系统方法的主要原理是把事物看成一个完整的系统，这个系统既包括自身组成要素的各个方面，又包括各要素间的联系及各相关事物间的关系与地位。系统的方法要求从系统的一方面或几个方面或整体出发，对策划对象进行不同角度的整体分析。

系统方法通常有以下五个步骤。

（1）确定策划目标。从系统的整体要求出发，提出需要解决的中心问题，确定会展活动所必须达到的目标与希望达到的目标。

（2）综合拟订方案。根据既定的会展策划目标，制订出可以实现的各种方案。

（3）分析评价方案。策划所形成的各种方案各有优缺点，应该通过分析、比较和评估，确定具有最佳价值标准、满意程度高的方案。

（4）系统选择，策划优先。通过综合分析、比较和计算，从诸多备选方案中选出最优化的方案。会展策划者应该提出书面的策划报告，由会展项目主管部门决定最终方案。

（5）跟踪实施，调整方案。策划者应跟踪方案执行情况，以便及时发现问题，修改、补充原方案，最终实现策划目标。

2. 头脑风暴法

所谓头脑风暴法，就是指采用会议的形式，如召集专家开座谈会征询他们的意见，把专家对过去历史资料的解释以及对未来的分析，有条理地组织起来，最终由策划者作出统一的结论，在这个基础上，找出各种问题的症结所在，提出针对具体项目的策划创意。

在进行头脑风暴时，策划者要充分地说明策划的主题，提供必要的相关信息，创造一个自由的空间，让各位专家充分表达自己的想法。为此，参加会议的专家的地位应当相当，以免产生权威效应，从而影响另一部分专家创造性思维的发挥。专家人数不应过多，应尽量适中,因为人数过多,策划成本会相应增大,一般 5～12 人比较合适。再者会议的时间也应当适中,时间过长,容易偏离策划案的主题;时间太短,策划者很难获取充分的信息。这种策划方法要求策划者具备很强的组织能力、民主作风与指导艺术,能够抓住策划的主题,调节讨论气氛,调动专家们的兴奋点,从而更好地挖掘专家们潜在的智慧。

头脑风暴法的优点是:获取广泛的信息、创意,互相启发,集思广益,在大脑中掀起思考的风暴,从而启发策划人的思维,想出优秀的策划方案来。

3. 德尔菲法

所谓德尔菲法,就是指采用函询的方式或电话、网络的方式,反复咨询专家们的建议,然后由策划者作出统计,如果结果不趋向一致,那么就再征询专家意见,直至得出比较统一的方案。这种策划方法的优点是:专家们互不见面,不会产生权威压力,因此,可以自由地、充分地发表自己的意见,从而得出比较客观的策划案。

运用这种策划方法时,要求专家具备策划主题相关的专业知识,熟悉市场的情况,精通策划的业务操作。根据专家的意见得出结论后,策划者需要对结论进行统计处理。但是这种方法缺乏客观标准,主要凭专家判断,再者由于次数较多,反馈时间较长,有的专家可能因工作忙或其他原因而中途退出,影响策划的准确性。

4. 智能放大法

智能放大法是指对事物有全面而科学的认识,然后在这种认识的基础上对事物的发展做夸张的设想,运用这种设想对具体项目进行策划。

由于这种方法受到一定的时间、地点以及人文条件的制约,具体操作要靠策划者自己来准确地把握。这种策划方法容易引起公众的议论,形成公众舆论的焦点,进而很快拓展其知名度,成为炒作的原料。"没有想不到的,只有做不到的"是这种策划方法的原则。但是这种策划方法并不是一味地往大处想,而是在现有的客观条件下,合理地考虑到公众的心理承受力,这就是说,智能放大法是有一定风险的,太过于夸张,容易导致策划向反面发展,从而彻底改变策划的初衷。

需要指出的是,不论采取哪种策划方法,都必须围绕会展目标进行。从根本上来说,会展策划是调动一切可能利用的资源,运用科学合理的方法与手段,对会展项目的开展进行筹划,指导运作、实施的过程。会展策划所采用的方法是否得当,往往是策划方案是否可行的重要因素。

总之,会展作为一种营销方式,在开拓市场、巩固市场等方面发挥着重要作用。但是会展是一项复杂、浩繁的工程,它的工作环节很多,为了保证其顺利、有效地开展,必须重视会展的策划工作。有学者指出,只有当会展被认为是最有效的营销方式时才决定会展,而在决定会展后,能激发创意,有效地运用手中的资源,选定可行性的方案,达到预期目标或解决一个难题,就是策划。会展策划在整个会展过程中扮演着一个重要角色。

会展包括会议、展览和节事活动等方面,会议侧重于信息交换,可以是经济行为,也可以是政治行为、科技行为;展览则侧重于产品展示和技术交流,主要是一种经济行为;节事活动则是各类节日、庆典与活动的总和。会展是一种特殊的流通媒介,是信息传播与实物传播的载体。本章在厘清现代会展概念的基础上,对会展策划的概念、特点、作用、基本原则以及基本内容和基本流程、基本方法做了细致的分析。最后将会展归结为经济活动中的一种"最有效的营销方式",给会展策划以确切合理的定位。

(1) 目前会展的学科定位尚处于学术探讨阶段,会展学是一门新兴学科。

(2) 会展策划是从事会展行业工作的必修课,但行业实际需要的策展师是有限的,会展人才定位问题值得关注。

上海世博会的成功之道

中国 2010 年上海世界博览会(EXPO 2010)是第 41 届世界博览会,于 2010 年 5 月 1 日至 10 月 31 日期间在中国上海市举行。此次世博会也是由中国举办的首届世界博览会。

2010 年上海世博会以"和谐城市"的理念来回应对"城市,让生活更美好"的诉求。作为首届以"城市"为主题的世界博览会,在上海世博会 184 天的展期里,世界各国政府和人民围绕"城市,让生活更美好"这一主题充分展示城市文明成果、交流城市发展经验、传播先进城市理念,从而为 21 世纪人类的居住、生活和工作探索崭新的模式,为生态和谐社会的缔造和人类的可持续发展提供生动的例证。创新是世博会亘古不变的灵魂;跨文化的碰撞和融合是世博会一如既往的使命。"以人为本、科技创新、文化多元、合作共赢、面向未来"——上海世博会在新的时代背景下继续弘扬"创新"和"融合"的主旋律。

中国 2010 年上海世界博览会会场,位于南浦大桥和卢浦大桥区域,并沿着上海城区黄浦江两岸进行布局。世博园区规划用地范围为 5.28 平方公里,包括浦东部分 3.93 平方公里,浦西部分 1.35 平方公里。围栏区范围约为 3.28 平方公里。一方面,上海世博会吸引了 200 多个国家和国际组织参展,海内外 7 000 万人次游客前来参观,从而以最为广泛的参与度载入世博会的史册。另一方面,上海世博会组委会始终以全球的视野来筹备和举办上海世博会,举全国之力,集世界智慧,最大限度地争取世界各国政府和各国人民的参与、理解和支持,从而使上海世博会真正成为"世界人民的大团圆"。通过世博园区异彩纷呈的 184 个日日夜夜,中国圆满兑现"世界给中国一次机会,中国将还世界一片异彩"的申办承诺。荟萃世界文明成果、凝聚人类科技精华的上海世博会,以其空前的规模、新奇的创意、精妙的构思,展现出未来城市生活的美好画卷,激发无限希冀与想象,开启了人类文明旅程的新境界,给中国也给人类带来无尽的启示。

1. 城市的发展是会展业发展的基础

(1) 生态环境的改善。生态环境的可持续发展不仅是上海市可持续发展中的一部分,更是影响上海会展业可持续发展和经济竞争力的重要因素。由于世博会通常占地很大,因此,各举办城市在修建时,往往将其与大规模的城市改造结合在一起,上海也是如此。选定的上海世博会园区,原来是一些污染比较严重的工厂区,通过世博会进行改造,能够解决掉这个市中心最大的污染源。世博会园区占地达 3.28 平方公里,这个区域相对来说是比较大的,将接待全世界各参展组织的工作人员和参观游客。世博建设的绿化力图做到建设黄浦江两岸的大型生态公园、世博园区的绿地及场馆之间绿色景观走廊,实行点、线、面的完美结合。一方面,世博会的筹办为改善当地生态环境带来了契机,为世博板块的居民提供了绿色健康的生活空间;另一方面,良好的生态环境已经成为旅游目的地最具魅力、最响亮的旅游品牌,上海 2010 年的世博会接待 7 000 万人次的参观者,其中,

30％～50％的游客将会做延伸旅游,这些都会增强世界专业人士在上海开会办展的吸引力,从而为上海带来更多的会展发展机遇。

(2) 城市基础设施的健全。会展业的发展离不开城市便利的基础设施和服务设施。举办世博会使整个上海市的基础设施整整提前10年。如何将来自世界四面八方的客人顺利便捷地运送到会场,这给上海市的交通提出了一大考验。据相关部门报道,上海在世博会之前做到铁路、公路、城市道路、轨道交通、地面公交、枢纽和停车形成一体,互相融合。2010年上海两个机场的年吞吐量达到了3 800万人次,铁路形成5个方向7条干线,铁路和对外公路的年客运量均达到了4 500万人次。同时,还建设650公里的覆盖上海和长三角地区的高速公路网络及开辟世博会专用的旅游交通路线。另外,上海投资200亿人民币来完善通信、供水、供电等其他的措施,以满足世博会期间观众的参观需要。可以说,2010世博会促使上海加快了城市交通等基础设施的建设步伐,大幅度提高硬件设施水平来满足客运要求,这将促进未来上海乃至长三角地区会展经济的快速增长。

(3) 会展场馆设施的建设。国际展览局对于可以发展会展业的城市提出的一个重要指标就是拥有设施先进的现代化场馆。世博会前上海场馆建设已初具规模,总面积已经达到30万平方米,但是由于缺少统一规划,呈现数量多、面积小、展览功能不全、交通组织困难等诸多问题。上海新国际博览中心建成后,上海室内展览面积达到35.38万平方米,室外展览面积达到8.5万平方米左右,整个世博园区可以提供将近200个展览空间,这大大改善了上海市的会展场馆设施。世博会之后一部分永久的建设也得到保留,部分的展览建筑改造为会展中心、文化交流中心、科技交流中心,它们的利用将同上海会展设施的总体规划和战略发展紧密结合。

2. 会展管理体制的创新

世博会的本质是创新,没有创新,世博会将黯然失色。上海世博会成为后工业文明时代创新、创意、创造的舞台。英国馆"会发光的盒子"、日本馆"会呼吸的房子"、瑞士馆"会溶解的外墙",种子殿堂、能量球、微藻除碳屏风,等等,许多风格各异、新意迭出的建筑、产品和技术让人目不暇接,掀起一阵阵创新风暴,向世人展示出人类未来的美好生活。2010世博会的举办,对上海会展业管理体制创新起到了前所未有的促进和推动作用。上海世博会的运作模式是政府主导,市场化运作。政府主导主要体现在政府负责履行在世博会中的承诺,负责规划的制订和协调,审查具体的实施计划,并提供必要的财政支持。市场化运作体现为世博土地控股公司负责土地的整合、开发、规划设计以及基础设施建设;世博集团公司负责世博会的商业化运作,包括建筑、资金筹措、工程招投标、市场开发、招商招展等。世博会中政府和企业的明确定位将成为上海会展管理体制创新的典范,可以预见不久的将来,上海会展业市场化进程将大大加快。

3. 城市品牌的传播,促进会展成功举办

上海世博会从申办到结束的全过程历时之久,整个世博会的品牌传播细致地划分为五个阶段,分阶段、有目标地进行品牌营销。以下是阶段划分以及划分依据。

第一阶段——申办阶段:1999年5月—2002年12月

1999年5月31日上海市政府第34次常务会议作出决定:申办2010年世博会,并成立上海市2010年世博会申办工作筹备小组,由此拉开了上海市申办世博会的序幕。而2002年12月,国际展览局举行第132次成员国代表大会,对2010年世博会举办地进行投票表决,中国上海最终胜出,这标志着上海申办世博的成功。因而,这一阶段是从上海申办世博到最后申办成功的过程。

第二阶段——前期筹备阶段:2003 年 1 月—2008 年 8 月

从 2003 年开始,上海世博进入前期筹备阶段,包括注册报告的设计、城市规划、前期宣传准备等。2008 年 8 月,北京奥运会闭幕,全国更多的目光开始转移到上海世博这个国际盛事上来,同时,这一年的 8 月也是上海世博会开始 600 天倒数的前一个月。因而这个阶段是从上海世博进入前期筹备一直到北京奥运会闭幕、世博开始集中式宣传前的一个阶段。

第三阶段——集中式宣传阶段:2008 年 9 月—2010 年 4 月

2008 年 9 月 8 日,上海启动"上海世博会倒计时 600 天行动计划",从此之后,上海世博集中式的宣传攻势开始爆发。2010 年 4 月,是上海世博正式开幕的前一个月。因而这个阶段是上海世博开幕前的集中宣传阶段。

第四阶段——举办阶段:2010 年 5 月—2010 年 10 月

上海世博会于 2010 年 5 月 1 日开幕,10 月 31 日闭幕。因而这个阶段是上海世博的整个举办期间。

第五阶段——后世博阶段:2010 年 10 月之后

2010 年 10 月 31 日上海世博闭幕之后,人们对世博的关注并没有停止,从后期场馆的维护、文化遗产的保留到后世博时代的传播等话题,一直能够见诸报端。因此这个阶段也是城市品牌传播的重要环节,属于后世博阶段。

4. 上海世博会创造了 12 项纪录,入选世界纪录协会世界之最

(1) 上海世博会的参展规模最大。共有 190 个国家、56 个国际组织参展。

(2) 志愿者人数最多。园区共 79 965 名,其中国内其他省区市有 1 266 名,境外有 204 名。共分 13 批次向游客提供了 129 万班次、1 000 万小时,约 4.6 亿人次的服务。

(3) 正式参展方的自建馆,大约有 40 个国家和国际组织报名建设,其数量为历届之最。

(4) 上海世博会主题馆屋面太阳能板面积达 3 万多平方米,雄伟壮观,是目前世界最大单体面积太阳能屋面。

(5) 主题馆墙面入选中国世界纪录协会世界上面积最大的生态绿墙,该绿墙面积为 5 000 平方米。

(6) 投资为 286 亿元,财政总预算达到了 3 000 亿~4 000 亿元。

(7) 世界上保留园区内老建筑物最多的世博会园区。约有 2 万平方米历史建筑得以保留。世博会博物馆与城市足迹馆都设在原江南造船厂的老建筑内。

(8) 世博会史上单天参观人数之最,截至 10 月 16 日 21 时,单天进园参观世博会的人数达 103.28 万人。

(9) 参观人数最多,参观人数超过了 7 308.44 万。

(10) 首次同步推出网上世博会。

(11) 世界上单体量最大的公厕。

(12) 世博会园区面积最大。园区在市中心占地 5.28 平方公里。

5. 为参观者创造一个安全、放心和便捷的参观环境

(1) 高效的现场组织能力。世博会为分散热门场馆人流,入场组织者为参观者提供预约服务。参观者可凭当日已检入园的门票在22个预约服务点的预约机上预约当日参观5个主题馆中的一个场馆。此外,部分展馆及文化演艺活动提供单馆预约服务,参观者可在其单馆预约机上预约,每张门票最多可约5次。预约成功后,在预约时段凭门票及预约券到达场馆验票入馆。预约服务不但提高了入场效率,而且对预约服务数据进行有效分析和评估,可以提前做好各个场馆的时段安排以及人流控制。

(2)恰到好处的细节掌控能力。世博园区的总体概况图表化和公开化。不论是地图上还是同区内的展板上都有统一的标识,包括服务站、卫生间、餐饮、出入口、银行、医疗点等,这些标志中英文皆有,浅显易懂,让不同语言、不同文化、不同需要的游客一目了然。园区内共设有1万张座椅,并且周围设有太阳伞和可移动的喷雾降温设备。共有101个饮水点,共计配备1 168个喷水嘴和接水口,免费为参观者提供饮用水。现场的色彩运用实现标准化管理,各种类的基础设施颜色样式统一,便于游客的辨认,如安全通道用绿色标识,危险地带用护栏及设置红色标识。抓住细节,往往在展会中起到事半功倍的效果,不仅使游客身心舒畅,而且为现场管理人员减少了很多不必要的麻烦,现场管理也能减少很多隐患。

资料来源:辛尚. 上海世博会成功的启示[J]. 时事报告,2010(12),有改动.

思考:

1. 同往届世博会相比,上海世博会为上海带来哪些机遇和挑战?
2. 结合上海世博会的成功经验,谈谈我国发展会展业、打造知名会展城市的策略。

本 章 小 结

本章介绍了会展业的历史、世界主要发达国家和中国会展业发展进程,并阐述了会展的概念、研究内容,会展管理和会展策划的相关理论。此外,在实践层面上,通过对上海世博会成功经验的介绍,促使理论联系实际,为读者学习会展管理与规划提供基础框架。

复习思考题

1. 会展的核心概念有哪些?
2. 同发达国家相比,我国会展业应如何发展?
3. 结合会展业发展特点分析未来会会展业发展的方向。
4. 会展管理研究的内容有哪些?
5. 会展策划主要包括哪些内容?

即 测 即 练

第二章
会展立项策划与管理

引 言

习近平新时代中国特色社会主义思想的历史观认为,中国与世界的关系进入了新时代。从国际地位来看,当代中国已不再是国际秩序的被动接受者,而是积极的参与者、建设者、引领者。《中国展览经济发展报告2023》指出,出境展成为"稳外贸、拓市场"的有效手段。从推动外贸企业"走出去",到中国专业展览主办方"走出去"搭建自办展平台,中国外贸正在形成高质量发展的创新服务业态。后疫情时代,医疗健康、动漫游戏、养老产业等主题成为中国会展立项的新兴题材。

项目管理是第二次世界大战后期发展起来的重大管理技术之一,最早起源于美国。因为在美国的阿波罗登月项目中取得巨大成功,由此风靡全球,应用于各行各业。从建筑业到计算机、商业贸易,它几乎活跃在每个组织的运营活动中,会展业也不例外。本章首先介绍了会展项目的含义、特征与分类,以使读者对会展项目的基本概念有所认识;然后重点介绍了会展项目的立项策划的相关内容,包括会展项目的识别与启动以及如何对会展项目进行可行性分析;最后一节介绍了会展项目过程管理中的重要组成部分:会展项目的组织管理与财务管理。

本章学习目标

➢ 熟练掌握会展项目的含义、特征与分类;
➢ 熟悉会展项目立项策划的内容与遵循的原则,立项书撰写的内容及规范;
➢ 熟练掌握会展项目可行性分析的过程;
➢ 掌握会展项目的组织管理;
➢ 了解会展项目的财务管理。

导入案例

海峡两岸(山东)创业创富项目博览会25日济南开幕

2016海峡两岸(山东)创业创富项目博览会暨中小企业展洽会(简称"创博会")于3月25—27日在济南舜耕国际会展中心盛大开幕。本次展会由山东省中小企业局、山东卫视联合举办。

据了解,为深入贯彻落实国家关于大力推进"大众创业,万众创新"及推进"一带一路"的国家发展战略,本届"创博会"特邀台湾中华两岸企业发展联合总会携众多台湾本土知名品牌参展。截至3月21日,共有400多家企业携带千余个创业项目确定参展,覆盖了社会生活的方方面面,提供给投资创业者多种多样的投资选择和创业机会。

紧跟国家发展战略打造"百姓创富第一展"

本着"为政府分忧、为经济搭桥、为创业者服务"的宗旨,组委会紧跟国家发展战略,积极搭建投资者与广大中小创业项目的"众创空间",不仅提供投资者与众多加盟项目相关负责人面对面交流的机会,还有行业专家现场免费答疑解惑,为创业者和投资者大大节省创业成本、缩短创业摸索期、享受专业的配套服务、降低创业风险的优势。

行业项目种类多投资者选择空间大

本届"创博会"参展的品牌涉及食品饮品、餐饮美食、家居家电、服装服饰、教育培训、婴童用品、珠宝饰品、美容保健、手工加工、环保建材、连锁酒店、图文影像、金融服务、电商微商等 20 多个行业,有极大选择空间。从投资金额上讲,小至几千元的餐饮项目、加工项目,大至数百万的产品代理及加盟项目均有,为不同层次的创业者及投资者提供广泛的选择空间。

配套活动专业丰富肯德基必胜客齐亮相

据介绍,为满足广大参展商及投资者的不同需求,展会期间,组委会特联合多部门举办海峡两岸优秀创业创富项目评选活动、"一带一路"海峡两岸专场投资对接会、台湾精品创业项目推介会、创富大讲堂、山东卫视创富主持人见面会、公益创业培训等多场观众喜闻乐见又贴合大众的配套活动,同时展会现场"连锁品牌中华行——济南站"还特邀了肯德基、必胜客、小肥羊等一线加盟品牌助阵"创博会",为广大投资者带来全新招商加盟政策、投资创业分析等全方位的免费指导。

"创博会"未开先火投资观众反响热烈

为方便投资者、创业者、加盟者报名参观展会,组委会特开通电话报名、网络报名、现场报名三种报名方式,截止到发稿日,组委会已接收到来自山东及全国各地的 8 000 多名专业观众的预约资料。

主办方表示,此次博览会是山东省"发展众创空间,推进大众创新创业"的重要举措,并将成为山东宣传创业政策、展示创业成果、弘扬创业精神、营造创业氛围的重要载体。为方便投资者参加博览会,组委会还特别开通绿色通道,前来参观的投资者可以直接到展会现场办理参观手续。

资料来源:大众创业万众创新创业创富项目博览会 25 日济南开幕[EB/OL]. [2016-03-21]. http://sd.youth.cn/2016/0321/4070887.shtml,有改动.

点评

好的会展项目需要紧跟国家发展战略和时代潮流,且具有效益的综合性特征。

第一节　会展项目概述

美国项目管理认证委员会主席 Paul Grace 曾断言:"21 世纪的社会,一切都是项目,一切也必须将成为项目。"因而项目管理已成为在当今急剧变化时代中各行各业求生存谋发展的利器,在会展业中也不例外。此外,随着我国会展活动的日趋国际化、专业化、品牌化和规模化发展,会展企业要想在有限的时间里做好会展项目的繁杂的组织工作,更好地利用时间、技术及人力等方面的资源,最大限度地实现会展目标,实行会展项目管理是理所应当的。

一、项目概述

(一) 项目的定义

对于项目,目前国内外有各种各样的定义。

美国项目管理协会(Project Management Institute,PMI)认为项目是"一种被承办的旨在创造某种独特产品或服务的临时性努力"。该定义表明项目具有明确的目标和独特的性质:每一个项目都是唯一的、不可重复的,具有不可确定性、资源成本的约束性等特点。

德国国家标准 DIN 69901 将项目定义为"在总体上符合如下条件的具有唯一性的任务(计划):具有预定的目标,具有时间、财务、人力和其他限制条件,具有专门的组织",强调项目应具有的条件因素。

英国项目管理协会(Association of Project Management,APM)则将项目定义为"为了在规定的时间、费用和性能参数下满足特定目标而由一个人或组织所进行的具有规定开始和结束日期、相互协调的独特的活动集合"。该定义被国际标准化组织(International Organization for Standardization,ISO)采用(ISO 10006)。此定义明确提出项目的时间界定、费用要求和其他参数条件等要素,完善了项目内在的特殊的规定性。

我国学者袁亚忠认为,项目是指为了完成特定的目标,在一定的资源约束下,有组织地开展一系列非重复性的活动。

江金波将项目理解为:围绕特定目的,在一定的人、财、物保障以及确定时间段等条件的基础上,实施的有组织性的系列活动。也就是说,项目是指一定资源条件和具体目标要求下,作为系统的被管理对象的单次性任务,这一任务由多项具体活动组成。

综合以上国内外对项目的定义,本书将项目定义为:为了完成既定的目标,一个人或组织在一定的时间、财力、人力等其他资源的限制条件下,进行的一系列的有组织的、相互协调的活动集合。

(二) 项目的特征

从项目的定义中可以看出,项目一般具有如下的共性特征。

1. 独特性

项目的独特性是指项目所创造的产品或服务与所有的其他产品或服务相比较,是具有唯一的、明显的特性的。同时,由于项目实施时间、地点、条件等会有若干差别,都涉及某些以前没有做过的事情,所以每一项目总是唯一的。

2. 临时性

临时性又称为一次性、单次性。它是指项目有明确的开始时间和明确的结束时间,在这个时间段内由相关人员有组织地、相互协调地来完成某一项任务。也就是说,这项任务只是临时存在的任务,而不是永久性的。而一旦结束,项目的相关要素也就随之不存在了。

3. 目标性

目标性即任何一个项目都有其明确的目标,包括数量、功能和质量标准,以及明确要求执行者在一定的时间和预算约束下完成任务所规定的目标。概括起来就是成果性目标和约束性目标两类。成果性目标是项目的功能性要求,约束性目标是指各种限定的条件。

目标性是每一个项目的基本属性。

4．约束性

每一项目都需要运用各种资源来实施，而资源是有限的。项目的实施与完成必然要受到这些资源限制条件的影响，特别是时间、财力、人力和物力等项目的投入要素。

5．整体性

一个项目就是由各个管理和生产要素系统所组成的一个完整的系统，这些系统彼此之间互相联系、紧密相关，必须得到合理配置才能最大限度地发挥项目的整体功能，实现项目的总体目标。

6．周期性

每一项目都是有时间条件的限制的，因此每一项目也都具有明显、确定的周期性和阶段性，且具有一定的规律可循，其对于合理安排资源管理，有效推进并控制项目的进程具有重大的意义。一般来说，项目的生命周期由启动阶段、规划阶段、执行阶段和结束阶段四阶段构成。

二、会展项目的定义、类型和特征

（一）会展项目的定义

会展是会议、展览等集体性活动的简称，是指在一定地域空间由很多人集聚在一起形成的定期或不定期、制度或非制度的社会活动，它包括各种类型的会议、展览（包括交易会、博览会等）、体育赛事、节庆活动等。会展业是一个新兴的服务行业，影响面广，关联度高，效益好。会展经济正逐步发展成为我国经济新的增长点，而且会展业的发展潜力非常大。新时期伴随着新兴产业的产生，传统产业的纵深发展，产业间融合的不断深化，各式各样的会展项目也如雨后春笋般涌现。会展项目既具有一般项目的普遍性，又有其自身特定的内涵。

国内学者庞华在《会展服务管理》一书中将会展项目定义为：以各种会展活动为管理对象，在特定的时间、资源条件下通过提供会展产品和服务实现既定目标的多项相关工作的总称。李敏在《会展会议活动项目管理手册》一书中将会展项目定义为：在一定地域空间，许多人聚集在一起形成的定期或不定期的，围绕特定主题传递和交流信息的群众性社会活动。

本书根据项目的定义，将会展项目定义为：为了完成既定的目标，许多人或组织在一定的时间、财力、人力等其他资源的限制条件下，进行的会议、展览、大型活动等有组织的、相互协调的活动集合。

（二）会展项目的类型

会展项目根据不同标准可以划分为不同类型。本书结合学者袁亚忠和李敏的分类，根据会展活动的主题类型，将其划分为展览项目、会议项目和活动项目三种类型。每一种会展项目又可以分为不同的类别。

1．展览项目

根据展览项目的目的，展览项目可以分为展示类项目和交易类项目。展示类项目是指以物品或者商品的展示为主要目的的展览会，如美术展、艺术品展等，有时它也可能是非营利性质的；而交易类项目是指以商品交易为主要目的的展览会，如行业展览会、车展等。

　　根据展览项目的性质,展览项目可以分为贸易类展览项目、消费类展览项目和科技类展览项目。贸易类展览项目是为制造业、商业等各类行业举办的展览活动,展出者和参观者主体都是商人,参展商可以是行业内的制造商、贸易商、批发商、经销商、代理商等相关单位,参观者主要是经过筛选邀请来的采购商,一般的观众被排除在外,展览的最终目的是达成交易;消费类展览项目是为社会大众举办的展览活动,这类展会多具有地方性质,展出内容以消费品为主,观众主要是消费者,非常重视观众的数量;科技类展览项目主要是以科技和技术成果为展出内容,科技含量高,专业性强,适合专业参展商和专业观众参加。

　　根据展览项目的内容,展览项目可以分为综合类展览项目和专业类展览项目。综合类展览是指包括全行业或数个行业的展览会,又称为横向性展览会,如世博会、轻工业展等;专业类展览是指展示某一行业甚至某一项产品的展览会,如建材行业展、房地产行业展等。

　　根据展览项目的地域、规模,展览项目可以分为国际、国家、地区、地方展览会以及单个公司的独家展览项目。

　　根据展览项目是否营利,展览项目可以分为营利性展览项目和非营利性展览项目两种。

2. 会议项目

　　根据会议的目的,会议项目可以分为以专项研究为主要目的的会议和以产品发布为主要目的的会议。前者是指以某一个或几个议题为主题的会议,主要由国际组织、政府和行业协会所组织的会议,如联合国大会、世界互联网大会等;后者主要由企业组织和参加,旨在向外发布有关企业新产品等信息,以达到迅速推广到市场的目的。

　　根据会议项目的内容,会议项目可以分为商务型会议、展销型会议、交流型会议、学术型会议、政治型会议、培训会议等。

　　根据会议项目的举办主体,会议项目可以分为协会会议、公司会议和政府会议及非政府组织会议。

　　根据会议项目的组织形式,会议项目可以分为研讨会、座谈会、讲座、论坛、专题学术讨论会、年会等。

　　根据会议项目的地域范围和影响力,会议项目可以分为国际会议、全国会议、地区会议和本地会议等。

3. 活动项目

　　根据活动项目的地域范围和影响力,活动项目可以分为国家性活动项目、全国性活动项目和地区性活动项目。

　　根据活动项目的内容,活动项目可以分为单一专业性活动项目和综合性节事活动项目。

　　根据活动项目的规模,活动项目可以分为大型活动项目和一般活动项目。

　　根据活动项目的主题,活动项目可以分为庆祝庆典活动项目、产品营销活动项目、文体演出活动项目和公益福利活动项目。其中庆祝庆典活动项目主要是指以庆祝某些节日或庆祝开业、颁奖等特殊事件为主题而举办的活动项目,如民俗文化节、商业庆典等;产品营销活动项目主要是指以宣传推广产品、促进产品销售、提升产品知名度为主题而举办的活动项目,如旅游节、啤酒节等;文体演出活动项目主要是指以文化艺术、体育比赛、娱乐表演为主题而举办的具有商业营利性的活动项目,如体育赛事、音乐节等;公益福利活动项目主要是指以推行公益、福利或慈善为目的或主题策划的非营利性的活动项目,如公益演出、公益展览等。

（三）会展项目的特征

会展项目作为一种新型的项目形式,它除了具备一般项目的总体特征,即独特性、临时性、目标性、约束性、整体性和周期性之外,其与传统的工程建设项目、科学研究项目等有着明显的特征差异。一般来说,会展项目具有如下的主要特征。

1. 服务的目标性

会展业是现代服务业的重要组成部分,会展项目是一种服务类项目。通过提供优质的服务使客户满意,是会展企业应该始终坚持的终极目标。因此,会展业的从业人员必须围绕客户来开展工作,以市场需求为导向,最终实现客户满意。会展项目的客户包括参展商、一般观众、采购商、会议参与者等。该目标要求会展项目包含会议、展示、商务、旅游等多种服务内容,为参展商、观众及会议参与者提供高效、高质、全面的服务。

2. 项目的关联性

会展项目具有较大的产业关联性和带动性,随着全球会展业的不断发展,会展项目对区域经济带动作用愈发明显。据统计,全球会展产业每年直接经济效益超过 3 000 亿美元,为世界经济带来的增长总额超过 3 万亿美元,约占全球 GDP(国内生产总值)总和的 4%。随着中国经济的快速发展,会展活动已经成为推动城市经济增长的新动力,各类会展项目汇集人流、物流、资金流、技术流和信息流,有效拉动餐饮、交通、住宿、旅游、建筑、通信、装饰、物流、广告、印刷咨询、保险等相关产业的增长。其对促进所在城市的经济发展、转变经济发展方式、优化产业结构、提高城市综合竞争力等方面有着积极作用。

3. 客户的广泛性

会展项目的客户是以客户群体而非个体为对象的,除了参展商、会议参与者外,会展项目还需要采购商、一般观众等客户群体,要使不同的客户满意,会展项目团队成员在项目的策划与启动之前,必须进行充分的市场调研,充分了解各类客户群体的需求,并在其基础上通过高水平的管理为客户提供高质量的服务。另外,会展项目的运营还需要相关政府部门、新闻媒体平台、社区居民以及其他服务行业的支持和合作,利益相关者众多。

4. 约束的多样性

会展项目的约束条件具有多样性的特点。一些大型的会展项目,除了受到人力、物力、财力及技术等条件的约束外,由于会展项目的广泛的关联性,其还受到经济、政治、社会环境的约束。此外,会展项目是具有临时性和周期性特征的,也就是说,在会展项目的启动、规划、执行和结束各个阶段中,每个阶段的工作任务都要严格按照项目的时间进度完成,尤其是对定期举办的会展项目,时间的约束性更强。这些都体现了会展项目的约束条件的多样性。

5. 效益的综合性

会展项目的关联性必然带来其效益的综合性。这种综合性体现在两个方面:一是会展项目投资在获取经济效益的同时,还将获得巨大的社会与环境效益,即会展活动的顺利开展不仅能够带动城市相关产业的发展,获得一定的经济效益,其对于提高城市的知名度、促进城市基础设施和环境的优化、提高居民的文化素质、树立城市形象等都具有积极的作用;二是会展项目的关联性决定了项目收益由多方构成,具有综合性的特点,是高利润、高收益、高回报的"三高"项目。

第二节　会展项目的立项策划

会展项目的立项策划,实际上就是在收集和分析市场信息的基础上,对一个会展项目的基本框架和内容进行初步的规划和设计,并对其进行可行性分析,最终获得相关行政主管部门或决策机构批准或承认的过程。

一、会展项目立项遵循的原则与内容

一般来说,会展项目立项策划的原则和内容大致包括以下几个方面。

(一)会展项目立项遵循的原则

会展项目立项遵循可行性原则、利益性原则、创新性原则、灵活性原则等。

1. 可行性原则

会展项目具有约束的多样性特征,一些大型的会展项目,还受到经济、政治、社会环境及人力、物力、财力及技术等条件的约束,因此在进行会展立项策划时,一定要注意策划的现实可行性,这不仅需要大量的对市场环境的调研和信息的收集,了解会展项目市场相关主体的需求,了解会展举办地的法律法规与文化习俗,更需要会展项目团队对会展项目进行科学策划和管理,以保证会展项目的场馆及其设备设施、资金和人力条件等得到满足,保障会展项目的顺利启动和运行。

2. 利益性原则

会展项目具有效益的综合性的特点。因此,在会展项目立项策划的过程中,需要注意利益性原则,即会展项目的立项策划不仅要注重经济利益,同时还要求实现一定的社会效益和环境效益,既要注重近期利益,更要注重长远利益,以实现各种利益的统筹兼顾和综合考虑。

3. 创新性原则

近几年,各种创新型的会展项目层出不穷,几乎遍布各行各业,但是会展项目同质化的问题也越来越突出。会展产业本身属于新型的服务产业,是紧跟社会发展和时代潮流的,要想提高会展项目策划的成功率,注重会展项目的创新性是十分重要的,其既可以表现为会展主题的创新,也可以表现为会展活动过程中任何一个具体环节的创新或者与其他业态的融合创新。例如2015年的米兰世博会"掌上世博"项目就是采取"互联网+会展业"的形式,首次将世博会在互联网上进行了全景O2O观展运营的创新性尝试。满足了大众足不出户就可以观看世博的愿望。解决了传统会展行业企业在发展中的"瓶颈"和痛点,打破了一些大型展会时间、距离和空间的限制,获得了很大的反响。

4. 灵活性原则

会展项目是具有一定风险性的,因为市场永远是充满变化和未知的,而会展项目在运行中也可能会遭遇种种困境与危机。会展项目在立项策划时应当充分考虑到当危机和风险发生时,会展企业应该如何快速而准确地应对,即会展项目在立项策划之初就应该考虑到项目设置的灵活性和危机管理,以最大限度地减少市场环境变化给会展项目所带来的经济损失和社会影响。

(二)会展项目立项策划的内容

会展项目的立项策划主要包括以下内容:会展项目的定位,会展项目的名称,会展活动的时间安排,会展项目的举办地点,会展项目的举办机构,会展项目的规模和举办频率,会展项目的展品范围,会展的价格及初步预算,会展项目的人员分工、招展招商和宣传推广计划,会展项目的进度计划、现场管理计划和相关活动计划。

1. 会展项目的定位

会展项目的定位就是举办机构在分析自身的资源条件和市场竞争状况的基础上,利用差异化竞争战略,选择自己最具优势或者最具潜力的会展题材,使自己举办的会展项目在众多同类的会展项目中脱颖而出的过程。简单来说,会展项目的定位就是清晰地告诉参展商和观众本会展项目"是什么""有什么"及"好在哪里"。会展的定位要做好市场调研和市场细分,以明确会展项目的目标受众、项目目标、会展项目的主题等。

2. 会展项目的名称

会展项目的名称与会展项目的定位是相互联系的,是后者凝练而概括的表达,一般由基本部分、限定部分和附属部分三部分组成。其中,基本部分和限定部分构成会展项目名称的主体,基本部分用来说明会展项目的性质,如博览会、展览会、交易会、洽谈会、展销会、订货会、研讨会和论坛等;限定部分主要说明会展项目举办的时间、地点、规模以及内容等;附属部分是限定部分的补充,具体说明会展项目的举办时间、举办地点、组织单位的名称等。如"第九届夏季达沃斯论坛",其中"论坛"属于基本部分,"第九届夏季"属于限定部分,"达沃斯"属于附属部分。

3. 会展活动的时间安排

在会展项目的立项策划中要尽早确定一些重要的日期和时间段。这些重要的特殊日期和时间段有:会展的开幕日和闭幕日,对外开放时间,会展期间主要活动的时间安排,参展商报名截止日期,组团报名截止日期,会展布展日期和撤展期限,等等。国内大部分的专业性会展的对外开放时间一般是3~5天。综合型的会展项目延续时间稍长。尽管展览时间不长,但一定要充分地考虑布展和撤展时间。一般较为大型或重要的会展至少需要两天的布展时间,有特装的展位要给出3天的布展时间。针对一些特殊的行业(如食品、重型机械等)而言,还要特别注意给其的撤展时间要比其他行业长。以避免引起混乱和不必要的加班。

在选择会展的举办时间时需要考虑多方面的因素。首先是考虑订货季节,大部分产品都有特定的订货季节,也就是订货高峰,在订货季节举办的会展项目成交的可能性就大些。还要考虑财政年度、配额年度等,一般的规律是前松后紧,上半年的配额多、经费宽松,订货就可能多。其次要考虑气候和节假日。每年的3—6月和9—10月气候适宜,是企业正在执行每年上半年与下半年的采购销售和生产计划的时期,参展意愿强烈,是举办各种会展项目的旺季。而每年的7—8月和12月至次年的1月间气候较差,是企业的采购销售和生产计划已经执行或正在编制的时期,参展意愿较弱,是举办各种会展项目的淡季。另外,为方便普通观众参观,一般可将会展的最后一天定在双休日,以此来带动会展的人气。国际展的时间选择上要注意避开全年的重大节日(如圣诞节)和夏季休假期7—8月。国内展的时间选择上要避开春节和"十一"的黄金节假日;最后会展项目的举办时间原则上要避开国内外同类会展项目的举办时间,特别是相似题材的品牌展,两者的举办时间至少要相隔3个月,以尽量减少相关会展对本会展可能产生的影响。

会展的举办时间可以固定在某一个日期,也可以每年视情况作出调整。但是要注意,一旦会展的举办时间确定下来,往往不能轻易更改,因此要慎重选择。

4. 会展项目的举办地点

会展举办地点的选择包括两个方面的内容:一是会展在什么地方举办,即确定会展在哪个国家、哪个省或哪个城市里举办;二是会展在哪个场馆举办。会展的举办地点的选择要考虑多方面的因素:一是要考虑会展项目的题材,会展项目最好是在会展题材相关产业的生产和销售集中的产业发展水平较高的地方举办,或者是在其邻近地区、交通比较便利的地方举办,这些地方参展商和观众可能会比较集中,可以给他们提供较大的便利;二是要考虑举办地的经济发展水平和号召力,主要涉及交通、通信、餐饮、住宿等基础接待设施的数量和质量等,国际性和全国性的会展项目需要选择一个对内对外交通便利的地方举办,以方便海外和全国的企业参展和观众参观;三是要考虑举办地的自然生态条件,若一个城市拥有良好的自然环境和文化环境,风景秀丽、气候宜人或文化底蕴丰厚、人文气息浓郁,具有较强的可观赏性,则这类城市在成为会展中心城市的同时,也是著名的旅游城市,像北京、上海和香港都具有会展中心与旅游城市的双重功能。此外,还有会展的定位、会展项目的特殊要求、成本等因素。

会展可以固定在一个地方举办,也可以在几个地方轮流举办,前者称为固定展,后者称为巡回展。

会展场馆除需要考虑硬件设备和展览空间的因素外,还需要选择那些交通方便、租金价格合理、周围环境良好且酒店等接待设施齐全的场馆。可供会展项目选择的场馆类型有:博物馆、展览馆、美术馆、纪念馆、陈列馆、会议中心、展览中心、体育场、体育馆、文化广场、文化馆、剧院和剧场等。

5. 会展项目的举办机构

会展项目的举办机构是指负责会展的组织、策划、招展和招商等事务的相关部门和单位,这些单位可以是企业、行业协会、政府部门和新闻媒体。根据各单位在会展举办中的不同作用,一般可以分为主办单位、承办单位、协办单位和支持单位等。会展项目举办机构的分类及比较见表2-1。

表 2-1 会展项目举办机构的分类及比较

分 类		承担的工作	承担的责任	地 位
主办单位	名义	扩大会展的影响力和号召力	不承担主要法律责任	最为核心和最为重要
	实际	负责会展的实际策划、组织、执行与管理	承担主要法律责任	
承办单位		部分承办单位承担包括招展、招商和宣传等全部职能,部分承办单位可能只承担一部分自身具有优势的职能	民事责任	
协办单位		部分的招展、招商和宣传推广工作	财务责任	协助但不起主要作用
支持单位		有时也要承担一些招展、招商和宣传推广工作	不承担任何财务责任	支持但不起主要作用

对于主办单位来说,选择一个合适的优质的承办单位、协办单位对于会展项目的成功开展和项目效益、长远发展等都有重要的意义。

6．会展项目的规模和举办频率

从会展项目涉及的地域范围,可以将会展项目分为国际型会展、国内型会展、地区型会展和地方型会展四类。从定量的角度看,主要涉及三个方面的指标:展出面积、与会者或参展商的数量与观众的人数。展出面积是反映会展项目规模的最直观指标,在会展项目的立项策划中需要对这些指标作出预测。预测的根据就是可能招到的参展商的数量与质量,只有保证足够数量的参展商,原先规划的展出面积才有意义。会展项目的观众有专业观众和一般观众之分。专业观众,主要是贸易商,是决定参展商能否实现销售计划的重要因素,因此对于大多数的会展项目来说,保证专业观众的数量和质量对提高会展的生命力非常重要的。

会展的举办频率是指确定会展活动是一年举办一次或几次,还是几年举办一次或者不定期举办。目前,一年举办一次的会展项目是最多的,也有不少是一年举办两次和两年举办一次的,不定期举办的会展已经越来越少。会展举办频率的确定受产品生命周期的影响。会展举办频率越来越高,是会展市场竞争的结果,但是过高频率举办的展览会无疑加重了参展企业的负担,并且稀释了展会的效果,在营销渠道多样化的今天,这对整个会展市场的未来发展是不利的。

7．会展项目的展品范围

展品范围是指在展览会上展出的商品的范围,这也是会展项目团体在立项策划时所需要确定的一项关键任务。展品范围直接决定着展览会将要展出什么商品、设备和技术,它间接地决定着会展的参展企业和观众范围,也影响着会展的长远发展。会展的展品范围要根据会展的目标、定位、举办机构的优劣势和其他多种因素来确定。

目前会展项目的展品范围越来越趋向于专业化。因为,会展业在向专业化方向发展,会展分工专业化、会展从业人员专业化、观众日趋专业化;同时越来越多的会展企业为了提高企业竞争力而进行市场细分和专业化市场的经营。一般来说,每一个会展企业都有一个自己熟悉和擅长的产业,在这些产业中,它们具有一定的优势。同时,在那些它们不熟悉、不擅长的产业里,它们在展品范围的确定时肯定是存在困难的。

8. 会展的价格及初步预算

会展的价格主要包括参展商的展位租赁费、会展的门票价格和企业在与会展有关的各种媒介上的宣传推广价格。其中,展位租赁费是会展项目主要的收入来源,而一个合适的价格对招展工作、提升会展项目竞争力是十分重要的。因而,在制定展位租赁价格时需要根据市场和场馆的具体情况进行确定。例如,会展企业在制定展位租赁价格时,一般遵循"优地优价"的原则,即那些便于展示和观众流量较大的展位价格往往要高一些。

初步预算是对会展项目所需要的各种费用和预期收入进行的大致预算,可以使会展企业对会展项目的投入和产出有一个初步的认识。会展项目的支出主要包括:综合会展项目费用(包括场地租金,布展搭建费用,法律顾问费用,设备费用,储存费用,注册设备和人员所需的费用,参展商会议室、休息区的费用,等等),人力费用,印刷和促销费用,设备费用和其他支出项目等。会展项目的收入主要包括展位收入、注册费收入、门票收入、赞助收入、广告收入等。

9. 会展项目的人员分工、招展招商和宣传推广计划

这些是会展项目的具体实施计划,会展企业必须在立项策划时形成基本的思路与框架,以确认会展项目的顺利实施。人员分工计划是对会展工作人员的工作进行统筹安排。招展计划主要是为招揽企业参展而制定的各种策略、措施和办法。招商计划主要是为招揽观众参观会展而制定的各种策略、措施和办法。招展与招商计划包括两方面的内容:一是分析整理可能的客户群体,建立潜在的客户名单;二是通过宣传联络、筛选等工作选择合适的参展商。宣传推广计划则是为建立会展品牌和树立会展形象,并同时为会展项目的招展和招商服务的。宣传的方式包括媒体广告和户外广告。媒体广告包括在报纸、杂志、网站、电视、电台等媒体进行宣传。户外广告包括在机场、车站、码头、商业街道和广场等地点以海报、灯箱、广告箱、宣传布幅、彩旗等形式进行广泛的宣传,目的就是扩大会展的影响,制造会展的声势。

10. 会展项目的进度计划、现场管理计划和相关活动计划

会展项目的进度计划就是在时间上对会展项目的各项工作作出统筹规划。会展项目在立项策划时必须明确在会展项目的筹办过程中,到什么阶段应该完成哪些工作,以使会展项目筹备的各项准备工作能够有条不紊地进行。会展项目的现场管理计划是在会展开幕后的会展现场进行有效管理的计划,包括布展管理计划、开幕计划、展场管理计划、观众登记计划和撤展计划等。会展项目在立项策划时必须认真考虑现场管理计划,以便会展现场井然有序,避免混乱。会展项目的相关活动计划也是在立项策划时必须先考虑的。相关活动计划是对准备在会展期间同期举办的各种相关活动作出的计划安排,最常见的相关活动有技术交流会、新闻发布会、论坛、研讨会和现场表演等,它们是会展项目的有益补充。

(三) 会展项目立项书

对会展项目进行立项策划时,对于上述计划的基本要求和整体框架应当进行规划与调整。立项策划书就是对以上内容的归纳和总结,是为策划举办一个会展项目而提出的

一套办展规划、策略和方法。

一般来说,会展项目立项策划书主要包括以下内容。

(1) 办展市场环境分析。

(2) 会展的基本框架。

(3) 会展的价格及初步预算方案。

(4) 会展人员分工计划。

(5) 会展招展计划。

(6) 会展招商计划。

(7) 会展宣传推广计划。

(8) 会展筹备进度计划

(9) 会展服务商安排计划。

(10) 会展开幕和现场管理计划。

(11) 会展期间举办的相关活动计划。

(12) 会展结算计划。

二、会展项目的可行性研究

在会展项目立项策划的基础上,还需要对策划方案是否可行做进一步的可行性研究。会展项目的可行性分析是在调查研究各种信息的基础上,全面、深入地分析会展立项策划提出的方案,为最后是否执行该会展项目提供科学的决策依据的过程。

(一)会展项目可行性研究的步骤

1. 筹划准备阶段

在会展项目立项策划后,会展项目的主办单位或者承办单位可以组建研究小组,也可以委托有资质的咨询公司对会展项目进行可行性研究,主要是要明确可行性研究的范围,包括会展项目的大小、类别、地域等;并且对会展项目的背景环境进行具体分析;可行性研究的承接单位还要明确会展项目主办者的要求与目标。

2. 调查研究阶段

调查研究阶段是做好可行性研究工作的重要步骤,也是研究过程顺利开展的前提条件。调查研究的途径包括:收集综合性和具体种类的会展资料进行分析,向与会展相关者直接询问,参观考察会展,现场收集情况,等等。调查的内容包括:会展项目所处的宏观环境(包括经济环境、政治环境、文化环境和生态环境等);会展项目的市场环境,包括会展项目所涉及的行业状况,如行业的市场规模、行业发展潜力、进入壁垒及竞争环境等;举办机构的自身条件,包括人、财、物等资源的支持及会展运作的经营管理水平和经验等。对这些方面都要做全面深入的调查和研究,以便为实施方案的制订和选择提供依据。

3. 制订和选择方案阶段

在这一阶段,需要在上一阶段充分调查研究的基础上,制订出会展项目的实施方案,即围绕项目要素目标,将会展项目的市场、资源、投入、产出等方面进行组合,设计出多种可供选择的方案。然后对备选方案进行详细的讨论和比较分析,在这个过程中要注意定性分析和定量分析相结合,也可以采用SWOT(优势、劣势、机会和威胁)分析方法详细讨论比较每个方案的优缺点,最后推荐一个或者两个备选方案给会展项目的决策者进行选择。

4. 详细研究阶段

这是可行性研究最为核心的阶段。在这一阶段要对选出的最佳方案进行深入详细的分析研究,要进一步明确项目的具体范围,并对会展项目的财务与风险情况进行评价。会展项目的财务分析是指从举办展机构财务的角度出发,按照国家现行的财政、税收、经济、金融等规定,在确定的价格基础上,分析测算举办该会展的费用支出和收益,并以适当的形式组织和规划好举办该会展所需要的资金。其主要目的是分析策划举办的会展项目是否经济可行,并为即将举办的会展制订资金使用规划。举办一个会展可能面临的风险有四种,包括市场风险、经营风险、财务风险和合作风险,办展机构要通过对各种风险的评估采取相应对策尽量回避和降低不确定因素所造成的风险,同时还需要对举办该会展项目的社会效益进行评估,所谓会展项目的社会效益,就是指举办该会展对当地社会各方面可能产生的影响。在这一阶段要论证出会展项目在技术上的可行性、条件上的可达到性、资金的可筹措性、风险的可化解性。

5. 可行性报告编制阶段

通过以上对会展项目有关内容的分析论证之后,即进入可行性研究报告的编制阶段。目前国家对会展项目的可行性研究报告并没有统一规定,所以会展项目可行性研究报告应该参照其他类型的项目可行性研究报告的内容和体例,并根据自身的特点来编写。

6. 资金筹措计划阶段

资金是成功举办会展的基础和前提,无论其选择何种方式或者规模,都必须在正确估算的前提下事先准备足够的项目资金。在这一阶段,应对项目资金来源的不同方案进行比较分析,同时要考虑到由于项目实施情况的变化可能导致的资金使用情况的改变,来编制相应的资金筹措计划。就资金来源而言,筹措资金的渠道主要包括自有资金、银行贷款、合资经营和综合融资。

(二) 会展项目可行性研究的内容

会展项目可行性研究的内容会随项目所涉及行业的不同而有所差别,不同行业各有侧重,但其基本内容是相同的,一般包括以下几个方面的内容。

1. 宏观环境分析

会展业是一个产业关联性大、综合性强,同时又对外部宏观环境较为敏感和依赖的行业。会展项目的所有外部环境因素是能够对会展项目的生存与发展产生重要影响的。对任何会展项目进行可行性分析时,都要根据会展项目的特点和主、承办单位自身的特点,深入地研究并分析和预测宏观环境的变化对会展项目的影响。宏观环境因素主要包括经济环境、政治环境、社会文化环境和自然生态环境等。

经济环境是指会展业生存和发展的社会经济状况和发展水平,经济环境的变化会对会展项目产生极大的影响。例如,2007年夏天爆发的席卷全球的金融危机,不仅使此次金融危机的始作俑者美国的会展业遭到巨大打击,而且据"国际专业人员会议"的调查显示,2009年,全球64%的公司减少了会议花费。政治环境是指制约和影响会展项目的政治安全性、国际关系、相关的政策法规等。会展业的宏观政治环境涉及的因素非常广泛,从国际层面看,包括政府间合作、国与国之间的关系等,这些都会对国际会展业产生巨大的影响。一般说来,各国之间的政府合作越密切,对国际会展业越有利。反之,则有害于国际会展业。社会文化环境对企业参展和观众到会参观会产生较大的影响,例如人们的餐饮习惯、世界各国的节假日和喜庆日的安排等。自然生态环境方面对会展项目的影响,主要体现在:一是许多政府和国际组织现在在积极地鼓励"绿色"会展低碳环保,促进会展业真正成为资源节约型、环境友好型产业,实现可持续发展;二是办展机构所关注的多变的天气类型,这种变化对会展项目有潜在的影响,特别是在考虑何时举办会展或是在室外还是室内举办的时候;三是自然生态环境是在选择会展举办地时的一个重要因素。

2. 市场环境分析

会展项目所涉及行业的状况会直接影响会展项目的市场需求。对会展相关行业状况的分析主要包括:对行业所处的市场规模的分析,对行业成长空间的分析,对行业进入壁垒和其他限制的分析,对行业内部竞争状况的分析,等等。

市场规模的大小将影响会展项目吸引企业参展的能力,也将对会展的规模产生直接影响。通常市场规模越大,则会展项目获利空间也越大,项目目标也越容易实现。行业的成长空间,主要从三个方面来分析。首先是与会展项目所属行业的发展周期有关。一般处于成长期的行业发展趋势好,市场扩张快,较适合举办会展。处于成熟期的行业,企业数量较多,开拓市场的意愿比较强烈,也是适合举办会展的。但处于初始期和衰退期的行业则不太适宜举办展览会。其次,会展项目的行业成长空间与该行业在展出地及周边的分布状况有关。如果某行业在展出地周边比较集中,并形成一定的产业分工和上下有关联关系,这个行业就比较适合于在该展出地举办会展。最后,会展项目的行业成长空间也与会展举办地区的产业政策导向有关,属于支柱产业和主导产业范畴的行业不仅在发展环境方面得到的支持多,同时也拥有很多踊跃参展的企业。行业中存在的壁垒和限制主要是指技术壁垒,包括规模经济进入壁垒、产品差别化进入壁垒和制度性进入壁垒。此外,要想在激烈的竞争中脱颖而出,办展机构必须深入研究会展项目所处的竞争环境,全面地了解行业内的主要竞争者。如果一个行业的市场处于自由竞争状态,或者至少没有达到高度垄断的程度,那么选择这个行业举办会展就是可行的。

3. 办展机构内部环境分析

会展项目不仅受到外部环境因素的制约,还受到本身拥有的资源能力的制约,因此需要对办展机构的内部环境进行分析,主要包括人力、物力和财力资源分析。在人力资源方面,要想举办大型的、成功的、具有较大影响力的会展,就需要各方面的专业人才,其中最重要的就是专业展览策划人。专业展览策划人的经验对会展项目的成功举办十分重要。甚至其过去承办大会的经验也成为竞标重要国际会展时的重要参考因素之一。此外,项目经理和其他小组成员是否具有丰富的会展管理经验和水平也是决定会展项目目标能否实现的关键因素。物力资源方面,主要指举办机构在选择会展场地时必须遵循一定的行业标准,需要考虑场馆的硬件设备、水电设施与载重量等是否符合展览需要。财力资源是指举办机构所拥有的资金情况,如果没有足够的资金支撑,那么会展的举办就会出现问题,因此办展机构需要保证自己的多样化的筹资渠道或资金来源。

4. 项目运行的可行性分析

会展展览项目运行的可行性分析实际上就是针对整个会展项目的具体执行阶段全过

程进行分析,主要包括人员安排的合理性和财务预算的可行性分析。在会展项目人员安排的合理性上,根据会展人员在会展举办过程中的作用,可将其分为两类:筹备人员和会展职能部门人员。筹备人员主要负责会展筹备期间的工作,如招商招展、宣传推广、财务和后勤等方面的工作。而会展职能部门的人员则主要负责会展现场一切职能协调和管理工作,包括展位的分配安排、观众的组织和入场、展览展位设计施工、展品运输、展台和参观的接待协调等。财务预算的可行性分析主要包括会展项目的价格定位、成本收入预算、盈亏平衡分析、现金流量分析和资金筹措等。

(三) 会展项目可行性报告的编制

1. 可行性研究报告的编制要点

可行性研究报告是可行性分析的核心内容,为保证科学性、客观性和公正性,有效防止偏差和遗漏,一般要求编制可行性研究报告时要注意以下三方面问题。

(1) 严肃认真,客观公正。可行性研究报告必须站在客观公正的立场上,从资料的收集到报告的撰写,其中所有信息应当尽可能全面真实。会展项目是否可行要用科学数据来回答,绝不能先定结论再去编制数据。

(2) 准确预测,论证严密。可行性研究报告是投资决策前的活动,是对会展项目与运营实施中可能遇到的问题和结果的估计,具有预测性。因此,必须在深入调查的基础上全面系统地分析影响项目的各项因素并采用科学的论证方法,作出准确的评价和论证。

(3) 语言简明精确,形式规范。可行性研究报告的语言应简明概要,并且不应采用模糊不清的词句,运用语言文字要标准。另外,虽然目前会展项目的可行性研究报告还没有相应的国家标准,但仍需要注意内容的系统化和格式的统一,可参照其他相关可行性研究报告的框架,并根据会展项目的性质和内容统一编写。

2. 可行性研究报告的内容框架

综合考虑一般科学研究报告的撰写规范,并结合会展业的特性编写会展项目的可行性报告。会展项目的可行性研究报告内容框架如下。

1) 总论

作为可行性研究报告的第一部分,从整体上概述会展项目的基本情况中各部分的主要问题和研究结论,并对该会展项目可行与否提出最终建议,为可行性研究报告的审批提供建设性意见。

2) 项目背景和发展概况

其主要介绍:会展项目的主题定位,主承办单位情况,会展项目提出的原因与过程,会展项目的目标和范围、创新点,前期准备工作的进展情况,项目的必要性等。需要注意的是,在叙述项目概况的同时,应能清楚地揭示本项目可行性研究的重点和问题所在。

3) 行业市场预测及分析

按照波特的驱动行业竞争的五种力量分析,要对以下几个方面进行深入、仔细的研究:行业内现有竞争对手的分析、参展商和观众分析、会展主办者分析、潜在入侵者分析和替代品分析,以明确会展产品在市场上的供求状况,从而确定会展项目最合理有益的市场定位。

4）项目执行方案分析

对会展项目执行方案的基本框架进行评估,包括会展主题定位的准确性、举办时间和选址的合理性、招展招商及宣传推广计划的可行性等,主要是通过详细的讨论和比较分析,在多种可供选择的方案中选择一个或者两个方案推荐,在这个过程中要注意定性分析和定量分析相结合,也可以采用 SWOT 分析方法详细讨论比较每个方案的优缺点。

5）项目组织及实施进度

根据会展项目的性质和内容、规模、项目运作流程以及办展机构的组织制度等,建立相关的组织管理制度,落实会展活动举办的组织保障,并根据项目的工作总量及各环节工作内容的特点,合理进行人员分工,制订相应的人员培训计划。此外,需将项目实施期间各个阶段的工作进行统筹安排,作出合理的切实可行的项目实施进度安排。

6）项目的投资估算及融资

可行性研究阶段的投资估算是会展项目投资决策的重要依据,是正确评价会展项目投资合理性、为项目决策提供依据的技术,也是制订项目融资方案的前提。应对项目资金来源及融资方式的不同方案进行比较分析,同时要考虑到由于项目实施情况的变化可能导致的资金使用情况的改变,来编制相应的融资方案和用款计划。

7）项目财务分析及社会效益评价

会展项目的财务分析是指从办展机构财务的角度出发,按照国家现行的财政、税收、经济、金融等规定,在确定的价格基础上,分析测算举办该会展的费用支出和收益,并以适当的形式组织和规划好举办该会展所需要的资金。其主要目的是分析策划举办的会展项目是否经济可行,并为即将举办的会展制订资金使用规划。所谓会展项目的社会效益,就是指举办该会展对当地社会各方面可能产生的影响。由于会展项目的效益综合性的特点,因此在可行性研究阶段还要进行会展项目的社会效益和环境效益的评价,包括提高城市的知名度、促进城市基础设施和环境的建设、提高居民的文化素质、树立城市形象等。可行性研究需要充分论证会展项目与社会的相互适应性,并以此作为决策的一个依据。

8）项目的风险预测

风险是指某一行动的结果所具有的不确定性。举办一个会展可能面临的风险有四种,包括市场风险、经营风险、财务风险和合作风险。风险预测首先要评估它们存在的可能性有多大,并评估它们一旦发生,对会展项目可能会造成哪些影响,办展机构是否可以规避或者克服这些风险及它们所造成的影响。有些风险,会展企业无法控制,只能规避;有些风险,会展企业可以通过有效措施来进行积极预防和消除。最后,要给出会展项目总体风险大小的简要评论,提出相应的应对对策,从而判断会展项目是否切实可行。

9）结论和建议

根据前面各部分的可行性研究分析结果,对会展项目的行业市场状况、项目执行方案、项目组织及实施进度、项目的投资估算及融资、项目财务及社会效益评价、项目的风险预测给出结论性的评价;并对可行性研究中尚未解决的问题提出解决办法和建议;对应修改的主要问题进行说明,提出修改意见;对不可行的会展项目,提出不可行的主要原因;最后对整体方案进行总结,提出结论性的意见建议。

会展项目可行性研究报告的编写规范

第一章 总论

一、会展项目背景

1. 项目名称

2. 承办单位概况

3. 会展项目可行性研究报告的编制依据

4. 会展项目提出的理由与过程

二、会展项目概况

1. 会展项目的主题理念

2. 会展项目的举办时间与地点

3. 会展项目的目标和范围

4. 会展项目投入的总资金及效益情况

三、项目的可行性与必要性

四、问题与建议

第二章 行业市场分析

一、会展产品市场的供应预测

1. 国内外会展市场的供应现状

2. 国内外会展市场的供应预测

二、产品市场的需求预测

1. 国内外会展市场的需求现状

2. 国内外会展市场的需求预测

三、产品目标市场分析

1. 会展产品目标市场的界定

2. 会展产品市场占有份额分析

四、价格现状与预测

1. 会展产品国内市场的销售价格

2. 会展产品国际市场的销售价格

五、市场竞争力分析

1. 主要竞争对手的情况

2. 产品市场竞争力的优势、劣势

3. 营销策略

六、市场风险

第三章 资源条件评价

一、会展项目资源的可利用量

二、会展项目资源的品质情况

三、会展项目资源的储存条件

四、会展项目资源的开发价值

第四章 会展项目的选址及建设

一、举办地条件分析

二、会展场馆设施

三、展览及会议场地布置

第五章 会展项目执行方案分析

一、会展项目方案的构成

二、会展项目方案的比选

三、推荐方案及其理由

第六章 会展项目的实施进度

一、会展项目的实施进度安排

二、会展项目实施进度表

第七章 会展项目的投资估算

一、会展项目投资估算的依据

二、会展项目建设投资的估算

三、会展项目流动资金的估算

四、会展项目投资估算表

第八章 会展项目的融资方案

一、会展项目的资金筹措

二、会展项目的债务资金筹措

三、会展项目融资方案分析

第九章 会展项目的财务效益评价

一、会展项目的销售收入估算

二、会展项目的成本费用估算

三、会展项目财务评价报表

四、会展项目的财务评价指标

1. 会展项目的盈利能力分析

2. 会展项目的偿债能力分析

五、会展项目的不确定性分析

1. 会展项目的敏感性分析

2. 会展项目的盈亏平衡分析

六、会展项目的财务评价结论

第十章 会展项目的社会评价

一、会展项目对社会的影响分析

二、会展项目与所在地的互适性分析

三、会展项目的社会风险分析

四、会展项目的社会评价结论

第十一章 会展项目的劳动安全、卫生与消防（略）

第十二章 会展项目的组织机构与人力资源配置

一、会展项目的组织机构

二、会展项目的人力资源配置

第十三章　会展项目的风险分析

一、会展项目主要风险因素的识别

1. 政策风险

2. 市场风险

3. 管理风险

4. 合作风险

5. 财务风险

二、会展项目的风险程度分析

三、会展项目风险防范和降低风险的对策

第十四章　会展项目可行性研究的结论与建议

一、会展项目推荐方案的总体描述

二、会展项目推荐方案的优缺点描述

1. 优缺点

2. 主要争论与分歧意见

三、会展项目主要对比方案

1. 方案描述

2. 未被采纳的理由

四、结论与建议

(附件、附图)

资料来源:庞华.会展服务管理[M].北京:清华大学出版社,2013:49-52.

即学即用

选择你感兴趣的会展主题,以小组为单位为其编写一份可行性分析报告,并进行课堂展示。

拓展阅读

武汉华中会展(资源)交易中心研究与设计报告的框架

概要

本报告对武汉华中会展(资源)交易中心建设方案进行了深入的研究,设计了适用于交易中心的整体框架,以及配套的制度规则。

具体而言,本报告在研究会展业发展现状的基础上,探讨建设武汉华中会展(资源)交易中心的背景、现实意义以及可行性分析,进而设计了武汉华中会展(资源)交易中心组建方案、运营模式、投资收益分析、交易中心管理、系统设计及风险控制。并草拟了《武汉华中会展(资源)交易中心公司章程》《武汉华中会展(资源)交易中心监督管理办法》《武汉华中会展(资源)交易中心现货挂牌交易规则》《武汉华中会展(资源)交易中心风险控制制度》《武汉华中会展(资源)交易中心结算管理办法》《武汉华中会展(资源)交易中心提单与仓库管理办法》《武汉华中会展(资源)交易中心经纪会员管理办法(暂行)》等一个章程、六项制度,形成了一整套较为完善、有效的制度体系,为交易中心平稳、高效、安全地运行提供了制度性保障。

武汉华中会展(资源)交易中心将采用"传统的会展＋大宗商品交易所＋电商＋物流＋金融创新"的运营模式,为会展业的腾飞发展插上金融的翅膀,让传统的会展通过互联网变成一年365天的会展,让会展与电商物流对接,从而变成"天地对接"的会展。并将金融衍生市场的元素与会展的现货交易融合,用产业金融工程的原理推动会展服务于实体经济。这种现代会展将会极大地推动地方经济的跨越式发展,并且成为全国会展经济发展的典范。

总体来说,本报告为武汉华中会展(资源)交易中心提供了一个较为完整有效、切实可行的设计方案。

目　录

三、武汉华中会展（资源）交易中心交易产品

四、交易中心仓储、物流、交易场所

第六章　武汉华中会展（资源）交易中心投资收益

一、武汉华中会展（资源）交易中心项目总投资表

二、武汉华中会展（资源）交易中心投资年收益表

三、武汉华中会展（资源）交易中心年支出预算表

第七章　武汉华中会展（资源）交易中心管理

一、武汉华中会展（资源）交易中心管理框架

二、武汉华中会展（资源）交易中心运营管理

三、武汉华中会展（资源）交易中心业务管理

第八章　武汉华中会展（资源）交易中心交易系统设计

一、交易系统的设计目标

二、交易系统的研发安排

第九章　武汉华中会展（资源）交易中心风险控制

一、风险控制概述

二、风险控制措施

资料来源：https://mp.weixin.qq.com/s/jnl063ElPPEmvY1OvKtA1g.

第三节　会展项目管理

进入 21 世纪以来，我国会展经济持续保持高速增长，市场竞争日益加剧，如何提升会展企业的活力与竞争力已成为每一个会展企业亟待解决的问题。尤其在世界经济一体化影响下，我国许多会展企业开始参与世界市场竞争，对会展企业管理提出更高的要求，要求会展企业管理必须做到规范化、科学化和现代化。在这一过程中，会展企业的组织管理和财务管理往往处于会展企业管理的核心地位。

一、会展项目管理概述

在发达国家，经过长期的探索和总结，现代项目管理已逐步发展成为独立的学科体系，成为现代管理学的重要分支之一，项目管理最早出现于 20 世纪 30 年代的美国。美国项目管理协会（PMI）把项目管理定义为"把各种知识、技能、手段和技术运用于项目中，以达到人们的需要和期望"的管理活动。国际标准化组织定义项目管理为"为达到项目目标而对项目的各个方面进行的规划、组织、监测和控制"。我国学者郑建瑜将项目管理定义为：就是项目的管理者在有限的资源约束下，运用系统的观点、方法和理论，对项目涉及的全部工作进行有效的管理。江金波认为项目管理就是把知识技能、工具和技术应用于项目各项工作之中，实现或超过项目利害关系者对项目的要求和期望的管理过程。

项目管理的主体是项目管理者，项目管理的对象是项目全过程的所有工作任务和活动项目，目的是实现项目的预定目标，即最大化满足项目相关利益主体的要求和期望。项目管理的根本手段则是常规管理手段基础上的项目专项管理手段，重点是项目的时间、质

量、成本、范围、风险等专门化管理的知识、技能、方法和工具。项目管理具有复杂性、专业性、目标性、创新性、综合性等特点。

结合会展项目的管理特殊性和现在会展项目实践的应用等,将会展项目管理定义为:会展项目管理者在有限的资源约束下,用系统的观点、理论和方法,对会展项目各阶段工作进行计划、组织、领导和控制,以最大化实现会展项目总体目标的管理活动。

会展项目管理包括会展项目的启动、规划、执行和结束四个阶段,这四个阶段侧重的工作内容不同,但是是相互衔接、相互渗透的。其基本内容主要包括会展项目的计划管理、会展项目的进度管理、会展项目的质量管理、会展项目的财务管理、会展项目组织管理和会展项目的信息与风险防范管理等,每一项内容对于整个会展项目的顺利运行都至关重要,缺一不可。本节则主要介绍会展项目管理中的关键内容:会展项目的组织管理和财务管理。

二、会展项目的组织管理

(一)会展项目的组织结构类型

会展项目的组织管理就是运用组织管理的基本原理和方法来管理会展组织,对于会展组织而言,如何在会展企业现有的各项资源的约束下,最大限度地实现会展企业的经营目标,使客户满意,是关系到会展企业生存发展的重要问题之一。科学有效的会展项目组织管理是会展项目顺利运行的重要保障因素。

会展项目的组织结构包含两层含义:一是举办会展项目的组织,二是实际负责具体实施会展项目的管理团队组织。前者会影响具体负责会展项目的团队和项目经理的工作,特别是项目经理调用组织内部资源的能力;后者是本部分主要阐述的内容。设计管理团队组织结构时需要遵循以下原则:目的性原则、分工协作原则、精干高效原则、管理跨度原则、系统化原则、及时更新原则和有效制约原则。

会展项目的管理团队的组织结构类型有很多,常见的有以下几种。

1. 职能组织型结构

职能组织型结构,基本特征是按照职能原则建立会展项目组织,把会展项目委托给会展公司和政府机构某个职能部门,这个部门是对项目实施最有帮助或者可能使项目成功的部门,必要时,其他职能部门需要提供协助。这种组织形式,只适用于小型的、专业性较强、无须涉及众多部门的会展项目(图 2-1)。

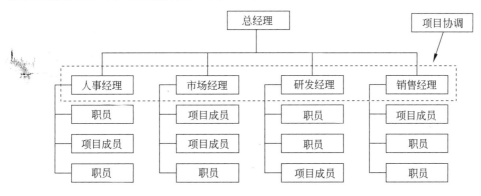

图 2-1　职能组织型结构

职能组织型结构的优点有：一是项目成员可同时从事项目工作和日常工作；二是同一部门之间容易沟通和协调；三是专业性强；四是项目成员发展平台好、归属感强。职能组织型结构的缺点有：一是职能部门通常会优先考虑日常工作，降低对项目的重视；二是与其他职能部门没有正式的沟通渠道，难以取得相应的支持；三是项目成员会消极对待项目工作；四是忽视其他部门在项目上的利益。

2. 项目组织型结构

项目组织型结构，基本特征是项目成员按照会展项目需要分工，不存在固定的财务、人事、营销等职能部门，是一种独立于其他职能部门之外的、自成体系的项目结构（图2-2）。这种组织形式适合于大型会展项目如奥运会等。

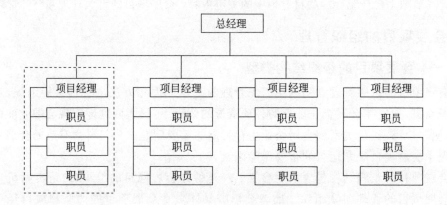

图2-2 项目组织型结构

项目组织型结构的优点有：一是项目经理有充分的权力来管理项目；二是团队成员职责清晰、精力集中、沟通容易；三是对项目进行中出现的各种情况易于跟踪和控制，反应速度快；四是有利于团队建设。项目组织型结构的缺点有：一是如果一个会展企业有多个项目，会造成各种资源的重复配置；二是管理成本高；三是项目组织缺乏稳定性；四是职能部门没有参与，影响项目的技术水平。

3. 矩阵组织型结构

矩阵组织型结构是现代大型项目中应用最广泛、也是更为适应会展项目特点的新型组织形式，它吸取了职能组织型和项目组织型的优势，并克服了这两者的不足，是两者的有机结合。采用矩阵组织型结构，各职能部门中与项目有关的人员被临时抽调出来，在项目经理的领导下从事项目工作，这时的成员有两个领导，这种组织形式加强了各职能部门同各项目之间的协作关系（图2-3）。

矩阵组织型结构的优点有：一是有专门的项目经理对项目负责；二是可以充分利用整个公司的资源；三是项目成员专业化程度高；四是充分利用公司的人力资源。矩阵组织型结构的缺点有：一是项目经理对成员没有足够的权力；二是各职能部门之间会进行权力资源的争斗；三是对项目成员实行双重领导；四是成员工作业绩评估较难。

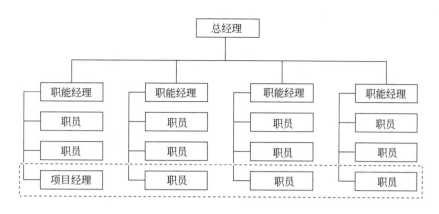

图 2-3　矩阵组织型结构

（二）会展项目的团队建设

会展项目团队建设的目的在于借助团队平台及其管理,增进项目成员创造力,提高团队的工作效率,完成会展项目目标。会展项目团队要遵循科学方法组建,并以冲突管理作为其管理的重要内容。

1. 会展项目团队的概念与特征

团队是指为了达到某一确定的目标,通过分工、合作及不同层次的权力与责任结合在一起的人群。会展项目团队是围绕会展项目目标的实现而建立的具有共同规范、介于组织和个人之间的一种临时性的项目组织。会展项目团队的组建对于会展项目十分重要,它不仅能迅速解决会展项目管理所需的人力资源,而且使来源多样的团队成员短时间内融合形成一个整体,建立起会展项目发展的有效平台。会展项目团队具有成员来源的广泛性、成员工作的双重性、成员工作的变动性、经理权力的有限性等特征。

2. 会展项目团队组建的原则

要想建立有效的会展项目团队,需要遵循以下原则。

（1）明确会展项目的目标。一个共同拥有的清晰明确的会展项目目标能够激发团队成员的激情和期待,并由此产生对项目目标的承诺和责任感,同时也有利于培养会展项目团队队员的团结与认同感。

（2）合理进行角色定位。角色定位即在会展项目团队组建时,要明确每个成员的角色、责任、权利和义务。会展项目的目标明确之后,项目团队成员需要了解为实现项目共同目标而必须做的工作及相互间的关系,以避免日后不协调所引起的效率下降。并且这种分工与协作也能提高项目团队的协作能力和团队成员的工作效率。

（3）团队成员高度互信。有效的会展项目团队,其成员之间需要相互理解、相互尊重和相互信任,承认彼此之间存在的差异,承认团队中的每位成员都是会展项目成功的重要因素,这也有利于避免冲突。因此在团队组建中,需要形成公开表达想法的风气,通过公开交流、自由交换意见来增加团队内部的彼此信任感。

（4）有效沟通原则。有效的沟通是解决冲突和误解的最好方法。一个高效的会展项目团队需要有足够好的沟通能力,这就需要创造团队全方位、多手段的信息沟通交流渠道,如配备先进的技术新系统,采用正式的和非正式的信息沟通渠道,等等,以促进营造团队开放、坦诚友好的氛围,创造一个和谐的团体,提高团队的凝聚力和工作效率。

会展项目团队可以通过任务导向法、价值观共识法、角色界定法、人际关系法等进行组建。

3. 会展项目团队的冲突管理

在实际工作过程中,现实可能与团队成员当初的期望存在着较大的偏离,成员之间或者成员与项目经理之间就会产生一些消极的抵触情绪,冲突便日益明显。会展项目团队冲突的来源有个性冲突、环境冲突、目标冲突和进度冲突。在冲突到来之时,要能够准确分析冲突的原因,合理处理冲突,并能够在冲突发生之后,通过解决冲突、总结分析,避免日后冲突再度发生。所以要求项目经理必须采取理性的、无偏见的态度去解决成员之间的争端,避免情感化的态度。

一般进行冲突管理的方法有:一是建立完善的解决冲突的方针与管理程序。即提前进行有计划的、有应对策略的准备。二是冲突双方直接沟通协调解决矛盾。项目经理应促进矛盾双方以积极的态度进行交流沟通,相互理解,相互信任。三是利用会议解决冲突。会议期间,项目经理要负责控制矛盾双方的情绪,以使会议能高效、有序地成功完成,最终解决矛盾。

(三) 会展项目经理的职责与权力

1. 会展项目经理的职责

会展项目经理是会展项目团队中的领导者、协调者、组织者和管理者,在项目实施过程中通常主要承担以下几个方面的工作。

(1)制订会展项目计划。其包括:制订会展项目总体目标和阶段性目标,制订会展项目工作和控制计划,确定会展项目所需的资源、所用的技术与规章,建立管理信息系统等部分。制订周密的会展项目计划是其重要职责。

(2)组建会展项目团队。会展项目经理的组织能力是其能力素质的重要体现,具体职责包括组建会展项目小组、建立会展项目管理机构、制定会展项目管理责任矩阵、促进内外部有效沟通、配备各种资源等部分。

(3)指导会展项目活动。会展项目经理是会展项目组织的最高决策者。会展项目经理需要把握项目的方向,需要指引小组成员有效地完成项目目标。因此,现场和场外的及时决策是会展项目经理的重要职责。其具体包括:指导项目计划的各项活动,提供阶段性的进度报告及相关信息,定期评价项目进展、调整组织结构、处理冲突、化解矛盾、减少风险、促进项目团队建设,协调解决职能部门与项目小组之间的问题,等等。

(4)控制会展项目过程。会展项目经理需要根据项目内部和外部的各种信息反馈,不断对会展项目过程进行控制和调整,以确保会展项目按时按质完成。其具体包括:确定项目活动的优先级,对项目的范围及其他变更进行评价,监控成本、速度和质量进展,等等。

2. 会展项目经理的权力

一定的权限是确保会展项目经理承担相应责任的先决条件。会展项目经理的权力有以下两个方面。

（1）职位权力。职位权力也叫与职位相关的权力，是在某一岗位上履行职责所行使的合法的行为，包括资源支配权力、决策权力和工作评价权力。但是会展项目经理的职位权力由于种种因素的制约，相对较弱，其对团队员工的雇用、解雇、纪律、晋升和增加工资的影响程度较小。

（2）非职务权力。非职务权力是指除了领导职权以外，由领导者的品质、作风、知识、能力、业绩以及榜样等非权力因素所形成的个人权力。在一定范围和条件下，非权力影响力会超过权力影响力，它包括经验和专业技术方面的权力、人格权力。人格权力是一种人格进程中产生的权力，也可以说是人格魅力带来的个人权力。

除此之外，要想成为一名合格的会展项目经理，取得会展项目管理的成功，还需要具备以下素质和技能：品德素质、创新素质、能力素质、知识素质、身体素质；项目管理技能、人际关系技能、情境领导能力、谈判和沟通技能、战略决策技能等。

三、会展项目的财务管理

（一）会展项目财务管理概述

会展项目能够成功举办，科学的财务管理是其保障。会展项目财务管理是指遵循客观经济规律，通过对会展项目资金的筹集、运用和分配的管理，利用货币价值形式对会展项目的经营状况进行规划与控制，为会展项目目标的实现提供财务保障的综合性的管理活动。会展项目财务管理的对象，主要是资金及其流转，因此现金流转的平衡是财务管理中最基本的平衡。在生产经营活动中，现金变为非现金资产，非现金资产又变为现金，这种周而复始的流转过程称为现金流转。会展项目的现金流转主要表现为资金的耗费，如用现金支付人工成本、租借活动场地、支付营销费用等。不同会展项目的现金流量情况是不同的。会展项目财务管理应该加强对现金流量的管理。

（二）会展项目财务管理的内容

会展项目财务管理的主要内容包括筹资管理、运营资金管理和成本费用管理三个部分。

1. 筹资管理

会展项目的运行需要一定的资金支持，资金是需要靠筹资来获得的。筹资管理所要解决的问题是如何获得会展项目所需要的资金，包括确定筹资对象、什么时候筹集、筹集多少资金、筹资的数量多少等。会展项目的主要资金来源渠道有两种，一种是会展企业的债务资金，是企业通过向银行贷款、发行债券、融资租赁等方式得到的资金；另一种是会展企业的自有资金，是企业采取吸收国家、企业法人、个人的投资，发行股票和企业内部留存收益等方式取得的资金。会展企业需要通过多种形式来筹集资金，尽量减少资金不确定因素给会展项目带来的风险。

2. 运营资金管理

会展项目运营资金是指为满足会展企业日常经营活动的需要而垫支的在会展项目进行过程中快速周转的资金，有广义和狭义之分。广义的运营资金又称毛运营资金，是指占用在流动资产上的资金；狭义的流动资金又称为净运营资金，是指流动资产减去流动负债后的余额。运营资金在会展项目的全部资金中占有相当大的比重，在一定时期内资金周转越快,越能取得更多的收入获得更多的报酬,所以是运营资金管理是财务管理工作中的一项重要内容。为了保证资金的正常运转,会展企业除了必须重视运营资金的管理,合理预测会展项目的规模和成本费用,确定运营资金需求量外,在保证会展项目顺利进行的前提下,还要节约使用资金,加速运营资金周转,提高资金使用效率。

3. 成本费用管理

会展项目成本费用管理是指会展企业为保证项目目标的实现在整个项目的实施过程中,将费用支出限制在预先确定的预算计划内,并对项目实施过程中发生的成本费用进行检查、监督和控制,努力将实际成本控制在预算的范围内从而实现目标利润的过程。

(三)会展项目财务管理的目标及原则

1. 会展项目财务管理的目标

会展项目财务管理的目标与会展企业目标是分不开的,不同的会展项目对财务管理目标有不同的要求。但是基本要求是一致的,主要有以下两个目标。

(1)利润最大化目标。利润最大化目标是指在满足投资者必要报酬率的前提下,争取尽可能多的税后利润。以利润最大化为目标的项目类型多是商业型的,以盈利为目的。

(2)外部效益最大化目标。会展项目的外部效益是指通过会展项目的实施对企业未来经营环境的改善程度。外部效益最大化目标就是通过开展会展项目最大限度地改善企业经营的外部环境,即获得最为翔实可靠的市场资料、最大限度地提升产品和企业自身的声誉、最大限度地增加未来客户等。

2. 会展项目财务管理的原则

在具体的生产经营环境下,会展项目财务管理要达到与企业目标相一致的财务目标,就必须以一定的财务管理原则为依据。一般来说,会展企业财务管理所要遵循的基本原则有:资源合理配置原则、收支平衡原则、成本效益原则、风险与效益均衡原则和利益关系协调原则。

(1)资源合理配置原则。这里的资源通常特指经济资源,也就是通常所说的企业的资产。资源合理配置原则的核心是要求会展企业的各个相关财务项目必须在数额上和结构上相互匹配与协调,最大程度上实现资源的有效利用,从而实现会展项目的经济效益的目标。

(2)收支平衡原则。会展项目财务管理的收支平衡是指资金收入支出在一定时期内和一定时间点上的协调平衡。要保证资金周转能顺利进行,就要求资金收支平衡。收不抵支,必然导致资金周转的中断和停滞,即使一定时期的收支总额达到平衡,但是支出在前,收入在后,也会妨碍资金的顺利周转。会展企业要坚持生产和流通的统一,使企业的供、产、销三个环节相互衔接,保持平衡。

(3)成本效益原则。如果成本发生以后未取得效益,或者发生的成本大于所取得的效益,则出现亏损,就谈不上经济效益。成本效益原则是投入产出原则的价值体现,是会展企业的生产活动得以延续和发展的基本要求。在会展项目财务管理中,成本效益原则的核心是要求会展企业在成本一定的条件下应取得尽可能大的效益,或是在效益一定的条件下应最大限度地降低成本。

(4)风险与收益均衡原则。随着市场经济的发展和竞争的日趋加剧,会展企业在获取收益的同时会伴随着较大的风险,在会展企业的经营管理中,风险与收益均衡原则的核心是要求会展企业不能承担超过收益限度的风险,风险与收益达到平衡,高风险必须有高收益。在收益既定的条件下,应最大限度地降低风险。收益和风险的不平衡会对会展企业整体目标的实现产生不利影响,从而也会累及会展企业的发展甚至生存。

(5)利益关系协调原则。会展企业与投资人、债权人和内部员工之间的关系是一种经济利益关系。经济利益关系经常会出现不协调甚至矛盾的情况,如果得不到及时解决,轻则影响各方的积极性,重则导致会展企业财务状况恶化,甚至引发社会问题。利益关系协调原则的核心是要求会展企业在收益分配中,包括税金的交纳、股利的发放、利息的支付、工资的计算等方面,要做到国家的利益与自身和员工的利益,投资人的利益与债权人的利益,所有者与经营者的利益相互协调。只有这样才能不断改善财务状况,增加财务能力,为会展项目顺利进行并提高效益创造条件。

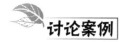 **讨论案例**

苏州秋季住房博览会立项策划书

一、展会简介

苏州住房博览会致力于打造东华地区规模最大的品牌地产交易盛会,在经历七载的地产风雨后,苏州住房博览会已经在苏州房地产市场上创造了一个又一个交易神话。住房博览会以强大的品牌力和组织力,以本土市场为原点,汇聚长三角市场乃至海外市场最新开发的各类品牌地产项目,创建宣传交易、品牌展示以及商务洽谈的最佳平台。作为苏州地产市场发展趋势的"风向标",面向苏州百姓,服务各大地产开发商,已发展成为"苏州房地产第一展"。

二、市场环境分析

2011年苏州商业地产进入了一个全新的发展时期,随着限购令细则的正式出台,改善型和投资型置业者迅速减弱了购房热情,投资取向的改变也引导着行业内项目的转型,商业地产犹如雨后春笋般在苏州市场上遍地开花,万达广场、环球188、印象城、繁华中心、恒达中环百汇广场的屹立给苏州房地产市场带来新的发展空间。

三、展会基本框架

(1)展会名称:2011苏州秋季住房博览会

(2)展会场馆:苏州国际博览中心

(3)展会地点:苏州

(4)办展机构:

主办单位:苏州国际博览中心;苏州广播电视总台

承办单位:苏州国华展览有限公司;苏州比斯曼展览工程有限公司

协办单位:苏州华展信息科技有限公司

(5)办展时间:2011年9月27日—2011年10月4日

展会日程报道:2011年9月27日:13:00—17:00

布展:2011年9月28—30日:8:30—20:00

展览:2011年10月1—4日:9:30—16:30

撤展:2011年10月4日:16:30—24:00

(6) 展品范围：

不动产项目,拉动住宅、商业及金融投资领域

(7) 办展频率：

展会周期一年两届

(8) 展会规模：

观众数 15 000 人;本届展会面积 30 000 平方米;标准展位数量 1 500 个

(9) 展会定位：

本届展会将隆重推出长三角品牌商业地产板块,对商业地产如何抓住时代和城市发展的脉博进行深入的解析,同时为投资者寻找新的投资机遇。住房博览会商业地产涵盖了城市的 CBD(中央商务区)、高端商业综合体、购物中心、商业街、超级购物中心、主题商场、投资楼等项目。

四、展会价格和展会初步预算：

现代大道地产展会　3A 馆　A 类　1 000 元/平方米　B 类　1 200 元/平方米

4A 馆　　　　　800 元/平方米

VIP(贵宾)展区　1 200 元/平方米

海外地产展区　15 000 元/平方米

住宅部展区、装饰设计展区、家居饰品展区　15 000 元/平方米

五、展会工作人员分工计划

做好会展的准备工作;客服联系参展商,接待观众与客户,布展工作,维持会展的秩序;提供帮助,进行收尾工作。

六、招展计划

通过电话、邮件、上门拜访或朋友介绍联系符合条件的房产公司,进行招展推广工作,并对重要客户及订单进行深入处理和深入了解客户需求,并有针对性地为企业提供全方位的专业参展推广方案。

七、招商计划

确立目标、广泛收集资料制订各类招商计划,比较确定最终计划,实施方案。

八、宣传推广计划

展会通过电话、报纸杂志、广播和网络发布广告造势宣传,辅以路旁看板、公交车身广告、道旗、横幅,实现全方位、多层次、多渠道狂轰滥炸式宣传。

九、筹备进度(略)

十、开幕和现场管理计划

开幕前需要做好开幕和现场管理计划。根据往年计划,对观众的数量做一个合理预测,安排保安人员维持正常的会展秩序,防止现场安全事故的发生。做好必要的医护准备,以备不时之需,安排必要的保安人员巡逻,防止意外事情发生。为观众提供适当的饮料水果与一些有纪念意义和会展特色的小礼品。

十一、展会期间举办相关活动

展会期间请一些专业的销售精英进行介绍,请一些职业模特,以达到吸引观众的目的,联系受欢迎的影视歌明星,现场进行演唱表演,也可达到扩大影响的效果,还可以请国内外艺术团进行表演。

十二、展会结算计划

对展会整体费用进行统计结算,包括人工费用、材料使用费用和其他费用。

资料来源：2011 苏州秋季住房博览会立项策划书[EB/OL].[2013-04-08]. http://wenku.baidu.com/view/05570fd8240c844769eaee3b.html,有改动.

思考：

根据所学知识,分析苏州秋季住房博览会立项策划书是否符合规范,并说明原因及提出改进意见。

本 章 小 结

本章从阐述会展项目的概念和内涵入手,介绍了会展项目的特征与分类。此外,还介绍了会展立项策划包括的内容、会展可行性研究的编写步骤与内容框架。最后介绍了会展项目管理的相关理论,即内涵、组织管理与财务管理。

复习思考题

1. 名词解释

会展项目　会展项目立项策划　会展项目可行性研究　会展项目管理

2. 简述会展项目的特征。

3. 简述会展项目的立项策划主要内容。

4. 论述会展项目可行性研究报告的内容框架。

5. 会展项目组织结构有哪些类型?

即 测 即 练

第三章

会展招展策划与管理

引 言

党的二十大提出必须坚持自信自立。要坚持对马克思主义的坚定信仰、对中国特色社会主义的坚定信念,坚定道路自信、理论自信、制度自信、文化自信,以更加积极的历史担当和创造精神为发展马克思主义作出新的贡献,既不能刻舟求剑、封闭僵化,也不能照抄照搬、食洋不化。会展招展宣传要秉承自信自立的原则,以高质量的招展策划、多样化的招展宣传、灵活的招展定价来赢得参展商的青睐。

会展的组织者和举办者只是特定服务的提供者,他们希望通过自己的努力构筑"展"和"览"的交流。会展的组织者和举办者构建平台办展机构、运用各种营销手段吸引参展商来参加会展的过程,称为招展;办展机构通过各种渠道邀请观众到会展参观的过程,称为招商。招展与招商之间的关系密切,两者互为促进,相辅相成。本章主要介绍了会展招展的策划与管理方面的内容,包括会展的前期准备工作、会展的宣传推广策划、招展分工和招展代理商的选择以及招展函和参展商手册的编写,使读者能对招展的策划与管理有个全面的了解,并能够编写招展函、参展商手册等。

本章学习目标

➢ 了解招展的前期准备工作,掌握招展价格的制定方法和招展方案的基本内容;

➢ 了解招展分工和招展代理的基本内涵,熟悉并掌握招展代理商的选择、聘用、权利和责任;

➢ 熟悉并掌握招展的宣传推广策划的具体内容;

➢ 掌握招展函和参展商手册的编写,并能够实际应用。

导入案例

夏季世界O2O博览会开幕 参展企业达到2 500家

2015年6月18日,由世界O2O组织、光合资本主办的夏季世界O2O博览会(O2O EXPO)在北京国家会议中心盛大开幕。本届博览会历时两天,总体内容板块由O2O领袖峰会、O2O创客峰会及O2O创新生活馆三大部分组成,涵盖会议、展览、比赛、路演等多种形式,全面展示与分享全球O2O创新模式的最新成果与经验,博览会共吸引了来自全球20多个国家和地区2 500家企业的超过15 000名业界精英出席,共超过100位各个国家或地区的垂直领域龙头企业领袖登台演讲。夏季世界O2O博览会已经成为亚太地区影响力最大的以O2O创新模式为核心内容的B2B(企业对企业)会展平台。

在大会开幕式上,工信部中小企业司司长郑昕在致辞中说:"工信部中小企业司将用四大举措推动'互联网＋'的发展:一是利用互联网推动创业,鼓励网络创新,支持大学生、青年创业者等通过多元渠道开展创业活动。二是利用互联网支持创新,推动数字化制造、产品生命周期管理、推动工业软件的 SAAS(软件即服务)应用和云端应用。三是利用互联网强化服务,引导和支持各地中小企业公共服务平台与互联网融合发展。四是利用互联网营造环境,为中小企业和创客空间提供线上、线下相结合的创新服务。"

世界 O2O 组织总干事宋炜在开幕致辞中谈道:自春季世界 O2O 博览会后的五个月中,O2O 行业发生了翻天覆地的变化,虽然目前 O2O 发展如火如荼,但是市场尚属孕育期,亟须对行业标准、企业经营制定一个有效的规范。世界 O2O 组织(WOO)也有义务与政府部门、行业协会、龙头企业协作共同制定并出台相应的行业标准和规则,保护消费者以及经营者的权益,引导行业向健康良性的方向发展,形成行业自律。

在 6 月 17 日晚进行的世界 O2O 组织(WOO)第三次理事会上,涉及 OTA(在线旅游)、洗衣、装修、地产、推拿等领域的五份《O2O 行业服务规范标准》首次公示,这些有利于促进行业健康发展,保障用户及商家双方权益的政策和规范的出台与实施,必将对大会产生深远的影响,进一步增强其行业公信力,为中国民生或传统产业的升级保驾护航。WOO 总干事宋炜表示,五份《O2O 行业服务规范标准》在夏季世界 O2O 博览会(O2O EXPO)期间公示后,将正式呈报工信部、中国互联网协会 O2O 工作组、中国移动通信联合会以及 WOO 各理事单位。

资料来源:夏季世界 O2O 博览会开幕　参展企业达到 2 500 家[EB/OL]. [2015-06-23]. http://www.njdaily. cn/2015/0623/1149855.shtml,有改动.

点评

招展是会展项目成功的基础。

第一节　招展的前期准备工作

招展就是办展机构招揽企业参加会展项目的展出活动的行为,是会展项目成功运作的基础。招展策划是对招展活动方案进行的策划,是会展项目整体策划中最基础的工作之一,也是会展筹备过程中最重要的环节之一。它包括招展的前期准备工作:建立目标参展商数据库,展区和展位的划分,招展价格制定,招展方案的基本内容。

一、建立目标参展商数据库

招展策划首先要通过各种方法广泛地收集目标参展商的信息,建立一个完备的目标参展商数据库,为展会招展做好基础性的准备工作。目标参展商是指办展机构认为可能会来参加会展的企业和其他单位,这些企业主要是该会展展览题材所在行业的企业,也有少数是与该题材所在行业相关联的行业的企业。参展商数据库应尽量全面、真实、完备,包括展览题材所在行业的企业的基本数量、特征和分布的相关信息与每一个具体企业的信息。参展商与观众的支持是会展长期运作下去的根本保障,参展商的连续参展率是衡量一个会展成功与否的两个很重要的数据之一;另一个很重要的数据是观众的连续观展率。所以建立一个完整实用的目标参展商数据库,对于会展的成功举办是非常重要的。

(一)目标参展商数据的收集

要建立一个完整实用的目标参展商数据库,首先必须广泛地采用多种方法收集目标参展商的有关信息。会展项目管理人员应收集的参展商的信息主要包括企业名称、主要负责人、产品名录、参展历史及企业信誉、联络方式等。除此之外,办展机构还要从总体上、宏观上对这些信息加以分析和把握,如分析该行业企业的结构状况,分析该行业企业的地区分布状况,了解行业的市场特点,等等。

1. 老客户信息收集

对于会展企业老客户的信息收集,可以从会展企业以前的项目历史记录和档案中获得,会展企业应建立客户信息系统,将大量客户信息归档保存。

2. 新客户信息收集

对于新客户的有关信息,可以通过多种渠道进行收集,主要有以下几种渠道。

(1)行业的企业名录。很多行业都有行业内企业的名录,办展机构可从中找到大量的参展商信息,包括电话黄页和各种年鉴中附有的企业名录。

(2)各地的商会、连锁协会、行业协会等行业组织。办展机构应与其建立密切关系,从中了解行业内企业的情况。行业协会一般掌握着行业内最丰富的客户资源,办展机构要发掘行业协会,获得参展商来源,可以考虑让行业协会参与主办或协办会展。

(3)政府相关部门。政府主管部门对其所主管行业的企业有较详细的了解,可以从中获取信息。特别是可以通过政府有关部门获取国际专业买家和销售代理商的信息。政府有关部门甚至可以向办展机构提供国外市场分析资料。

(4)同类展会。办展机构需要关注同类展会的信息报道,亲自参加是最理想的一种方式。

(5)新闻媒体。其主要包括各个行业的专业刊物和互联网上的企业网站、行业网站等。这种渠道往往能了解到行业发展的前沿动态,具有前瞻性。

(6)委托调查。办展机构可以委托会展咨询公司寻找潜在的会展参展商,或向这类机构购买有关企业的信息资料,掌握相关信息。

(二)建立目标参展商数据库的原则

目标参展商数据库是指将所有目标参展商的有关信息,按照一定的规则来建立的数据库。建立目标参展商数据库的基本原则是:数据库要有一定的数据量;分类科学合理;数据真实可靠;便于查找和检索;可以及时修改但是有一定的修改权限限制;数据库的用户界面要友好、简洁、一目了然;数据库要适合在局域网上使用;支持多用户同时使用;等等。

(三)建立目标参展商数据库的步骤

可以通过以下三个步骤来建立目标参展商数据库。

1. 选择与会展主题定位相同的企业

办展机构所面对的客户是一个广泛复杂的群体,不同的客户有着不同的参展需求。在录入计算机前,应根据客户的消费历史和偏好、交易资料等进行初步筛选,将不完整的数据补全,将重复的信息去掉。

2. 输入计算机

办展机构需要考虑清楚,哪些数据是数据库使用者所关心的,怎样才能使这些数据变得对他们更为有用。一个目标参展商数据库包括的基本信息有目标参展企业名称、电话、客户编码、统计数据、客户查询方式等。这些信息对每一客户来说,都应该是唯一的。

3. 随机检验数据库的有效性

目标参展商数据库的建立是为招展服务,数据库的界面应友好、简洁、分类准确、便于查询、出现问题能随时修改和调整等。

需要指出的是,建立数据库不仅需要有很强的计算机专业知识,也需要有丰富的会展展览题材所在具体行业的知识,如果办展机构缺乏这样的人才,可以请其他专业公司负责帮助实施。

二、展区和展位的划分

展区和展位的划分是招展方案策划的一项基础性工作,会展一般通过展品类别来划分展区,在每个展区里,还要根据场馆的场地特征划分展位,决定哪些地方搭建特装展位,哪些地方搭建标准展位,两种展位各自需要多大的面积。展位划分科学、易于参展、便于现场管理与服务、展场气氛适宜是办展机构进行招展策划的成功关键所在。

(一) 展区和展位划分的原则

1. 专业分类的原则

根据专业题材来划分展区,不仅可以使会展现场条理清晰、秩序井然,也方便专业观众根据自己的需要选择参观专业展区。所谓按专业题材划分,就是指在满足产品对场地要求的基础上将同类产品安排在同一个区里展出。

2. 便于观众参观的原则

便于观众参观的原则即指展区展位的划分要注意适应参观人流的行走规律。一般来说,展会人流规律是人们进入展馆后习惯于直接向前走,如果不能直接向前就习惯于向右转;另外在展馆的入口处、主通道、服务区和大的展位前容易聚集人群。所以在展馆的入口处要留出一定的区域供参观人流聚散,展场的各种通道要达到一定的宽度以便参观人流通过。

3. 便于现场管理服务的原则

展区展位划分时要注意消防安全,不能遮挡展馆的重要安全设施,以便于遇到紧急情况时及时疏散人群。最好不要有闲置死角,要方便展台的搭建、拆装与运输,便于现场的管理与服务。

4. 营造展馆气氛的原则

营造展馆气氛,主要是要求展位策划人员必须对售出展台数量和参观人数之间的平衡足够敏感。参观人数过少,出售展台过多,或者参观人数多,出售展台少,这两种情况都不利于营造展馆的气氛。因此要保证展会的成功举办,就必须在二者之间保持平衡。

(二) 展位分配时的注意事项

1. 展位数量与展台搭建

展位面积通常为9平方米,称为标准展位。超过4个或4个以上标准展位面积的,称为特装展位。特装展位可以只预订地表面积,参展企业可以根据自身产品的特点、市场定位、展览期间的活动安排等自主决定展位的装修。这类展位能充分体现企业文化,宣传其品牌理念,非常有利于树立企业的整体形象。

2."祖父"原则

展会组织者在分配展位时,常采用"祖父"原则,即连续参展商可以提出在下一届展览会继续展出同类商品、租用同一展位的申请,办展机构将优先考虑和满足连续参展商的利益和要求,甚至有些时候,还允许连续参展商拥有长期或永久性展位。

3．注意展馆资源的利用与公共区域的合理配置

要合理安排展会的功能分区。一个展会除了展示区外,还有一些公共服务区域如登记处、咨询处、休息处、新闻中心等。要做到统筹兼顾、因地制宜,在保证展会质量与气氛的前提下提高展馆的利用率。

划分好展区和展位以后,要按照一定的比例将它绘制成展会展位平面图,并在图上标明各展区和展位的具体位置,标明展馆各出入口、楼梯、现场服务点等,以便参展商在选择展位时能够一目了然、清晰明确。展位平面图是展会招展时需要经常使用的主要资料之一,在绘制时一定要准确、细致,图标和线条要十分清楚才行。展位的种类按照展位形状来分,主要有道边形、内角形、外角形、半岛形、岛形和通道形等。

三、招展价格制定

确定一个合理的招展价格,对展会的经济效益和社会效益都有着重大的影响,也是展会招展策划的主要内容之一。

(一)招展价格的制定原则

招展价格就是展位的出售价格,拓展价格的高低是会展项目竞争力的重要体现,一个合理的拓展价格,对于吸引目标参展商、最大限度地实现会展项目目标具有重要的意义。办展机构在确定展览价格时,需要注意以下几点。

1．要充分考虑竞争的需要

制定展会的招展价格时,办展机构要充分考虑到市场中与本展会有竞争关系的同类展会的价格状况。办展机构要充分评估本展会在市场上是处于领先地位还是处于跟随地位,以制定相应的价格策略。

2．要结合展会的发展阶段来定价

每个展会都会有一个从初始、成长到成熟和衰退的发展阶段。在展会的初始阶段,展会的知名度还不高,因此展会的招展价格不宜定得太高。在展会的成长阶段,展会在市场上已经有了一定的竞争力和知名度,这时展会的招展价格可以适当地提高。在展会的成熟阶段,展会在市场上的地位基本稳定。本展会与其他同类展会的价格基本相对固定,参展企业的数量也基本固定,展会的规模也难以进一步扩大,这时展会的招展价格也基本固定,不宜变动。在展会的衰退阶段,展会的竞争力开始减弱,参展企业开始逐渐减少,展会的规模也在逐渐缩小,展会面临着要么被放弃要么就需要重新策划和定位的命运,这时展会的招展价格应该较低。展会的发展阶段对展会的招展价格有十分重要的影响,因此在制定展会的招展价格时必须充分考虑这一点。

3．要考虑展会的价格目标和价格弹性

出于不同的价格目标,展会的招展价格不尽相同。采取生存目标还是市场份额目标,或是利润目标,展会价格都会发生改变。同时需要考虑展会的价格弹性。价格弹性是指

当价格每变动1‰时,展会展位销售量的变动大小。它是用来表示招展价格的变动对展位销售量影响大小的参数。如果展会的价格弹性较大,展会招展价格的降低就会引起展会展位销售量的大增;如果展会的价格弹性较小,展会招展价格的降低对展会展位的销售就不会产生什么影响;如果展会的价格弹性为负数,那么招展价格的降低不仅不会促进展会展位的销售,反而会使展会展位销售量大幅下降。因此,展会招展价格的高低,不是随意确定的,办展机构还必须考虑展会价格弹性的大小。

4. 要考虑展会展览题材所在行业的状况

其主要是要考虑该行业平均利润率的大小和该行业的市场发展状况。行业平均利润率的大小决定了该行业企业可能的盈利水平和支付能力,如果行业平均利润率较小,那么该行业的企业的盈利水平和支付能力可能也不高,这时,如果展会的招展价格过高,企业将无法承受;反之,展会的招展价格就可以相应地定得高一些。行业的市场发展状况也是制定展会招展价格时需要考虑的另一个重要因素,例如,如果行业处于买方市场状态,企业参展的积极性就较高,展会的招展价格可以定得高一些。如果行业处于卖方市场状态,企业参展的积极性就较低,展会的招展价格就应该定得低一些。

5. 要考虑展位位置和展商来源

考虑展位位置和展商来源也就是考虑展区和具体展位的位置差别,办展机构一般是遵循"优地优价"的原则,即一般参展商的展位的位置越好,付出的价格就越高。另外还要考虑展商来源的不同,国外参展商与国内参展商的展位价格普遍实行价格"双轨制",即对国外参展商与国内参展商制定不同的展位价格,国外参展商的展位价格一般要比国内参展商的展位价格高,但同时国外参展商的展位位置一般也要优于同档次的国内参展商的展位位置。

需要进一步指出的是,上述各因素往往彼此影响,互相牵制,因此在制定展会的招展价格时,应对上述各因素进行全面考虑。

(二)招展价格折扣

招展价格折扣是办展机构在基本定价之外,给予参展商或者招展代理的一种价格优惠,其主要目的是吸引更多的目标参展商。同时还会促使参展商为了得到折扣优惠而提前付款、大量购买或在淡季购买。是否给予参展商一定的价格优惠,与展会本身的发展潜力和办展机构的价格策略有关。但是,对于那些刚刚创立、尚处于初始期的展会来说,给予参展商一定的价格优惠,是促进展会迅速成长壮大的一种有效办法,也是一种十分必要的措施,办展机构常用的价格折扣有以下几种。

1. 统一折扣

所有的参展商都实行一个统一的折扣标准。即按参展商参展面积的大小来制定的。参展面积越大,所得到的折扣也越大;当参展面积达到一定的规模时,折扣不再增加。

2. 差别折扣

按参展商的地区来源不同,对标准展位和空地展位执行不同的折扣标准,针对不同的情况执行不同的价格折扣。

3. 特别折扣

特别折扣通常是给予那些参展规模巨大、在行业内有较大影响力和知名度的企业。这些企业的参展对于提高展会的档次和影响力,促进其他企业参展有重要影响。它们参展的面积一般也比较大,所以为了吸引这些企业参展,办展机构一般会给予它们特别的价格优惠。

4.位置折扣

位置折扣是针对展馆内场地位置的优劣而制定的折扣标准。同一个展区内不同的展位,其位置有好有坏,同一个展馆内不同的展位其位置好坏也有差别。为了避免相对较差的位置无人问津,对这些较差的位置可以给予较多的价格优惠。

此外,在招展价格的执行过程中,办展机构必须严格管理和监督,因为如果价格折扣执行得不好,往往会引起展会招展价格的混乱从而产生一系列消极的影响。

四、招展方案的基本内容

招展方案是对展会招展工作的总体规划和全面部署,其内容涉及展会招展工作的方方面面,十分复杂。总的来看,招展方案应该包含以下十个方面的内容。

(1)行业信息分析。从宏观上介绍和指出展览题材所在行业在全国的分布特点,指出各地区的产业发展状况,介绍该产业的企业结构状况及分布情况,这些内容是制订招展方案的重要依据。因此,这部分内容一定要密切结合产业实际,科学分析,力求准确无误。

(2)展区和展位划分。介绍展会对展区和展位的划分与安排情况,并附上展区和展位划分平面图。

(3)招展价格。列明会展的招展价格及制定该价格的依据。招展价格是招展方案的核心内容之一,也是对招展工作有重大影响的因素之一,招展价格要合理,价格水平不能太高,也不能太低。

(4)招展函的编制与发送。介绍招展函的内容、编制办法和发送范围与方法。在做招展函的编制计划时,要考虑到招展函的印制数量、发送范围和如何发送等问题。

(5)招展分工。对会展的招展工作分工作出安排,包括招展单位分工安排、本单位内招展人员及分工安排、招展地区分工安排等。

(6)招展代理。对会展招展代理的选择、指定和管理等作出安排,对代理佣金水平及代理招展的地区范围与权限等作出规定。

(7)招展宣传推广。对配合会展招展所做的各种招展宣传推广活动作出规划和安排。

(8)会展营销办法。提出适合本会展展位营销的各种渠道、具体办法及实施措施,对招展人员的具体招展工作作出指引。

(9)招展预算。对各项招展工作的费用支出作出初步预算,以便会展能及时、合理地安排各种所需要的费用支出。

(10)招展总体进度安排。对会展的各项招展工作进度作出总体规划和安排,以便控制会展招展工作的进程,确保会展招展成功。

第二节　招展分工和招展代理

招展分工是对展会的招展工作分工作出安排,包括各招展单位分工安排、本单位招展人员及分工安排、招展地区分工安排等。招展分工和招展代理是招展策划和管理的重要环节,是会展项目的招展工作顺利进行的重要保障。指定会展招展代理是办展机构借用外部力量来做大做活招展业务的一种有效手段,它可以增加招展单位的业务网络,扩大业务规模,提高经济效益。

一、招展分工

展会的招展单位一般不止一个,我们在招展策划时必须明确各招展单位的招展分工,以避免各单位招展工作出现混乱和招展地区出现重复交叉的情况。招展分工的类型与内容见表 3-1。

表 3-1　招展分工的类型与内容

招展分工类型	主 要 内 容
各招展单位之间的分工	制定共同的招展原则
	发布展区划分情况和安排展位的政策
	确定各单位的招展面积指标
	明确各单位的招展地区和重要潜在客户
	统一参展费用的收取办法
各招展代理机构的分工	明确代理机构的招展权利和义务
	制定具体的招展代理运作方式(包括价格与折扣政策、佣金支付办法、展位分配、收款规定等)
每个办展单位内部的分工	确定项目组的招展负责人
	组织(包括临时招聘)招展人员
	明确各招展人员负责的地区范围和重要潜在客户
	制定各招展人员之间的信息沟通和资料共享办法
招展地区分工安排	明确各招展单位和办展单位内部人员招展的地区范围

(一)各招展单位分工安排

当展会是由几个单位共同来负责招展时,招展策划必须明确各招展单位之间的分工,如各招展单位必须共同遵守的招展原则,各单位的招展面积指标,各单位的招展地区和重要潜在客户,参展费用的收取办法等。对各招展单位的招展工作进行分工,是保证展会顺利招展的重要步骤。对各招展单位之间的招展分工,必须合理、协调和具有可操作性,并兼顾各方面的利益,一定要结合各单位的招展实力,充分发挥各单位的优势,做到优势互补,各方共赢,共同圆满完成展会的招展任务,避免出现分工不合理造成的有些单位完不成招展任务的情况,或者因为分工缺乏协调性和信息不流畅等,出现几个招展单位争抢同一家目标参展商的混乱局面等。

(二)本单位招展人员及其分工安排

无论会展的招展工作是由几个单位共同负责,还是只由本单位一家负责,招展单位都要对本单位的招展人员及其分工作出安排。首先要确定招展人员名单;其次要明确各招展人员负责招展的地区范围和重点目标客户名单;再次要制定各招展人员的信息沟通和工作协调办法;最后制定统一安排展位的措施。

和不同单位之间的招展分工一样,单位内招展人员分工时也要注意发挥他们各自的特长,避免在招展过程中出现招展任务不明确、跟进措施不力、彼此信息不通等现象。

(三)招展地区分工安排

招展地区分工安排就是要明确各招展单位和每个办展单位内部人员招展的地区范围,是进行招展分工安排的重要内容。在进行各招展单位的地区分工时,要注意结合各招展单位的地域优势,将它们分配在各自较为熟悉的地区,充分发挥其在当地的影响力,以扩大招展规模和影响力,提高招展效率。同理,在进行每个办展单位内部的分工时,要合理安排各招展人员招展的地区范围,同时还要明确区域内的重要潜在客户,以保证招展质量和效果。在招展过程中,一定要注意信息沟通的畅通和协调,避免因招展地区的重合而造成的不必要的浪费和冲突。

二、招展代理

招展机构除了自行招展以外,还可以借用外部力量,即利用招展代理商来做大做活招展业务,以此增加招展单位的业务网络,扩大业务规模,提高经济效益。对招展代理商的管理包括对其的选择、聘用及代理期限、权利与责任的明确、代理佣金水平的制定等内容。

(一)招展代理的内涵和主要类型

招展代理,是指代理商与办展机构签订合同,在办展机构规定的权限范围内代理招商,并按照实际销售的展位数量或金额提取相应比例的代理佣金。招展代理,一般来说,可以分为独家代理、排他代理、一般代理和承包代理四种类型。

1.独家代理

独家代理指在某一时期内,办展机构将某一地区的招展权指定给一个代理商独家负责,在该地区不再有其他代理商为本项目招展,本办展机构也不得在该地区招展。对独家代理商而言,本地区负责展会招展业务的仅此一家,没有竞争对手,因此可获得较多的市场机会和较大的盈利空间。

2.排他代理

排他代理指办展机构将一定时期内某一地区的招展权赋予一家代理商,该地区不再有其他代理商为本项目招展,但本办展机构可在该地区招展。

3.一般代理

一般代理指办展机构在同一地区同时委托几家代理商作为本项目的招展代理,本办展机构也可在该地区招展。选择一般代理的形式进行招展时,必须明确各代理商的招展权限,且代理条件必须统一、明确。

4.承包代理

承包代理指代理商从办展机构手中承包一定数量的展位,不论能否完成约定的展位销售数量,代理商都应按约定的展位付费给办展机构,这是一种包销展位的代理形式。

(二)招展代理商的选择

办展机构选择招展代理商时,需要综合考虑多种因素。一是要保证代理商的资质可靠,因为只有可靠的代理商才能切实地履行招商职责;二是代理商的业务覆盖区域应与会展项目所要达到的目标市场相吻合,同时,代理商应熟悉展会题材所涉及的行业,且在该行业领域内具有业务优势;三是代理商应有较强的招展能力,其以往的招展业绩良好;四是招展代理商还应具备一定的营销管理水平和营销能力。

对于不同性质的招展代理商,办展机构考察的侧重点会有所不同,除了招展公司外,行业协会(或商会)、相关媒体、个人、外国驻华商务机构或贸易代表处等,都是招展代理商的来源。为保证招展代理的资质可靠,必须对其进行考察,只有符合条件的机构和个人才能成为招展代理。

对于从事代理招展的公司,主要考察其以往的代理业绩、其所熟悉的行业和业务范围、业务覆盖领域、营业执照(包括发证单位和有效期等)、人员数量、业务规模、办公地点、负责人等。

对于协会或商会,主要考察其成立的时间、覆盖的地域、会员数量、对行业内企业的感召力以及批准成立的单位等。

对于相关媒体,主要考察其发行量、覆盖范围、在行业内的权威性和影响力等。

对于个人代理,需要重点考察其可靠性和信誉度,包括其身份、履历经历、业务能力、社会关系以及个人荣誉等。

对于国外代理,主要考察对其以往的代理业绩、公司注册证件、个人有效证件、机构证明等,必要时还可通过我国驻国外商务处、贸易代表处和公司协助了解。

(三)代理的聘用及代理期限

确定了招展代理的类型和招展代理商后,聘用代理的程序是:取得必要的证明资料,对代理商进行资质验证,确定代理商的资质可靠;展会项目经理或业务员初步与代理商议定代理条件,项目总监或经理审查代理条件;公司负责人(总经理或副总经理)批准代理条件,签订代理合同。

代理的期限,就是招展代理商代理招展期限的长短。对于不同的展会、不同的代理形式应制定不同的代理期限:对于独家代理与排他代理,刚开始时不应将期限定得过长,可先试用一届(年),再视其业绩如何来确定时间的长短;对于一般代理,代理期限一般是一届(年),期满后视情况再决定是否继续或向独家代理与排他代理转变;对于承包代理,代理期限一般是一届(年),期满后视情况再决定是否继续聘用,对于那些业绩稳定、信誉良好的代理商,可与其建立较长期的代理关系。

(四)代理商的权利与责任

聘用招展代理,要明确他们的权利与责任,只有权利与责任明确了,代理的工作才能更好地展开。

代理商的权利:按合同规定收取佣金;从办展机构获取招展必需的完整资料;按合同享受办展机构对展会及代理商的宣传推广;在规定的时间内预订的展位能得到保证。

代理商的责任:按合同规定的代理形式和条件切实履行职责,依法经营;有责任对所代理的展览项目进行宣传推广;定期向办展机构有关负责人汇报情况;对办展机构划定的展位不得有异议;维护办展机构和展会的声誉和形象;按办展机构规定的价格(或价格范围)招展,按时收取和缴纳参展款(含定金);不得对办展机构制定的参展条件做私自改动;必须协助办展机构做好参展商的服务工作。

(五) 代理佣金

代理佣金要根据代理的形式、代理期限的长短、代理商的业绩等来综合确定。独家代理、排他代理和一般代理的代理佣金,一般按办展机构实际收到的由该代理商招来的参展商所交参展费总额的15%~20%提取;承包代理的佣金一般要高一些,如25%或更高。承包代理一般只有在完成承包展位数量后才可提取佣金。为鼓励代理商的招展积极性,给代理商的佣金可以采取累进折扣制,即按招展的不同数量给予对应的佣金比例。佣金比例可按该项代理佣金上下浮动5%~10%来设置。

代理佣金支付的时间和方法,可根据具体情况分别采取以下几种办法。

(1) 定期结算、定期支付。按季度或月度结付。提取佣金的基数以实际进入办展机构账户的展位费为准。

(2) 逐笔结算、汇总支付。代理商每促成一笔交易,办展机构收到由该代理商招来的参展商的参展费后即与之结算,但到规定的时间才支付。

(3) 逐笔结算、逐笔支付。代理商每促成一笔交易,办展机构收到由该代理商招来的参展商的参展费后即与之结算并支付本笔交易的佣金。

另外,无论采取何种结算支付形式,都必须规定由此产生的税费扣缴办法。

第三节　招展宣传推广策划

当前我国会展市场的供求结构悄然发生变化,绝大多数会展项目已由卖方市场转向买方市场。面对日渐增多的同类题材会展项目,在激烈的市场竞争格局中,如何突破目标客户的选择壁垒,在同类竞争项目中脱颖而出,对于办展机构而言是一个重大命题。

宣传与推广工作是破解上述命题的有效途径。会展宣传与推广指办展机构有目的、有计划地开展的一系列旨在促进招展、招商以及树立会展品牌形象的活动。对会展项目进行成功的商业包装和市场推广,可以有效地传播会展品牌形象,提升会展品牌的知名度和美誉度,进而达到提升品牌竞争力和扩大市场份额的目的。招展宣传推广策划的步骤如下。

一、明确招展宣传的目标及对象

会展项目管理人员要明确通过会展宣传推广所要达到的目标,如招展、招商或树立会展品牌形象等。会展宣传推广的目标具有一定的阶段性,在会展的不同阶段,其主要任务也有所不同。例如,在会展筹备阶段的前期,宣传推广的目标偏重于招展,而在后期则偏重于招商。招展项目管理人员还要根据会展项目的类别确定宣传推广的对象,也就是确定潜在的目标参展商,决定招什么样的参展商和招多少参展商。

(一) 参展商的类别

参展商的类别包括经营类别和规模类别。

经营类别也就是专业类别,招展要专业对口,对于参展申请者,会展企业必须根据会展项目的目标和任务、会展性质和主题将参展商限制在一定的专业或行业范围内。

规模类别主要为中小企业考虑。政府部门、贸易机构、商业协会所熟悉的大企业可能无意参加集体展览。因为这些企业已经有实力单独举办会展。而新获外贸经营权的企业、中小企业、边远企业最需要开拓新市场的机会,最需要外力的支持,因此最有可能参加集体展览。这类企业应该是招展宣传的主要对象。

(二)参展商数量

参展商数量不是会展企业完全能控制的因素,而要受两方面的制约。一方面是受参展商意愿的制约。这与会展项目的题材选择密切相关,可能对会展项目感兴趣并且申请参展的公司非常多,也可能非常少;另一方面是受会展项目举办地接待设施和场馆等客观条件的制约,使有意愿的参展企业无法参展。

二、制定宣传推广资金预算

招展项目的管理人员在确定招展宣传推广的目标和对象后,需要对招展宣传推广工作所需的资金进行预算。根据会展业的普遍做法,小展机构一般会将会展项目预期收入的10%~20%作为会展宣传推广的投入。另外,办展机构还可以通过任意支出法、支出可能法、目标达成法等方法来制定宣传推广资金的预算。

一般来讲,招展宣传推广的费用包括广告宣传费、招展资料印刷费和邮寄费、公关活动费、行政办公费四类。

三、准备招展宣传推广资料

招展宣传推广资料包括会展资料、市场资料、招展要求和安排、协议或合同以及有关集体展出的优势与利益的说明。资料的形式有新闻成套资料、情况介绍成套资料等。

新闻资料主要用于宣传,其目的是使潜在参展商知道展出项目,引起他们的兴趣。新闻资料内容要求简短、全面。简短是指言简意赅,表达出主要的内容;全面是指资料要包括会展的基本情况,如时间、地点、内容、性质,市场的规模、特点、潜力,组织者联系地址、参展手续、申请截止日期以及集体展出的优势等方面的情况。将新闻资料整理成套,提供给媒体(包括内部刊物)用于新闻报道。新闻成套资料也是制作广告的素材。

情况介绍资料的基本范围与新闻资料相同,但是内容要更为详尽,便于潜在参展商对展出项目有足够的了解,并作出判断和决定。情况介绍资料可以包括参展申请表和参展的基本要求及手续。情况介绍资料同样也要求能够引起潜在参展商的注意并激发他们的参展兴趣,并进一步了解展出项目。情况介绍资料整理成套供潜在参展商索取,或者由办展机构主动提供给重要的潜在参展者。

四、策划招展宣传推广方式

招展宣传推广的方式主要有人员宣传、媒介宣传与公关宣传三种。

(一)人员宣传

招展的人员宣传是指会展企业通过向目标参展商直接联络,告知展出情况,邀请其参加展览,从而达到宣传目的。联络的方式主要有发函、打电话、拜访等,是一种成本比较低的直接宣传方式。招展人员先发函邀请,继而打电话邀请,最后上门邀请。直接联络可能是最有效的招展宣传方式。但是也有不足,那就是不论从何种途径获得的名单都会有遗漏,使用时要配合其他宣传方式,以吸引未发现的潜在客户,加强宣传效果。

(二)媒介宣传

媒介宣传是招展宣传的重要方式,也是吸引参展商的主要手段之一,包括和专业媒体(会展题材行业的专业报纸、杂志、网站等)、大众媒体(电视、广播、主流报纸杂志、门户网站、全国企业黄页等)合作,运用会展材料与户外广告等方式。这种方式的覆盖面最广,最大限度地覆盖参展商,可以将展出情况传达给直接联络所遗漏的参展商,还可以加强直接联络的效果。展览广告同时也是最昂贵的招展宣传手段。因此,对广告安排要严格控制,登广告要目标明确,根据需要、意图和实力来安排。另外,互联网等在线宣传方式在招展宣传推广中扮演着越来越重要的角色。

(三)公关宣传

招展公关宣传主要有两个目的:一是扩大展览影响,吸引更多的参展商参加展出;二是与参展商建立发展关系。

招展公关宣传一般包括开幕式、招待会、拜会等。展览公关工作对象主要是参展商、重要贵宾、举办地政府、工商协会、新闻媒体等。公关工作是一项系统的人际交流工作,需要周密地安排。这里介绍一下新闻宣传工作。新闻宣传工作是宣传工作的一个重要环节。新闻采访报道一般是免费的,而且可信度比较高,效果比广告还要好,因此新闻宣传工作是一种低成本、高效益的宣传工作,对任何会展企业都很重要。缺乏经费预算的会展企业更应当多做新闻宣传工作。

五、评估招展宣传推广效果

招展项目管理人员还要对招展宣传推广效果的评估进行策划,主要工作就是制定评估标准。招展项目的宣传推广效果的评估标准主要有两种,即量化标准和反馈标准。量化标准就是通过统计的方法,对招展宣传推广的方法、宣传场次及受众人次等用定量指标反映出来。反馈标准是指通过收集来自招展宣传推广对象的反馈信息,采取综合评估的方法来验证会展宣传推广的实际效果。

第四节　招展函和参展商手册的编写

在了解了招展策划和管理的相关内容之后,在现实生活中,还需要掌握相关招展文件的编制与写作。招展相关文书包括招展函、展位确认书、参展商手册等。本节则重点介绍招展函和参展商手册这两个较为重要的招展文件的编制。

一、招展函

招展函是办展机构用来推介展会以吸引目标参展商参展的小册子。招展函的主要作用是向目标参展商说明展会的基本情况,并引起他们的参展兴趣。招展函是展位营销的核心资料之一,也是目标参展商了解展会情况的主要信息来源,招展函的编制在招展策划和展位营销工作中占有重要的地位。

(一) 招展函的主要内容

为了能使目标参展商对会展有足够的了解并对会展作出基本的判断,招展函介绍展会的内容必须准确而全面。一般来说,招展函包括以下内容。

1. 展会的基本内容

其包括展会名称和 Logo(徽标)、展会的举办地点和时间、办展机构名单、办展起因和办展目标、展会特色(用非常简洁的语言高度概括展会特色,如展会的宣传口号、展会主题)、展品范围和价格等。

2. 市场状况介绍

结合展会的定位,对展会题材所在行业的状况做简要介绍,如行业生产、销售、进出口情况及发展趋势等。此外,还要简要介绍办展所在地区及国家的市场状况。

3. 展会招商和宣传推广计划

其主要包括展会的招商计划、宣传推广计划、相关活动计划、展会服务项日等。

4. 参展办法

其主要包括如何办理参展手续、详细的付款方式、参展申请表的填写和办展机构的联系办法等内容。

5. 各种图案

招展函中还应包含一些图片和其他图案,如招展图、招展周边地区交通图、往届展会现场图片等。这些图片就可以对展会相关情况做进一步的说明,也起到了美化招展函的作用。

(二) 招展函的编制原则

办展机构在编制招展函时,要对其内容图片和版面做细致的规划与安排。编制招展函应遵循以下四点原则。

1. 全面准确

招展函是参展商了解展会的重要资料,也是他们作出是否参展决策的主要依据,在办展机构与其目标客户进行沟通和联系时起着重要作用。因此,招展函所包括的内容一定要全面、准确,不能出现差错。同时,要生动、简洁,令人一目了然。

2. 简单实用

招展函的内容要简明、实用,切忌拖沓和烦琐,与招展无关的任何内容均不能出现在招展函上。

3. 美观大方

招展函的版式安排、文字图片等的布局要美观大方,让人赏心悦目。同时,文字的字体要符合人们的阅读习惯。

4. 便于邮寄和携带

招展函一般要通过邮寄或招展人员的携带而传递到目标参展商手中,为此,招展函的制作样式要便于邮寄和携带，否则会给招展工作带来不便，还会增加展会的办展成本。

（三）会展招展函的设计要点

会展招展函的设计要点主要包括：会展名称和徽标，一般放于招展函封面最醒目的位置，会展名称应用较大字体；内容应准确无误，语言简单明了，如果是国际性会展，则文字部分应该是中英文对照的；设计时应充分利用图片，重要的图片应精心制作，印制清晰，排版布局应美观实用；招展函文字中的字体类型最好不超过三种；招展函的设计应有深浅颜色的对比色块；突出显示参展登记表，表明会展招商负责人的联系方式，如电话号码、电子邮件地址等；招展函的印刷包装纸张要讲究，要便于携带和传递。

 知识链接

会展招展函范例

文书名称	××省首届摄影器材数码影像展览会招展函	编　号	
		受控状态	

一、展览时间

2014年9月24—25日

二、展览地点

某省国际会展中心

三、展览介绍

近年来，中国影像市场发展迅速，尤其数码影像市场持续快速增长。中国现已成为世界上最大的照相器材生产国，数码相机的市场容量已经超过1 000万台，占全球市场份额的1/4。而在未来5～10年传统影像和数字影像将在中国市场相互依存、共同发展，有很大的潜力，可以开发。

据最新统计，××省生产总值为27 005亿元，涨幅为8.9%，位列全国前十。某省省会是全国商贸中心城市，其"十二五"产业发展规划出炉，旨在打造三大品牌及最具潜力的全国展览中心城市、最具活力的中国节庆之都、最具魅力的国际会议目的地，到2015年要使会展业拉动地方生产总值增长不少于0.6个百分点，这为本届会展提供了最佳平台。

此外便捷的交通物流、强大的区域辐射能力、巨大的空间、重要的战略位置，也将为撬动××省各地区市场、实现蓝海战略，提供最佳区域支点。本届博览会将贯彻为摄影行业搭建高效的商务商贸平台，为参展商创造更多进入某省市场机会的办展理念，不断向"中国最大规模摄影行业盛会"的目标迈进。

四、主办单位

××省摄影家协会、××省人民政府

五、展览范围

1. 输入设备：数码相机、摄影机、专业和非专业照相机、摄录一体机、照相手机、软件。

2. 输出设备：洗印器材、照片冲印设备、彩扩机、数码片夹、打印机、打印耗材、扫描机。

3. 影像器材及耗材：三脚架、云台、摄影器材专用箱包、电子闪光灯、电子闪灯、各式灯箱、胶卷、纸张、盒水、墨盒。

4. 零部件及附件：电子零件、机械零件、光学零件、照相摄像器材连接线缆、电池、电源、蓝牙、耳机、麦克风、手机连接电线缆、各式镜头、镜片望远镜、显微镜。

六、会展日程

标准展位布展：9 月 20 日 8：00—17：00

特装展位布展：9 月 20—21 日 8：00—17：00

展览时间：9 月 24—25 日 8：00—17：00

撤展时间：9 月 25 日 17：00—20：00

七、参展费用（见下表）

展位类别	面　积	价　格	基 本 配 置
标准展位	3m×3m	2 000 元/个	3 面围板、2 盏射灯、1 张洽谈桌、2 把椅子、1 个 220V 电源插座、1 块楣板
室内展位	36m² 起租	400 元/m²	室内空地不带任何展具、电源、桌椅，由参展商自行设计，并需交纳特装管理费 15 元/m²
特装展位	3m×6m	3 800 元/个	需交特装施工管理费 10 元/m²，展台简装修，搭建 1m×2m 仓库 1 个、企业 Logo、门楣制作、2 张桌子、4 把椅子、4 盏射灯、地毯、电源插座（200V，500W）2 个

八、参展程序

1. 参展企业确定参展面积，填妥参展合同，经办人签名，盖公章，将参展合同传真或邮寄到承办单位；

2. 承办单位审核参展合同，无误后予以盖章确认；

3. 双方签订参展回执和展位合同后 3 个工作日内支付 50% 的展位费作为定金，否则，承办单位将不予保留参展合同所确认的展位，展位费余款须在 2014 年 1 月 15 日前支付给承办单位，否则，承办单位有权调动和处理展位，且所付定金不予退还；

4. 参展企业在确认参展后，非经承办单位同意，不得撤销参展申请或申请面积，否则已交定金概不退还，承办单位保留调整或处理展位的权利。

九、展位安排原则及参展说明

1. 先订先得与大展位、老客户优先安排相结合的原则统筹安排；

2. 未经承办单位同意参展商不得转让其展位；

3. 严禁假冒伪劣产品参展和参展商品的侵权行为；

4. 参展商展品与展览会展出范围不符，承办单位有权禁止其展示且所交费用不予退还。

十、服务项目

1. 免费服务项目：组织邀请专业观众，提供《参展商手册》，提供展讯、相关卡证，在会刊中刊登企业名录，现场清洁；

2. 协助服务项目：展品运输、享受指定酒店优惠服务、申请展位用电，聘请翻译服务人员、租用额外展具、安排技术交流会。

十一、组织参展联络方式

联系人：××先生、××女士

地址：　　　　　　　　　　　　电话：

资料来源：李敏.会展会议活动项目管理手册[M].北京：中国电力出版社，2015，有改动.

选择一个你感兴趣的会展项目,试着编写一份招展函。

二、参展商手册

参展商手册是办展机构将筹展、布展、展览以及撤展各阶段参展商应注意的主要问题汇编,以方便参展商进行参展准备的小册子。编制参展商手册是展会筹备过程中的一项重要工作。

(一)参展商手册的主要内容

从某种意义上讲,参展商手册既是帮助参展商进行参展筹备的纲领性文件,也是办展机构对展会布展、展览和撤展等各环节进行有效管理的指导性文件,参展商手册包含的内容涉及举办展会的各个环节。参展商手册的主要内容包括以下几个方面。

1. 前言

前言主要是对参展商参加本展会表示欢迎,说明本手册编制的原则和目的,提醒参展商在筹展、布展、展览和撤展等环节要自觉遵守本手册的相关规定,等等。前言一般都很简短,言简意赅。

2. 展览场地基本情况

展览场地基本情况包括展馆及展区平面图、展馆周边的交通图、展览场地的基本技术数据等。绘制展馆及展区平面图时,要注意标明展馆各种服务设施所在的位置、展区和展位划分的详细情况、展馆内部通道和出入口等;在绘制展馆周边的交通图时,要注意标明展馆在该城市的具体位置、到展馆可以利用的各种主要交通工具和交通路线、各指定接待酒店在该城市的具体位置等;对于该展览场地的基本技术数据,要清楚准确地列出地面承重、馆内通风条件、货运电梯容积容量、展馆室内空间高度、展馆入口高度和宽度、展馆的水电供应状况等。展览场地基本情况的介绍对于帮助参展商准确地找到展馆和自己的展位,进而进行展位搭装和布展有着很好的指引作用。

3. 展会的基本信息

展会的基本信息包括展会的名称、举办地点、展览时间、办展机构、展会指定承建商、指定运输代理、指定旅游代理、指定接待酒店等。特别注意对于办展时间,必须具体列明展会的布展时间、开幕时间、对专业观众和普通大众开放的时间、撤展时间、布展撤展加班时间等,对以上时间尽量精确到小时。此外,要具体列明各办展机构、展会指定承建商、指定运输代理、指定旅游代理、指定接待酒店等的详细联系地址、联系人、联系电话、电子邮箱地址等,以便参展商在需要的时候联系各有关人员。

4. 展会规则

展会规则即对参展商提出参展所必须遵守的一些规章制度,包括展会有关证件使用和管理的规定、展会现场安保的规定、展位清洁的规定、物品存放的规定、现场使用水电的注意事项、现场展品销售的规定、消防规定、知识产权保护规定、现场展品演示的注意事项等。

5. 展位搭装指南

展位搭装指南即对参展商顺利、安全地搭装展位和布展所作出的指导和说明,包括标准展位说明和空地展位搭装说明,鉴于标准展位的基本结构和配置都是一样的,所以标准展位说明主要是对展位的标准配置作出说明,列明参展商使用标准展位的注意事项,提出需要增加非标准配置以外的其他配置的处理办法,等等。空地展位搭装说明主要是对参展商搭建空地展位作出一些规定和要求,如使用材料的要求、动火作业的规定、消防安全的规定和铺设电线的规定等。

6. 展品运输指南

展品运输指南即对参展商及时安排展品等物品的运输所作出的指导和说明,主要包括海外运输指南和国内运输指南等。不管是海外还是国内运输指南,都要对展品等的运输方式和运输线路、各种货品的交运和文件提交的期限、货运文件的准备和交付、收费标准、包装、海关报关、回程运输、可供选择的自选服务等作出具体说明。

7. 会展旅游信息

会展旅游信息即对解决参展商参展期间的吃、住、行、旅游等需要而作出的说明。一般应详细列出各指定接待酒店的档次、协议优惠价格、地址、联系电话和传真以及联系人、与展馆的距离等,列出海外观众和参展商入境的签证办法、会展期间及前后可供选择的商务考察与观光休闲旅游的线路和安排等。

8. 相关表格

相关表格即参展商在筹展和布展过程中需要使用的各种表格,如贵宾买家服务表、聘请临时服务人员申请表、额外工作证和邀请卡申请表、研讨会和技术交流会申请表、刊登会刊广告申请表等。

(二)参展商手册的编制原则

参展商手册编写好后就可以印刷成册了,在展会开幕前的适当时间内寄给参展商,也可以将其发布在展会的官方网站上供参展商阅览和下载。办展机构在编制参展商手册时,应注意以下六点原则。

1. 实用有效

参展商手册所包含的内容应对参展商进行筹展、布展、展览和撤展有较大的指导作用,参展商在得到该手册后,就可以按照手册指引筹备参展的各项工作,因此该手册必须实用、有效。

2. 简洁明了

参展商手册对各方面内容的说明和叙述必须简洁明了、准确具体,同时不能使人产生歧义,否则,在参展各环节的具体执行中就会引起争议,既不利于参展商展出,也不利于办展机构对展会现场进行管理。

3. 详细全面

参展商手册的各项内容要尽量详细,以便对参展商筹展给予有效的指导。例如,对布展和撤展加班时间的规定应该具体到小时,对各种表格的返回期限的规定要具体到日,等等。再如,对展馆入口的高度和宽度、对展馆的地面承重能力、对消防的注意事项等,均须一一列明,不能有所遗漏。

4．制作精美

参展商手册的排版和制作要美观大方、印刷精美、用纸考究。参展商手册的制作与展会的档次和品牌形象要相符,不能给人以不好的联想。

5．专业

参展商手册的遣词造句要符合行业习惯和规范,所涉及的术语要专业,内容的编排要符合参展商的筹展程序,应避免让参展商翻来覆去地寻找自己需要了解的内容。

6．国际化

对于国际化展会,参展商手册的内容编排和制作要尽量符合国际参展商的要求,除中文文本外还要有外文文本。外文文本的翻译一定要准确,因为海外参展商就是根据该手册筹备各项参展事宜的,如果翻译不准确,将会给他们带来极大的不便。

 **讨论案例**

会展招展方案范例

文书名称	××省首届健身器材展招展方案	编　号	
		受控状态	

主办:××国际会展中心

招展电话:400-×××××××

一、产业分布特点

1. 全国会展产业分布特点

随着改革开放及市场经济的发展,全国的会展业如雨后春笋般迅速发展,会展业的发展在某种程度上也正说明了国家经济发展的水平,其在未来必将成为国家经济发展的支柱型产业,这一点是毋庸置疑的。在发达国家,其会展业相当发达,而在我国,虽然会展业起步比较晚,但发展迅速。

2. 产业发展状况

全国第五次人口普查表明中国老龄人口已经达到一亿多,老年人体质较差,身体抵抗能力较弱,必须加强锻炼,因此健身成为一种高质量生活的标志,成为人们所追捧的时尚,因此对一些大型健身器材的需求也不断增加。

3. 地区会展市场

××省经济发展较东部省份慢,但资源丰富,发展空间较大,会展市场有很大的发展空间;从地区上讲,××省空气质量差,很多人不愿在外面锻炼,可能更希望在家里或者小区内进行锻炼,以上两点,正好说明了在××省举办健身器材展的客观性及必要性。

二、展区和展会划分(图略)

此次会展共设立6个展区,1个记者招待区。1个展区设15个展位,每个展位面积40 m²。此次会展提供的展区面积之大是史无前例的。会展中心有上下两层楼,每一楼层经都有3个展区,各自为1 800 m²。中心广场还设立了记者招待区。而且每个展区都分为VIP区、主题区及普通区。

三、招展价格

招展价格为300元/m²,一个展位所需费用为12 000元。此次举办健身器材展,主办方希望取得双赢,主要目的是提高此次会展的知名度与影响力,同时对于大型的参展企业,为了促进双方长期的合作及展位销售,每个展位价格为 10 000 元。

四、招展分工

1. 招展分工及分工安排

本次会展的招展主要由人事部和市场推广部两个部门负责。人事部为一个组,市场部为两个组,总共有三个组。

2. 具体分工及人员推广

(1) 人事部负责整理数据,查找参展企业,收集企业信息,包括企业的发展状况、公司规模成立年限,将一些企业确立为参展商,更新数据库;

(2) 市场 a 组:对一些大型的企业(健身器材公司)进行电话邀请,登门拜访;

(3) 市场 b 组:对普通参展商派发请柬,电话拜访,主要负责招展函编制与发送。

五、招展代理

(1) 本次健身器材展采用独家代理,在全国范围内建立主要的代理机构;

(2) 代理佣金的支付时间和方式主要是定期结算、定期支付。

六、招展宣传推广

1. 招展宣传推广策略

为了扩大会展的知名度,在展前的宣传主要采取"层层递进,步步为营"的宣传推广手段,即记者招待会—大众媒体—国内会展网站—专业报刊—人员推广的模式,扩大会展知名度,吸引参展商前来参展。

2. 宣传推广渠道

(1) 在会展前期的招展宣传阶段,以大众媒介及国内知名会展网站上的宣传为主,前者如《××日报》《××电视报》《××杂志》等;后者主要是国内主要的专业网站,如中国会展网、××健身网等专业网站,旨在面向全国招展。

(2) 宣传渠道多样。在杂志方面,利用广告夹页宣传;在报纸方面,利用报纸进行大众宣传;在电视推广方面,以省电视台及各地方台为主要平台宣传;等等。

3. 宣传推广的时间和地域安排

宣传时间和地域安排主要的方向是从省内宣传到全国宣传。国内的宣传贯穿始终,这样有利于吸引国内大型商家前来参展,而且参展商参展的时间也很充裕。

宣传推广时间为 8 个月,前 3 个月主要在全国范围进行宣传推广,后 3 个月主要在省内重点进行招展宣传推广,其余两个月为集中宣传期及部分参展商调节和确立时段。

七、展位营销办法

1. 特色区

为了扩大此次会展的影响力与知名度,特别邀请了专业的展位设计搭建公司。此次会展展位分为三个档次,即 VIP 区、主题区(有主题展位、品质、生活主题区等)、普通区。展位的搭建都采用一些现代高科技产品,如 UD(影像智能)显示屏、钛合金等。

2. 展位推介会

在此次会展开始前一个月,将举办展位推介会来吸引广大的参展商前来参展。届时将有很多特色的展位由参展商自己定夺。

3. 合作营销与公共关系营销

此次会展主要采取合作营销和公关营销;合作营销的合作伙伴主要有行业协会和商会、国内外主要展览主办机构、专业报刊、各种招展代理、行业知名企业,政府有关部门。而公共关系营销主要是展位推介会及新闻发布会。

八、招展预算

本次会展的招展工作预算在 55 万元左右。其中招展人员费用(包括招展工作人员的工资、差旅费、办公费)为 20 万元;招展宣传推广费用为 10 万元;代理费用为 10 万元;招展材料的编制与邮寄费用为 5 万元;招展的公关费用为 5 万元;其他不可预见费用为 5 万元。

九、招展的总体进度安排

招展的总体进度安排为今年的 8 月到次年的 6 月,而此次会展的举办时间为次年的 9 月,所以得腾出 2～3 个月用于宣传推广及部分参展商的调节工作,还有会展期间的人员安排,开幕式等。招展工作须在次年 5 月份结束,使得会展项目组织有更多的时间用于会展期间一些事项的工作安排上。

资料来源:李敏.会展会议活动项目管理手册[M].北京:中国电力出版社,2015,有改动.

思考:

1. 根据所学知识,试分析该招展方案是否符合规范,如何改进?

2. 该会展如何进行招展宣传?

本 章 小 结

理论层面上,本章从阐述招展概念入手,分别介绍了招展代理和招展分工。此外,还介绍了会展招展宣传推广策划的步骤、方式等。实践层面上,本章系统介绍了招展方案、招展函以及参展商手册的内容和编制原则。

复习思考题

1. 名词解释

招展　招展代理　招展分工

2. 简述招展代理和招展分工的关系。

3. 简述招展宣传推广策划的步骤。

4. 论述参展商手册的编写内容。

5. 论述招展方案编写的步骤与内容,并试撰写一份招展方案。

即 测 即 练

第四章

会展招商策划与管理

引言

党的二十大提出必须坚持人民至上。人民性是马克思主义的本质属性,党的理论是来自人民、为了人民、造福人民的理论,人民的创造性实践是理论创新的不竭源泉。这对会展招商具有重要的指导意义。会展招商必须要了解参展商需求,关注参展商体验,为参展商服务。

会展招商是指办展机构通过各种方式和渠道,将对所办展览会所展示的产品有需要或感兴趣的采购商和观众引入展览会,邀请他们到会参观的过程。拥有足够数量和一定质量的观众是展会成功的重要标志之一,因此招商也是会展举办过程中极为重要的一个步骤,切不可"重招展,轻招商"。

本章在阐述会展招商内涵的同时,系统介绍了会展招商方案的编写、宣传推广方式以及对观众的邀请,这些对于会展招商具有十分重要的理论和实践意义。

本章学习目标

➢ 了解会展招商的含义和特征,掌握会展招商方案编制的过程;
➢ 熟悉会展招商宣传推广类型、方式和步骤;
➢ 熟悉并掌握会展宣传推广的主要计划;
➢ 了解会展招商的对象和建立目标数据库,熟悉会展招商观众的邀请及日程安排。

导入新视角

渠道网观点:如何在会展上吸引客户

我们参加展会的目的一般至少有两个:第一个是要提升企业形象;第二个就是订单。在展会当中首先我们要了解市场需求情况,不同的市场有不同的需求,包括这个产品的外观有哪些方面的要求和功能,比如价格水平要限制在哪个范围之内,我们利用这个展会获得这方面的信息。其次,要了解我们同行的发展情况,包括竞争对手的规模怎么样,产品研发方向、价位、品质、市场定位。因为广交会上同一个行业当中不可能只有一个人或一家企业参展,有很多同行都会去参展,我们参加广交会不是说光是接单这样狭小的目标,我们还要做很多其他的工作,我们要了解市场情况、了解客户、了解竞争对手的发展情况。

1. 参加一个展会之前是不是会发出一些邀请函,邀请老客户去展位上参观和洽谈

其实每一家参展企业都会这样做的,例如,参加广交会对一个企业来说是一个比较大的举动,这么大的动向应该告诉客户企业的发展、产品的研发,每一个研发方向、新产品,等等,那些商业企业都要让自己的客户来了解这些举动。另外,你参加展会就像一个表演者,要有足够的观众来捧场,在广交会上你的熟客肯定要进一步来探讨更深层次的合作。

2. 如何准备吸引客户的样品

首先我们对产品要有一个精心的安排,让客户在成千上万的产品中看中你的产品,要做到这一点非常困难。我们准备样品时要非常慎重,要精心挑选,一般选择代表性强的产品,比如风扇生产商,风扇有很多的款式,你要挑选有代表性的产品在广交会上进行展示。另外要注重产品的外观,因为广交会上最重要的是如何最大限度地吸引来宾们的眼球,如果说外观没有什么特点的话,你就要保持外观的整洁、光泽度。

3. 为什么既选择展会又选择电子商务?有什么方法让客户回复发出去的邮件呢

参展短时间内可以接触很多的客户,并且很直观,这一点网站是无法比拟的。网站上的周期很长,在网站上宣传可能一次性做一个设计,要用一年的时间来推广。网站是永不落幕的广交会,它有自己的特点,可以天天通过网站跟网友接触。

在邮件回复中透彻地研究客户询问的内容,要有针对性地进行回答和报价,要包含一些信息。有的要故意遗漏一些信息,看客户会不会过来向你询问更多的信息,你报完价之后要跟进这个情况,偶然给他打一个电话联系,或者再发封邮件,发邮件的内容要变换,而且要有适当的电话联系,这样才能引起客户的注意,因为客户在网上搜寻的企业不止一家。

资料来源:如何在会展上吸引客户[EB/OL]. [2013-05-06]. http://cy. qudao. com/news/3943365. shtml,有改动.

点评

招商的成功是会展成功举办的重要前提。

第一节　会展招商概述

一、会展招商的含义及特点

(一)会展招商的含义

所谓会展招商,就是指通过各种方式将那些对拟办展览会所展示的产品有需要及感兴趣的采购商和其他观众引进展览会,邀请他们到会参观。观众是会展成功举办不可或缺的重要因素,拥有一定数量和质量的有效观众是一个会展成功的重要标志之一。一般来说,"招商比招展更重要",会展成功的关键在于招商。

(二)会展招商的特点

会展招商存在以下三个不同于招展的特点。

(1)经济的间接性。会展企业通过拓展参展商能够带来直接的经济效益,而招商却不能带来看得见的经济收益。

(2)工作的隐形性。招展投入的多少,可以通过展位的预订情况得知。而参展的观众却往往不会提前向会展企业预订,这就使招商工作具有一定的隐形性。

（3）效果的滞后性。招商效果的好坏要到展会举办期间才能知道,这时参展商的展位费等各项费用都已经缴纳。即便参展商抱怨招商效果不好,也无法改变。

这三个特点的存在,导致了目前招商过程中存在着以下几个突出的问题。

（1）经济的间接性使会展企业在运作时出现"重招展、轻招商"的错误倾向,减少甚至不做招商方面的投入。当展会是由几个单位联合举办时,就会出现大家争着去招展而展会招商却无人重视的局面,结果使得展会开幕后到会观众不理想,展会质量不能令人满意,展会发展受到影响。

（2）工作的隐形性会使会展企业的招商工作无法控制过程,无法迅速地反馈,导致招商工作的各种策略无法根据招商工作的变化而及时调整。并且这种隐形性会使各单位的招商工作出现步调不一致的混乱局面。

（3）效果的滞后性会使一些运作能力差或资金不足的会展企业减少或者不做招商投入,使展会举办期间到会观众很少,门庭冷落,出现参展商所说的"骗展"。

二、会展招商方案编制

编制会展招商方案是会展项目管理人员进行会展招商策划的最终成果。其具体程序如下。

（一）收集会展招商依据

会展项目管理人员首先应收集会展项目招商的依据,保证会展招商策划符合会展项目的实际情况。一般来说,会展招商方案编制的主要依据包括以下内容。

（1）展品的主要消费市场的地域分布状况和需求情况。

（2）展览题材所在行业及其相关产业在全国的分布状况。

（3）相关产业在各地区的发展现状。

（4）各有关产业的企业结构及分布情况。

（二）进行会展招商分工

会展项目管理人员应根据会展项目实际需要和项目计划,对会展招商工作进行分工安排,包括:对各办展单位之间的招商分工安排,对项目团队内部招商人员及工作分工安排,对各招商地区进行分工安排,等等。会展的招商工作应做长期考虑,做可持续性发展的考虑。如果会展的招商工作不到位,会展的长期发展肯定会受到极大的影响。

（1）各办展机构合作的会展的招商分工应明确共同遵守的招商原则,做好各单位的招展地区或行业及重点目标观众的划分、对招商费用的预算和支付办法的规定、对重点目标观众的邀请和接待安排等,由会展项目团队主要负责,协调各单位的招商工作。

（2）会展项目团队内的招商分工,主要包括:确定招商人员的名单,明确各招商人员负责的地区范围和重点目标市场,制定各招商人员的信息沟通和工作协调办法,并对重点目标观众制订统一的接待安排计划。

（三）编印会展邀请函

会展项目管理人员应编制会展观众邀请函,并对观众邀请函的印制数量、发送范围和方法等进行策划。电子邀请函具体案例见示例1与示例2。

示例1　电子邀请函

致：_____公司_____经理

非常感谢您长期以来对××的支持和信任！我公司定于20××年××月××日至20××年××月××日于××国际博览中心参加20××年第十一届河北社会公共安全产品博览会。希望通过这次机会与贵公司共同探讨和交流，以便我们更加深入地合作，共同开拓和占领市场。诚邀您参加。我们不胜荣幸！

展会期间活动安排：

3月8日上午到展览会参观新产品，下午5:30参加公司欢迎晚宴。

3月9日上午到公司参观、指导，下午各地经销商交流、洽谈。

您还希望这次展会期间增加什么内容：_____

关于费用的说明：

安保科负责住宿和用餐的费用，需要您承担来回乘车费用。谢谢！

如果您希望留下来继续和我们沟通，请预订更晚的回程车票。

请预订能够在3月8日上午11点之前到达××的车票。如果需要我们到站接您，请提前将您的到达时间通知负责接待的经理。

备注：

公司地址：_____

展会地址：_____

展位号：_____

电话：_____

贵公司准备出席的人选：

姓名	职位	性别	手机

我公司需要您的及时确认及回复，以便我们安排展会期间进程，请在3个工作日内确定并加盖贵公司公章后及时回传至_____收。再次感谢！在传真回复时请提供您的手机联系方式，以便我们联系您！谢谢！

××公司

资料来源：展会邀请函精选范文[EB/OL]. 学优网. http://www.gkstk.com/article/1427289649480.html，有改动.

示例2　电子邀请函

文书名称	第×届中国广告四新展专业观众邀请函	编　　号	
		受控状态	

尊敬的广告行业人士：

您好！

由中国广告协会、××国际广告公司、××展览有限公司等单位联合组织的中国知名的第×届中国广告四新展将于××××年3月29日至31日在××会展中心隆重举行。我们在此期待您的光临,共享全球发展盛事。一年一度的中国广告四新展(广告新技术、新设备、新材料、新媒体展览会)自××××年创办以来,每年固定在中国××市举办。在各级政府的大力支持及有关组织单位的精心打造下,经过×年的发展,该会展已成为业界知名的专业品牌会展之一。许多企业已视"中国广告四新展"为它们重要展示及交流的平台。综合性与专业性、区域性与国际性的完美结合已使它成为中国规模最大、参加人数最多、国际化程度最高的品牌会展之一,真正成为广告企业展示自己的首选平台,是每年广告大型国际供应商和全球采购商云集的贸易盛会,是广告行业人士济济一堂的最佳场所。

为进一步提高入场观众的质量,减少现场排队等候时间,营造更好的洽谈氛围,如果您是业内人士,请在××××年3月25日前登录会展官网(http://××××)注册观众登记,或填写以下回执表传真至010-××××××××,成功注册后免收门票费用,更可获得以下超值回报:

- 获赠价值50元的大会会刊;
- 展前收到主办方寄出的《参观指南》,使您的参观之行事半功倍;
- 可受邀参加会期的部分研讨会、经验交流会和实地考察活动;
- 入住大会指定酒店,可享受5~6折优惠;
- 大买家全程贵宾服务,2天免费酒店住宿(大买家指的是采购金额大、采购数量多、品种广的政府采购团和各行业龙头企业,须通过主办单位书面确认)。

参观时间:××××年3月29—31日,09:00—16:00。

参观地点:××会展中心(××路××号)。

我们诚邀您参观本届中国广告四新展,期待您的光临!顺祝商祺!

第×届中国广告四新展项目办公室

××××年××月××日

附:

回　执　表

姓名		单位名称	
从事行业		职位	
地址		邮编	
联系电话		传真	
E-mail			
参观意见	我欲参加展览□　　　我欲参加论坛□		

资料来源:李敏.会展会议活动项目管理手册[M].北京:中国电力出版社,2015:219-220,有改动.

 即学即用

请根据所学知识,撰写一份会展邀请函。

(四)选择会展招商渠道

会展项目管理人员应根据会展招商工作的实际需要,提出会展招商计划使用的各种招商渠道,并针对不同招商渠道制订可行的招商措施。会展项目招商的主要渠道见表 4-1。

表 4-1　会展项目招商的主要渠道

序号	渠　　道	序号	渠　　道	序号	渠　　道
1	有关行业协会或商会	4	国内外同类展会	7	各种招商代理
2	专业报纸杂志	5	参展商客户关系	8	政府有关部门
3	一般大众媒体	6	网络招商	9	会展期间举办的活动

（五）制订会展宣传推广计划

会展的宣传推广是会展招商成功的一大保证。会展项目管理人员应对配合会展招商所做的各种招商宣传推广活动作出规划与安排，并体现在会展招商方案当中。

（六）会展项目招商预算

财务是会展项目中重要的一步，会展项目管理人员应对会展项目的各项招商活动的费用支出作出初步预算，以便及时合理地安排招商所需资源。

招商预算是为招商各项工作顺利进行而做的费用支出预算，它是在各项招商工作筹划基本已定的基础上，对会展招商可能需要的费用支出作出的整体安排和具体支出的计划。编制招商预算，应从招商工作的实际需要出发，本着统筹安排、合理利用的原则，实事求是地进行。

会展的直接招商费用主要包括以下几方面。

（1）招商人员费用，包括招商工作人员的工资、差旅费、办公费等。

（2）招商宣传推广费用。

（3）招商代理费用。

（4）招商资料的编印和邮寄费用。

（5）招商公关费用。

（6）其他不可预见的费用。

（七）会展招商进度安排

会展项目管理人员应对会展项目的各项招商活动的进度作出总体规划和安排，安排招商工作日程，合理控制会展招商工作的进程，确保届时会展有足够数量和一定质量的观众到会参观。

会展招商工作阶段性和实践性都很强，招商进度计划表严格按照时间进度安排，便于及时监测工作成效，及时发现问题并采取相应的措施进行调整。实际操作中，招商也许会和招展工作同时进行，因此，更需要招商进度计划，以确保招商工作的独立性和计划性，并兼顾与其他各项工作的配套和合理安排，使招商工作能顺利完成。

会展项目招商方案编制完毕后，应交由会展项目主管领导进行审批，批准后发放至会展项目各部门及单位，作为会展招商工作的执行依据。

第二节 会展招商的宣传推广类型、方式与步骤

良好的招商宣传,对内可营造招商氛围,达成招商共识,便于招商工作的顺利进行;对外可以扩大展览的知名度,推介展览的优势,引导合作办展,创造良好的经济效益。宣传推广的目的是将展出情况告知现有的和潜在的客户,并欢迎其前往观展。因此,招商的宣传推广要有针对性,要有吸引力。宣传首先要追求观众的质量,其次才是观众的数量。

一、会展招商宣传推广的类型

按照不同的目的,会展的宣传推广可以分为五种类型,见表4-2。

表4-2 会展宣传推广的类型

名　　称	主　要　目　的	宣传推广重点
显露型宣传推广	迅速提高展会知名度	展会的名称、办展时间和办展地点等简单明了的展会信息
认知型宣传推广	增加受众对展会的认知度,使观众全面深入地了解展会	展会的特点、优势等详细内容
竞争型宣传推广	与竞争对手展开竞争或进行防御	展会区别于竞争对手的特色,或与竞争对手针锋相对的措施,针对性强
促销型宣传推广	短期内推动会展展位的销售或招揽更多参展观众	参展商或观众所关心的主要问题
形象型宣传推广	扩大展会的社会影响,建立其良好形象,不单纯追求短期销售量增长	追求目标受众对本会展定位及形象的认同,积极与目标受众进行信息和情感的沟通

不管会展的宣传推广属于以上哪种类型,会展的宣传推广一般都要根据实际需要规划好四方面的内容:时间跨度、地域界限、目标受众、性质描述。

 **拓展阅读**

以"展"引领,触"网"蝶变——桐乡乌镇"会展经济"成功实践启示

【开栏语】

在全省"争先创优"的大环境下,县委县政府提出,以更强使命担当,全力打造"重要窗口"的"精品窗口"。在这场滚石上山、逆水行舟的"赛马比拼"中,怎么争、如何拼?突破口在哪里?如何知己更知彼?如何找到"金钥匙"?

为此,县新闻中心特别策划、组织开展"奋楫·跳出德清看德清"大型融媒体报道,自2020年5月下旬起兵分多路,赴绍兴柯桥、嘉兴桐乡、杭州余杭等地进行深入采访,探寻周边县市的好思路、好做法、好经验。他山之石,可以攻玉。"德清发布"推出"奋楫·跳出德清看德清"专栏,刊发异地采访系列报道,今天推出《以"展"引领,触"网"蝶变——桐乡乌镇"会展经济"成功实践启示》,敬请关注。

大大小小各式各样的会展已经成为当下经济生活的一部分。大规模、高层次、科技

派、国际范儿,风生水起的会展背后,是行业活跃度与经济聚集效应的最佳反映。说到"会展经济",桐乡乌镇颇具典型。

从2014年到2019年,世界互联网大会走过了6个年头,搭建了国际互联网共享共治的中国平台。在这场高规格会议的背后,正是乌镇对"会展小镇"这一定位的不断打磨。

他山之石,可以攻玉。近年来,德清也成功举办过联合国世界地理信息大会、首届湖州商品交易会……如何发展"会展经济",积聚发展新动能? 乌镇能给德清带来哪些启示?

启示一:配备完善的会展设施和硬件

缓缓而过的木摇船,高高耸立的马头墙,在古色古香的建筑群里,"藏"着互联网国际会展中心、云舟宾客中心等乌镇身为"会展小镇"的主阵地。

乌镇互联网国际会展中心由三座建筑组成,由南而北分别为会议中心、接待中心和展览中心三个功能区块,整体外观融合互联网元素与江南水乡特色。

进入会展中心,内部设置有多种功能、大小各异的会议室,采用"小活动场所系统",并融入了智能会议、楼宇管理等智慧应用系统,网络全覆盖,Wi-Fi网络一次认证全网漫游。

其中会展中心乌镇厅作为最大的主会议厅,是2019年世界互联网大会的主会场,可容纳近3 000人同时与会,而且具备同声翻译等高技术设施,能满足上千人商务会议团队的不同需求。

站在科技前沿的乌镇景区,支持会展产业的智能硬件设施和软件系统的应用也必不可少,比如多功能、移动化的电商平台、电子票证、二维码点餐、人脸识别系统、扫码一键叫船叫车等。

作为"会展小镇",乌镇景区本身各个酒店配备的特色会议室,也为商务会议接待提供了更多的可能。乌镇景区共有大型多功能会议室、小型高私密性会议室、贵宾接待室100余个。这些会议场所设施先进、功能完备,不仅拥有顶尖的音响设备、高清投影,而且具备同声翻译系统,其会场数量、类型、容纳人数、设施设备均为国内景区少有。

值得注意的是,随着"会展小镇"的发展,乌镇还在不断提升和完善会展设施。在互联网之光博览中心,工人借助吊车将一块块幕墙吊上屋顶,技术人员对着电脑忙着调试设备……"近期我们就要举行一场展览,目前正在对展馆的硬件设施以及智慧管控平台进行完善。"乌镇国际会展(桐乡)有限公司总经理丁君华说。

启示二:丰富的会展保障和景区资源

除了要搭建完善的舞台,成功的会展活动还要有成功的会展策划。近年来,乌镇举办了万余场大小会议,接待过百余个国家的嘉宾。会议数量多、规格高,人员来自全球各地,乌镇如何能确保每次会议万无一失? 一个经验丰富的会展团队至关重要。

乌镇的销售及接待服务团队有着十几年丰富大型活动策划和保障经验,成功接待大小会议10 000余个,至今为众多国内外政府部门、大中型企事业集团及公司部门成功策划实施了各类年会、研讨会、市场推广会、新闻发布会和公关、庆典、路演、拓展训练、奖励旅游等活动。

世界互联网大会举办了6届,六年来,这场世界互联网领域的盛会,为这个千年古镇带去了笑傲会展经济高地的"触网"蝶变。乌镇细致、个性化的服务一直深受与会嘉宾的信任与好评。乌镇会展团队工作人员介绍,在乌镇景区,从配套保障人员、酒店管理人员到车船、管家队、消防等各部门细化分工,团队通力合作,才做到完善会议日程、住宿、餐饮、场地搭建等每一个环节。

费建萍是乌镇游船船工,土生土长的乌镇人。世界互联网大会召开前,学历水平不高的费建萍学习起了英语。"我们前期要经过专门培训,学习基本的礼貌用语。"费建萍说。而且摇橹船上还安装了精准的 GPS(全球定位系统),后台管理人员能全天候地实施安全管理和调度。

丰富的酒店资源也为会展住宿提供了坚实的后盾。乌镇景区内现有特色民宿、精品行馆、高档度假酒店等各具特色的酒店。酒店大都临河而建,环境优雅,推窗而出,或许就与小桥流水的江南气息撞个满怀。同时,为了保障宾客及时入住,乌镇的各酒店在会议期间还会增加客房线、清扫员和前台接待员,并及时调动车船,确保将宾客行李准确送达相应酒店。

"世界互联网大会期间,我们店里天天满客。"乌镇人高英英在当地经营着一家民宿。"现在我们会经常举行学习和培训,要求店员掌握基本的接待礼仪与沟通技巧。"得益于服务的提升,高英英现在除了接待游客外,平均每月还能承担 12 场服装发布会,经济收入可观。

2003 年,乌镇成为中国首批十大历史文化名镇之一,并获得联合国教科文组织世界遗产中心颁发的"亚太地区遗产保护杰出成就奖"称号;2005 年,乌镇被评为"中国十大魅力名镇"和"欧洲游客最喜爱的中国旅游景区";2007 年,乌镇入选《中国世界文化遗产预备名单》;2010 年,乌镇景区被原国家旅游局授予国家 5A 级景区称号,成为全省第 4 家、嘉兴市首家 5A 级景区……旅游业取得的成就也为乌镇发展"会展经济"提供了底气。

乌镇戏剧节以拥有 1 300 年历史的乌镇为舞台,将景区变成了戏剧节的承载体,使乌镇深厚的文化底蕴与戏剧独特的文化魅力相互融合。

2013 年 5 月,以"映"为主题的首届乌镇戏剧节在西栅景区举行,乌镇一时间成为全球戏剧爱好者和生活梦想家体验心灵狂欢的舞台。如今,乌镇戏剧节已举办七届,越来越多的人因为戏剧来到乌镇,沉醉在这戏剧"梦乡"。乌镇戏剧节也成功上榜 2019 浙江文化和旅游推广创新优秀案例。

如今,随着"镇区景区化"战略的深入推进,乌镇形成了一条完整的旅游产业链——乌村、国际汽车露营地、子夜商业中心、横港国际艺术村等优质旅游项目纷纷落户,知名品牌酒店和民宿经济随之崛起,不断丰富着乌镇的旅游业态。

展望:德清的"会展经济"如何突围?

有现代化的会展设施和完善的会展场所,有经验丰富的会展团队开展会展策划,有将景区和会展深度融合的独特思维……这些乌镇发展"会展经济"形成的经验和做法能给德清发展"会展经济"带来哪些借鉴和参考?为此,记者来到了德清国际会议中心。

联合国世界地理信息大会在德清召开,民用飞机材料产业发展联盟第二次成员代表大会召开,2019 国际区块链大会举行,首届湖州商品交易会举行……两年来,德清国际会议中心、国际展览中心已承办了多场大型会议、展览,"会展经济"渐渐拉开帷幕。

"德清发展'会展经济'优势明显。"中国会展产业交易会主席朱立文表示,德清不仅连续多年位列全国百强县,有一定的经济基础和影响力,而且位于长三角腹地,区位优势明显,还有莫干山、下渚湖等稀缺的旅游资源。"最为重要的是,德清虽然采用委托管理的方式将德清国际会议中心交给北辰会展集团运行,但政府从政策、资金、人才等方面给予了大力的支持。"

优势固然明显,但德清的"会展经济"处于起步阶段,还有尚需完善和提升的方面。朱立文建议,德清不仅要加快"走出去"战略,借助德清的文旅资源,进一步打响德清的知名度,而且要加快餐饮、住宿等配套场所的建设。

打造自主品牌展会也很重要。据首届湖州商品交易会成果发布会上的数据显示,"湖交会"期间,德清主场区销售突破 50.23 亿元,线上交易额达到 12.86 亿元。"'湖交会'在德清举行,是德清'会展经济'一个具有里程碑意义的事件。"北辰会展集团驻德清国际会议中心总经理马永辉说,这两年来,德清发展"会展经济"缺乏自主品牌展会,"湖交会"的举办恰恰弥补了这一不足。"我们希望能打造更多'湖交会'这样的展会,丰富德清的自主品牌。"

取长补短方能久远方圆。放在更长远的维度来看,德清的"会展经济"定能熠熠生辉。

资料来源:https://mp.weixin.qq.com/s/2CnD_NUPRGIz6WpksAaACQ,有改动.

二、会展宣传推广的特点

会展宣传推广具有以下几个特点。

(一) 整体性

会展宣传推广服务于整个会展,是有多重任务的,是一种整体的宣传推广工作。会展宣传推广的主要任务是促进会展招展、招商,建立会展的良好形象和创造会展竞争优势,协助会展项目管理人员顺利开展工作,指导招商人员如何对待客户。会展宣传推广要处处注意会展项目的整体利益,不能顾此失彼,只关注某一个目标而妨碍其他目标的实现。

(二) 层递性

会展宣传推广应随着会展工作的一步步深入而扩大或调整。在整体宣传方案上,应有一个阶段性的安排,每个阶段有每个阶段的宣传重点。

(三) 时效性

会展宣传应注重时效性,抓住社会关注热点,扣住会展主题发挥,给会展拓展更广阔的空间。

三、会展招商宣传推广的方式

招商宣传与招展宣传的途径大同小异,这里介绍其他一些途径,包括编印画册、制作光盘、发布广告、举办招商说明会等。

(一) 编印画册

编印招商宣传画册是指会展企业运用图片向招商对象宣传展会形象,展示展会举办地的经济实力,推介地域优势,提供可供合作领域。编印招商宣传画册的要点如下。

1. 认真策划

为了让招商对象对展会特色及展会举办地的社会信用度、投资领域及投资项目充满信心,激发参展热情,编印画册时就必须高瞻远瞩,全面筹划,把能反映会展综合实力的优势表现出来,尤其要充分反映会展区域经济的特点,形成独特鲜明的招商优势,这样的画册才具有宣传价值,才能产生宣传效应。

2. 选好内容

画册是以直观的图片和抽象的文字来表现内容的。因此,每一幅图片都要具有一定的代表性,要能够反映出会展的最佳状况,同时要进行科学归类、巧妙组合,做到图文并茂,从不同层面推介会展的优势与发展前景。

3. 精心制作

画册不仅内容重要,制作工艺同样重要。精美的画册,不仅能充分表现内容,达到宣传效果,还可以为内容锦上添花,且易为人收藏。相反,如果画册制作粗糙,即使内容再好,也难以产生宣传效果,反而给人以工作马虎、社会信用度低,甚至是望而生畏的感觉。所以,在画册的制作工作中,一定要精心细致、主题突出、特色鲜明、图片精美、搭配恰当,色彩搭配要端庄、自然大气,讲究艺术效果。

(二)制作视频文件

利用现代科技手段和媒体,把宣传内容制成视频文件,在特定区域或特别群体中进行广泛传播和定向传播,具有图声并茂、视听兼备、介绍系统、宣传广泛、生动传神、感染力强等特点。

招商宣传视频文件实质上是一个展览综合形象介绍的纪实性电视片,这就要求招商宣传在内容上突出主题、特色鲜明;在形式上创优创新,实现形式与内容的完美统一。

此外,由于招商宣传视频文件是广告色彩较浓的展览形象纪实性电视片,因此,在制作视频文件时,还应把一些知名企业参展的情况加以宣传,让参展商参照真实案例,更直观地感受展览的优势、发展前景及参展商的收益。这样,宣传鼓动性、舆论引导性更为强烈,宣传效果也就更为明显。

(三)发布广告

发布广告是指通过媒体,向潜在参展人员展示展会的形象。这种途径主题突出,内容具体,表达更为直接。

根据广告内容,广告可分为形象广告和具体广告。在对特定区域开展招商时,可采用双管齐下、齐头并进的方式发布形象广告和具体的招商广告,对受众的听觉、视觉进行反复刺激,这样受众的印象才深刻,广告的效果才明显。

形象广告要系统、全面,有区域个性,充分展示招商区域的发展面貌和特色;内容要精练完美,生动传神;形式要新颖大气;手法要巧妙自然,引人入胜,让受众在无形中被广告内容吸引。具体广告要主题鲜明,内容简洁,不拖泥带水。发布招商广告可以多种媒体并用,交叉刊播,立体推进,做到广播里有声音、电视里有画面、报纸上有文字,令受众轮番接收信息,由无意注意到有意注意,最终实现广告宣传效应。

(四)举办招商说明会

在招商宣传工作中,举办招商说明会最为有效。举办招商说明会就是会展企业在特定地区或行业把招商对象组织起来,向他们全面系统地介绍会展的招商情况。这种面对面的直传方式气氛热烈、随和,能拉近双方的情感距离,增进了解,加深友谊;同时,还能广泛收集招商信息,联络更多的赞助商与观众,双方的选择空间较大。同时由于招商说明会受众为特定观众,招商成功率相对较大。举办招商说明会要把握以下几点。

1. 做好宣传材料的准备工作

举办招商说明会,宣传材料必不可少。宣传资料要应有尽有,精练简洁,完整配套,宣传画册、资料汇编均可发放。同时,还可在说明会上播放宣传短视频,让参展商与观众对会展有较为系统的认识。

2. 做好会议组织工作

会议组织包括两个方面:一是会展企业招商部门的组织领导工作。这要求招商人员熟悉经济法规,懂得融资规律,掌握项目内容,具有谈判艺术,拥有定夺权力。二是参展商的组织引荐工作。要想组织有雄厚实力的参展商参会洽谈,首先,要选准地区,这要求考虑拟招商地区的资本输出环境和条件是否优越。其次,要选准对象,这要求对拟招商地区的企业进行深入研究。招商对象确定后,可通过当地政府或商会、行会等民间团体牵线搭桥,从中引荐;亦可直接到拟招商企业进行自我宣传,邀请其参会洽谈。最后,可以通过媒体发布招商广告,广泛邀请参展商参会。

3. 做好项目洽谈对接工作

这要求招商会议组织者熟悉招商项目单位和投资者双方的情况,只有进行有效对接,双方才有深入洽谈和进一步签约、合作的可能。

4. 把握重点

对一些有影响力的集团性企业,会议组织者可根据实际情况,邀请其与会展主题所在的行业协会领导人进行小范围会见,就参展问题进行深入洽谈,还可就参展商提出的问题进行现场答复,这样可以增强双方的信任感,树立良好的企业形象。

5. 树立典型,激发赞助热情

说明会上可把已谈成的且有代表性的参展项目进行公开签约,并让参展商说明赞助动机、原因。这样做可以激发其他参展商的参展热情。

四、会展招商宣传推广的步骤

一般来说,会展招商宣传推广步骤有六个:目标、投入、信息、资料、渠道和评估。

(1) 目标。目标是指要确定宣传推广所希望达到的目标,如招商、建立会展形象、让观众熟知等任务。

(2) 投入。投入是指要确定为了达到上述宣传推广目标所需要的资金投入。

(3) 信息。信息是指要确定宣传推广所要向外界传递的信息,如展会的优势和特点,展会的办展理念等。

(4) 资料。资料是指要确定制作何种宣传资料来承载上述信息。在制作宣传资料时,要注意遵循针对性、系统性、专业性、统一性。

(5) 渠道。渠道是指要确定会展宣传推广的渠道,或者说要确定采用哪种渠道将会展信息传递出去。

（6）评估。评估是指评测会展宣传推广的质量与效果，评估会展宣传推广目标完成的状况如何。会展宣传推广的效果可以分为即时效果、近期效果和远期效果。对这些效果的评估可以从观众、参展商和会展功能定位三方面来进行，也可以从宣传的传播效果、宣传的促销效果和宣传的形象效果三方面来评估。

第三节　会展招商的宣传推广计划

一、会展宣传推广进度计划

会展宣传推广工作服务于会展筹备、招展和招商等工作，受这几方面的影响很大；会展宣传推广进度计划的制订，处处要考虑到这几方面的需要，要与其工作进度相配合。但是，会展宣传推广工作又独立于会展筹备、招展和招商等工作。会展宣传推广工作计划一旦制订，除非中途出现重大变故，否则不可轻易改变。这样，就可以排除其他因素的干扰，对会展宣传推广工作进行总体控制和监督。

二、会展宣传推广的主要计划

（一）新闻发布会计划

新闻发布会又称记者招待会，是社会组织在发生重大且有影响的事情时，向新闻界公布信息，借助新闻提升该组织或者与该组织密切相关东西的形象的会议。在会展开幕前一个月到两个月，在展出地举办新闻发布会，全面介绍会展情况，包括会展时间地点、展会目的、展会主题、展出产品、展会发展前景等。新闻发布会上要准备装有全套新闻资料的新闻资料袋，以便提供给有关新闻媒体以及其他有关部门，包括工商会、行业协会、政府有关部门等。展会开幕前，也要举办新闻发布会，这次发布会十分重要，是向外界通报展会特点、参展商构成、展会招商情况、贵宾邀请等内容的好机会，要广泛邀请记者参与。展会闭幕时也可以举办新闻发布会，向外界通报展会的展出效果、参展商和观众的构成及特点、参展者收获、贵宾参展情况、展望展会未来发展等内容，此次发布会是展会的总结，组织得当有利于下一届展会的筹备。

新闻发布会的筹备需要明确以下事项。

（1）确定发布会的地点。召开新闻发布会的地点可以是会展的举办地，也可以不在会展的举办地，须视会展的具体需要而定。

（2）确定出席发布会的媒体及相关人员。新闻发布会应当邀请行业相关媒体和一部分社会新闻媒体，还应邀请行业协会人员、政府部门相关人员、参展商代表等人员参加。

（3）确定发布会的主持人。发布会的主持人可以是有关行业协会或商会的领导、办展机构的负责人、政府主管部门的官员等，也可以由上述机构共同来主持。

（4）确定发布会要发布的内容。发布会内容应视发布会召开时间的不同而各有侧重，如前所述，发布会的内容可以编成各种新闻资料，这些新闻资料的内容可以覆盖会展的方方面面，但要重点突出。

（5）确定发布会的召开程序。新闻发布会的程序一般是：办展机构、行业协会或政府主管部门有关领导讲话、会展信息发布和展示、记者提问。

（6）发布会结束及时追踪媒体报道。发布会结束以后，还要及时跟踪和收集各媒体的报道情况，如果有媒体需要更详细的资料，要及时提供；如果一时提供不了，可以安排有关媒体进行实地采访和拍摄。

（二）专业媒体推广计划

会展宣传推广所指的专业媒体包括会展展览题材有关行业的专业报纸、杂志、会展目录、会展专刊和网站等。这些媒体直接面对会展的目标参展商与目标观众，是会展首选的宣传推广媒介。

专业报刊一般都有特定的读者群。如果与办展机构的目标观众一致，就可以选择登广告，效果较好。当然，广告可以选择一家影响较大的媒体，也可以同时选择几家媒体来刊登。

在专业媒体做宣传有许多优点：第一，受众稳定，适应范围广；第二，针对性强，富有专业特性；第三，表现手法灵活，信息容量大；第四，寿命较长，重复出现率高。在专业媒体做宣传也有其局限性：第一，时效性差，专业媒体的发行周期一般较长；第二，版面位置选择性较差；第三，仅从满足展会招商这一任务角度来看，在专业媒体上做宣传主要是针对专业观众的招商，对普通观众的招商效果不如在大众媒体上做宣传的效果好。

在专业媒体上做宣传，为了使推广活动发挥最大效用，办展机构应该考虑以下因素。

（1）客户规模与市场占有率。专业媒体所覆盖的目标客户规模越大，在它上面做宣传的效果越好。展会的市场占有率较低时，宣传推广的边际效果随着宣传推广预算的提高而很快上升；当市场占有率达到一定程度时，宣传推广的边际效果就开始下降。

（2）竞争与干扰。市场竞争激烈的情况下，同类展会较多，则展会的宣传推广预算应大一些。干扰则是指在一个媒体上，若广告很多，不管这些广告是否为竞争者，都会分散客户的注意力，因此展会的宣传推广力度也应当适当加大。

（3）展会发展阶段。在展会发展的不同阶段，宣传推广的目的和作用不同，因此力度也应有不同变化。

（4）宣传推广频率。展会宣传推广的频率并非越密集越好，因此要结合宣传的有效传递情况确定适当频率，一般认为，在一个参展周期内目标客户接触 6 次广告信息为最佳频率。

（三）同类会展推广计划

一般来说，选择进行推广的同类会展都是具有一定规模、在国内外有一定影响的会展，在这些会展上进行宣传推广有很多优点：①可以直接面对目标客户，与客户进行面对面的交流；②信息传达灵活，可以给目标客户以最直接的宣传刺激；③容易与目标客户建立关系，可以即时得到客户的反馈；④容易引起目标客户的注意，迅速产生推广效果。由于具有以上优点，在"同类会展上进行宣传推广"方式在会展筹办过程中被大量使用。

在国内外同类会展上进行宣传推广也有其局限性：首先，宣传推广方式的选择受会展彼此之间竞争关系的影响较大，缺乏一定的灵活性；其次，有些推广方式费用较高；最后，每个会展的客户群都是有限的，因此，宣传推广的目标客户的范围也有一定的局限性。

（四）大众媒体推广计划

会展宣传推广所指的大众媒体包括各种报纸、电视、广播、户外广告媒体、交通广告媒体、包装媒体、焦点媒体、网站等，这些媒体的普及性较强，社会接触面较广，它们既面对会展的目标参展商与专业观众，也面对会展的普通观众，是会展常用的宣传推广媒介。

大众媒体面向大多数人，覆盖面广，影响力是其他媒体所不能及的，当然费用也是最高的。大众媒体具有其自身的很多优点：①时效性强，传播速度快；②覆盖面广，读者群大；③制作简单，手法灵活；④具有一定的新闻性和可信度。

电视和电台是覆盖面最广的媒体，其主体对象是消费者。但由于费用较高，使用电视和电台做广告的多是会展的组织者和大的参展商，中小参展商使用电视和电台做广告的情况并不多。

网络的利用随着计算机技术的进步迅速发展，在国际互联网上做主页、登广告的情况越来越多。利用计算机网络做广告费用相当低廉，覆盖面却很广，但也有弊端，即信息极容易被淹没。同时可以利用行业相关微博红人做广告，支付一定费用，写好广告文稿，请微博红人代发。由于微博红人在本行业也有一定影响力，因此也可以吸引本行业相关人员或对本行业感兴趣的参展者参加展会。

在综合性报刊上做广告是向广大消费者宣传的理想途径，可以用软性的文章和图片进行宣传推广。

（五）专项宣传推广计划

办展机构通常还会采用一些专项宣传推广方式来宣传推广会展，这些专项宣传推广方式如下。

1．人员推广

人员推广是一种人际交流。会展工作人员通过与目标观众直接联络来邀请其参观展览。展览人员推广的方式主要有发函、打电话、登门拜访。一般人员推广工作的成本比较低，灵活性强，信息反馈及时。

2．公共关系

公共关系是办展机构利用各种传播手段与社会公众沟通思想感情、建立良好的社会形象和经营环境的活动，如加入国内外著名的行业协会和积极参加行业活动等。公共关系宣传推广可以分为三个层次：一是公共关系宣传，二是公共关系活动，三是公共关系意识。公共关系的作用面很广，传播手段较多，着眼于会展的形象和长远发展。

3．机构推广

机构推广是办展机构与有关媒体、国际组织、行业协会和商会、国内外其他会展主办机构和政府主管部门等机构合作，共同推广会展的一种宣传推广方式。随着中国展览市场的国际化程度日益加深，这种方式正被越来越多的展会所采用。

4．相关活动

相关活动也叫事件推广。在会展期间举办一系列的相关活动，也是会展进行宣传推广的一种重要方式。和其他宣传推广方式一样，在进行会展专项宣传推广活动时，也要注意适当地选择宣传推广活动的时间和地点。

在会展宣传推广的实践中，上述四种专项宣传推广方式不是截然分开的，各种方式会经常被组合起来综合使用,影响这些宣传推广方式组合的主要因素如下。

(1) 会展的类型。不同题材和功能的会展,其目标参展商和目标观众也不一样,会展的宣传推广组合也应不同。

(2) 会展的营销策略。

(3) 客户特性。客户参展和参观决策受其对会展认识深度的影响。一般认为客户的认识深度可以分为三个层次:认识阶段、动心阶段、行动阶段。对于对会展认识深度处于不同阶段的客户,不同宣传方式的效果差别很大。

(4) 市场特性。

(5) 会展发展阶段。会展是处于初始期、成长期、成熟期还是衰退期对会展宣传组合的影响很大。

(6) 宣传推广费用预算的多少。费用预算的多少对宣传推广方式的选择具有很大的制约作用,决定会展宣传推广预算的方法有四种:一是量入为出法,二是收入百分比法,三是竞争对等法,四是目标任务法。上述四种方法影响着宣传推广预算总额,进而影响着会展宣传推广组合的选择。

第四节　会展招商的主要方式

一、会展招商的对象

(一)专业观众与普通观众

会展观众包括专业观众和普通观众。专业观众是指从事会展上所展示的某类展品或服务的设计、开发、生产、销售或服务的专业人士及用户。

专业观众具有下面一些特点。

(1) 多是出于业务原因,从外地赶来参加展会的。

(2) 在多数情况下,参加者的消费由所属公司承担。

(3) 通常,参加者是带着具体的目标和目的来参加展会的。他们或者是调查行业的大致竞争状况或产品状况,或者是收集更详细的统计数字,甚至可能是公司派来出席展会的代表。

(4) 并非所有人都可以参加展会,每一位专业观众都需要预先注册,通常情况下需要支付一定的费用,展会期间佩戴展会入场卡。

与专业观众相对应的是普通观众,也就是除专业观众以外的其他观众。普通观众有以下特点。

(1) 他把参加展会看作一种娱乐方式。

(2) 具有一定的购买欲望。普通观众通常会考虑在展会上购买展示的产品或者服务,边比较边采购,并获得一些建议——从会展经理和参展商的角度来看,理想状态就是在展会上购买。

(二)有效观众与无效观众

除了对专业观众和普通观众的划分以外,还可以将到会参观的观众分为有效观众和无效观众。所谓有效观众,就是指来参展的专业观众及会展参展商所期望的具有潜在贸易价值的观众。这是具有一定质量的观众,对展会来说不可或缺。所谓无效观众,就是指参展商所不期望的观众,他们对展会来说是可有可无的。

有了有效观众和无效观众的区分,就可以看出,并不是所有的观众对展会来说都是有用的,展会往往更需要有效观众。对于一个专业展会来说,如果无效观众过多,就可能给展会的正常商务活动带来不利的影响,如展会现场太拥挤而秩序混乱、展会现场太嘈杂而影响商务谈判等。因此,如果允许普通观众入场参观,展会就要努力使有效观众在到会观众总量中保持一定的比例。一般来说,这个比例不能低于30%。也就是说,有效观众的数量占到会观众的总量的比例不能低于30%,如果低于这个比例,展会在观众方面就会只有数量而没有质量,展出效果将难以保证。

从另一个角度来说,无效观众对展会来说也是有用的。事实上,只要数量适中,他们对增加展会人气、活跃展会气氛、扩大参展商的广告效应和知名度是有很大作用的。只不过无效观众的数量不能太多,否则展会效果将大打折扣。

此外,根据来源地的不同,观众还可分为本地观众、外地观众与海外观众,或国内观众与国际观众。

二、目标观众数据库

会展项目管理人员要更好地吸引会展参观观众,做好招商工作,首先应确定会展项目目标观众群体(专业观众和有效观众),收集其基本信息,建立目标观众数据库。所谓目标数据库,就是利用计算机软件,将大量客户的各种信息记录备案,按照一定的规则将信息整理并保存在系统里。目标观众数据库中除了有目标观众的名称、联系方式等基本信息外,还要有目标观众的产品需求倾向,及时建立并更新会展观众数据库。目标观众数据库是会展项目招商工作重要的信息来源。同时,目标观众是可以培育的,可以从外延的观众群逐渐培育核心的目标观众。因此,也不要放弃一些外延观众名录。

目标观众数据库是会展招商方案制订和执行的重要基础,也是进行会展宣传推广的重要基础。会展项目管理人员收集会展目标观众信息的途径主要有以下几种,见表4-3。

表4-3 会展项目目标观众信息收集途径

序号	收 集 途 径	序号	收 集 途 径
1	通过行业企业名录收集,注意不要局限于会展题材所在行业,还要收集相关行业信息	5	通过政府主管部门收集
2	通过行业协会和商会收集,包括会展题材行业及相关行业协会和商会	6	通过各种行业、专业网站收集
3	通过外国驻华机构收集国外可能的目标群众群体信息	7	通过参加同类展会或查阅同类会展资料收集
4	通过参加同类展会或查阅同类会展资料收集	8	通过各地电话黄页收集

建立目标观众数据库时需遵循一定的原则。

(1) 数据信息来源必须真实可靠。

(2) 数据分类应科学合理,如分为核心观众名录、次核心观众名录、外延观众名录等。

(3) 数据分类应便于查找和检索或建立多项检索目录。

(4) 数据应及时更新和修改。

通常,数据库涉及诸多商业机密,因此,数据库的保密工作非常重要,对数据库工作人员应规定一定的工作权限。

三、会展专业观众邀请

一般来说,如果不是展会的有意控制,一个展会往往是既有专业观众到会参观,也有普通观众到会参观。在国内外展览行业的实际操作中,有些展会只对专业观众开放而不允许普通观众进场参观,例如广交会,所有的展览时间都不允许普通观众入场;也有些展会既允许专业观众进场参观,也允许普通观众进场参观,但对普通观众的参观时间加以限制,例如上海国际汽车展,在展会开幕的第一天和第二天只允许专业观众入场,过了这两天才允许普通观众入场参观。

会展项目有非常明确的会展主题,因此进行会展招商时必须有针对性地邀请专业观众。随着会展业的发展,市场竞争日趋激烈,寻找并邀请会展项目的专业观众就成为会展项目管理人员的重要工作事项之一。

(一)专业观众定位分析

会展项目管理人员通过会展目标观众数据库,充分了解专业观众的背景信息,并进行定位分析,找出参观可能性最大的观众类别。专业观众的定位分析可以从地域、年龄、学历、兴趣、行业、消费习惯等不同方面进行,要与会展项目主题及具体内容相匹配。

(二)会展专业观众搜寻

会展项目管理人员找准会展专业观众的定位后,应通过各种渠道去搜寻符合要求的专业观众。最常用的搜寻途径就是会展项目管理人员通过同类会展项目相关资料获得相关专业观众信息,或通过参加没有明显竞争关系的国内外同类会展而开展会展招商活动。

为减少搜寻专业观众的成本,会展项目管理人员可以让参展商提出具体的目标观众直接邀请,以更好地满足参展商的需求。

(三)会展专业观众邀请

在搜寻到一定数量的会展专业观众后,会展项目管理人员应将会展有关信息及时传递给目标观众,发出参观邀请,促使其参加会展。会展项目管理人员邀请专业观众主要有以下渠道,见表 4-4。

表 4-4 会展项目专业观众的邀请渠道

序号	邀 请 途 径	序号	邀 请 途 径
1	通过代理机构邀请	4	国内外相关专业协会、项目支持单位协助邀请
2	新闻媒体的全面报道	5	专业及会展相关网站宣传
3	通过国内外同类会展会刊宣传邀请	6	对重点专业观众发出特别邀请

会展项目管理人员可以通过电话邀请、直接邮寄邀请函、发送电子邮件、刊登广告、网上报名认证等方式邀请会展的专业观众,对于特别重要的专业观众还可以考虑上门邀请。

(四)观众邀请函的编制

观众邀请函是会展项目组织根据会展实际情况编写的,专门针对会展目标观众尤其是专业观众而发送的会展招商的一种宣传函件。一般来说,观众邀请函主要用于邀请专业观众到会参观,在会展开幕前一个月由会展企业向目标观众邮寄,若专业观众为国外观众,则要提前 3 个月邮寄。观众邀请函发送针对性较强,因此要注意发送的时间,并辅以其他通信方式跟踪了解情况。

会展项目管理人员编制观众邀请函的内容要简单明了,吸引观众来参观会展,主要对会展的主题、特点、优势、展品和参展商进行介绍。会展项目观众邀请函的主要内容包括以下四个方面。

(1)会展的基本内容。会展的基本内容包括会展的名称、举办的时间和地点、办展机构、会展的 Logo、本会展简单介绍,如会展的特点和优势等。

(2)会展招展情况。会展的招展情况包括展出的主要展品、参加展出的新产品和会展招展情况,一般还会将一些行业的知名企业参展情况进行重点通报。

(3)会展期间计划举办的相关活动。列举会展期间举办的相关活动的时间、地点和主题,以方便观众提前安排时间与准备。

(4)参观回执表。参观回执表上附有参观申请的联系方法和联系人等,方便观众预先登记。

四、观众邀请宣传日程安排

(一)专业观众的邀请

专业观众促销宣传日程见表 4-5,这个宣传日程是以年为周期的。

表 4-5　专业观众促销宣传日程

52 周	40 周	21 周	15 周	10 周
宣布来年的展会日期	在行业期刊和网站上公布展会的日期广告;广告持续到展会开始前的第 4 周左右	发起第一次直邮广告大战;开始对参展商的展会促销活动;设计网上互动的注册网页,同时可以通过网页预览新产品	第二次向观众直邮广告	最后一次直邮广告;第二次向参展商发起攻势,并发出免费赠送的票据
6 周	4 周	2～3 周	1 周	展会开幕日
根据预先注册统计的结果,开通观众电子市场	在线公布展会日程	选择合适的媒体发布新闻	召开新闻发布会	举办媒体招待会,庆祝展会隆重开幕;宣布来年的展会日期;给那些通过在线注册却因个人原因不能来现场的人员发送开幕式视频

(二)普通观众的邀请

普通观众邀请宣传日程见表 4-6。

表 4-6　普通观众邀请宣传日程

20~24 周	12~26 周	8 周
建立在线形象	开始印刷宣传品,包括发送新闻稿;宣布展会发起人及会展企业的信息	进行展会赞助者、展会演艺人员的电视、电台采访活动;向特定区域内很有可能参加展会的普通观众直接邮寄展会宣传资料;发布社会团体赞助广告,广告持续到展会开始为止
4 周	2~3 周	5 天
在报纸上刊登广告;向每一种报纸的各个部门发送新闻稿件	进行电视和电子媒体广告宣传活动	开始在新闻报纸和电台广告上直接做宣传
1 天	展会开幕日	展会第 2~3 天
举办新闻发布会和媒体招待会	举办盛大开幕式、公众招待会、剪彩等活动	通过媒体广告,吸引更多没有预约的观众参加

招商和招展的关系

　　展会招商和展会招展是互相影响、互相作用的。一方面,如果展会招商效果好,到会观众多,质量上乘,参展商的展出效果就有保证,企业就更乐意来参展。反之,如果展会招商不理想,到会观众较少,或者无效观众很多,参展商的展出效果就难以保证,企业参展的积极性就会降低。另一方面,如果展会的招展效果较好,参展企业尤其是行业知名企业较多,展品新、信息集中,观众到会参观就会更踊跃。会展起步招商是基础,会展要强还须"守商",专家认为,招商、务商、守商是会展品牌化必由之路。

会展招商方案范例

"第二届中国(常州)汽车博览会"招商方案

　　时间:2010 年 5 月 1—3 日

　　地点:常州国际会展中心

　　【展会市场分析】

　　2009 年 5 月,在常州工商业汽车流通协会的大力支持下,常州三家汽车强势媒体联合举办的"首届(常州)国际汽车博览会"应运而生,并大获成功。据统计,展会 3 天人流量超过 60 000 人次,涉及品牌经销商共计完成订单接近 1 000 个,是常州有史以来现场完成订单数最多、涉及品牌范围最广的一次室内汽车展会! 今年我们将继续开展第二届博览会,为常州市民带来一场汽车时代盛宴。

　　【展会目的和展会概况】

　　为满足常州市民对汽车了解的愿望和需求,进一步促进常州汽车消费市场的发展,展示改革开放以来常州市在汽车工业领域所取得的巨大成就,加快汽车进入更多家庭,增进常州汽车行业与国际、区域间的技术交流和贸易合作,在成功举办"首届中国(常州)国际汽车博览会"的基础上,我们拟举办"第二届中国(常州)汽车博览会"。

【地理背景】

常州位于江苏省南部,长江三角洲的中心,京杭大运河和京沪铁路穿城而过,沪宁高速公路和312国道傍城而行,常州机场有民航班机直达北京、广州、厦门等10余城市。这里物华天宝、气候温和,是江南著名的鱼米之乡。现辖武进、金坛、溧阳三市,全市面积4 275平方公里,人口334万。

【组委会阵容】

本次汽车博览会由常州汽车流通协会和常州日报社、常州广播电视台、常州车网三个当地强势汽车主流媒体共同组织协办,并得到了常州市新北区人民政府、常州市旅游局的大力支持。

"第二届中国(常州)汽车博览会"方案

一、展会主题

车展以"汽车走进生活"为主题,以"繁荣汽车市场,传播汽车文化,引领汽车消费,发展汽车经济"为宗旨,充分展示汽车文明和常州现代、开放的美好城市形象。

二、展会举办时间和地点

参展日程安排:

展馆安排	A馆	B馆	C馆	广场
开幕式	2010年5月1日　10:18			
布展期	2010年4月28—30日　8:30—22:00			
展览期	2010年5月1—3日　8:30—17:00			
撤展期	2010年5月3—4日　8:30—22:00			

主会场:常州国际展览中心

备注:A馆、B馆、C馆均为特装搭建馆区,参展车辆必须在4月30日15:00—20:30前进场停放完毕,5月3日活动结束后方能撤展,广场为普通搭建展区,参展车辆必须在每日上午7:20前进场停放完毕。

三、主、协办方以及媒体支持

【主办方】

常州市新北区人民政府　　　常州市旅游局

常州汽车流通协会　　　　　常州日报社

常州广播电台　　　　　　　常州车网

【承办方】

常州青果文化传播有限公司　常州广播电台广播广告部

常州艾利特广告装饰有限公司

【协办媒体】

常州日报《汽车周刊》　　常州晚报《车周刊》

常州电台新闻频道、交通频道、音乐频道、经济频道

常州车网　　　　　　　中国常州网

四、展期活动

1."第二届中国(常州)汽车博览会"开幕仪式

邀请各级领导及嘉宾参加盛大的活动开幕仪式。

2. 现场新车发布上市

展会期间上市新车可统一做新车发布仪式。

3. 现场订车获大礼活动

展会期间订车客户都可以参与抽取包括 GPS 等大礼在内的奖品;

5 月 1—3 日　展会现场购车的客户抽取。

五、收费标准

(1) 室内展位(按照平方收费,此费用不含特装费、电费、清洁费):

A 馆:RMB　　　万元/展期/100 平方米

B 馆:RMB　　　万元/展期/100 平方米

C 馆:RMB　　　万元/展期/100 平方米

A 馆(二楼):RMB　　　万元/展期/100 平方米

(2) 广场展位:RMB　　　万元/展期/100 平方米

(3) 展外广告收费:

涉及行政审批的展区墙面广告,横幅、空飘等广告由主办方统一安排,另计收费。

六、参展须知

(1) 参展商与组委会洽谈参展事宜,签订参展合同。

(2) 参展商于 2010 年 3 月 20 日前截止签署合作协议,参展商按照签约时间,在 4 月 10 日前交付全额参展费用,若不能如期付款,原定展位不予保留。

(3) 展位分配实行"先申请、先付款、先分配"的原则,特殊情况,组委会可以保留调整部分展位的权利;A 馆区单位必须在签订合同一周内交付全额参展费用,若不能如期付款,原定展位不予保留。

(4) 馆内要求特装。

(5) 组委会将寄发参展商手册,参展商手册作为组委会发布的指定官方文件,与参展合同具有同等约束力。

(6) 如遇不可抗力(雨雪风暴、流行疾病、自然灾难、政治限制等)因素,甲方在和乙方商议交涉后,有权依法变更会展时间。

七、广告宣传

1. 常州日报

　　年　月　日—　年　月　日每期不少于 1/4 版的广告;

5 月出一期不少于半版的活动现场报道。

2. 常州晚报

　　年　月　日—　年　月　日每期不少于 1/4 版的广告;

5 月出一期不少于半版的活动现场报道。

(针对已上报纸活动宣传的投放版面大小与次数,还将视实际情况适当增加新闻版面)

3. 旅游时尚

　　年　月　日—　年　月　日每期不少于 1P 的广告;

5 月出一期不少于 2P 的活动现场报道。

4. 常州电台

新闻频道:年　月　日—　年　月　日每天 6 次的活动专题介绍。

经济频道:年　月　日—　年　月　日每天 8 次的活动专题介绍。

交通频道:年　月　日—　年　月　日每天 8 次的活动专题介绍。

音乐频道：　年　月　日——　年　月　日每天 6 次的活动专题介绍。

5. 常州车网

四大栏目主页弹出不少于 50 次的落幅广告。

三个月主页滚频海报广告，设置车展专题网站。

6. 户外广告

"第二届中国（常州）汽车博览会"组委会

2010 年 3 月 1 日

资料来源："第二届中国（常州）汽车博览会"招商方案［EB/OL］. http：// wenku. baidu. com/view/ c55c036d58fafab069dc240. html，有改动。

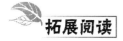 拓展阅读

会展宣传资料

会展宣传资料不是每一个会展都必须编发的。办展机构按照会展的实际需要来决定是否需要编发会展宣传资料或类似的快报等。

一般会展宣传资料包括以下内容。

（1）会展的基本内容。包括会展的名称、举办时间和地点、办展机构、会展的 Logo、本会展的特点和优势等。如果会展已经举办过几届，则本部分的内容有时候还包括上届会展的总结和展览现场的有关图片。

（2）会展展览题材所在行业的市场信息和行业动态。不仅包括国内外同类会展的情况，更包括本会展展览题材所在行业国内外市场状况、行业动态和发展趋势等。

（3）会展招展情况通报。除了通报所有参展企业名单外，一般还会将一些行业知名的企业参展情况重点通报。

（4）会展招商情况通报。包括招商的渠道、招商宣传推广、招商措施和招商效果等。

（5）会展宣传推广情况通报。包括各种宣传推广渠道、办法和时间安排，用以增强客户参展和观众参观的信心。

（6）会展期间举办的相关活动情况的通报。告诉目标客户会展期间将举办一些什么样的相关活动，如专业研讨会、产品发布会等，以方便客户提前安排时间，做好参与该活动的计划和准备。

（7）参展回执表。包括参展（参观）申请人的单位名称、地址、联系人、联系方法，参展（或感兴趣的）产品介绍，办展机构的联系方法和联系人，等等。参展回执表的目的在于方便客户及时反馈其参展的信息。

会展宣传资料是宣传和推广会展的一个快捷有效的方式，因此，会展宣传资料的文本设计应注重可读性的提高。既美观便于携带，又要有实际作用。在编印会展宣传资料时，应考虑到：第一，内容上注重知识性、时尚性和趣味性；第二，外观美观大方，便于携带；第三，内容短小精悍，信息真实可靠。

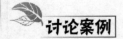讨论案例

该招商方案是否可行

文书名称	××××年度日用品展销会招商方案	编　号	
		受控状态	

一、招商依据

(1) 本次日用品展销会的主要招商对象是大学生。日用品的消费市场有清洁用品、床上用品、护肤用品、学习用品等。本次主题论坛由××市日用品协会承办,共同探讨如何促进这一庞大的朝阳产业更加稳固地发展。

(2) 大学生作为一个庞大的社会群体,给这个行业带来了巨大的消费市场,且其需求量也不断增加,这将给这个行业带来巨大的发展潜力。

(3) 参展商主要来自日用品消费市场的清洁用品、床上用品、护肤用品、学习用品等相关企业,分别来自全国各个城市。

二、招商分工

(1) 项目组招商人员名单。(略)

(2) 合作单位协助招商人员名单。(略)

(3) 招商地区范围。

以××省省会为首,随带的几个发展中城市的专业观众及普通观众。

(4) 目标市场。

××省各大高校学生等都积极参展。

(5) 招商人员的沟通办法。

① 定期开展会议。

② 制定通讯录。

③ 建立微博进行讨论。

④ 建立一个网络讨论组。

⑤ QQ、微信等即时通信工具。

(6) 目标观众接待计划。

会展举办期间,所有专业观众由项目组进行组织安排,住在××酒店,安排吃住,费用由目标观众自行支付。如果专业观众有什么特殊要求,项目组尽量予以满足。

三、招商渠道

(1) 在专业媒体及大众媒体上投放广告。

(2) 利用行业协会或商会的强大号召力。

(3) 借鉴国内外同类会展,现场推广本会展或争取合作机会。

(4) 网络招商。

(5) 各种招商代理。

(6) 政府有关部门的行业影响力。

(7) 寻求与其他会展主办机构的合作机会。

(8) 通过策划展览期间的相关活动带动招商。

四、宣传推广

1. 渠道

(1) 专业市场。(略)

(2) 大众媒体。(略)

(3) 专业媒体。(略)

(4) 专业网站。(略)

(5) 海外媒体。(略)

(6) 展馆现场。(略)

2. 具体实施(见下表)

会展项目阶段	宣传推广措施
会前	直接打电话给重要目标客户,介绍展览的基本信息并进行邀请
	邮寄邀请函,写明展览信息与邀请对象
	发送电子邮件,内容可以包括主题、主旨
	进行微博互动,将会展的信息发布在微博上,可以相互转载,进行会展推广
	在微信公众号上进行推广,进行投票送奖品活动,引发大家转发,进行会展推广
	召开会展项目新闻发布会,面向广大观众介绍会展
	在室外公共场所粘贴会展海报,尤其在地铁、公交站台处
会中	电台传播,吸引潜在目标观众,可向重要客户发送会展参观门票
	建立会展网络,可以利用微博、人人网、微信等或者在专业网站上刊登信息
会中	与行业门户网站进行合作,可以在会展期间进行会展活动进程的直播和报道
	与日用品有关的杂志和报纸等平面媒体进行合作,让本次会展更具影响力和知名度
	在场馆周边的主要通道上都插上彩旗,让来参观的观众可以更详细地知道会展的具体办展位置,并起到强调的效果
	向参观观众发放会刊,介绍会展产品、内容、服务等
	通过会展现场布置、开幕式安排等吸引观众(如增添现场模特走秀、展示,直接吸引观众)
会后	建立资料库,尽可能多地收集目标观众的相关资料,进行会后跟踪反馈,提高面向目标观众的营销效率
	召开新闻发布会,面向广大观众总结本次会展的成果
	媒体跟踪报道,对本次会展进行一次回顾性报道,将会展的亮点、创新之处,以及有关数据提供给媒体,以进一步扩大会展影响力

五、招商预算(略)

六、招商进度安排(略)

资料来源:李敏. 会展会议活动项目管理手册[M]. 北京:中国电力出版社,2015:219-220,有改动.

思考:

1. 结合所学知识分析该招商方案的合理性与可操作性。

2. 根据所学撰写一份会展招商方案。

本 章 小 结

本章主要介绍会展招商的相关内容,包括会展招商方案编写、会展宣传推广相关内容和主要计划、会展招商的对象。对会展项目管理人员来说,招商与招展同样重要,不可忽视。

复 习 思 考 题

1. 简述会展招商的特点。

2.《会展招商函》的内容结构是怎样的?

3. 会展招商分工一般包括哪两个方面?

4. 试论述会展招商宣传推广计划的内容。

5. 试论述会展招商方案编制的流程。

即 测 即 练

第五章

会展现场策划与管理

 **引 言**

党的二十大提出必须坚持系统观念。万事万物是相互联系、相互依存的。只有用普遍联系的、全面系统的、发展变化的观点观察事物,才能把握事物发展规律。会展项目的现场管理涉及方方面面的任务,各任务之间存在着不同程度的链接关系。近年来,全国展览面积呈现逐年增长趋势,展会规模的扩大意味更加复杂、系统的管理工作,这也影响着展会的质量水平。

会展活动现场的管理,具体体现在对参展商和观众的优质服务上。它是展览计划的具体落实,也是直接反映和衡量办展水平的必要环节,应当受到会展活动组织者的高度重视。

本章从微观层面对会展现场策划与管理进行阐述,具有很强的实践性和逻辑性。主要围绕会展现场管理,涵盖从入场到撤展的方方面面,涉及会展业开幕式管理、现场管理、撤展管理等。

 本章学习目标

➢ 了解并熟悉会展开幕式管理的主要内容;

➢ 了解会展布展,熟悉并掌握现场管理的主要内容;

➢ 了解并熟悉会展现场观众签到与管理;

➢ 了解会展后续工作管理。

 **导入案例**

值得思考的系列会展安全事故

2014年12月31日晚,上海外滩陈毅广场发生群众拥挤踩踏事件,造成36人死亡、49人受伤。2015年1月21日,上海市公布"12·31"外滩拥挤踩踏事件调查报告,认定这是一起对群众性活动预防准备不足、现场管理不力、应对处置不当而引发的拥挤踩踏并造成重大伤亡和严重后果的公共安全责任事件。

2015年3月1日,位于巴黎南部的枫丹白露宫的中国馆有15件珍贵展品遭窃,其中包括圆明园核心文物景泰蓝麒麟和镀金镶珊瑚松石坛城,均为"无价之宝"。据悉,盗贼于清晨6点左右潜入馆内,仅用7分钟就将展品偷窃到手。按照法国文化部的说法,这起盗窃案发生在枫丹白露宫内守卫最森严的区域之一,那里配备报警系统和监控摄像头。文化部没有透露更多细节,仅说警方已展开调查。

2015年4月30日,山东青岛一商场开业,邀请娱乐明星助阵,上千名歌迷和粉丝前往现场围观。由于现场人员较多,发生拥挤事件,现场有人员倒地受伤,因安全应急预案不到位,见面会被紧急叫停。

2015年10月29日下午5点多,广西体育中心内,正在为某明星演唱会搭建的舞台灯架突然坍塌,导致1人死亡,13人受伤,致使演唱会被迫取消。

资料来源:中新网和搜狐新闻并整理.

点评

会展现场风险处理是会展现场管理的重要环节。

第一节　会展开幕式现场策划与管理

一、会展现场布置

会展项目现场管理人员应在会展开幕式前,布置好会展现场,以便为会展开幕及观众到会参观做好充分的准备。会展项目现场管理人员应做好如表5-1所示的布置事项。

表5-1　会展现场布置

布置地点	布置内容
场馆外广场	会展项目现场管理人员可在场馆外门墙上布置好会展背板、门楼或展览会横幅,并在背板上写上会展名称、开放时间,以及会展的主办、承办、支持单位等办展机构的名称。如有单位祝贺会展开幕等,还须布置好气球和其他广告牌
场馆序幕大厅	现场管理人员要在场馆序幕大厅布置好展馆、展区和展位分布平面图、各服务网点分布图、各参展企业及其展位号一览表及名录牌、会展简介、展区参观路线指示牌、会展宣传推广报到牌、会展相关活动告示牌等 序幕大厅的布置要与整个会展的气氛相适应,做到醒目与容易辨认
展位各展馆	在各场馆内,会展项目现场管理人员还须设置各场馆主要展览内容提示牌、参观路线指示牌、本展区服务网点提示牌、至其他展区的路线指示牌、本展区参展企业及会展号一览表等 以上内容应布置在展馆比较显眼的地方,或观众容易迷路的地方,以方便观众参观
嘉宾休息室	在休息室或会客室配置茶水、咖啡、小点心、会展介绍资料等。如果有必要,还可以配备专门的服务人员或翻译
其他地方	除以上内容外,为方便展览商及观众,有些展览会在展馆合适的位置布置"一条龙服务点""联络咨询服务中心"等

二、会展开幕式的举行

(一)开幕时间和地点

会展开幕的时间和地点要提前做好安排,一经确定,要及时通知到有关方面。时间安排要合理,一般不宜太早,太早观众少,开幕式不够热闹;持续的时间不宜太长,时间太长,观众会失去耐心影响开幕式气氛。如果开幕式上安排有表演活动,要注意安排好表演的时间和地点。

(二)出席开幕式的主要嘉宾

会展组织机构应事先确定好参展嘉宾名单,并合理安排各嘉宾的位置及座次。会展一般都会邀请一些行业主管部门官员、行业协会与商会的领导、外国驻华机构代表以及其他有关人员作为会展的嘉宾出席会展开幕式。对于参加开幕式的嘉宾应安排专人负责接待，要准备签到簿让嘉宾签到。

（三）开幕式讲话稿和新闻通稿

会展开幕式讲话稿和新闻通稿是办展机构对外宣布会展正式开幕的"宣言"。新闻通稿是各新闻媒体报道会展的基调，准备新闻通稿要注意以下几方面。

（1）选题定位要适当。要充分考虑到展览题材所在行业的发展特点、亮点和趋势，并从中提炼出会展的时代特点。

（2）把本会展的特点和亮点一一列出，尽量以醒目和方便阅读的方式展现在读者眼前，为记者编写会展新闻报道提供入手点。

（3）在内容上对会展各方面进行全面和系统的介绍，要包含有关会展的翔实数据，如展览面积、参展商数量、预计观众数量等，增强说服力。

（4）要为新闻通稿附上一些背景材料，如出席会展开幕式的嘉宾名单、会展相关活动安排、会展行业背景和会展有关图片等，对于一些重要的相关活动还可以附上专门的介绍。

（四）开幕方式的确定

会展可以有多种方式举行开幕式，如鸣放礼炮、嘉宾剪彩、领导讲话等。如果是鸣放礼炮，要事先安排好布置礼炮的地点和鸣放礼炮的时机；如果是嘉宾剪彩，要安排好剪彩嘉宾，并安排礼仪小姐；如果是领导讲话，要准备好讲话稿。也可以同时包含上述几种活动。不论以哪种方式开幕，会展都要安排好摄影人员现场摄影，留下宝贵影像，以供后续宣传。

（五）开幕式要点

整个开幕式的程序要紧凑，不拖拉，表演要恰到好处，不喧宾夺主。开幕式结束后，重要的嘉宾参观会展要有专人陪同，如果嘉宾对会展某方面感兴趣，陪同人员要能随时作出相关说明和介绍。

第二节　会展布展与现场管理

会展现场工作是指会展从布展开始，包括会展展览期间到最后会展闭幕这一时间段，会展布展、展览和撤展等事务的组织管理工作。

一、布展管理

当会展开幕日期临近时，参展商要进馆进行布展，即参展商为准备展览对展位进行搭装、布置和将展品陈列在展位上等系列工作，同时这也是会展主办机构对会展现场环境进行布置和对参展商的有关工作进行协调与管理的过程。

（一）布展时间

展览题材及展品的复杂程度决定会展的布展时间长短，展会的规模大小对布展时间也有一定的影响，展会规模越大，布展时间往往越长。对于一般的展会，布展时间通常为2～4天。

（二）布展前需要办理的手续

根据我国对会展的管理规定,办展机构在组织会展布展前需要到市场监督管理部门办理工商报批;到消防部门办理消防报批和备案;到安保部门办理安全保卫报批和备案;到海关办理海关报批和备案。办理完有关手续后才能开始布展。另外,如果展馆位于城市的中心地带,有些城市还需要办理外地车辆进城证以方便外地企业运送展品到会展现场布展。在进行展会布展前,参展商和办展机构还需要和相关单位或个人充分沟通协调,以避免出现展品迟迟不到或展品送到却摆放不符合要求等情况,保证会展布展现场秩序井然、有条不紊。

（三）正式办展时办展机构需要协调和管理的事项

这主要包括展位画线工作、展馆地毯铺设、参展商报到和进场、展位搭建协调、现场施工管理和验收、海关现场办公、展位楣板的制作、安装和核对、现场安全保卫、消防和安全检查、现场清洁和布展垃圾的处理等工作。

二、现场管理

（一）会展现场调控管理

会展项目现场管理人员应在会展开始前,做好会展现场布置及会展现场人员调控工作安排,以保证会展现场及时布置,会展现场人员按要求顺利调配。会展现场调控包括会展人员调控和设施调控两项。

1. 人员调控

会展现场管理人员调控主要包括总统筹人员和各小组之间的调控,如设施配置组、展台搭建组、布展组、会展礼仪组、会展接待组、会展安全组和机动组等。在会展现场,如某组工作人员缺乏,则该组负责人首先应与其他组的组长沟通,由其他组组长根据本组情况决定是否可调度人员。如某组组长认为可调度相关人员,则人员缺乏组负责人应填写人员调动申请,并将其报项目经理审核。经项目经理审核后,相关人员可办理调动手续。

2. 设施调控

现场设施包括办公设备、公共广播、照明设备、视听设备、公共通信设备、卫生设施等,在会展现场,如须调度相关设施设备,相关岗位负责人应提出书面调度申请,经项目经理审批后方可调度。

（二）媒体接待与管理

会展开幕前办展机构要与有关媒体取得联系,为召开新闻发布会或邀请媒体记者对会展开幕式现场与展览现场进行采访和新闻报道做准备。

1. 召开新闻发布会

许多会展主办机构在展会开幕前会举行一次新闻发布会,向媒体通报会展筹备情况,并告诉社会各界展会将如期举行。这是展会开幕方案的一个组成部分,它起到将展会消息提前通知新闻界的作用,使新闻界提前对展会开幕进行预备报道,并让其在报道展会开幕时有一定的准备。

2. 设立新闻中心

在会展现场适当的地方开辟一定的区域作为会展的"新闻中心"，供各媒体和记者使用。新闻中心里配备计算机、传真机、写字台、纸笔等供记者写稿、发稿之用，还要配备茶水、咖啡以及点心等。另外，还可以放一些有关会展的介绍资料，如会展的办展背景、行业概况、会展特点、相关活动安排以及会展的相关数据等，以便记者在写新闻报道时参考。

3. 发放新闻袋

对于所有的媒体记者，会展可以给每一个人发放一个装有有关会展资料的资料袋，即新闻袋。新闻袋里一般放置会展开幕新闻通稿、会展背景介绍、会展特点介绍、会展有关数据、会展相关活动安排计划、会展会刊、会展参观指南以及一些小礼品等。新闻袋务必发放到每一个记者手中，以便于媒体记者编写会展新闻报道。

4. 安排人员负责新闻记者的接待和联络

负责接待新闻记者的会展工作人员要对会展的有关情况非常了解，能随时回答记者提出的有关会展的各种问题。同时会展组织人员可以有意识地组织、引导和安排各新闻媒体对会展进行新闻报道，根据不同媒体的不同需求向其提供不同的会展资料，积极回答记者提出的各种问题。

5. 新闻报道的后续整理

对于各媒体和新闻记者对会展的各种采访报道，办展机构在会展期间及会展闭幕以后要注意及时收集和整理，要分析这些资料对会展报道的内容和角度是否符合会展发展的需要，分析这些报道还有哪些可以改进的地方，以便下一届会展开幕时与媒体沟通改进。

（三）后勤保障服务管理

后勤保障服务并不仅仅是会展场馆单方面的事，它需要整个会展城市共同来完成。安全快捷的公共交通，热情善良的当地居民，干净舒适的酒店宾馆，整洁美观的城市景观，细致周到的全面服务，这些都构成了一个广泛意义上的会展后勤保障服务。

从会展的现场服务来看，后勤保障服务的内容可以多种多样，主要考虑参展者的需求，包括住宿服务、餐饮服务、卫生管理服务等。这类服务与参展者自身生活需要有关。会展现场后勤保障服务管理主要包括以下几个方面。

1. 住宿服务管理

筹备一场大型会议，合理安排众多与会者的住宿问题是一件既重要又复杂的事情。会议期间可能需要大量的房间，这些都必须事先预订，否则会造成住宿方面的问题，特别是到旺季，可能找不到房间入住，在此提出两种有关会议住宿的方式：一是"订房卡"的形式，如果会议需要住宿的人数不是很多，可以直接向饭店或会议中心索取订房卡，这是免费的。主办单位随同会议通知寄上订房卡，再由与会者直接向饭店订房。二是"住宿单"的形式，住宿单通常在小型会议上使用，由主办方支付房间费。将两份表格寄给展会邀请的人，要求他填写陪同人员的名字、希望住哪种房间、抵达与离开日期，将表格资料填在住宿单中给饭店，并告诉饭店收款方式。

如果会展项目管理人员不负责住宿问题，可以向参展商或观众提供当地住宿指南，让其自由选择住宿类型。如果会展项目管理人员负责住宿问题，应当提前和参展人员沟通，根据不同人员需求不同,预订不同档次酒店房间,同时酒店位置应与场馆距离适中。住宿安排是相当烦琐而复杂的工作,因此需要细心加谨慎,最好去拜访饭店,熟悉它们的作业程序,例如如何处理截止日期以后的住房预订。

2. 现场餐饮管理

大型展会现场都会为参展商、会议代表提供餐饮服务,次数为一天一次,通常为午餐。会展现场的餐饮服务供应量大且时间集中,因此应对餐饮质量和就餐秩序进行控制。好的餐饮服务应该做到以下四点,以确保会展餐饮服务的质量标准、供应速度、就餐秩序都能达到要求。

(1) 数量合适。会展项目管理人员需提前统计与会工作人员,并对观众数量进行预计,与餐饮承包商提前沟通现场所提供的盒饭数量,尽量避免不足和浪费的现象发生。

(2) 保证安全和品质。为了确保食品安全,展会期间的食品采购应接受卫生防疫部门的全程监督。供应商必须提供相应的资质材料及卫生标准。食品采购回来后,卫生防疫部门应及时采样、留样。食品制作过程要严格遵循卫生标准,此外,展会主办方也应做好监督和意见反馈工作。在选定餐饮供应商后,主办方应与其签订《食品卫生安全责任状》,并由餐饮企业上交一定金额的保证金,以确保原料采购、储存、加工、销售及食品留样等环节的规范操作,从来源上确保餐饮质量及安全卫生。避免食品安全相关事件发生。

(3) 秩序良好。划分专门的就餐区域,并根据参展人数留出足够的空间,根据展会规模设置不同数量的就餐点。盒饭由餐饮服务人员在厨房用保温箱装好后,统一运送到就餐点,实行集中发放。会展项目管理人员需安排工作人员引导参展商和会议代表分时就餐。

(4) 多样化。除了普遍的盒饭快餐外,可在各场馆附近设置供餐点,向展会客户供应不同菜系、不同口味的地方美食,以弥补快餐在味道上的欠缺。

而会展对观众提供餐饮服务的形式为受理观众餐饮咨询。会展项目现场管理人员可在参观指南上写明观众可选择的餐饮方式及附近酒店或餐馆的名称及乘车路线,大型会展还可在展馆内安排餐饮服务点,为观众提供餐饮服务。

3. 现场卫生管理

会展项目现场管理人员应注意时刻保持会展现场环境卫生,保证现场环境安全。会展现场卫生管理要求见表 5-2。

表 5-2　会展现场卫生管理要求

项　　目	具　体　说　明
室内外卫生	保洁人员应及时对场馆辖区内的垃圾和污垢进行清扫,随时保持辖区内外环境整洁,地面无废弃物
	每天会展闭馆后,保洁人员应对地面和墙面进行清洁、消毒,保证场馆卫生,特殊时期还需要对展馆内部进行空气消毒
厕所卫生	保洁人员应每隔一小时对场馆辖区内的厕所的地面、便池、洗手台、玻璃镜等进行清洁,及时添加洗手液、纸巾,移走废弃物
	会展闭馆后,保洁人员要对辖区内的厕所进行消毒,消毒方法可用有效氯含量为 500 毫克/升的消毒溶液擦拭

项 目	具 体 说 明
公共用品	会展闭馆后,保洁人员应严格按照操作规定对电梯扶手、柜台、门把手、水龙头等为客人提供的公共用品进行清洗消毒
公共电子设备	场馆内提供的公共电子设备包括计算机的键盘和鼠标、公共电话话筒等,保洁人员应每天进行清洁消毒
	电脑其他部件表面应先用有效氯或有效溴含量为 500 毫克/升的消毒溶液擦拭,30 分钟后用湿布去除表面残留的消毒液
现场垃圾	保洁人员要将现场垃圾及时清运到垃圾中转站,未清运的垃圾要置于有盖的桶内,并每天用有效氯含量为 1 000 毫克/升的消毒溶液喷洒垃圾桶
餐饮残余物	保洁人员应在用餐时间及时清理餐饮残余物,避免食物的残渣撒漏。餐饮饭盒等一次性用品应集中处理和销毁
通风	会展活动前,工作人员要利用风机、空调及换气扇等进行全面换气;展会闭馆后,工作人员要开窗换气,加强场馆通风
吸烟状况	会展场馆内张贴醒目禁烟标志,有条件的要设立吸烟室,保洁人员每两小时打扫一次吸烟室,烟灰缸内烟头数不得多于 5 个
参与人员的身体状况	会展项目现场管理人员应密切观察参展商及观众的身体状况,要按规定实行健康申报制度,禁止有疑似病症的人进入场馆

大型展会除了由保洁人员进行现场清洁外,主办方对参展商的保洁行为也要有详细的规定。

展会开展、撤展期间,标准展位和公共区域的清洁工作由会展服务商负责(展板、展具清洁除外),特装展位的清洁由参展商自行解决。展会开展期间,参展商应保持展位的清洁,并将垃圾倒入指定的垃圾箱内,会展服务商负责垃圾清运和展馆公共区域的清洁卫生,同时提供展位按面积清洁的有偿服务。

为了有效管理,有的展会会收取特装清洁押金:布展前特装展位须向主办方缴纳清洁押金;在撤展期内参展商须将展位内的装修垃圾清理带走,不得将垃圾遗弃在展馆内及展馆外围区域;清理完毕后展馆现场人员确认签字,参展商凭确认单取回清洁押金。或由参展商向主办方缴纳相应的垃圾清运费,由主办方派人清洁。在规定时限内未撤除物品将作为无主物品处理,押金不予退还。

4. 安全保障服务管理

对于会展活动的现场管理,安全保障服务管理也是其中一个不可或缺的内容。为保证参展商的人身、财物及参展物资的安全,保证观众人身及财物安全,会展项目现场管理人员应组织会展现场安全管理人员进行安全保障服务管理。

(1)落实责任,杜绝隐患。要严格按照"谁主办、谁负责"的原则,建立安全保卫工作责任制,明确活动主办单位及其负责人为活动安全工作的直接责任单位和责任人,并签订安全责任书,明确法律责任。对活动中搭建的舞台、看台等临时性建筑物和使用的照明、音响等用电设备,必须配备质量技术监督,并持有建筑、供电部门出具的安全鉴定文件。主办单位和责任人对公安机关提出的场地安全隐患整改措施、人员控制和票证发放等管理措施要无条件地执行,确保各项安全措施能够落实到位。在展会开幕前对办展场地进行严格细致的检查,保证安全出口、安全通道等畅通,保证消防设施、防盗设施、场内设备等设施运行完好。

(2) 要制订完善的工作方案,确保大型活动的安全有序。在大型活动安全保卫工作中要提前开展治安预测分析工作,根据活动的重要性、热点性和规模、内容等具体情况,对活动中可能发生的各类问题进行充分估计和判断,确定不同等级,制订一套结构严谨、科学实用的安全保卫工作方案,有针对性地实施保卫方案。同时做好业务上和思想上双重的安全检查准备,具体如图 5-1 所示。

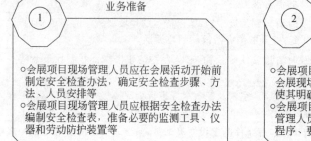

图 5-1　安全检查准备

(3) 要以防为主,强化办展机构的内部组织结构,提高工作效率。观众入场要进行检查,禁止携带违禁物品进场,若观众拒绝接受检查,会展现场安全管理人员有权禁止其入场。同时会展项目管理人员要对观众数量进行精确控制,抓好大型活动票证的管理。通过电子票务等科技手段提升票证的物理防伪能力,提高票证伪造难度,减少假票证对大型活动现场秩序的扰乱。在这个过程中,办展机构必须做好表率,既能明确分工,又要积极协调,保持整个活动中各个安保点以及人员的信息对称工作,做好应对突发事件的心理准备和应急预案等。只有这样,才能保证会展活动安全有序地进行。

5. 会展配套增值服务

做好会展配套服务是办好整个会展至关重要的条件之一,会展项目现场管理人员应努力为客户提供特色化与规范化的会展配套增值服务。常见的会展配套增值服务主要包括交通配套服务、运输配套服务等。

1) 交通配套服务

交通配套服务包括三部分:第一,会展中心交通服务,会展开始前,办展机构应在会展中心入口和出口处张贴该城市的交通指引、火车时刻表、交通地图、航班信息、地铁线路、公交路线等,以方便参展人员了解该城市的交通状况,提高办事效率。第二,空中交通服务,此类交通属于城市间的交通。项目管理人员通过指定的航空公司向参展人员提供打折机票,并保证有合适的航班及充足的运输能力把参展人员送到指定地点。第三,地面交通服务,此类交通是解决参展人员达到会展城市后的交通需求,项目管理人员可与当地交通公司合作,由交通公司派车到机场、火车站、码头、汽车站等,将参展人员接送到住宿酒店或会展场馆。

2) 运输配套服务

运输配套服务主要是展品运输服务。展品运输是展品从参观企业所在国(地)转移到参展目的地,进入场馆,展览结束后再从场馆运回的过程。这项工作十分复杂,项目管理人员可将展品运输工作承包给专业运输公司,由其全面负责。项目管理人员负责做好联络、协调、组织工作。

3)其他配套服务

除了上述配套服务以外,会展项目管理人员可设立休息场地、方便通道,在宽阔处和休息场地放置一些方便客户休息的桌椅;设立咖啡厅、商品屋等配套设施满足参展人员的需求。

第三节　会展现场观众的签到与管理

一、专业观众的签到

所有参展人员都必须进行现场登记。根据其身份不同(如专业观众、参展商、媒体等),已经持有展会证件的,要在入口现场确认;未取得展会证件的,经现场登记后,当场领取相关证件。此处主要讲解专业观众的签到流程。

(一)签到前准备的资料

为了做好会展专业观众登记及相关服务工作,在进行专业观众登记前,办展机构一般要准备好以下几种资料:会展参观指南、观众登记表、会展证件与门票、会展会刊等。

1.会展参观指南

其主要是向会展的专业观众、媒体记者以及与会的嘉宾发放。主要包括四方面的内容:会展的基本内容,包括会展的标识、名称、展览时间和地点、办展机构名称和展品范围等;会展的简短介绍,包括会展的规模、参展企业数量和来源、展品特点、会展相关活动安排等;展区和展位的划分与安排,主要包括会展的展区、展位划分图,各展区的位置和范围,各参展企业名单及其展位号一览表,知名参展企业的名字及具体位置等;其他有关图表,主要有展馆在城市中的位置及交通图、展馆内部交通图、展馆内各服务网点的分布图等。

2.观众登记表

其是用来收集专业观众信息的一种问卷调查表,专业观众要在填写后才能取得进入展馆参观会展的"专业观众证"。主要包括两部分的内容:观众的联系办法,包括观众的名称、职务及其所在的单位名称、地址、联系办法等;问卷调查的问题,主要调查观众所在单位的业务性质和观众感兴趣的产品与技术种类,参观本会展的主要目的,在产品购买中的角色以及从什么渠道得知本会展的信息等。对于观众联系办法部分,可以直接向观众索要名片,以减少观众填表时间,避免造成大规模的排队现象。

3.会展证件与门票

展会一般印制多种证件,如参展商证、专业观众证、贵宾证、媒体证、工作人员证等。为了便于展会现场管理,不同类型证件一般为不同颜色,以示区别,同时要求进馆人员必须将相关证件佩戴在胸前,并自觉配合会展安保人员查验。所有证件不得涂改、转让,也禁止一证多用。有的展会对普通观众开放并出售门票,专业观众凭证参观,普通观众凭票入场;还有的展会对所有观众出售门票。如果展会出售门票,办展机构要提前与当地税务主管部门取得联系，在取得税务部门同意后才可印制和出售门票。

4．会展会刊

会展会刊是当届展会所有参展商有关信息的汇编。会刊一般收录参展商的以下信息：单位名称、联系人、地址、联系办法、单位及主营产品介绍等，同时还会标明该参展商在当届展会的展位号，以便观众寻找。会展会刊还会附上展会展区和展位划分平面图。会展会刊是展会为参展商提供的额外的宣传服务，能够帮助参展商扩大宣传，提高知名度。

专业观众登记时先填写观众登记表，然后领取会展证件、门票、参观指南以及会展会刊，此后便可以入场参观。

（二）登记地点

会展一般在展馆的序幕大厅或者专门的观众进馆大厅内设立专业观众登记柜台来进行会展的专业观众登记工作，与此相对应，还要设立观众登记通道。会展根据方便观众登记和自身的需要，对观众登记柜台和通道进行分类管理，一般分为持有邀请函观众登记柜台和无邀请函观众登记柜台。这样做可以提高工作效率，避免观众等待太长时间。

（三）登记方法

（1）在邀请函上将观众编号。给每一位专业观众提供一个客户号码，并将该号码印在邀请函上，一旦观众到会参观，会展只要读取该客户号码就可以知道有关信息。这可以极大地提高会展现场观众登记的效率，也有利于会展进行客户关系管理。

（2）在专业观众证上打印条码。观众进出展馆时用读码机读一次条码，以此来掌握观众进出展馆的次数和在展馆里停留的时间。用这种方法可以控制展馆里的人流量。

（四）观众登记时需要处理好的问题

（1）要有专人负责管理观众登记的现场事务，观众登记现场要保持秩序井然，不杂乱。

（2）观众提交的资料要尽量完整。如果观众没有填写好观众登记表的相关内容，现场工作人员要提醒观众登记，并在观众按要求填写后才给其办理进馆手续。

（3）工作人员现场录入的观众信息要力求准确，尽量少出错误。如果现场来不及录入观众的所有信息，可以录入其中主要的信息，其他信息在会展后期录入。

（4）观众提交的填写好的观众登记表、邀请函和名片等资料要妥善保管，分类整理，以便以后对录入的观众资料进行核对。

（5）现场工作人员的工作态度要好，动作要迅速，并对会展有一定的了解，能回答观众提出的关于会展的一般问题。

如果会展希望观众登记工作更加专业，就可以将这部分工作委托给专门从事会展观众登记工作的公司去做。

通常来说，在服务区分很细的情况下，人流不会出现拥挤现象并可以快速移动。一些大型展会为了避免出现人群拥堵现象，往往安排多个出入口，少则三四个，多则超过 10 个。

二、人员引导服务

人员引导服务是展会服务管理中非常重要的一个环节。人员引导服务通常以票证管理等手段来控制非展会人员进入，与此同时，还要根据展会协议要求，或由组织者安排为展会入场提供疏导、礼宾服务。尤其对贵宾要提供从迎宾、签到、引领到座位的服务。

（一）票证管理

票证管理不仅适用于展会的餐饮服务，而且适用于展会入场管理。办展机构将相关证件发给参展人员，在会议入场时，由办展机构安排专人在会场门口收取证件。如果有丢失证件的情况，应由办展机构证实后给予补发。票证管理工作比较复杂，经常需要得到多方面协助，如关于参展人员餐饮方面票证的使用。票证管理的最大优点在于能准确清点出席的人数。

（二）非控制性入场

有时候，一些会展对所有人开放，如社会性的大型招聘会等。如遇到这种情况，会议的服务和安全保卫工作就变得十分重要，需要组织力量保持会议秩序、保证展厅的畅通和安全等。

（三）入场管理

大多数展会要求进行入场登记。一方面是便于了解参加人数及人员情况，另一方面是为了限制非参加人员进入会场。

对于大型会展活动，最重要的一点是控制场馆的总人数，其中重要的手段就是在入口处做好人员的清点工作，具体可以采用控制入场人数、固定进场票据等方法。同时，要做好主要入口和出口的疏通工作，确保人流畅通，以及维护场馆安全。

（四）贵宾的现场接待

会展开幕式的前半个小时，办展机构要安排级别相当的领导在会议中心或场馆门口迎接贵宾，他要了解每一位贵宾的姓名、工作单位、职务和将在哪一个贵宾室休息。贵宾抵达后，负责接待的会展负责人要安排专门的工作人员引路，将贵宾送到贵宾室，会展的主要领导要在贵宾接待室迎接。贵宾在贵宾室的活动主要是在签到簿上题词或签字，佩戴胸花，接见或者合影。

当会展代表基本落座后将请贵宾进入会场，先引导坐在主席台下的贵宾席的贵宾入座，然后再请上主席台的贵宾入座。按照会议的日程，邀请贵宾参加会展的主要活动就是参加开幕式，开幕式结束后，他们通常将不再参加其他活动。如果会议附设展览会，会议组织者也经常邀请贵宾出席展览会的剪彩仪式，然后参观展览。贵宾特别是有关的领导人参观展览，对于参展商将产生积极的影响。

（五）媒体接待

新闻宣传也是生产力。因此应当重视并用好新闻媒体对展会感兴趣的新闻媒体都会前来参加展会的开幕式，有影响力的会展经常会有上百名记者现场采访。办展机构应该在场馆附近设立记者接待站，记者在这里可以领取记者证、新闻报道稿和其他有关材料。由于记者人数众多，开幕式开始前，除极个别媒体可以四处走动采访外，其他记者都需要坐在指定记者席。开幕式结束后，所有记者都可以自由采访。展会期间，办展机构可以安排一些媒体对展会情况进行采访报道，为展会造势。

三、现场咨询管理

在进行会展活动时,必须高度重视咨询管理工作,要尽一切努力让有关服务信息保持畅通,使参展各方乘兴而来、满意而归。办展机构应在展会现场设置咨询服务台,事先对服务台工作人员进行培训,使他们了解参展的各种信息和组展方各服务部门的工作职责,以便为需要者提供服务。现场咨询对工作人员的要求很高,咨询者需要询问的问题不仅仅停留在展会的现场组织、相关服务等上,有的时候还涉及与交易相关的具体问题,如车展上的有关车型、售价、优惠等方面的各种购车疑问。潜在客户往往不会满足于现场的参展商为自己提供的有限的、极具引导性的信息,他们希望获得更加全面、更加客观的参考依据。办展机构在必要时可聘请行业专家,在展会现场为各参展商的潜在客户提供专业的咨询服务。

第四节　会展后续工作管理

会展闭幕标志着会展活动主体正式结束。然而会展闭幕并不意味着现场工作就此结束,会展闭幕后,主办方还须安排撤展、服务追踪和展会总结与评估等相关事宜。

一、撤展管理

会展的撤展工作主要包括展位的拆除、参展商租用展具的退还、参展商展品的处理和回运等工作。一般而言,办展机构在招展阶段便会出具详细的文件,做好撤展工作的系列规定,包括撤展时间、撤展的工作安排和相关规定等。

(1)展位的拆除。拆除工作一般在展品取下展架后进行,办展机构要监督各参展商或承建商按规定的程序进行展位的拆除工作。

(2)参展商租用展具的退还。展览完毕,各参展商临时租用的展具要及时退还展馆服务部门或者各承建商。

(3)参展商展品的处理和回运。展览结束后,参展商的展品有四种处理办法:出售、赠送、销毁和回运。不管是哪一种处理办法,参展商都要提前做好计划和准备。

(4)展品出馆控制。在会展展览期间及会展结束后,会展项目管理人员要对所有的出馆展品进行查验才可放行。

(5)展场的清洁。会展撤展时往往会比布展时产生更多的垃圾,对于这些垃圾,办展机构或其指定的承建商要及时处理,不要在会展结束后留下大量的垃圾,也不要弄脏展场地面和其他有关设施。

(6)撤展安全保卫。会展撤展时往往比较杂乱,会展安保人员不要松懈撤展现场的安全和消防保卫工作。

当把场地交还会展主办机构,参展者在展会现场的工作才算彻底完成。

二、服务追踪

展后服务是一个展会为参展企业提供优质服务的重要方面,展后追踪和后续服务是挽留参展商的最为突出的手段。不少大型展会相邻两届的时间间隔往往是一年。因此,良好的服务追踪,与客户培养良好的感情,为客户提供一些意想不到的增值服务,是确保来年客户继续参展的重要工作。

服务追踪包括及时征询参展商参展的意见和建议、不间断地为客户提供贸易信息、重要节日的问候等。展会闭幕后,会展项目管理人员应当对重要客户致感谢函,甚至亲自当面致谢。服务追踪必须有整体的计划和步骤,同时应该针对不同的参展商,制定一些个性化的服务追踪内容。在服务追踪过程中,必须做好客户的回访工作,谨慎对待客户的意见和建议,对提意见的客户应重点追踪,因为这些客户往往最有可能成为展会的忠实客户。贸易信息的提供也要尽可能做到个性化,针对不同的参展商,提供其感兴趣的信息,使之感觉获得了额外的利益并受到重视。

三、展会总结与评估

总结是管理工作的组成部分,总结的作用是统计、整理资料、经验和建议,研究分析已经做过的工作,为未来工作提供数据资料、经验和建议。因此,总结对经营和管理有重要的意义。

一般会展的总结应涵盖从项目策划到项目完结各个阶段的工作,会展接待任务完成后,各个部门和岗位都要进行认真的工作总结,作出书面工作报告,开会交流,总结经验,找出不足,在交流中取长补短,以促进今后的工作,最后还应形成存档以供查看。通过对会展的评估,会展机构可以发现会展实施与策划过程中存在的不足,从而改进服务,为来年的会展活动打下基础。

 知识链接

中国北京国际贸易交易会撤展管理

撤展时间

京交会结束后,参展单位应按撤展时间安排有序撤展。参展单位应自行将特装展台撤出展馆。6月1日18:00参展单位可以开始清拆展台,24:00前撤展工作全部结束。

撤展规定

(1) 交易会结束前,参展单位不得收拾展品,以免影响交易会的正常工作。

(2) 交易会结束后,参展单位随即可以开始收拾装置、用品及文件材料。

(3) 在撤展时间内进行撤展的所有人员,必须佩戴施工证或参展证方能出入展馆。不得将参展证、施工证等转交或变卖给其他单位或个人。

(4) 展厅的所有物品不能摆放于通道,以便移动通道的地毯。

(5) 展品运出展馆,凭国家会议中心发放的放行条放行。

(6) 爱护馆内设施,不得夹带搬走,不得损坏,违者除照价赔偿外,情节严重的将给予重罚。

(7) 除非参展单位有特别要求,撤展后遗留在现场的一切物品或展品将被视为遗弃。

(8) 撤展时,参展单位不得随意拆除、移位交易会安装的所有用电设备,对擅自将非自有展具、电器及通信等各类设备、设施带走的,按原价的2倍赔偿,情节严重者,交安保部处理。

(9) 参展单位必须遵守组委会办公室发布的"展览现场工程安排"及其他指示。撤展的一切规定以组委会撤展规定为准。

资料来源:胡芬. 会展项目管理[M]. 武汉:武汉大学出版社,2014:162.

<h2 style="text-align:center">中国义乌国际小商品博览会撤展规定</h2>

1. 撤展时间：2014 年 10 月 25 日 14：00—24：00。

2. 参展商必须在展会最后一天的规定时间内撤展,不得以任何理由提前撤展。

3. 展品运出展馆大门,请在各展馆服务台办理"出馆证",门卫凭"出馆证"验收放行。

4. 参展商未能在规定时间内完成撤展又未向主办方或展馆方提出任何申请的,该展台内遗留的物品将视为遗弃物品,展馆方将向参展商收取有关清理费用。

5. 特搭企业在规定时间内撤展完毕后,请到各展具租赁点退回押金,不在规定时间内清场的特装展位,清场押金不予退还。

6. 爱护馆内一切设施,不得夹带走,不得损坏,违者除照价赔偿外,情况严重的将予以重罚。

资料来源：义博会撤展规定.[EB/OL].[2014-10-23]. http：// www. yiwufair. com/exhibitor/czfw/zlxcfw/cz/,有改动.

<h2 style="text-align:center">会展项目现场管理手册</h2>

文书名称	2014 年××地区图书馆博览会现场管理手册	编　　号	
		受控状态	

会展基本情况

(1) 时间：_____年___月___日至_____年___月___日,共___天。

(2) 地点：××地区展览馆。

(3) 主题：2014 年××地区图书博览会。

(4) 展览出版社____家,展位____个。

现场人员

本项目现场管理人员共____人,其中,场馆设施设备人员____人,展台搭建人员____人,场馆布置人员____人,各展位现场管理人员____人,安全管理人员____人,开幕管理人员____人,保洁人员____人。

场馆设施配置

场馆已有配套设施

场馆设施配置人员应与场馆沟通,明确场馆已有配套设施情况。本次展览场馆已有配套设施包括电梯、公共广播、照明设备、公共通信设备、卫生设施、仓库、视听设备。

需配套的设施

场馆设施配置人员应与客户沟通,明确客户场馆配套设施需求情况。通过与客户的沟通,本次展览会还须配置的设施有办公设备、停车场、餐饮场地。

场馆公共设施配置

场馆公共设施配置方式主要有采购和租赁两种,具体如下：

(1) 在_____年___月___日前,采购办公用 A4 纸____张,中性签字笔____支,一次性纸杯____个,纸巾____卷。

(2) 在_____年___月___日前,在场馆____公里范围内,租赁____个停车场。

展位搭建

了解场馆资料

展台搭建人员应收集场馆展台高度与开面规定资料、展览用品规定资料、消防管理资料、通道管理资料、展台搭建手续资料等,明确场馆展台搭建规定与要求。

了解客户需求

展台搭建人员应与客户沟通,并将场馆展台搭建要求告知客户,要求客户填写"展台设计要求表",明确客户展位搭建要求的信息。

进行设计

展台搭建人员应根据客户填写的"展台设计要求表"及场馆构造与展台搭建规定资料,设计展台搭建图纸。图纸应包括展台整体效果图,展台规划说明书,展台正面图、剖面图、侧面图。

图纸审核

(1) 展台搭建人员应将设计的图纸报项目经理审核。

(2) 项目经理审核通过后,展台搭建人员应将图纸报客户审核。

(3) 客户审核通过后,展台搭建人员应将图纸报场馆管理人员审核。

(4) 场馆管理人员审核通过后,可按规定的时间搭建,如场馆管理人员审核未通过,则应按审核意见修改设计图。

现场搭建

(1) 现场搭建前,展台搭建人员应为技术人员及搭建人员办理搭建期间出入场馆的通行证,通行证办理时间为_____年____月____日至_____年____月____日。

(2) 场馆规定的展台搭建时间为____天,从____月____日至____月____日,搭建时间为早8点至晚6点。

(3) 展台搭建人员应根据设计图纸组织搭建人员敷设电线管道、铺设地毯、搭展架、拉电线、漆油等。

(4) 搭建完成后,项目管理人员应组织保洁人员打扫展位现场,清理搭建垃圾。

客户与场馆验收

(1) 搭建后____小时内,展台搭建人员应及时通知客户验收,客户验收合格后,应签字确认;如验收不合格,则在符合规定的情况下,按客户要求修改、完善。

(2) 搭建后____小时内,展台搭建人员应及时通知场馆管理人员验收,以便设计的展台符合场馆消防及设施管理规定。

现场布置

场馆序幕大厅布置

场馆布置人员要在场馆序幕大厅布置好展馆、展区和展位分布平面图、各服务网点分布图、各参展出版社及其展位号一览表、会展简介牌、展区参观路线指示牌。

展位各展馆布置

在各场馆内,场馆布置人员须设置各场馆主要展览内容提示牌、参观路线指示牌、本展区服务网点提示牌、至其他展区的路线指示牌、本展区参展出版社及会展号一览表。

开幕式

开幕时间和地点

本次展览的开幕时间为_____年____月____日____时,开幕场地为场馆外。

开幕式布置

开幕管理人员可在场馆外门墙上布置好展会背板、门楼或展览会横幅，并在背板上写上会展名称、开放时间，以及会展的主办、承办、支持单位等办展机构的名称。

开幕程序

（略）

开幕现场管理

（1）观众的组织。

（2）领导和贵宾的接待与指引。

（3）临场调度和协调。

（4）保卫工作。

展览期间现场管理

参展商现场联络与服务

各展区现场管理人员应依次到参展商的展位拜访，或邀请参展商座谈，了解参展商的需求，征求其对会展各方面工作的意见和建议，及时为其提供服务。

媒体接待与访问

各展区现场管理人员应积极接待媒体，加大会展宣传推广力度。

现场安全保卫

（1）会展现场安全管理包括防止展品丢失和被盗、防止可疑人员进入会展现场、会展消防安全保护等。管理人员应做好入场的安全检查工作。

（2）会展安全管理人员应做好会展期间及会展闭馆后的安全检查、安全事件处理工作。

（3）各展区现场管理人员应在自己的职责范围内做好安全检查工作，防止盗窃等事故的发生。

现场餐饮

（1）本次展览时间为＿＿＿天，展馆每日为各展位提供午餐，午餐时间为12:00，午餐为盒饭，每顿午餐费用为20元。

（2）到午餐时间后，各展区现场管理人员依次为各展位发放午餐。

现场清洁

（1）各展区现场管理人员负责展区内环境卫生，于每日开展前、展中、展后做好清洁工作。

（2）展区外公共设施及区域的环境卫生由保洁人员负责，包括展馆公共通道、公共卫生间等；保洁人员应每隔一小时对公共环境卫生进行清洁与检查，保证公共区域整洁、卫生。

撤展管理

物品撤展

物品撤展工作由参展商自行负责。展区内现场管理人员应按场馆撤离规定，对参展商物品撤离过程进行监督。

展架撤离

物品撤离后，展区内现场管理人员应依次将展位展架拆卸，将可利用物资打包，将不可利用物资丢弃。

人员撤离

会展结束后，现场管理人员应通过广播等形式提醒观众展览即将结束，并引导其从安全出口撤离。

卫生管理

现场展品、展架、人员撤离后，展区内现场管理人员及公共卫生区域保洁人员应做好管辖区内卫生清洁工作，恢复展馆原貌。

资料来源：李敏.会展会议活动项目管理手册[M].北京：中国电力出版社，2015：219-220.

博览会现场管理

博览会现场管理对本届博览会至关重要,现场管理做得不好会影响专业观众和参展商对博览会的满意程度,甚至影响整个展览会的品质。

为了使本次刺绣、银饰博览会有组织、有次序、有计划、有目的地进行,尽量减少展会期间带来不必要的麻烦,促使本次博览会取得圆满的成功,规定现场管理原则如下。

① 找出可能出现的问题并做精密分析。

② 努力在不确定因素里找出尽量确定的因素。

③ 要有预案和预备力量。

· 尽量利用服务链外包服务,进行监控。

· 指定专人在专门时间负责专项工作,明确分工、分清职责、责任到人。

· 对于重点工作,实行双重核查制度。

· 对重要环节,负责人应及早提出注意问题,实时监督。

· 重视对临时人员的短期培训。

A. 系统的现场管理如下:

一、观众登记和入场管理

设观众登记处——为了提高工作效率,把预先登记的观众和现场注册的观众分开或进一步将现场注册的观众分成两类,即有名片的和无名片的,前者只需凭名片在观众登记处办好相关手续就可以换取胸卡,后者则要在主办方人员的指导下填写登记表,然后再到登记处办理手续。

为了缩短人们在登记处的等待时间,主办单位应该在入口处设置展览活动及论坛议程牌,以便于人们尤其是现场注册的观众预先了解展览会的总体结构和主要活动安排。

二、博览会现场广告管理

在本次博览会活动中,主办单位获取广告收入的渠道很多,如展览快讯、展会会刊、户外广告牌、气球、标语等。

但无论采用什么样的广告载体,展会主办单位都必须制定明确、统一的广告政策,做到对所有参展商一视同仁。即使制定有相应的优惠措施,也应该让所有参展商都了解,而不应简单地根据参展企业的规模大小来决定是否给予其优惠。

三、对参展商的行为管理

主要工作依据是参展合同。在布展(尤其是某参展商需要进行特装时)、开展和撤展等不同阶段,展览会主办单位都应和参展商进行有效的沟通,确保它们的行为符合参展合同尤其是场馆的使用规定。必要时主办单位可以采用强制性措施,以维护绝大多数参展商的正当利益和保证整个展览会的顺利进行。

四、安全管理

博览会现场的安全管理主要涉及三个方面,即盗窃、火灾和卫生。为此,展会主办单位需要与消防、卫生和公安等部门主动联系,积极争取这些部门的支持。

五、交通、物流管理

展会的交通主要指现场的交通工具、停车场及线路的规划,如展品运输车辆、巴士(往返于地铁或机场与场馆之间)、Taxi(出租车)、停车场等。

物流管理工作十分烦琐,哪怕是看似简单的停车场事务,也要充分考虑到展品运货司机、贵宾、参展商和专业观众的不同需要。现场交通与物流管理的负责人至少应该掌握:

(1) 一份相关联系人名单。

(2) 场馆地图。

(3) 展品抵达场馆的时间。

(4) 现场交通规划草图。

(5) 紧急情况应对计划。

(6) 现场联络点,包括安全和志愿者。

六、餐饮管理

博览会主办单位可采取外包的方式,将展会期间餐饮区的经营权临时转让给知名酒店或连锁餐厅,并通过合同条款对其菜单、分量和价格等进行严格的约束,以确保现场餐饮服务的质量。在这一点上,有些展览公司所采取的餐饮服务公开招标的方法值得借鉴。还有一点需要强调,在展会餐饮区,餐饮服务人员还应该对简易饭盒等餐具进行及时清理,为参展商和专业观众营造一个良好的就餐环境。

七、证件管理

通常来说,主办单位把印刷的各种证件发给放给参展商、专业观众、工作人员(包括主办机构、承办机构和协办机构的相关工作人员)、筹(撤)展人员、媒体记者及与会嘉宾(包括领导和演讲嘉宾)。

为了保证参展商、专业观众和嘉宾的停车位,场馆管理方还会使用停车证。如果博览会拟出售门票,主办单位需要事先向税务部门报告,在征得同意后方可印制和出售门票。

八、参展商和观众投诉处理

博览会举办过程中,不可避免地会存在个别参展商和专业观众会对场馆现场管理、餐饮配套服务等表示不满,并向主办单位接待办公室提出投诉,有些则直接到问询处投诉,这时迫切需要有一个专门的机构来处理各种投诉。

九、新闻管理

现场设立新闻中心或新闻办公室,以便参展商和主办单位能及时发布各种信息。新闻中心的硬件设施和人员配备应根据展会规模等实际情况决定。

另外,展览会主办单位往往会安排专门的新闻主管,负责统一发布展览会的官方信息,并接受媒体的采访;所委任的新闻主管必须善于言辞,举止落落大方,并十分熟悉展览会的相关情况。

十、知识产权保护工作

(1) 主办方应在现场设立专门办公室,并聘请专职律师咨询。

(2) 基本原则。

① 坚决反对利用展览侵犯知识产权。

② 用证据讲话。

③ 被告方如有异议,有申辩权利,但须提供证据。否则暂时撤下有疑问的展品。

④ 双方应在展后诉诸法律解决。

十一、现场保洁管理

现场保洁分别由场馆方、主场搭建商和特装搭建商分工负责。展览场地内公共区域的清洁工作由场馆方负责,如通道、厕所、餐厅等。展台内的清洁按"谁搭建、谁负责保洁"原则来负责。特装搭建商应在撤展时将展台内的装修垃圾清理带走。

十二、展览会运输代理商管理

(1) 运前:认真挑选运输商。

(2) 运中:紧密联系运输商。

（3）进馆：迅速有序搬进场。

（4）展后：妥善处理参展品。

十三、配套服务管理

在布展和撤展期间,展会主办单位应该为参展商提供相关配套服务,如出门证管理、餐饮服务、保安服务和消防管理等。

十四、专业观众入场管理

（1）填写登记表。

（2）办理证件。

（3）检查门票。

（4）领取参观指南。

（5）免费赠送或出售会刊。

（6）参观引导。

十五、对专业观众的服务管理

（1）现场咨询。

（2）商业搭对服务。

（3）餐饮、休息和娱乐服务。

B. 具体的现场管理如下：

博览会的开幕式及现场管理

一、开幕式

时间：2012 年 8 月 18 日

地点：凯里市万博广场

开幕式仪式：10:00—10:20

议程：

（1）主持人：介绍各位领导及嘉宾(约 5 分钟)

（2）市领导致欢迎词(约 5 分钟)

（3）领导致辞(约 5 分钟)

（4）参观者进入展馆

环境布置：开幕式会场设在万博广场,搭置 4m×10m 彩色背板,铺设红地毯(8m×12m×2),悬挂横幅,营造祥和、热闹的气氛。

二、现场的管理

为避免因人气空间高涨,造成现场混乱挤压、人员受伤的情况,特别加强控制现场秩序,安排人群有秩序地参观、购买及咨询,进行以下安排：

（1）保安人员的安排。

在展览会各个入口、出口设置保安人员：2 人/门

检票口设置保安人员：2 人

（2）成立紧急事件小组：6 人。

工作安排及职责：

① 机动巡查 5 人。

② 总台服务电话 2 人。

③ 处理博览会突发性特殊事件并给予调解。

（3）成立紧急医护小组：6 人。

工作安排及职责：处理博览会突发性医疗事件并给予解决。

即学即用

根据所学专业知识,分组撰写会展项目现场管理手册,并于课堂上展示。

拓展阅读

场馆设置的基本原则

在选定展会场馆后,要进一步考虑如何进行场馆的布置。一般来说,场馆布置应该遵循以下六个方面的基本原则。

一、经济性原则

会展活动一般只是举办几天时间,最长不超过1个月(国际大型会展活动除外,如世博会)。在这短暂的时间里,应遵循节约、高效的原则,提高场馆的单位产出,将活动费用支出控制在项目预算范围内,努力花最少的钱取得最好的经济效益。节约主要表现在布置场馆时在保证质量的前提下尽可能使用环保和价格合理的装饰材料,降低场馆布置成本。高效主要是指在保证安全的前提下增加活动空间,如合理地避开或利用场馆的立柱、搭建双层展台增加展示面等。

二、功能性原则

无论是会议还是展览活动,场馆的现场布置都应该考虑到活动的具体要求,尽量满足活动所要求的特定功能,并保证活动的所有流程都能得以实现。功能性原则有两个方面的含义:一是完整性,即场馆的布置和设施设备的配置要能涵盖到活动所需的所有功能,如展台的面积和个数,无线话筒、投影仪的数量等。二是标准化,需要保证活动现场所有设施及服务如安全保障系统、同声传译服务等与展会项目的规格相匹配,达到活动要求的最低标准。

三、便捷性原则

会展场馆布置的便捷性原则一方面要求馆内所有的设备和器械的安装与清理在保证基本功能的前提下能够尽量方便、快捷;另一方面也要求馆内设施陈列有序,使参展者在参加会展活动时能感觉舒适和愉快,尽量避免或减少给参展者带来的不便,如洗手间的安排既不能离活动区太远,又不能让不雅的气味影响参与活动人员的心情。

四、美观性原则

场馆布置的美观性原则要求室内布局、展台、展具等达到简洁与和谐两大标准。首先,不要使用过于复杂的设计和布置手段。照片、图表、文字说明应当明确、简练。与展出目标和展出内容无关的设计装饰应减少到最低程度,使观众的视听焦点能够停留在各个展台,而非馆内的其他零碎物件。此外,和谐也是场馆布置的另一重要要求。展会场馆,尤其是展览活动场馆是由很多因素,包括布局、照明、色彩、图表、展品、展架、展具等组成的,好的设计能将这些因素组合成一体,帮助展出者达到展出目的。例如,同一会展的整体标识制作和视觉形象应该统一,同一展台所展出的物品也应注意主次顺序。

五、主题明确原则

场馆布置要体现会议或展览活动的主题,传达明确的信息。主题是展出者希望传达给参展者的基本信息和印象,通常是展出者本身或产品。表达明确的主题从一方面看是使用焦点,从另一方面看就是使用合适的色彩、图表和布置,用协调一致的方式形成统一的印象。使用设计、布置手段和用品要服务于展出目标,要与展出内容一致。不要贴挂与展出目标无关的照片、图画。不要播放与展出内容无关的背景音乐。

六、安全环保原则

人群集聚很容易带来安全隐患,在场馆布置方面必须有足够的行走通道,有足够的紧急出口和紧急照明设施,有足够的治安和消防设施。布置场地时还需要注意场地搭建物,如讲台、舞台、展架等的安全。除此之外,建筑材料的选用也要做到环保,确保对人体无害。例如一些茶色玻璃幕墙,因含钴,其本身就构成了一种放射源,严重时会破坏人体的造血功能,引发癌症和其他疾病。因此,在选择建材时,一定要选择无污染、无毒害的环保建筑材料。

 **实训案例**

A 汽车有限公司与 B 汽车有限公司签署技术合作协议仪式

签字仪式的组织工作分为 5 个场景。

(1) 2010 年 11 月 15 日,A 汽车公司总经理秘书李华走进了总经理魏武的办公室,魏总告知他,签字仪式将安排在下一个月的 5 号。魏总说董事长王天星很重视这次两家公司的合作,他让李秘书认真拟定这次签字仪式程序,整个议程务必尽善尽美。

(2) 11 月 17 日,李秘书将签字程序给魏总审阅后,就着手准备签字仪式的文件。李秘书从技术执行经理江新那里,拿到了已经起草好并经过双方同意的《技术合作协议》,李秘书对协议书进行了严格的校对,确认无误后,印制、装订成文本,文本包括正本两份、副本两份。

(3) 11 月 20 日,李秘书到希尔顿大酒店,与酒店大堂经理许先生共同布置签字仪式会场。李秘书告诉许先生,此次签字仪式双方共有 12 人参加,其中双方主签人各一名、助签人各一名、陪签人各四名,设长方桌,桌上放置双方单位主签人的席卡、文具,会标用红底金字,还要准备香槟酒和酒杯,四周要有鲜花装点。

(4) 11 月 22 日,签字仪式已准备就绪,为扩大宣传,李秘书特地给有线电视台打电话,找到林记者,请他来采访报道这次签字仪式。林记者一口答应,并说要约《苏州日报》的记者一起参加。李秘书表示十分感谢,并告知仪式的具体时间及安排。

(5) 12 月 5 日上午 9:00,签字仪式正式开始。出席人有:主方主签人王董事长,助签人李秘书,陪签人魏总经理,商务执行经理于可,人事执行经理王芳,技术执行经理郝年华。客方主签人 B 汽车有限公司总经理李志勇,助签人王秘书,陪签人 B 汽车有限公司副总经理郝亮、技术部主任秦卓、开发部主任王淼、销售部主任李志丹。签字仪式由 A 公司总经理徐良主持,双方按预定位置入席,双方签字完毕,李秘书推出已经斟好的香槟酒,双方举杯庆祝。电视台记者和报社记者在旁拍摄。

思考与模拟:

1. 请拟定一份签字仪式程序。

2．请演示秘书准备待签文本的过程,并制定一份《技术合作协议》样本。

3．请演示布置签字仪式会场的过程。

4．请演示李秘书给有线电视台打电话的过程。

5．请模拟签字仪式的完整过程。

本 章 小 结

本章主要介绍会展项目现场管理的具体内容,包括场馆开幕式管理、会展现场服务管理、项目后续工作。会展的现场管理是展示在参展者面前的部分,因此是会展过程中最重要的部分,应该谨慎对待。

复习思考题

1．名词解释

布展管理　撤展管理

2．简述会展现场布置的内容。

3．试论述会展现场管理的组成部分。

4．撤展管理应注意哪些问题?

5．试论述会展活动中的危机管理体系。

即 测 即 练

第六章

会展服务策划与管理

 **引 言**

党的二十大提出的第一个主要目标任务是：经济高质量发展取得新突破，科技自立自强能力显著提升，构建新发展格局和建设现代化经济体系取得重大进展。会展业高质量发展的重点之一在于会展服务策划与管理的质量水平，而会展服务质量是会展顾客感知的服务质量。

慕尼黑博览会集团的项目总监彼得·诺尔先生曾这样阐述过他们的办展理念："办展会就是做服务，办展会其实为行业提供交流平台，如果没有良好的服务支撑，展会就无须存在了。"因此，会展服务是主办者成功办展的基础，同时，也是会展产品的重要组成部分。

本章在阐述会展服务含义的同时，从会展服务的特点、流程设计的工具与方法、质量评估步骤以及服务补救的基本方法等方面系统介绍了会展服务策划和管理的相关理论与具体方法。

 本章学习目标

➤ 了解会展服务的含义与内容，掌握会展服务的特征；
➤ 了解会展服务流程的含义，掌握会展服务流程设计的工具和方法；
➤ 了解并熟悉会展服务质量评估步骤，熟悉并掌握会展服务补救的方式和方法。

 **导入案例**

深圳会展中心不断升级服务水平

深圳会展中心经过几年的发展，与众多行业协会、著名会展主办机构形成了感情深厚、相互支撑的价值共同体，服务了一大批在行业内有影响力的国际知名品牌展览会。2012年会展中心进一步完善服务体系，优化服务流程，建立了具有深圳特色、高质优秀的会展服务流程和服务标准，服务亮点纷呈，社会服务能力稳步提升。

2012年年初，深圳会展中心投入大量的资金，购置了大批新型展装搭建材料和设备，逐步在多个大型品牌展会中实时运用。展馆负责人表示，新型搭建材料的运用，显著提高了展会整体形象水平和展出效果，受到了各个展会主办方和参展商的肯定。同时，深圳会展中心针对大型展会存在的消防施工安全隐患问题，协同承办单位，对主场馆搭建商、展商、特定展位搭建商等1500多人进行了专项培训，大大提升了展会安全水平。

不仅如此，深圳会展中心在第十四届高交会前完成了Wi-Fi(无线保真)网络的组建并投入使用，满足了展会主办方、参展商和观众Wi-Fi服务需求。

会展中心相关负责人表示,深圳会展中心将继续坚持用专业化的服务来促进和吸引品牌会展来深落户,着力将深圳打造为亚太地区具有重要影响力的会展中心城市,成为国际会展城市。

资料来源:李涵.深圳会展中心服务再升级[EB/OL].[2012-12-26]. http://finance.ifeng.com/roll/20121226/7483520.shtml,有改动.

点评

会展企业要增强自身竞争力,就必须加强自身的服务水平和服务质量。

第一节　会展服务概述

一、会展服务的含义与内容

(一)会展服务的定义

会展业属于现代服务业的范畴,是现代服务业的重要组成部分,会展服务是为会展活动提供服务,其概念有广义与狭义之分。

1. 广义的会展服务

根据中国会展经济研究会秘书处于 2009 年 4 月编印的《会展大辞典(讨论稿)》对会展服务的定义,广义的会展服务是指健全公共政策、加强会展联动、开展评优奖励、完善协调机制、扩大公共宣传、提供保障服务、为会展主体创造平等竞争的环境,用优质服务来培育品牌展会,吸引优质展会客户,吸引更多游客纷至沓来。

因此,广义的会展服务指的是政府、城市、会展行业协会、会展相关行业等为会展活动的主办者、承办者、与会者、参展者、客商及观众所提供的全方位服务,目的是通过这些服务促进会展业的整体发展和快速发展。

2. 狭义的会展服务

狭义的会展服务是指在某项会展活动中,由主办方或承办方向与会者、参展者、客商及观众所提供的各项服务,目的是通过这些服务保证会展产品的消费方能够顺利实现消费,主要包括采访、接待、礼仪、交通、后勤、旅游、文书、通信、金融、展台设计、展台搭建等方面。

狭义的会展服务由主办方或承办方提供,包括直接提供和间接提供。所谓间接提供,就是指会展项目主办方或承办方介绍其他服务商来提供服务(服务外包)。在分工合作的大背景下,间接提供所占的比例越来越大。

(二)会展服务的内容

会展服务贯穿于会展活动的全过程,其内容丰富多样。

1. 会展服务对象

会展的服务对象包括参展商、观众和其他方面。

(1)对参展商的服务。对参展商的服务包括通报会展的筹备情况、提供行业发展信息、提供贸易成交信息、展示策划服务、展品运输、邀请合适的观众参观、展位搭建服务、展会现场服务、商旅服务等。其中,邀请到一定数量的合适观众到场参观,是会展组织者提供给参展商最重要的服务。

(2)对观众的服务。对观众的服务包括通报展品信息、提供行业发展信息和产品供给信息、招揽合适的参展商参展、展会现场服务、商旅服务等。其中,邀请到一定数量的高质量的参展商参展,是会展组织者提供给观众的最重要的服务。

（3）对其他方面的服务。对其他方面的服务包括对新闻媒体、行业协会、行业主管部门、国际组织等的服务。其中,最重要的内容是提供相关信息。

展会为重点采购商实行专门服务

中国国际乳业及设备展览会是华北地区首个真正吸引国际参展商的专业化国际乳业展会。展馆总面积8 000平方米,来自世界不同地区的乳业生产商、供应商、设备商齐聚一堂,是国内外乳业企业不可错过的行业盛会。

为了确保参展商及时有效开拓市场,接洽高质量采购商,主办方推出了重点采购商服务计划,将重点采购商的邀请及与参展商的商务对接作为展会最重要的工作内容。主办方精心挑选联络行业内重点采购商,为他们提供细致全面的服务。重点采购商于展前获取展品信息,优先挑选对口供应商,主办方提前为其建立联络,力求搭建精准供需对接平台。重点采购商可享免费酒店住宿、免费参加论坛、展会现场洽谈区等参观服务。主办方更在展会期间安排专人指引重点采购商代订展商展台,介绍展商及展品情况,有效提高洽谈效率。使展会成为华北地区独一无二的能够为参展商和采购商提供真正的专业对接服务的礼品行业展会。

资料来源:中国国际乳业及设备博览会组委会.展会亮点[EB/OL].[2014-04-04].http://www.qianzhan.com/meeting/exhdetail/17849.html,有改动.

2.会展服务流程

会展服务包括展前服务、展中服务和展后服务。

（1）展前服务。展前服务指在会展活动开幕前为参展商、观众和其他方面提供的服务,主要目的是为其参展提供条件,如会展筹备工作的通报、展品运输、参展咨询、展示策划等。

（2）展中服务。展中服务指会展活动开幕到闭幕期间提供给参展商、观众和其他方面的服务,目的是满足参展商和观众的吃、住、行、游、乐等方面的需要,保证会展活动的顺利进行,如现场安保、清洁、观众注册、食宿安排等。

（3）展后服务。展后服务指展会闭幕后提供给参展商、观众和其他方面的后续服务,目的是巩固展会成果,让其满意而归,如邮寄展会总结、会展成交情况汇报、参展商和观众来源及构成介绍、安排商务考察或观光旅游等。

在某展会筹备的工作会议中,高经理说:"要做好会展服务!会展服务主要是展会开幕期间针对参展商、专业观众、新闻媒体、行业协会等对象的服务,特别是为参展商做好展览服务,这对展会的发展至关重要!要提供好高质量的三天展会服务,展会结束了我们的

服务工作也就彻底结束了。届时大家好好休息一个星期。"请问,高经理对会展服务的论述有什么问题?

3. 会展服务功能

会展服务功能包括展览服务、信息咨询服务和商旅配套服务。

(1) 展览服务。展览服务指展会提供的产品展示、贸易成交、新产品发布、展示策划等传统服务,这是展会的最基本服务,主要在展会现场完成。

(2) 信息咨询服务。信息咨询服务指展会为参展商、观众和其他方面提供的有关行业发展、贸易需求、行业动态、市场分析等商务信息咨询服务。

(3) 商旅配套服务。为了更全面地了解当地市场,部分参展商和观众会在参展之后进行市场考察,展会为这些有需要的客户提供的商旅咨询和组织商旅考察等服务。

4. 会展服务提供方式

会展服务的提供方式包括承诺服务、标准化服务、个性化服务和专业服务。

(1) 承诺服务。办展机构事先对客户提供的各种服务的服务方式和服务质量等作出承诺,然后严格按照承诺提供服务。

(2) 标准化服务。办展机构对客户提供的各种服务制定统一的标准,然后严格按照标准向客户提供规范的标准化服务。

(3) 个性化服务。办展机构根据客户的不同需求而提供的差别服务。

(4) 专业服务。办展机构根据会展行业实际需要,由经过专业培训的专业人员,以专业的方式和手段,为客户提供各种服务。

二、会展服务的基本特征

会展也是现代服务业的重要组成部分,与一般服务相比,既具有一般服务的共性特点,同时又具有一定的特殊性。

1. 会展服务与一般服务的共性特征

(1) 服务的无形性。会展服务与一般服务一样具有无形性的特点,很多情况下参展商和观众难以识别这些无形的服务,服务质量也难以测量和控制,对服务的评价也大多依靠自身感觉进行,因此服务投诉较难处理。

(2) 服务的即时性。服务与生产消费是同时进行的,同时服务产品也具有不可储存性。客户在会展服务中亲自参与服务流程,这样有利于会展组织者和客户直接交流并建立紧密联系。但由于很多服务只能即时地提供给客户,不能预先生产储备,服务提供人员自身和客观环境等原因很容易影响服务质量。

(3) 服务的差异性。会展服务是人对人的服务,因此具有高度的差异性。首先,由于服务人员的服务经验、个人素质、技术水平等方面的不同,同样的服务内容由不同的服务人员操作可能会出现很大差异;其次,同一个人进行同样的服务,由于服务对象、心理状态等方面的差异,服务质量也会存在波动;最后,客户的个人期望和享受服务的经验不同也会造成其对服务评价的差异性。

2. 会展服务区别于一般服务的特殊性

(1) 会展服务的专业性。现代会展呈现出会议、展览、经贸、观光、休闲、娱乐、节庆表演等多种活动相结合的特点,表现出极强的综合性。为此,会展服务体现出很强的专业性,服务人员不仅要掌握政治、文化、营销、礼仪、服务心理等现代服务理论知识,同时还必须掌握接待礼仪、会话艺术、餐饮文化、现代设备设施的使用等专项服务技能。

(2)会展服务的人文性。会展服务是人对人的服务,要强调"以人为本",突出服务的人文关怀和个性化服务。在会展服务的全过程中,包括会展报名、主题选定、会场选择、会展筹备、会展策划、日程安排、会展布置、现场服务、食宿安排、交通选择、后续服务等,无处不体现服务的人文性。

(3)会展服务的时尚性。会展活动是新产品、新技术、新信息展示和亮相的重要舞台,具有引领潮流、展示时尚的功能。为此,会展服务内容要具有时尚感和现代感,能给所有参展人员留下深刻的印象。

(4)会展服务的集聚性。会展使得大量的人、物品、信息在同一时间和空间集聚,促使为会展活动而提供的各种服务必须在指定时间内集中完成,客观上形成了一种服务集聚现象。

(5)会展服务的协调性。会展服务是一项综合性的服务,涉及的部门众多,服务内容繁杂,因此无论是在筹备、现场管理还是反馈阶段,办展机构都需要协调好各部门的工作,并与服务商通力配合,才能提高服务效率,实现共赢。

 **案例故事**

展会应用新媒体服务观众

厦门石材展有了App(手机软件)客户端。这在全国的会展业里可是个新鲜玩意儿。经过一年的准备和努力,厦门石材展组委会独立自主开发出了石材展的手机App客户端,它不仅把客商信息和参会指南两本手册全部"吸收",使参展者可随时随地查看展位图、展商信息、展会配套活动、服务设施等,还有不少创新。

厦门石材展赢得了世界的赞誉,几乎每年的客商满意度测评都是清一色的好评。的确,这与其服务配套近乎严苛的自我要求不无关系。2014年,厦门石材展充分运用了官网微博、微信和手机客户端三大新媒体,用科技为展客商随时牵线搭桥!

对于规模如此庞大的展会,找客户、找展位往往是最让人头痛的事情。而组委会研发的这款软件就可以轻松解决这些问题。它的室内导航技术,通过采用二维码形式的坐标作为辅助精确定位,让参展商可以随时随地在电子地图上找到自己的位置,轻松驾驭16.6万平方米的面积不再是个难题。

同时,石材展的网上预登记和门禁系统绑定,只要在App上填写个人资料,就能轻松完成永久注册,省去重复登记的麻烦。只需轻松单击激活,即可每年入场参观。而信息量庞大的展客商信息,如今也"浓缩"进了小小的手机和平板电脑,只要相互扫一扫,瞬间交换联系方式,建立商务联系。"联系在网络,签约在展会",石材展通过这种形式,将实体展会逐渐向线上展览延伸,展客商之间可以全年不断地信息交换,采购签约。

资料来源:崔昊.扫扫二维码轻松逛展会,厦门石材展服务指南发布[EB/OL].[2014-03-05].http://xm.fjsen.com/2014—03/05/content_13626093.htm,有改动。

第二节　会展服务流程设计

一、会展服务流程的定义与内容

（一）会展服务流程的定义

服务流程是指服务组织向顾客提供服务的过程和组合方式,如服务时间、服务行为、工作方式、服务程序和路线、设施布局、材料配送、资金流传等。服务流程是富有创造性的作业,它能够提供一种与竞争对手不同的服务概念和战略。

会展服务流程管理就是在会展组织者完成一个会展项目的过程中,对会展服务对象,即客户和必要的信息与物质材料进行"处理"的过程或全部操作程序。

（二）会展服务流程的内容

由于会展活动是按时间顺序进行运作的过程,因此会展服务流程可以分为展前、展中、展后三大阶段,包括策划立项、组织管理、项目营销、运营服务管理、展会评价与后续服务五大业务群,如图 6-1 所示。

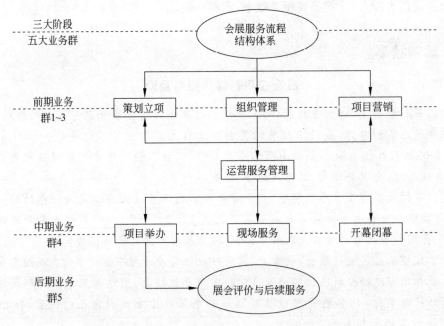

图 6-1　会展服务流程管理的三大阶段与五大业务群

资料来源:牟红.会展服务管理[M].北京:机械工业出版社,2007:78.

1. 会展前期的服务内容

会展前期的服务由业务群 1～3 组成。其中,业务群 1 是策划立项;业务群 2 是组织管理;业务群 3 是项目营销。具体工作包括项目推广、客户联络、要员邀请、订位确认、展品运输、设计搭建、观众组织、新闻发布、媒体广告、商旅接待、总调协调、场地入驻、进场装饰、展品陈列、开幕准备、现场检查。

2．会展中期的服务内容

会展中期的服务由第四大业务群"运营服务管理"构成，主要业务包括开幕仪式、领导参观、外事接待、观众登记、展场服务、宴会服务、会议组织、行业活动首长专场、持续报道、会展快讯、安保服务、环保卫生、馆日活动、展商活动、贸易服务、信息收集、组织撤展、人员疏散、展馆交还。

3．会展后期的服务内容

会展后期的服务由第五大业务群"展会评价与后续服务"组成，具体工作涉及、财务结算、税费处理、数据统计、效益评估、内部总结、跟踪服务。

会展服务手册

在组展过程中，主办单位或展览承办商不可缺少地要为每家参展商提供一本优质的会展服务手册。这本服务手册制作得既要有吸引力，又要通俗易懂，还要标准规范。首先，不要把手册的读者当作会展界的高手，要把他们想象成初入展览大门的新人，把一切可能想到的问题和解决方案都写进去。其次，及时和大会主办方沟通，了解本次展览会服务的新变化。最后，会展服务手册应该具有查询方面的功能，可读性强。这样既具完整性、又具易查性的会展手册，可以节省会展工作人员和参展商的时间，减少摩擦。

会展服务手册应主要包括以下几方面的内容。

（1）展览内容方面，包括展览的中英文名称、展览举办城市及场馆的名称；展览日期，包括进场、出场日期；展览主办方的名字、地址、电话、传真或其他相关承包商；详述摊位租金付款方式（如果需要提供材料和服务的程序）；相关规定；叙说展览的内容；等等。

（2）订购单方面，包括正式合同信息、摊位承包商公司名称和其他指示标志、家具租借、装潢和地毯、运输、安置和拆除劳工、电力、消防、摊位清理等。

（3）其他相关服务方面，包括邀请函、配套宣传策划、住宿及行程安排、交通旅游、视听设备、摄影、花艺、盆景租借、呼叫装置、模特现场展示或接待等。

二、会展服务流程设计的方法及工具

会展服务流程设计是从服务提供系统出发，确定服务提供的基本方式和服务产生的特征，为进行服务流程各要素具体的、细节性的设计规定基本方向和总体思路。服务流程的设计直接关系到会展服务系统的运作效率、成本和质量，对会展企业的竞争力具有重要影响。

（一）会展服务流程设计的方法

会展服务流程的设计有三种方法。第一种是生产线法，用于设计标准化程度较高的服务流程；第二种是自助服务设计法，以鼓励客户参与流程为目标；第三种是客户接触设计法，区分高接触部分和低接触部分，以使低接触部分成为独立于客户而存在的技术单元。会展相关企业在选择流程设计方法时要根据不同的服务流程使用相应的设计方法，在实践中，更多的是将三种方法相结合使用。

1．生产线法

生产线法为客户提供了规范统一的形象、稳定可靠的服务质量和高效率的服务，适用于客户对服务需求差异化要求程度低的服务流程设计。其目标是设计一种可靠的服务环境，提供一种质量稳定的标准化产品，并提高组织的工作效率。典型服务类型如会展物流服务。

2．自助服务设计法

自助服务设计法使客户在服务设备设施和少量甚至没有人工帮助的情况下，依照一定的服务流程进行自我服务。服务流程设计主要围绕两个核心展开：减少服务中的人际接触和提高服务的个性化程度，其目的是增加客户的参与程度。

3．客户接触设计法

客户接触设计法是介于前两者之间的一种方法，兼顾了鼓励客户参与服务、提供和组织有效的后台生产两个方面。服务系统分为高客户接触区和低客户接触区两部分。低客户接触区即后台区的运作，可采用生产线法进行设计。而高客户接触区即前台区的运作，生产者和消费者共同完成服务的提供与消费。因此，客户接触设计法就是保证在后台规模化生产的同时，在前台为客户提供人性化服务的方法。

（二）会展服务流程设计的工具

会展服务流程设计通常要借助服务流程图和服务蓝图作为基本工具，将会展服务产品从输入转化为输出进行规划。会展服务流程图是从会展企业角度对服务系统的描述；会展服务蓝图是从会展客户角度对服务系统的描述。

1．会展服务流程图

服务流程图是进行服务流程设计的基本工具，它由不同的符号组成（图 6-2）。流程图中各种符号的含义如下：长方形表示流程中的作业（事件、步骤）；箭头（流向线）表示流程方向；倒三角表示缓冲区（处于等待状态）；菱形表示决策点。

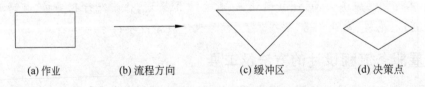

(a) 作业   (b) 流程方向   (c) 缓冲区   (d) 决策点

图 6-2　会展服务流程图中各种符号的含义

资料来源：蔺雷，吴贵生.服务管理［M］.北京：清华大学出版社，2008：121.

根据作业步骤之间的关系，服务流程图可以分为串行流程图和并行流程图。串行流程图是指一项服务任务按照有序的步骤加以完成的流程图。生产线法就是按照串行流程图设计的。串行流程图又分为两种：一般串行流程图和带缓冲区的串行流程图（图 6-3）。并行流程图是指一项服务任务由并行的多个步骤完成的流程图。并行流程图又分为一般并行作业流程图、提供同类服务的并行流程图和提供不同类服务的并行流程图（图 6-4）。

图 6-5 和图 6-6 分别为会议服务流程图和展览会策划及实施流程图，流程图中只保

(a) 一般串行流程   (b) 带缓冲区的串行流程

图 6-3　串行流程图的类型

资料来源：蔺雷,吴贵生.服务管理[M].北京：清华大学出版社,2008：122.

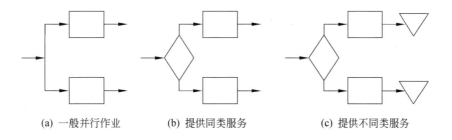

(a) 一般并行作业　　　(b) 提供同类服务　　　(c) 提供不同类服务

图 6-4　并行流程图的类型

资料来源：蔺雷,吴贵生.服务管理[M].北京：清华大学出版社,2008：122.

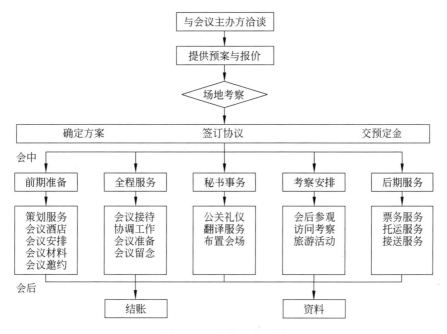

图 6-5　会议服务流程图

资料来源：牟红.会展服务管理[M].北京：机械工业出版社,2007：130.

留了服务中最基本的步骤。根据需要,流程图中任何步骤都可以进一步细化和深入。在一张详细的流程图中,可以添加相关数据来源来更清楚地表明过程的全部细节、流程能力及相关问题。可以添加的数据如下。

（1）服务能力。服务能力指按照流程顺序,确定流程中各步骤所需要的服务能力。

（2）时间。时间指完成每个流程的平均花费时间，完成全部流程花费的时间，客户等候时间，人员、物料和信息的传递时间等。

（3）员工数目。员工数目指完成某项任务需要的员工的数量。

（4）质量水平。质量水平指质量水平下降的可能原因。

（5）成本核算。成本核算指各个流程的成本核算，包括人力、物料、设备成本及质量成本。

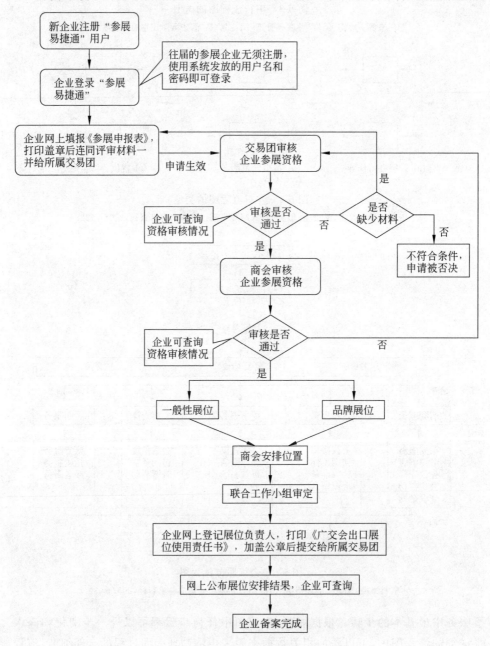

图6-6　展览会策划及实施流程图

资料来源：《第104届中国进出口商品交易出口参展手册》，第9页.

2．会展服务蓝图

会展服务流程包括服务组织向客户提供服务的整个过程，不仅包括前台的服务活动顺序安排，而且还应将后台的支持性活动考虑在内。会展服务蓝图(service blue-printing in MICE)就是以间接明确的方式将服务理念和设计思路转化成服务系统的图示方法，不仅将服务者、服务组织的活动列入设计范畴，而且把客户活动、客户与服务者的相互影响作为重要的组成部分。会展服务蓝图是一种基于会展服务流程图的服务设计工具，它将会展服务过程合理分块，再逐一描述会展服务系统中的服务过程、接待会展客户的场所及会展客户可见的服务要素。

1) 会展服务蓝图的构成

会展服务蓝图可以由四部分构成：三种行为(客户行为、服务人员行为、支持行为)、连接行为的流向线、分割行为的三条分界线和有形设施(图6-7)。

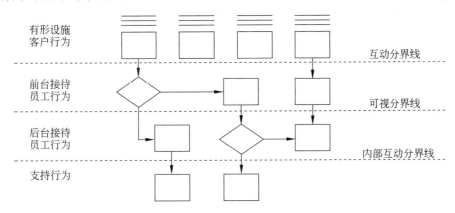

图 6-7　会展服务蓝图的构成

资料来源：蔺雷，吴贵生.服务管理[M].北京：清华大学出版社，2008：126.

(1) 三种行为。客户行为，是指客户在购买、消费和评价服务过程中的步骤、选择、行动和互动；服务人员行为，包括前台接待员工行为和后台接待员工行为；支持行为，是指服务企业的内部服务、支持服务人员的服务步骤和互动行为。

(2) 流向线。流向线是指用来连接三种服务行为的箭头，它表明发生了服务接触，并指明了行为步骤的顺序。

(3) 分界线。服务蓝图的三个行为部分由三条分界线分开。第一条线是互动分界线，表示客户与服务组织间直接的互动，穿越互动分界线的垂直线表明产生了客户与组织间的直接接触。第二条线是可视分界线，它将客户能看到的服务行为与不能看到的服务行为分开。第三条是内部互动分界线，用以区分服务人员的工作和其他支持服务的工作及人员。

(4) 有形设施。服务蓝图的最上方是服务的有形设施，典型的服务蓝图设计方法是在每一个接触点上方都列出相应的有形展示。

2) 会展服务蓝图的建立

会展服务蓝图的建立过程如下。

(1) 识别需要制定蓝图的服务过程。要对建立蓝图的意图进行分析。服务蓝图可以在不同的水平上进行,还可以开发出更为详细的子过程蓝图。

(2) 识别客户(细分客户)对服务的经历。不同细分市场中客户对服务的需求不同,服务过程也有所差异。在抽象的概念水平上,各种细分客户可纳入一幅蓝图,但若需要达到不同水平,则必须为某类细分市场开发单独的服务蓝图。

(3) 从客户角度描绘服务过程。描绘客户在消费和评价服务中要执行或经历的选择与行为,这样就可以避免将注意力集中在对客户没有影响的过程和步骤上,为确定客户如何感受服务过程进行细致的研究。

(4) 描绘前台和后台接待员工的行为。画出互动线和可视线,然后从客户和服务人员的观点出发绘制服务过程,辨别前台服务和后台服务。

(5) 把客户行为、服务人员行为与支持功能相连。画出内部互动线,识别服务人员行为与内部支持职能部门的关联。

(6) 在每个客户行为步骤上加上有形设施,说明客户在经历每个步骤中得到的有形物质。

图 6-8 为某会展服务中会议注册报到的服务蓝图。

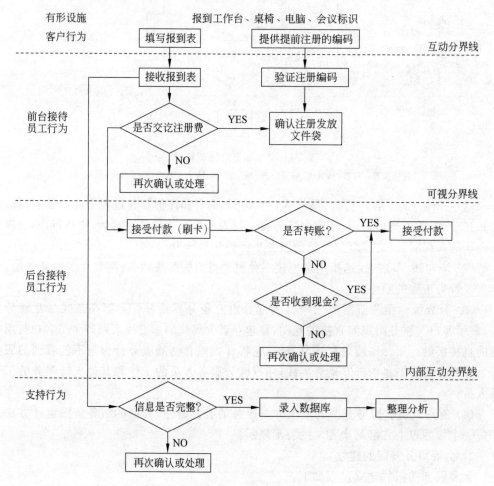

图 6-8 某会展服务中会议注册报到的服务蓝图

（三）会展服务流程设计的步骤

会展服务流程设计是指从整个会展服务提供系统的总体出发,确定服务提供的基本方式和服务生产特征,设计各要素具体的、细节性的思路和方向。因此,会展服务流程设计应包括以下内容。

（1）确定会展服务流程的类型。

（2）根据会展服务流程的类型选择服务流程设计的基本方法,以明确服务提供的基本方式和服务生产特征。

（3）对会展服务提供（生产）系统进行总体描述和规划设计。

你的学校即将召开田径运动会,流程包括报名、裁判安排、场地器材、开幕式、比赛期间和赛后的一系列工作,请你拟订一份服务流程方案,并尝试画出服务流程图和服务蓝图。

第三节 会展服务质量管理

一、会展服务质量评估步骤

会展服务质量是会展服务管理的核心。随着会展市场竞争的日趋激烈,会展服务质量已经成为会展办展机构争夺市场、招揽参展商和赢得客户满意、获得可持续发展的基石。服务质量是影响企业竞争力的主要原因之一,提高服务质量是获得长期竞争优势的最佳途径。

目前,国内会展理论研究领域并未形成具有权威性和统一性的会展服务质量评估方法与机制,在现阶段主要还是借鉴国外服务质量管理研究中发展成熟的评价模型,结合我国会展服务的特点制定相应的评估体系,通过教学统计的方法得出评估结论。本书介绍的会展服务质量评估具体步骤如下。

（一）明确评估主体及客体

一般而言,会展服务质量的评估主体分为四类：会展行业的主管部门或行业协会、会展服务的提供者（办展机构）、会展服务的购买者（参展商和观众）和社会公众。在会展经济发达的国家,会展服务质量评估相对成熟,通常由政府认定的统一行业机构进行会展服务质量的评估工作,对各类数据进行审核评估,定期公布结果,为会展业内和其他相关机构提供比较分析依据。例如,德国的会展评估是由专门的第三方机构 FKM（Gesellschaft zur Freiwilligen Kontrolle von Messe-und Ausstellungszahlen）公司担任的,该公司的主要业务是制定统一的展览会相关指标的统计审核标准,保证会展分析数据的客观性和真实性。我国目前还没有具备权威性和公信度的第三方评估机构,由于起步较晚,我国会展业的发展仍以政府主导为主,政府和行业协会发挥各自的优势。

会展服务质量评估的客体包括会展服务质量构成的全部内容。会展服务质量评估的四类主体中,不同的评估主体对会展评估内容也会有所差异。会展行业的主管部门和办展机构一起制定各类质量标准和评估指标、评估方法并定期或不定期地对办展机构和其所提供的服务进行考核评估;参展商和观众主要结合自身体验来判断其购买预期的实现程度,从而对会展服务质量进行评估;社会公众则综合前三者的评估结果并就会展服务对全社会经济发展所做的贡献来评估。

(二)选择合适的评估模型

评估模型的选择会在一定程度上影响服务质量的评估效果,各模型有其使用的范围和情景,评估主体需要根据评估客体及目的着重进行选择。目前常用的评估模型有差距分析模型、SERVQUAL(service quality,服务质量)评价方法和重要性—绩效(important-performance analysis,IPA)模型三种。

差距分析模型是美国的服务管理研究组合 PZB(Parasuraman,Zeithaml & Berry)于1988 年提出的,它是指服务质量的高低可以用顾客对服务质量的真实感知和顾客对服务质量的期望之间的差距程度来衡量。该理论很好地解释了感知服务质量产生问题的原因,是目前应用最广、最典型的一种感知服务质量分析模型,也是服务质量评估的理论基础。

SERVQUAL 评价方法是以可靠性、有形性、响应性、保证性与移情性五大质量维度为基础,包含 22 个问项,以七点量表来评价并进行实证调查与分析的服务质量评价量表。该方法有很强的规范性,问卷数量适中,方便实际操作,广泛应用于零售、银行、电子商务等行业。但很多学者认为,为适应不同行业的环境和背景差异,在应用时还应作出相应修正,这样必定会影响该模型的普遍适用性。

IPA 分析方法是通过比较服务评价因子的重要性与实际绩效来确定服务质量改进的轻重缓急,以将有限的资源用在"刀刃"上。目前,已经在旅游目的地形象、旅游产品的质量、旅行社及酒店业的服务质量等方面的研究中运用了该方法。该模型简单明了、易于操作,对于评价项目没有明确规定,需要根据测评对象的特点进行设定,因此测评结果更具有针对性,但也因其灵活性可能导致不同的人在测量同一项服务时的结果具有较大差异。若评估主体的目的是短时间内制定服务质量提升战略规划,确定实施的轻重缓急,则该方法更适合。

(三)制定评估体系

在选择评估体系时要遵循一定的逻辑规律和依据,最好进行预调查或参考以往调查的成熟经验指标进行。指标的选取要涉及硬件设备质量和软件服务质量。硬件设备质量主要包括设施设备质量、环境质量、服务用品质量和实物产品质量等。软件服务质量主要包括会展工作人员的服务态度、工作技能等方面。服务质量的评价不仅要包括各项服务的满意程度,还要调查各项服务的重要程度即指标权重,只有这样才能进一步调查对象的真实感知,以获取提升服务质量的价值信息。

制定评估体系时要遵循一定的原则,包括可操作性原则、可比性原则、系统性原则和科学性原则。同时,如果要保证制定的评估量表具有良好的信度和效度,使得评估结果能客观真实地反映评估者的感知和服务质量的情况,还必须根据不同的行业和经济环境,对量表进行一次甚至多次的修正。修正量表的主要方法有访谈法、德尔菲法(又称专家咨询法)和预测法。

（四）质量评估的实施

在服务质量评估的实施阶段，主要是根据已经指定的评价标准进行实际调查。目前，应用较为广泛的一种调查方法是问卷调查，即由调查者根据调查目的设计各类调查问卷，然后采取抽样的方式（随机抽样或整群抽样）确定调查样本，通过调查员对样本的访问，完成事先设计的调查项目，最后统计分析得出调查结果。问卷调查法严格遵循概率和统计原理，其调查方式具有较强的科学性，且易于操作。除此之外，在对参展商的调查方面，可以采用小组座谈和重点客户拜访的方式了解其真实的需求感知。而在观众的调查方面，需要采取随机抽样的方式以确保样本的可靠性。除了采取人员调查以外，还可以在出入口、休息区、咨询台设置一些固定的调查问卷收集点，或在会展电子商务平台设置评估项目，方便参展商和观众在线评估。

服务质量评估的实施过程是决定评估效果好坏的关键因素。制定了合理的评估体系，如果没有评估主体的实事求是、评估对象的积极配合，就难以获得真实有效的评估结果，更不要说达到提升会展服务质量的终极目标了。

（五）评估结果的运用

通过服务质量评估体系的建立和评估过程的实施，最终得到的评估结果主要运用在以下五个方面。

（1）了解整体服务质量水平。根据 SERVQUAL 评价方法得出的 SQ（服务质量）值从数量上反映了服务感知质量和期望的差距关系。需要注意的是，SQ 值的正负并不能确定服务质量本身的高低好坏，而可能是调查对象的感知期望过低或过高所致，因此，评估方更应关注这一结果的原因，探究造成不良感知的根源。

（2）了解各项指标的期望和感知分布。通过 SERVQUAL 量表中的期望值排序、感知值排序和差距值排序，可以清晰地显示出导致顾客不满意的因素出在服务的哪个环节。

（3）了解服务质量的变化动态。评估结果可以用作对不同会展企业的服务水平进行比较分析，找出本企业与其他企业的服务质量差距。也可以对不同时期的服务质量进行对比评估，有效预测服务质量的发展趋势和改进效果，了解评估对象感知期望的变化。

（4）制定会展服务质量提升战略。IPA 模型是现代管理学中广泛应用的战略分析法，通过影响因子的象限分布，直观地反映各个质量指标所处的优、劣势位置，便于评估者作出相应的战略规划。

（5）形成良好的互动机制。通过评估方和顾客的积极配合，既能了解顾客对服务质量的真实感知，又能正面宣传企业文化和服务理念，形成良性互动机制。

 知识链接

1. 差距分析模型

在众多的服务质量模型中，比较著名的是美国的服务管理研究组合 PZB 于 1988 年提出的 PZB 质量差距模型（图 6-9），它是指服务质量的高低可以用顾客对服务质量的真实感知和顾客对服务质量的期望之间差距的程度来衡量。该理论也称为服务质量评价的

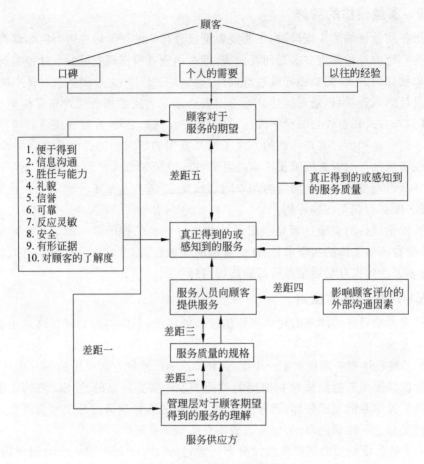

图 6-9 PZB 质量差距模型

差距分析理论(gap theory),该理论很好地解释了感知服务质量产生问题的原因,是目前应用最广、最典型的一种感知服务质量分析模型,也是进行服务质量评估的理论基础。

按照 PZB 的观点,所谓"差距",就是指"企业提供的服务""顾客感受到的服务"和"顾客对服务的期望",三者之间"不完全一致"。这些差异既存在于企业内部,也存在于企业外部。感知服务质量无法让顾客感到满意的原因在于,任何服务都可能存在感知服务质量差距模型中描述的五个差距。

(1) 顾客期望与管理者对这些期望的感知之间的差距。这一差距产生的原因是管理者不了解顾客的期望或低估了顾客对服务的期望,对顾客需求的认知没有充分地了解。出现差距一的原因有很多,包括没有与顾客进行直接交流、不愿探询他们的期望或还未做好准备便与之进行交流。

(2) 管理者对顾客期望的认知与公司服务质量标准两者间的差距。这一差距产生的原因是服务提供者的资源条件或市场状况不确定或管理者的疏忽,而使得服务提供者无法提供顾客真正所需的服务规格或质量,从而产生感知与服务质量标准之间的差距。

(3) 服务质量标准和服务传递之间的差距。这一差距产生的原因是服务人员在提供服务时,服务人员的绩效无法达到管理者所设定的质量标准,即员工没有按照标准提供服务。通过确保所有达到目标所需的资源按部就班,必须进行跨职能部门的联合行动(如营销和人力资源部门共同参与),才能缩小或消除差距三。

(4)实际传递的服务和对外沟通之间的差距。产生这一差距的原因是服务绩效和服务承诺不相匹配。消费者对服务的期望和感知会受大众传播影响,故企业不宜有过度的承诺,过度夸大的媒体广告或承诺,会影响顾客对服务的期望。

(5)顾客期望的服务与实际感知的服务之间的差距。这一差距产生的原因是顾客消费前对服务的期望与消费后对服务的感知不匹配。而顾客的期望主要受到过去经验、个人需求、口碑的影响,顾客对实际接受到的服务所产生的感知则是由企业一系列经营者决策和经营管理活动决定的。

2. SERVQUAL 评价方法

1988 年,美国研究服务质量的组合 PZB 将其在 1985 年提出的 10 项服务质量评定因素修正为有形性、可靠性、响应性、保证性和移情性这五个因素,三位学者以上述维度为基础,发展出 67 个问题的问卷,以七点量表来评价并进行实证调查与分析,经修正后提出一个由 22 个问项和有形性、可靠性、响应性、保证性与移情性五大质量维度所组成的服务质量评价量表,此即著名的服务质量评价方法——SERVQUAL 量表(表 6-1)。随着 SERVQUAL 评价量表的创建,理论研究过渡到实证阶段,使服务质量的评价具有可量化和操作性上的突破。PZB(1988)建立 SERVQUAL 评价量表的理论模型是服务质量差距模型,即顾客感知服务质量(perceived service quality),是顾客对服务的期望(expectation)和顾客对服务的实际感知(perception)之间的差距比较,即 $SQ = P - E$,其中 SQ 代表服务质量,P 代表服务感知,E 代表服务期望。若 $P < E$,顾客的服务感知低于期望,则顾客认为服务质量低下;若 $P = E$,顾客的服务感知与期望相符,则顾客认为服务质量尚可;若 $P > E$,顾客的服务感知超出期望,则说明顾客感受到了高质量的服务。实际体验的服务质量超出期望,则认为服务质量是良好的;反之,则顾客对服务质量的评价较低。

表 6-1　SERVQUAL 评价量表

要　素	指　标　项
有形性	有现代化的服务设施 服务设施具有吸引力 员工有整洁的服装和外表 公司的设施与他们所提供的服务相匹配
可靠性	公司向顾客承诺的事情都能及时地完成 顾客遇到困难时,能表现出关心并提供帮助 公司是可靠的 能准时地提供所承诺的服务 正确记录相关的服务
响应性	能告诉顾客提供服务的准确时间 员工为顾客提供及时的服务 员工总是愿意帮助顾客 员工不会因为太忙而忽略顾客的需求

续表

要　素	指　标　项
保证性	员工是值得信赖的 在从事交易时顾客会感到欢心 员工是有礼貌的 员工可以从公司得到适合的支持,以提供更好的服务
移情性	公司会针对不同的顾客提供个别的服务 员工会给予顾客个别的关怀 员工了解顾客的需求 公司优先考虑顾客的利益 公司提供服务的时间符合所有顾客的需求

资料来源:Parasuraman A,Zeithamal V A,Berry L L. Refinement and Reassessment Seale[J]. Journal of Retailing,1991,67(4):420-450.

PZB 对于有形性(tangibles)、可靠性(reliability)、响应性(responsiveness)、保证性(assurance)和移情性(empathy)五个维度的解释如下。

有形性指服务的实体设施、工具设备及服务人员的外表等。这些服务的有形因素给予顾客最直观的体验,对顾客感知服务质量具有重要影响。

可靠性指可靠地、准确地履行承诺的能力。可靠的服务行动是顾客所希望的,它意味着服务以统一的方式、无差别地准时完成,要求提供的服务按时、保质地完成。

响应性指服务组织能够帮助旅客,并且能迅速提供服务,避免让顾客等待。无谓的等待,会对顾客的质量感知造成消极的影响,而及时补救服务失误则会给质量感知带来积极影响。

保证性指服务组织的员工所具有的知识技能及素养。例如工作技能、服务态度、与顾客的有效沟通、企业的形象和名誉,它能提高顾客对服务质量的信心和安全感。

移情性指服务组织主动关注和了解顾客的需求与偏好,并给予满足,使服务更加人性化。

根据问卷调查所得的数据,运用计算公式得出服务质量的数量值,从而判断服务质量的高低,并根据服务感知与服务期望的差距值进行原因分析。为了增加评价结果的科学性,学术界在之后的实证研究中将权重系数加入计算公式中。

$$SQ = \sum_{j=1}^{n} W_j \sum_{i=1}^{m} (\overline{P}_{ji} - \overline{E}_{ji}) \tag{6-1}$$

式中,SQ 为 SERVQUAL 方法中的总体感知服务质量的数量指标;W_j 为第 j 个维度的权重系数;$\overline{P}_{ji}$ 为顾客对第 j 个维度的第 i 个问题的感知平均值;$\overline{E}_{ji}$ 为顾客对第 j 个维度的第 i 个问题的期望平均值;m 为第 j 个维度的指标(问卷题项)个数;n 为维度个数。

服务质量评价的差距分析结果有三种情况。

(1)当顾客期望的服务水平小于实际感知的服务水平时(SQ>0),说明服务超出顾客的期望,顾客感受到了惊喜,是理想的服务质量,也是企业或组织应该继续保持和发扬的优势,能增强顾客的忠诚度。

(2)当顾客期望的服务水平与实际感知的服务水平一致时(SQ=0),说明服务质量满足了顾客的需求,服务水平比较高,但是企业或组织仍要考虑增加资源投入,提升服务质量,否则很容易造成服务质量低于顾客预期的情况,从而失去顾客。

(3)当顾客期望的服务水平高于实际认知的服务水平时(SQ<0),说明服务质量低于顾客的期望,服务质量达不到顾客的要求,是企业的劣势所在,应该予以重视,积极改进。

3.重要性-绩效模型

重要性-绩效模型最先由 Martilla 和 James 于 1977 年提出,最初只用于评价市场营销项目的有效性。由于其简单实用,IPA 方法迅速被推广应用于其他研究领域。IPA 分析方法的基本思想就是通过比较服务评价因子的重要性与实际绩效来确定服务质量改进的轻重缓急,以利于将有限的资源用在"刀刃"上。目前,已经在旅游目的地形象、旅游产品的质量、旅行社以及酒店业的服务质量等方面的研究中都运用了该方法。

1977 年,Martilla 和 James 率先绘制了首张 IPA 图(图 6-10),并详尽地解释了图中各象限的含义。

图 6-10　Martilla 和 James 于 1977 年绘制的 IPA 图

[资料来源:MARTILLA J A,JAMES J C. Importance-performance analysis [J].

Journal of marketing,1977,41(1):77-79.)]

象限 A 被称为关注此处(concentrate here),意为服务主体需要着重注意集中精力改善和着力提高落入 A 象限的指标。这是由于 A 象限中的点所代表的指标表示顾客认为这些指标很重要,但是服务主体的表现却没能让顾客满意。

象限 B 被称为保持良好的工作(keep up the good work),落入 B 象限的指标是需要服务主体保持的,这是由于 B 象限中的点代表顾客认为这些指标对他们很重要且服务主体的实际表现也令顾客满意。

象限 C 中的点表示这些指标对顾客来说并不是那么重要但服务主体的表现让人满意,因此,象限 C 被称为低优先权(low priority),表明服务主体并不需要花太多的时间和精力在这些指标上。

象限 D 的定义是可能过度关注(possible overkill),顾客认为在此象限的指标对他们来说并不重要,但是服务主体的表现却超出了他们的期望。因此,服务主体应考虑在这些方面的投入是否过多了,要适当地控制在这些方面的资源投入,把资源转投到那些绩效低,但对顾客重要性高的指标上去。

在运用 IPA 分析法之前,首先要通过问卷调查得到两组数据,一组是重要性数据(importance data),即被调查的顾客认为某项指标的重要性程度。另一组数据为表现数据(performance data),即体现绩效的数据。它是被调查的顾客认为该服务主体提供的某项产品或服务的实际表现。

IPA 分析法的基本形态是两条坐标轴以及四个象限,组成一个矩阵(图 6-11)。中间是一条有重要性数据均值和绩效数据均值的坐标,四周的每一个象限代表一种重要性和绩效的组合。每一项评价指标在坐标系中可找到唯一的对应点,通过观察指标点落于某一象限内,可以由此得出顾客对这些指标的重要性和绩效评价,并由此象限中指标重要性和绩效的组合来判断对这些指标应实施怎样的战略。

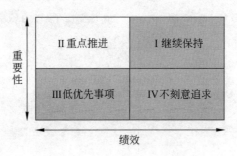

图 6-11　重要性—绩效矩阵

广交会"买摊位"更要"卖服务"

面对北京、上海等国际会展城市的迅速崛起,面对电子商务的异军突起,以广交会为代表的琶洲会展能否继续引领风骚? 竞争制胜的关键,在于能够自我革新、自我提升,从硬件和软件两方面去打造引领国际商品贸易趋势、引领中国制造业转型升级的会展核心。

商业业态不断发展,会展经济也必须与时俱进。如果说,十年前的广交会能凭借垄断优势、区位优势,仅靠买摊位便可独步天下,2008 年琶洲会展业已经从"买摊位"转变为"卖服务",从展位提供商转变为信息提供商,从单纯的"展贸经济"转变为"展会经济",为五湖四海、南来北往的参展商提供反映国际贸易趋势的信息,包括市场信息、技术信息和价格信息等。

不论趋势如何变化、业态如何革新,琶洲会展始终不能忘记的是"国际"二字。与法兰克福等国际一流会展城市相比,甚至是与北京、上海等会展业的后起之秀相比,广州会展的国际味明显不足。2008 年琶洲会展不仅开始追求国际一流的会展硬件,更提供了国际一流的会展服务,弥补在服务配套、投资环境、法律环境、信用体系等方面的不足,打造出一个真正的"国际展都"。

资料来源:"买摊位"更要"卖服务"会展业必须要有"国际味"[EB/OL].[2008-06-24].http://epaper.nfdaily.cn/html/2013-06/04/content_7195756.htm,有改动.

二、会展服务补救

追求服务质量的零缺陷是每个服务企业所追求的,但对于没有统一服务质量标准的服务业而言,发生服务失误的概率比制造业大得多。众所周知,没有毫无缺陷的服务系统,发生失误也是在所难免的。关键是,当服务失败时,会展企业要有服务补救的意识,及时采取补救措施把对顾客和企业所造成的损失降低到最小。

(一)服务补救的方式

会展服务企业要想挽回在服务提供方面已经失望的不满意顾客,可以采取以下几种方式:道歉、紧急复原、移情、象征性赎罪和动态追踪访问。每一种补救方式都是建立在前一种方式的基础上进行的。

1. 道歉

向顾客道歉是服务补救的开始。当会展企业意识到顾客的不满时,就应及时向顾客道歉。道歉在一定程度上就意味着承认错误。但必须承认的是,会展企业有时确实是无能为力的,服务失败有时是客观存在的,企业有必要向员工阐明向失望顾客道歉的必要性。道歉的举动虽然小,但顾客会深切感受到他们对于组织的重要性,这也为重新赢得顾客的好感做了铺垫。

2. 紧急复原

紧急复原是道歉的自然延伸,也是不满的顾客所期望的。"紧急"不仅表明会展企业采取行动要迅速,也表明了会展企业对顾客的重视和对自身错误的深刻认识及企业自身较强的纠错能力。"复原"意味着会展服务企业为纠正错误而作出的努力。与得体的道歉一样,紧急复原行动令顾客知道其满意对会展企业的重要性。

3. 移情

当完成紧急复原的工作以后,会展企业就要对顾客表示一点移情,这也是成功的服务补救所不可缺少的。会展企业要对愤怒的顾客表示理解,理解因服务失败未能满足顾客要求而给他们带来的损失。但需要注意的是,移情不仅仅是简单地承认失败(这是道歉所完成的),更重要的是努力地去理解为什么顾客会对服务感到失望,并找出失望的原因。因此,提高员工的倾听和移情技巧也很重要。

4. 象征性赎罪

对顾客表示理解和同情很重要,但这时顾客仍未得到补偿,所以在移情之后还要以一种有形的方式来对顾客进行一定程度的补偿,如赠送礼物。之所以称为象征性赎罪,是因为会展企业提供给顾客的不是服务的替代品,而是一种象征性的补偿。象征性服务的成本过高和过低都会影响补偿效果,因此确定顾客的接受临界点也是一项重要的工作。

5. 动态追踪访问

在进行了一定的补偿之后,会展企业还要看其挽回顾客的努力是否有效果。通过对象征性赎罪的动态追踪访问,企业可以衡量所采取的措施是否得到顾客的认可,是否在一定程度上缓解了顾客的不满,以便及时调整补救措施。动态追踪的形式可以根据服务的类型和服务补救情景而定,如电话回访、口头询问等。

(二)服务补救的方法

服务补救主要有以下四种基本方法,实际服务工作中大多采取几种方法相结合的方式。

1．逐件处理法

逐件处理法强调顾客的投诉并不相同,需要会展服务管理者逐件去处理,并具体情况具体分析。这种方法执行成本较低,但它也具有一定的随意性。例如,最固执或最好斗的投诉者经常会得到比较通情达理的投诉者更令人满意的答复。这种方法的随意性会产生不公平。

2．服务系统响应法

服务系统响应法是使用服务管理的制度与规定来处理顾客投诉。由于采用了识别关键失败点和优先补救标准这一计划性方法,它比逐件处理法更加可靠。只要响应制度与规定不断更新,这种方法就非常有益,因为它提供了一致性和及时性的响应模式。

3．早期干预法

早期干预法是服务系统响应法的另一项内容,它试图在服务失误影响顾客以前干预和解决服务流程的问题。

4．替代品服务补救法

替代品服务补救法是通过替代品来进行的服务补救,从而利用竞争者的错误去赢得其顾客。有时,处于竞争中的服务企业支持这种做法。如果竞争对手可以提供及时优质的服务,它就可以利用这个机会来赢得顾客。但通常竞争者的服务失败是保密的,因此该方法实施起来存在困难。

讨论案例

2015 宁波国际旅游展——展销合一、商机无限的"大市场"

作为2015年宁波旅游节的启动项目,2015宁波国际旅游展于9月5日完美谢幕。据组委会数据统计显示,展会3天共吸引9.5万余人次进馆,比上届旅展增加35.7%;成交总额高达3 880万元,比上届旅展增加253%。无论是展会的影响力还是成效,都比2014年有了大幅提升,实现了参展企业和观展人士的双赢。

市民:惊喜不断、实惠多多的"大卖场"

持续3天的B2C(商对客)新模式旅展,其火爆程度远超组委会和参展商的预期。开展当日正逢抗战胜利纪念日放假,却丝毫没有减少市民的热情,吸引了约3万观展人次,可谓赢得"开门大红"。旅展3天,每天早上一开展,就有上千市民朋友蜂拥而入,人气火爆的场面让主办方都深感震惊。展馆内到处人流涌动,每个展位前都有排队的人群,这种抢购激情实属难得。

对许多市民而言,逛展最重要的目的就是"抢购",旅展上所售产品价格、展商让利幅度等问题,无疑成为最大关注点。相比 2014 年,本届旅展的优惠力度更大。在 8 号馆的旅行社展区中,中国国旅、浙江飞扬、浙仑海外、宁波康泰、宁波中青旅等旅行社推出优惠产品直击底价。例如宁波康泰国际旅行社推出的 30 余个 666 元游香港产品,第一天上午就被抢订一空;中国国旅推出的欧美旅游产品已预售至 2016 年春节。

宁波旅游夜市拍卖的展位每天聚满了人,市民朋友都驻足期待着"定时竞拍""1 元秒杀"等活动,现场人声鼎沸。宁波市旅游集散中心也不甘示弱,推出多条一日游线路,首日现场报名的就有 100 余人。在宁波旅游销售区,如酒店住宿券 100 元起拍、免费派送,自助餐券 60 元起拍,景区门票 1 元秒杀等优惠活动比比皆是。不少景区推出限量折扣门票,酒店推出特价优惠,开展首日一早就销售了将近一半,后续不得不紧急增加折扣门票数量。宁波香格里拉大酒店在展区内创意性地通过平价美食吸引来展消费者参观,并推出了半价 SPA、客房、月饼和婚宴定制服务,3 天的销售总额超过 20 万元;青藤酒店集团旗下的四季青藤酒店和南苑 e 家连锁酒店也将房价进行了半价优惠,另外青藤酒店首次与木凡合作引入咖啡厅概念进入旗下酒店,将打造风格独特的生活式酒店,5 日青藤酒店集团还在旅展现场进行了品牌推介会及项目签约仪式。旅展 3 天时间,青藤酒店集团销售客房 400 余间。美丽乡村区域,展卖红心猕猴桃、玫瑰花茶、番薯制品等宁波乡村特产,引得观展市民流连忘返。在旅游装备区,还有各类房车、木屋等展示,也引起不少市民的兴趣。

现场互动活动方面,各参展单位也做了充分的准备。除了继续 2014 年人气超旺的刷卡中百万元金条、幸运大抽奖、舞台节目表演、旅游产品拍卖等活动以外,还新增总价值40 万元的"银联钱包"实现存 2 元抵 50 元,以及微信有奖互动等活动轮番登场,这让部分现场采购的市民着实惊喜了一把。

参展商:展销合一、商机无限的"大市场"

此次 2015 宁波国际展,使用会展中心 7 号、8 号两个展馆,现场共设 800 个标准展位,逾 300 家单位集体亮相,展区总面积达 1.7 万平方米。所售产品涵盖"吃、住、行、游、购、娱"六要素。

参展商轮流在中心舞台推出产品推介、问答抢门票和乐队表演等活动,还有幸运抽奖活动,市民朋友参与十分踊跃。各种可爱的吉祥物、穿着民俗服装的人物也穿梭于场馆之中,送出精美礼品,推荐特价线路。与旅游业相关联的银行、保险、航空以及传媒等展位也是人头攒动,成为展位的新亮点。东方航空整合了境内外的航线资源,如台北往返机票仅售 600 元,为消费者带来了最实在的机票价格,受到消费者的一致热捧。作为本届展览会参展绝对主力,在 8 号馆设展的旅行社们自然是吆喝得最带劲的群体。浙仑海外、浙江飞扬、宁波康泰、宁波中青旅等多家旅行社趁着国庆长假、金秋旅游旺季来临之际,纷纷推出旅展特惠线路、平价旅游产品及打包型的买送优惠。其中境外的邮轮线以及东南亚、日韩、港澳台、欧洲备受青睐,国内热门长线、短线二日游甚至宁波一日游等线路也有许多市民前往洽谈。例如宁波康泰旅行社首日上午的成交额,就已经相当于 2014 年旅展一天半的成交额。浙江飞扬旅行社推出的六款旅游卡,售价自 399 元到 9 999 元不等,其中399 元和 9 999 元的产品最为消费者欢迎,在为期 3 天的旅展活动中销售逾 250 万元。中国国旅(宁波)国际旅行社的海外产品如韩日游和预售的欧美游都引起了市场的强烈反响,在短短的 3 天中境外旅游产品销售就超过 100 万元。展会期间,销售额居前的有浙江飞扬、浙仑海外、宁波中青旅和宁波康泰,旅行社老总们个个笑逐颜开,都说:"没想到旅展这么火爆,观展人流量如此巨大,明年一定还要来参加,并且要做得更好。"

另外,线上的旅游巨头们也不甘示弱,携程、同程、途牛、驴妈妈等都在各自展位进行宣传推广,把线上的优惠旅游产品带到旅展来,带到线下来,也让消费者在旅展的现场着实感受到了实实在在的"互联网"优惠力度。与此同时,同程也通过此次良好的旅展氛围宣传了自身的线下门店,通过更好的服务来满足消费者出行的需求。

2015 年旅展的参展范围覆盖全省 11 个地市,贵州、宁夏、福建、江苏和上海等外省(市)的 31 个城市,以及港澳台地区,甚至韩国、菲律宾和匈牙利等国家。来参加本次旅展的境内外参展商也表示说:"今年我们已经准备好特惠线路产品的销售,不再是来发发传单,但还是没想到,宁波旅展搞得这么好,想不到能有那么多市民来购买。明年我们一定再来参展,并且要做好更充足的准备,吸引更多的宁波市民。"

组委会:打造品牌、提升形象的"大舞台"

本届旅展在旅行社、景区、饭店等传统板块基础上,特别开辟了宁波旅游馆、美丽乡村馆、四明山旅游馆、温泉馆等特色旅游馆,以及休闲度假、智慧旅游、户外运动、自驾游等主题旅游区,囊括"吃、住、行、游、购、娱"旅游全要素。并首次特设宁波旅游馆和宁波旅游销售展区,展区面积超 1 100 平方米。而特装的展位数量达全部展位数的 60%,将真正做到"有形象(特装),有产品,有交易"。

2015 宁波国际旅游展,其定位为 B2C 消费型旅游大展。"B2C"中文简称为"商对客",即直接面向消费者销售产品和服务。据宁波市旅游局陈刚副局长介绍:"去年宁波国际旅游展首次试水获得良好成效,也为本届旅展提供了宝贵而丰富的经验,充分实现了企业与市场的良性互动,较好地构建了购销互动、现场交易的一站式交易平台,也打造了市场认知度极高的旅游营销品牌。我们采用 B2C 模式,就是要把旅游展打造成政府搭台、市场运作、互惠共赢的宁波旅游知名品牌,逐步培育成熟的旅游市场。今后,我们还将继续坚持'国际化、专业化、市场化、品牌化'的办展理念,努力把展会办得更好。"

浙江省旅游局副局长许澎表示,"宁波国际旅游展的 B2C 模式能使旅行社直接面向市民,将最优惠的产品提供给大众,比传统的旅交会模式要有突破,更接地气"。他表示,省旅游局将进一步加大支持力度,组织全省更多的旅游企业前来参展。引领旅游企业实现向事先整合、订单式销售的营销模式转型升级;引导广大市民形成集中采购、现场下单的消费习惯。

宁波市副市长林静国在巡馆时详细了解了企业的参展情况和销售业绩,对旅展的举办给予了充分的肯定,认为这是一个百姓欢迎、企业满意、实现双赢的展会,具有强大的生命力。要求组委会各部门进一步加大整合推广力度,不断提升旅展的影响力和成效,通过持续的努力,将宁波旅游展打造成在长三角乃至国内具有影响力的惠民展会品牌。

资料来源:2015 宁波国际旅游展完美谢幕,3 天销售额 3 880 万元[EB/OL]. [2015-09-05]. http://www.aiweibang.com/yuedu/48734225.html,有改动.

思考:

1. 在宁波国际旅游展中,对参展商和对观众的会展服务内容分别有哪些?

2. 试分析宁波国际旅游展的服务流程,并画出服务流程图和服务蓝图。

3. 你认为宁波国际旅游展的服务质量还有哪些值得改进的地方?

本 章 小 结

本章以会展服务的定义入手,介绍了会展服务的内容和基本特征。阐述了会展服务流程的概念和内容,详细介绍了会展服务流程设计的基本方法和工具。最后,介绍了会展服务质量评估和基本步骤,以及会展服务补救的方式和方法。

复习思考题

1. 什么是会展服务? 会展服务的内容有哪些? 会展服务相比于一般的服务业有哪些特殊性?

2. 会展服务流程包括哪些内容? 会展服务流程设计的方法和工具有哪些?

3. 会展服务质量评估分为哪几步?

即 测 即 练

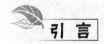

第七章

会展相关活动策划

引　言

　　习近平文化思想从实现中华民族伟大复兴的历史高度与建设中国特色社会主义的现实高度,紧紧围绕文化强国建设的战略目标,深化对新时代中国特色社会主义文化建设的规律性认识。这些认识有着严密的逻辑架构,展现了目标维度、实践维度及世界维度的文化认知成果。会展活动的文化产品属性体现了社会主义核心价值观;会展活动通过多种会、展、演、节、赛的表现形式"讲好中国故事"。

　　会展相关活动是指为营造现场气氛或丰富展览功能而在展会期间举办的各种活动,这些会展活动使得会展业贸易、展示、信息与发布功能更加完善,是现代会展的有机组成部分。展览会与各种活动的相互配合,成为会展新的亮点。为此,会展企业必须从各个方面、各个层次丰富展览会的内容,使展览会真正成为参展商及观众营销、交流、推广和展示的场所。

　　本章从微观层面系统介绍了会展相关活动策划的内容与原则。

本章学习目标

➤ 了解会展相关活动策划的作用、特点和原则;
➤ 熟悉并掌握会展活动策划的内容和步骤;
➤ 掌握会展活动策划的种类及四种典型活动的策划内容;
➤ 熟悉会展旅游活动策划的内容。

导入案例

丰富的杭州西湖博览会

　　2013 年的第十五届杭州西湖博览会(以下简称"西博会")以"创新西博,美丽杭州"为主题,将展示、贸易、研讨和丰富多彩的休闲文化活动结合在一起,充分展示城市魅力和地域特色,为博览会增光添彩。西博会上,有推进文化繁荣的西博国际友好城市市民体验活动,如国际新闻摄影比赛颁奖仪式、中国国际棋文化博览会、中法文化交流活动、工艺美术品展览会、西湖艺术博览会等;有展示城市魅力的各类传统文化节庆活动,如玫瑰婚典、吴山庙会、工艺美术品博览会、西博车展等;有提升群众参与度、促进休闲消费的系列旅游休闲活动,如市民休闲节,开展休闲美食、休闲运动、休闲度假、休闲文化等系列活动,组织美丽乡村旅游,安排杭州钱江新城至杭州休闲美食巡展,西博会千岛湖秀水狂欢节,等等。精彩纷呈的活动不仅使西博会真正成为全民参与的盛会,更为展会吸引了大量海内外参展商和观众。在短短 29 天内,西博会实现贸易成交额 157.35 亿元,引进内资 152.3 亿元,引进外资 10.22 亿美元,吸引来自近 50 个国家和地区的来宾、游客 800 多万人次参加。

资料来源:创新西博,美丽杭州[EB/OL].[2013-10-12]. http://www.xh-expo.com/zt/15th/15thxhexpo/,有改动.

点评

丰富多彩的特色活动既能活跃现场气氛,又能吸引现代参展商和观众,是会展成功的重要助推剂。

第一节　会展相关活动策划概述

现代参展商越来越追求在有限时间内得到最大的价值回报,因此,会展相关活动的策划作为增强会展竞争力的手段之一,已经成为一个成功的展会不可缺少的部分。

一、会展相关活动策划的作用

展览会与各种活动相互配合,使得整个会展成为新的亮点。对于参展方而言,这些活动能满足参展企业与专业观众达成交易、获得信息等多种需求;对于办展企业而言,这些活动能使展会的影响力、知名度提高,作用很大。

(一)拓展会展的展示功能

展会是企业产品的重要展示平台,许多参展企业参加展会的目的就是在展会上充分展示形象,树立品牌。相关活动能很好地扩展会展活动的这一功能。例如,在展会期间举办的创新产品评比活动,给企业及其产品提供了绝佳的展示机会和平台,并为企业的未来宣传提供素材。

(二)强化会展的发布功能

会展活动人群密集,信息传播范围广、速度快,因此被许多企业作为新产品发布的场所。会展企业可以为个别新展品举办专场新闻发布并设计个性化专题活动,使新产品的发布以更新颖、灵活的方式展现在人们面前。例如,结合新产品的特点来设计相关的表演活动,使新产品的优势得以更好的呈现,增强发布效果。

(三)延伸会展的贸易功能

很多企业参展的主要目的是贸易成交,许多观众参展的主要目的是寻找合适的供应商,展会因此也成为一个重要的贸易平台。适当的活动能延伸会展的贸易功能。例如,展会期间举办产品订货会、产品推介会、项目招标活动等,能促进贸易成交,延伸展会的贸易功能。

(四)活跃会展的现场气氛

一些富于观赏性的表演活动以及一些大众参与性较强的比赛活动能极大地调动现场观众的积极性,使会展现场气氛活跃,为企业创造良好的会展现场氛围。

(五)吸引更多潜在会展客户

组织完善、丰富多彩的活动能为会展增加亮点,吸引眼球,还能为参展商和观众创造美好的回忆,提高满意度;而良好的口碑效应会增大会展企业对潜在参展商和观众的吸引力,是建立长期会展品牌的重要因素。

二、会展相关活动策划的特点和原则

会展相关活动对于提高展会的含金量具有举足轻重的作用，但又不能画蛇添足、喧宾夺主，所以如何策划才能使得展会本身与这些活动相得益彰就显得尤为重要。国外高水平的展会相关活动的策划，一般具有以下几个特点：①活动具有专业性和前瞻性；②活动主持者在业内具有权威性；③活动时间的策划安排合理；④活动具有趣味性和参与性。

会展配套活动的举办是为展会服务的，因此一定要符合展会的需要。一般而言，会展相关活动的策划需要遵循以下几个原则。

（一）活动的主题与形式必须符合展会的需要

会展活动不仅要富有创意，可以吸引观众的注意，而且要与会展的大环境保持一致，否则将会导致脱离展会背景，更可能造成观众对会展注目度的抽离，甚至带来隐患。以会展背景为前提是策划活动的首要原则。

（二）能进一步丰富和完善展会的基本功能

展会如果单纯以展示和会议的形式来传播相关信息、促成交易，就不能够完全地体现一个大型会展的魅力所在，而策划活动的目的就是丰富展会功能，为不同层次、不同专业的展会策划出不同的活动，针对会展本身的不足之处，用活动来弥补，完善会展是活动存在的本质。

（三）有助于展会吸引更多潜在企业参展和观众参观

会展的举办不一定能够吸引到对于会展信息不十分热衷的潜在观众、企业，对于这些对象，策划一个具有吸引力的活动是再好不过的方法了，可以把会展信息带给观众，从而把他们吸引到会展现场来。

（四）有助于活跃展会现场气氛但不影响企业展出和观众参观

如果在一个枯燥的会展现场，即便观众对此会展主题再热情，他们也不会停留很久。如果利用不同的传播方式把会展信息传达给他们，他们会对接收的信息印象深刻，并且会把这个好印象连带地作用在这个会展品牌上。当然前提必须是好印象，如果活动过于喧宾夺主，造成负面影响便得不偿失了。

（五）活动本身要能产生较好的效果

活动本身要策划得当、组织有力、秩序井然，是人们喜闻乐见的，并能产生良好的效果。例如，专业研讨会要能紧紧抓住行业的热点和难点问题，群英集聚，智慧激荡，要有助于拓宽视野、更新知识、开拓思路；表演要富有观赏性；等等。如果活动本身都不能产生良好的效果，则活动的存在就是一个问题，更不用说借助配套活动来促进展会的发展了。

三、会展相关活动策划的内容与步骤

会展相关活动策划包括五个基本要素，即时间、地点、人员、主题和流程。其中，人员包括活动主办、协办（联办）、承办、赞助等方面的相关机构与工作人员；主题包括该次活动的主要目的、中心任务和意义；流程则指按照日程顺序和人员分工来安排活动的分项目。

又可以说活动策划是策划人员根据活动组织目的的要求,调查会展现状、分析现有条件,为活动设计切实可行的行动方案的过程。因此,会展相关活动的策划需要按照科学合理的步骤进行。

(一)确立项目

活动的目标是什么?为什么要举办这个活动?这个活动对于会展整体而言有什么好处?在回答了这些问题后,就要收集会展的相关资料。如果是为专业性的会展举办活动,则要事先充分了解此行业的专业知识,至少要成为半个专家,才有资格为活动确立项目,这亦是初步的资料调查。另外必须明确主题范围。由于活动是会展的一部分,活动需要被细分,每个活动的主题都要有针对性。

(二)情况调查

调查,相当于要成为立项时的另半个专家,这不仅仅要了解该行业的专业知识,更要针对活动本身做调查。例如,国家关于公众活动方面的政策和法规、公众关注的热点话题以及预期持续时间、历史上同类型活动的案例、场地状况和时间的选择性,都是调查的内容。

(三)可行性研究

与活动相关的可行性研究,是一个十分重要的工作步骤,根据调查的情况确定出可行的活动范畴,为策划定下基础,也尽可能节省论证方案的人力、精力成本。研究范围包括活动的社会适应性、会展现有的条件,包括社会环境和目标公众的适应性、财力的适应性、效益的可行性。从效益的角度考虑,把活动费用与媒体宣传方面费用相比较,如果投放媒介做广告,比做一个活动更有效,活动就不一定做了,何况举办活动可能还需为其再做媒体宣传。还有社会物质水平的适应性,活动需要动用许多社会物质,出奇出新的创意更需要物质的支持,因而需要策划人员尽量利用可以获得的物质。最后一个是应急能力的适应性,需要哪些应变措施?例如户外活动要考虑天气的情况,野外活动考虑更多的是安全设施问题,这些都是要进行可行性研究的范畴。

(四)提炼活动创意主题

一个活动之所以可以完善会展的功能,是因为它的形式比会展更为丰富,所以活动有它自己的创意点就成为关键。如同广告创意一样,除了个人创意外,还要特别强调团队创意,如果能够在创意过程中开展头脑风暴就可以事半功倍。团体创意的过程也始终贯穿着个人的创意过程,作为现代策划,需要的是多个学科的综合和团体的智慧,而不是某个人的杰作。

(五)流程及细节考虑

一个活动并不是拥有主题就够了,还需要众多细节的支持,如嘉宾的演讲次序、时间安排等。流程就是一个活动对受众的语言,完美的表达才能使活动产生最大的影响。细节策划是策划者最容易忽视的一个环节,甚至被认为是执行时应该考虑的问题。策划者需要调动各种资源来确保活动的顺利进行。

(六)制定策划案

制定策划案也就是把设想的方案用文字表达出来,即按形式、时间、地点、人员、主题和流程几个部分，书写策划案。

（七）活动策划案论证

这是对整个方案的可行性论证，针对不合理的活动细节略加调节，方案论证通常使用定位式优选法、轮转式优选法和优点移植法。

以上七个步骤只是一个基本的模式，不同类型的活动在细节上会各有差异，甚至完全不同，需要视具体情况而定。

第二节　会展相关活动的种类与策划

会展相关活动紧密服务于会展的举办，推进其贸易、展示、信息和发布四大基本功能的最大限度的实现。它们可以是会展办展机构主办的，也可以是参展企业或其他有关单位主办的。根据会展策划和营销的需要，在此主要讨论由办展机构主办的相关活动。

一、会展相关活动的种类

从会展相关活动主办者为办展机构的角度看，在展会期间举办的相关活动一般有会议、评奖活动、表演活动和其他相关活动。

（一）会议

会议是展览期间最常见的相关活动。现代会展越来越重视展览和会议的并重，办展机构在展览期间往往会组织各种与展览题材相关的会议，并邀请一些著名学者、专家、企业和政府官员参加。通过举办各种会议，交流行业内的最新信息和动态，传播新技术，介绍新项目，提倡产业内发展的新理念和新思维。会议是帮助会展加强行业信息交流、增进友谊、架设桥梁的纽带，它对提升会展档次、增进会展质量和扩大会展影响力有重要的促进作用。

根据组织会议的目的和参与人员的不同，可以将会展期间举办的会议分为很多种类，如以学术交流为主要目的的专业研讨会，以技术交流和技术合作为主要目的的技术交流会，以发布新产品为主要目的的产品发布会，以推介新产品为主要目的的产品推介会，等等。

（二）评奖活动

在会展期间，众多的观众带来大量的人群聚集，展览使得某一行业的有关企业齐聚一堂，在此期间举办一些评奖活动有诸多有利条件，也会在行业内和社会上产生较大影响。首先，组织各种比赛和评奖是一项比较吸引人的活动，评奖活动对于活跃会场气氛和吸引潜在观众也有较大帮助。其次，有些关于参展展品的专业性评奖活动有时会引起行业和新闻媒体的极大关注，因此，这类评比活动对于参展商来说也有一定的吸引力。

（三）表演活动

举办各种与展览主题或展览题材相关的表演也是一种常见的会展相关活动。在展会期间举办的表演活动可以分为三种：一是文艺性表演活动。这类表演活动基本上是为了活跃会展气氛和扩大会展影响而举办的。例如，有些会展在开幕晚宴或闭幕答谢晚宴时会策划举办一些文艺表演助兴，还有些会展在办展期间专门组织有著名歌星或影视明星参加的文艺晚会。二是营销性表演活动。这类表演活动大多是为了帮助产品营销和提升企业形象而举办的,并且举办者多为参展企业。例如,在汽车展等展会上,很多大型的参展企业都会在自己的展位里设立表演场所,并定时举办表演活动。三是程序性表演活动。这类表演活动很多是依照行业惯例并按行业程序举办的。例如,很多办展机构会在会展开幕时,在开幕现场举办一些表演活动等。

(四)其他相关活动

除了最为常见的会议和比赛之外,有时候还会在办展期间举办一些其他相关活动。其中,有些活动是与展品无关的娱乐性活动,主要目的是扩大会展的影响,吸引更多的观众到会参观,增加会展的轰动效应;有些是与会展有关的经营性活动,这些活动的主要目的在于使会展更加专业、更有吸引力,如群众性参与活动、投资项目招商洽谈活动、项目(产品)招标活动、明星及公众人物与大众见面活动等。

投资项目招商洽谈活动和项目(产品)招标活动是会展期间较为常见的两种相关活动。在会展期间举办投资项目招商洽谈活动,要注意对投资方进行一定的资质审定,保证投资方的资质值得信赖,不会出现欺诈行为;要在市场经济的原则下,由项目招商和项目投资双方自愿洽谈,自愿签订合同。在会展期间举办项目或产品招标活动,要在会展开幕前合理的时间里让有关企业知道该招标信息,使各有意投标的企业有时间准备标书;要注意开标的公正性,使招标活动富有吸引力。

二、会议活动策划

常见的会议活动一般有专业研讨会、技术交流会、产品发布会和产品推介会四种。

专业研讨会和技术交流会讨论的问题往往是能紧扣会展题材所在行业的发展热点,论题具有一定的前瞻性和导向性,能给听众带来一些新思维、新理念和新技术。因此,它们不仅对参展企业和观众具有较大的吸引力,也对丰富会展的信息有十分重要的作用。

专业研讨会和技术交流会既有共性之处,又存在着差异。二者的相同点包括:第一,组织形式相似。专业研讨会和技术交流会都是以会议的形式出现的,二者在组织形式上有很多相同的地方,如都有主讲人,都要事先拟定会议主题,都作为会展的附加活动存在,等等。第二,筹备过程相似。例如,专家的邀请和接待、听众的组织、会务的筹备、会议现场的管理、会场的安排和准备等,会议筹备过程大同小异。第三,会议的某些功能相同。二者都是为了拓展和进一步丰富会展信息功能而举办的,都是会展的重要组成部分,也都是会展的有益补充,都对吸引参展商和观众起到积极作用。

除此之外,二者在主题、目标、主讲人和复杂程度等方面也存在着差异之处。第一,在主题选择方面,专业研讨会偏重理论性的话题;而技术交流会则偏重实用性的技术方面的话题。第二,在会议目标方面,专业研讨会旨在加深听众对行业发展现状、发展特点和发展趋势的了解;技术交流会的目的在于促进技术的交流和传播。第三,在主讲人的选择方面,专业研讨会的主讲人主要是科学研究机构、大专院校和专业杂志的有关专家;技术交流会的主讲人主要是企业技术部门和科学研究机构、大专院校的有关技术人员。第四,在复杂程度方面,专业研讨会涉及的议题较为抽象,不需要太多的设备和演示;技术交流会涉及的议题基本都和技术有关,在会议中需要较多的操作示范和技术演示。

产品发布会和产品推介会是会展期间较为常见的两种配套活动,它们的主办者可以是办展机构或参展商,也可以是行业协会。产品发布会的产品和信息的发布功能强大,产品推介会的产品展示和贸易功能强大。这两种会议对丰富会展的发布功能和展示功能尤其显著。产品发布会是以发布新产品或者有关新产品的信息为主要内容的活动,产品推介会是以向特定的对象推广某些特定产品的活动。这两种会议的联系主要表现为会议的最终目的相同,会议的主办者相似,对会展的促进作用相似。

这两种会议的区别主要在会议标的、形式、听众、内容、展示平台和服务要求几方面:第一,在会议标的方面,产品发布会的标的是新产品;产品推介会的标的是已批量生产和销售的商品。第二,在形式方面,产品发布会是新闻发布会形式;产品推介会是用户座谈会和经销商会议形式。第三,在听众方面,产品发布会的听众主要有新闻记者、产品设计等技术人员和企业管理人员;产品推介会的听众有经销商和最终用户。第四,在会议内容上,产品发布会的内容强调产品的"新",包括技术、设计和款式;产品推介会的内容介绍产品的用途、性能和结构等实用性较强的、与最终用户关系密切的一些内容及知识。第五,展示平台方面,产品发布会注重会议的环境布置,对展示平台的灯光、音响要求较高;产品推介会的展示平台以实用为主,对展示平台的设计和环境布置等的要求较低。第六,在服务要求方面,产品发布会重在突出形象,因此对会议现场服务的要求相对较低;产品推介会主要是实物的操作演示与示范,它的现场服务事项相对较多。

 **知识链接**

四种特殊类型的与会人员

（1）国际与会人员。国际与会人员是指来自会议举办国以外国家或地区的与会者。随着国际交往的不断深入,国际与会者的人数和过去相比有显著的增加,尤其是物理和社会科学领域方面的会议。会议组织者十分重视国际与会者的参与,将其视为扩大会议影响的资源。

（2）行为障碍者。很多会议有行为障碍者参加,为保证会议的顺利进行,工作人员在会场布置时应该考虑与行为障碍者有关的问题。

（3）老年与会者。现在越来越多的老年人参加各种会议,会议组织者需要考虑他们的特殊需求,如可能需要特殊的视听设备、现场医疗救护。

（4）贵宾。政府高级官员、影视名人、某一类的专家学者等贵宾,应受到特殊的安排及特殊的接待和保护。

（一）专业研讨会策划

专业研讨会是以研讨行业发展动态为主要内容的会议。会议的策划流程如下。

1. 收集市场信息

办展机构要对该行业做深入的研究,努力抓住行业热点,为下一步确定会议提供翔实的背景资料和参考依据。

2. 确定会议主题

会议一定要有能紧紧把握时代脉搏,能切实反映该行业某一领域发展动态的鲜明主题。一般来说,会议的主题要有创意,并且要具备前瞻性、总结性和时尚性。所谓前瞻性,就是指会议的主题针对行业的发展现状和发展趋势要适度超前,对行业热点问题要看得更远、更深,不能只局限于眼前情况;所谓总结性,就是指会议主题要能高屋建瓴,能对行业发展有所总结,能体现行业发展的特点和趋势,不能脱离行业发展,泛泛而谈;所谓时尚性,就是指会议的主题要有的放矢,紧扣行业热点和难点问题.不能脱离现实。

3. 准备会议方案

会议方案是有关会议召开的具体实施计划。要组织一个高水平的会议,会议实施方案一定要做到详尽周密、高效协作。会议方案一般包括以下几方面的内容。

(1) 会议的名称、时间、地点和规模。

(2) 会议的主题和议题。

(3) 会议的主讲人。

(4) 编制会议议程。

(5) 会议资料的准备。

(6) 会议的召开方式。

(7) 会议预算。

(8) 会议接待计划。

4. 邀请会议主讲人员

会议的组织者必须花费一定的精力来邀请自己所期望的主讲人员到会。会议的组织者应提前通知主讲人员各自负责演讲的议题,以便使其早做准备;妥善安排主讲人员的吃、住、行等。

5. 会议召开

组织者要妥善安排好会议的各项准备工作并布置会场以迎接会议的召开。要落实会议召开的场地以及场地中电源、音响、投影、录音录像等相关设备;要安排好会议现场的工作人员和技术设备维护人员,落实服务人员以及茶水的供应;保障会议现场的光电、温度和通风处于正常状态;制定会场纪律;组织专业人员对会议现场进行安全检查,疏通各通道,开启安全门。以上各项准备工作就绪以后,就可以按照会议议程举行会议了。

6. 会后总结

会议结束后,要及时对会议进行总结。总结工作的意义在于为已做过的所有工作的效率和效果提供标准评估与结论,并为提高以后的工作效率和效果提供依据与经验。通过对会议的总结,会议组织者可以了解和发现会议的目标是否实现,与会者是否对会议感到满意,会议的成本效益如何,在以后的会议中需要进行哪些改进,等等,总结范围涉及会议内容(会议主题、内容、演讲人等)、会议场馆、设备和当地的相关服务,与会者和受邀嘉宾的反应,会议经费的预、决算,等等。

7. 会议危机管理方案

会议危机管理方案包括两部分的内容:一是针对突发事件的管理方案,这与会展期间可能出现的危机事件的管理方法基本相同;二是会议备用方案,即针对原会议策划方案因故不能全部或部分实施而制订的替代方案。

8. 会议经费与会议赞助

会议所需资金费用主要有三种解决方法：第一，可以从会展收入中划出一部分作为会议筹备资金；第二，可以向与会者收取一定的会务费用；第三，可以寻求企业赞助。企业对会议的赞助可以有很多种形式，如转让会议的冠名权，允许企业在会议的某些特定的地方做广告，允许赞助企业在会议期间做简短发言介绍自己的企业，让企业赞助会议现场使用的设备，等等。

 即学即用

某市委书记到和平会展中心视察。该会展中心管理层高度重视，强调一定要使该次会议顺利举行，要求相关工作人员调试好音响、准备好演示设备和图片等。负责音响管理的人员反复调试了音响，确认音响系统正常；负责演示设备的人员也将设备调试到最好状态。会议当天，正当书记一行到达会展中心要开会的时候，音响系统怎么也不响了，拖延了半个多小时，还是没有弄好，只好在没有话筒的状态下开会。演示过程也因为中间穿插、细节小失误等原因，时间比预计的超出了半个多小时，结果书记一行取消了原定对会展中心的参观而匆匆离去。之后，市政府对该会展中心由于该次会议准备不充分进行了严厉的批评，给会展中心造成了不可挽回的负面影响。经最后查验，音响系统不灵是老化所致；而中间穿插、细节小失误等花费的时间也属于在正常时间范围内。请问，是否该有人对这次事件负责？有何教训？

（二）技术交流会策划

技术交流会是以技术的交流和传播为主要内容的会议。技术交流会收集展览题材所在行业的最新技术发展状况和发展趋势，了解该行业的使用技术发展情况。会议的主题与技术问题密切相关，既要反映技术方面的内涵，又要通俗易懂，能为一般人所理解。技术交流会要求合理安排会议的每一个议题时间，对于某一议题演讲时间的安排要留有一定的余地，在编制会议议程时不要太紧。技术交流会的资料比较复杂，准备时要十分细心。主讲人要有一定的技术背景和经历，能回答听众关于该技术议题的一些问题。根据技术议题的特殊要求对会议现场进行布置，能够提供和维护会议所需要的特殊设备，安排懂技术设备操作和维护的现场工作人员。技术交流会要向有关企业收取一定的费用来作为会议经费的主要来源，企业赞助往往较少。

（三）产品发布会策划

一般来说，产品发布会的主要策划方案是由有关企业或者行业协会完成的，但在会展中的产品发布会，很多是由办展机构与发布新产品的企业或行业协会合作完成的。在发布会的筹划和筹备过程中，办展机构主要起穿针引线、提供展示平台和现场管理与服务的作用。所以，在策划产品发布会方案时，办展机构与该企业或行业协会之间的沟通和协调就显得尤其重要。因为，如果彼此协调不好，就可能出现发布会现场某些实施环节脱节、彼此连接不上、会议现场出现混乱等现象，严重干扰会议的正常进行。

有时候，有些企业也会将产品发布会的整体策划都交给办展机构来负责，它们只管最后按策划方案实施。另外，由于很多产品发布会所发布的产品都是刚刚推向市场的新产品,为了扩大该产品的知名度和影响,很多产品发布会都会事先邀请一些新闻媒体对会议进行现场采访报道。因此,办展机构在协助企业召开产品发布会时,还要注意为有关新闻媒体提供必要的安排和一定的服务,这样更有利于会议的成功举办。

某办展机构在展会期间负责为参展商提供产品发布会的现场管理和服务。在展览期间,该办展机构把原产品推介会的会场、服务人员提供给某参展商进行产品发布会;并对各参展商产品发布会的时间进行了合理安排,同时派出人员协助参展商进行现场人流控制和秩序维护,使所有的产品发布会取得了成功。请问,办展机构如何为参展商提供产品发布会的现场管理和服务?

（四）产品推介会策划

产品推介会的目的很明显,那就是将产品更好地推向市场。因此,在会议内容策划方面,产品推介会的策划是介绍产品的用途、性能和结构等实用性较强、与用户关系密切的一些内容和知识,以求产品尽快推向市场。在对会议展示平台的要求上,产品推介会基本上是以实用为主,对展示平台的设计和环境布置等的要求一般比产品发布会要低,会议的地点可以安排在展台现场举行,且产品推介会所需的场地面积往往小于产品发布会。在对会议相关服务的要求上,产品推介会由于有较多的实物展示,它的现场服务事项相对较多,需要办展机构的协助。产品推介会不需要新闻采访和报道。

2014 年《旅游学刊》中国旅游研究年会活动日程

2014 年 10 月 18 日至 19 日,《旅游学刊》中国旅游研究年会在北京联合大学召开。会议沿用了年会的永久主题"中国旅游研究:前沿·理性·责任",重点关注六个议题:旅游领域的公共服务问题、旅游与城镇化、旅游对生态环境的影响、市场化背景下旅游中小企业的发展、大数据与智慧旅游和旅游开发中的社会公平,探讨新常态下旅游研究面临的新课题和旅游业发展新机遇。会议旨在发挥《旅游学刊》国内旅游学术研究成果展示权威平台的独家优势,继续关注中国旅游研究的前沿问题,分享旅游研究的最新成果,引领中国旅游学术研究的发展,共商中国旅游及旅游研究的未来发展之路。

大会共邀请包括中国工程院潘德炉院士,国务参事、中国社会科学院徐嵩龄研究员和 *Annals of Tourism Research* 创刊人 Jafar Jafari 教授等在内的 30 余位国内外著名旅游专家、学者和来自全国各高校的代表共 300 余人参加此次年会。其中国家旅游局副局长王志发、中国旅游协会旅游教育分会会长保继刚、校长卢振洋分别在开幕会上致辞。

会议期间举办了多个主题的多场学术报告、两个对话论坛、4 个分论坛和学刊年度优秀论文评奖活动。除此之外,作为"2014《旅游学刊》中国旅游研究年会"的一部分,10 月16—17 日,《旅游学刊》编辑部还举办了"《旅游学刊》第三期国际旅游研究高级研修班",

240 余名来自全国各地旅游高校的学员参加了研讨学习。在会议日程的最后一天，大会主办方组织与会代表到北京 798 艺术区进行了旅游参观活动。

本次年会的圆满成功与组委会的精心准备密切相关，年会的活动日程安排见表 7-1。

表 7-1   2014 年《旅游学刊》中国旅游研究年会活动日程安排

2014 年 10 月 16—17 日	第三期国际旅游研究高级研修班
10 月 16 日　北京联合大学 1 号楼报告厅	
08:30—12:00	题　目：Culture Matters：In Sustainability，Tourist Experience，and Host & Guest Relationship 主讲人：Jafar Jafari 美国威斯康星大学斯托特分校教授
14:00—17:00	题　目：Tourism Research and Innovative Thinging 主讲人：Dallen J. Timothy 美国亚利桑那州立大学教授
10 月 17 日　北京联合大学 1 号楼报告厅	
09:00—12:00	题　目：Quantitative Methods in Tourism Research 主讲人：李刚 英国萨里大学副教授
14:00—17:00	首都旅游发展论坛（2 号楼 B 座五层报告厅）
2014 年 10 月 17—19 日　　2014 年《旅游学刊》中国旅游研究年会	
10 月 17 日　北京联合大学	
09:00—22:00	年会代表报到（2 号楼 B 座一层大厅）
18:00—20:00	晚餐（南院食堂三层）
20:00—22:00	《旅游学刊》学术委员工作年会（3 号楼 C 座一层第一会议室）
10 月 18 日　北京联合大学 1 号楼报告厅	
08:00—08:30	嘉宾及领导签到
08:30—09:00	开幕式　　　　　　　　　　　　　　　　　　　　主持人：黄先开
	北京联合大学领导致辞 上级领导讲话 揭牌仪式
09:00—09:30	合影（体育馆前）
09:30—11:00	主题报告（每人 30 分钟，25 分钟报告，5 分钟互动，无翻译）　主持人：宋海岩
	Jafar Jafari　　　　　　　美国威斯康星大学斯托特分校教授 潘德炉　　　　　　　　　中国工程院院士 Dallen J. Timothy　　　　美国亚利桑那州立大学教授
11:00—11:15	茶歇
11:15—12:15	主题报告（每人 30 分钟，25 分钟报告，5 分钟互动）　　主持人：戴　斌
	王有成　　美国佛罗里达大学教授 魏小安　　世界城市联合会专家委员会主任 郑洪亮　　《经济研究》常务副主编
12:15—13:30	午餐（南院食堂三层）

13:30—14:10	主题报告(每人 30 分钟,25 分钟报告,5 分钟互动)	主持人:窦 群
	李 刚　　　英国萨里大学副教授 陆 林　　　安徽师范大学教授、科研处处长	

2014 年 10 月 17—19 日　　　2014 年《旅游学刊》中国旅游研究年会

14:10—15:10	《旅游学刊》2013 年度论文评选 (入围作者代表介绍论文创新点,每人 10 分钟)	
	主持人:朱 竑 报告人:张立峰、夏 磊、胡宪洋、崔 莉、刘 冰、张凌云	
15:10—15:30	茶歇(2 号楼 B 座四层)	
15:30—18:10	分组讨论(平行论坛,每个论坛 8 位报告人各 10 分钟报告,10 分钟互相点评)	
第一论坛	旅游对生态环境的影响(2 号楼 B 座 402 室)	主持人:张玉钧
	报告人:林清清、吴承照、石金莲、樊友猛、孙九霞、马 天、杜 涛、魏 雷 点评人:保继刚、陆 林、吴承照、张宝秀、徐菊凤	
第二论坛	市场化背景下旅游中小企业的发展(2 号楼 B 座 403 室)	主持人:白长虹
	报告人:王彩平、左 冰、宋长海、黎耀奇、卫银栋、李 鹏、蔡晓梅、张广宇 点评人:戴 斌、何建民、蔡 虹、宁泽群、王美萍	
第三论坛	大数据与智慧旅游(2 号楼 B 座 404 室)	主持人:张凌云
	报告人:吕兴洋、赵 莹、昌慧敏、于 鹏、徐佳倩、龚绍方、黄凯洁、吴少锋 点评人:宋海岩、林德荣、杨振之、谷慧敏、李智玲、黄细嘉	
第四论坛	博雅论坛(2 号楼 B 座 408 室)	主持人:冯学刚
	报告人:Tony Fuller、张朝枝、吴炆佳、张丹丹、潘海颖、黄潇婷、方昌敢、孙佼佼 点评人:朱 竑、谢彦君、马 波、徐永志、熊文钊、石美玉	
17:00—18:00	旅游实践教学中心(2 号楼 B 座七层,自行参观)	
18:00—19:30	晚餐(南院食堂三楼)	
20:00—22:00	《旅游学刊》学术委员工作会议(3 号楼 C 座一层第一会议室)	

10 月 19 日　　　北京联合大学 1 号楼报告厅

08:30—10:00	对话论坛一:旅游领域的公共服务问题	主持人:徐菊凤
	论坛嘉宾:徐嵩龄、刘小军、马惠娣、张 辉、窦 群	
10:00—10:10	茶歇	
10:10—12:00	对话论坛二:旅游与城镇化	主持人:张凌云
	论坛嘉宾:易 鹏、保继刚、马 波、刘 峰、吴承照、宁泽群	
12:00—12:30	论文颁奖暨闭幕式	主持人:曹长兴/张凌云
12:30—13:30	午餐(南院食堂三层)	
14:00—17:30	会议考察(798 艺术区)	

资料来源:探寻新常态下旅游研究的新课题——2014 年《旅游学刊》中国旅游研究年会在我院召开[EB/OL].
《旅游学刊》官方微信平台(2014-10-31),有改动.

三、评奖活动策划

在会展期间,办展机构往往会组织各种各样的评奖活动。评奖活动包括与展览会现场表现有关的评奖、产品评奖、独立活动评奖等。例如关于展位设计和搭装以及展台布置的比赛,关于展会参展展品的比赛,关于其他展出内容的比赛,等等。其中,关于参展展品的比赛最为常见,这种比赛通常被称为"评奖"。有些会展还会向社会或有关方面征集论文,并对应征的论文进行评奖。有时候评奖活动也会和表演结合起来进行。

(一)评奖活动策划的程序

1. 成立评审评委会

为保证展览会评奖活动的可信度,主办单位首先要组织专门的专家评审团。有些大型展览会还同时成立评奖工作指导委员会和专家委员会,前者主要起到指导、组织和服务的作用,后者才是负责具体评审的主体。专家评审团负责有关比赛的评比工作。在邀请专家组成专家评审团时,评审团的成员要有一定的代表性,并要向所有的参赛者公开,这样评出的比赛结果才能有说服力。

2. 制订和发布活动方案

一般来讲,展览会的评奖方案包括活动目的、专家评审团、评奖范围、设立奖项、评奖程序(具体操作办法)、授予奖项等内容,并将其向所有的参展商公开,由参展商自行决定是否参加比赛。大多数的评奖活动最后只评好不评坏,参展企业参与的积极性也比较高。因此,除特殊情况外,比赛的范围可以包括所有的参展商及其展品、展位或者其他有关事项。对于评奖规则,要做到公正、公开和合理,不能有失偏颇。评奖规则制定出来以后可以事先征求参展商的意见,以求更加合理和完善。有一点需要指出,很多主办单位都认为评奖活动是针对参展商的,因此而忽略了对专业观众的宣传,结果导致很多专业观众并不了解评奖情况,从而使活动效果大打折扣。

3. 发动参展人员参与

评奖活动需要办展机构积极向参展商和专业观众宣传,发动参展商和专业观众积极参加评奖活动。评奖方案可以穿插在招展招商函中,也可以单独作为附件放在最后,有些主办单位还将评奖活动作为展览会的亮点进行宣传。

4. 评审团评选

评审团评选按照预先制定的评奖办法组织实施。为了提升专业观众的参与度,除了依托专家评审团外,办展机构还可以组织专业观众对参展商和产品进行评选。多元主体参与评奖活动,有利于评奖活动举办目的的实现。

5. 公布评奖结果

在比赛评奖结果揭晓时,一般需要组织一个公开的颁奖仪式,这样会使得该项比赛更加正式和有影响力。要为所有的获奖者颁发一些有纪念意义的礼物,如奖杯、奖状、获奖证书等。除此之外,还可以用其他方式给获奖者以奖励,如以下一届展会一定面积的展位作为奖励,这样可以鼓励企业继续参加本展览会。对于比赛奖励资金的来源,可以从展会利润中提取,也可以寻求企业赞助。

（二）评奖活动策划的技巧

1. 确保权威公正

会展主办单位首先必须确保评奖活动的权威公正，以激发参展商的兴趣，取得他们的信任。在这里，办展机构切忌利用展览会设计名目繁多的奖项，未经有关部门审批，没有专家小组考核，评奖成了卖奖，企业出的钱多就给大奖，出的钱少就给小奖。

2. 合理控制时间

评奖活动最好提前3～6个月发布评奖方案，以给参展商充足的时间做准备，并确定揭晓评奖结果的合适时间。一般而言，揭晓评奖结果安排在会展结束前一天比较好。这样既让比赛充满悬念，让所有参与者充满期待，更加积极地投入到准备活动中，也不至于在最后一天闭幕时匆匆收场。组织比赛时，要事先告知所有比赛参加者最后结果的揭晓时间。

3. 提升展会价值

组织任何评奖活动的目的都是提升展览会的价值，而不能为了评奖而评奖。对于参展商，设计精美、功能合理的展台或质量优秀、创新性强的产品的确能受到认可，并通过奖杯、奖状等形式表现出来；对于专业观众甚至大众消费者，能通过组委会的评奖活动切实了解最新、最优质的产品。这样的评奖活动才是有意义的。

4. 制造新闻事件

比赛一般会评出获胜者和获奖者，在展览会上，尤其是颁奖仪式上，本行业的不少领军人物、参展企业的主要领导都会出席，众多媒体也自然会慕名而来。因此，一些关于参展展品的评奖有时候也会引起行业和新闻媒体的极大关注，而这类评奖活动对于参展商更具有一定的吸引力。因为如果在评比中获奖，就会使媒体加强对其报道，在以后也可以以此为题材进行产品宣传推广。所以，在评奖活动中，主办单位应围绕颁奖活动，适当地制造新闻事件，以提升展览会在业内和公众心目中的形象。

 即学即用

某展会设计了评奖活动，为此办展机构组织了专家评审团，制定并广泛宣传比赛范围和比赛规则。参展商参与较为积极，但是因为评比结果的揭晓时间是在展会结束前一天，而且没有广泛通知，部分参展商已经撤展。鉴于此，办展机构只是将结果通知获奖的参展商，而没有举办公开的颁奖仪式。请问，你对该次评奖活动的举办有何评价，有哪些改进之处？

四、表演活动策划

在会展期间举办的各种表演活动可以是参展企业举办的，也可以是办展机构举办的。一般地，如果场地条件允许，由办展机构举办的表演活动通常与会展在同一个地方举行，因为这样更有利于表演活动和会展连为一体，借表演活动来扩大会展的影响，增加对潜在客户的吸引力。对于那些由参展企业举办的表演活动，其举办的场地可以按照企业的需要自由安排，但从实际操作来看，多数参展企业都倾向于把表演活动安排在展会现场。还有一些表演活动是由参展企业和办展机构联合举办的,其活动地点也是由参展企业和办展机构联合决定的。对于参展企业在会展现场举办的表演活动,办展机构一般都要求它们事先向展会通报审查,并由展会综合各企业的活动对各企业计划举办的表演活动从时间上加以统筹安排,以免它们在举办时间上相冲突而影响到其他参展企业的展出效果。另外,有些行业协会和政府主管部门也会利用会展的影响与便利条件,与办展机构合作在会展期间举办一些表演活动。

表演活动既可以调动现场气氛、丰富展出内容,也有助于参展商优化展出效果。越来越多的参展商倾向于选择用演出(包括演示)来宣传自身的产品和服务。要成功地组织展览会的表演活动,主办单位需要考虑以下问题。

1. 提前策划

主办单位要清楚自己正在策划的是什么性质的表演。是与展览会主题相关的还是纯粹的娱乐性表演,是开幕式表演还是欢迎晚宴表演(或是答谢晚宴表演),是为整个展览会服务的表演还是由某家参展商出资委托的表演,等等。在明白了这些之后,项目人员才能对整个展览会的所有表演活动(参展商自身的演示除外)进行策划和宏观把握。

2. 选择场地

为表演活动预先选择合适的场地。如果是为整个展览会服务的表演,如开幕式的乐队或舞狮表演,则应该选择在展览会的公共场所举行;如果由某家参展商出资委托的表演,则应安排在该参展商的舞台上或附近举行。总之,除了闭幕式上的活动外,各类与展览主题相关的表演安排在展出现场比较合适。当然,具体选择在什么地方进行表演,要根据实际情况而定。

3. 现场协调

对会展现场的各种表演活动进行有效的协调是很重要的。首先,主办单位应该对由组委会自身组织的表演进行统筹安排,并做好现场调度和服务,确保表演活动的顺利、安全进行;其次,参展商之间有时也会因为对方的表演活动影响了自己的展出效果而发生纠纷,这时就需要主办单位出面进行调节。

4. 安全防卫

无论是为整个展览会服务的表演,还是参展商自己组织的表演,现场表演活动都会吸引大量人员聚集、驻足观看,因此,主办单位要事先和场馆协调,提前制订危机处理方案,并安排适当的人力,努力做好安全保卫工作。

 **拓展阅读**

2015 年博鳌亚洲论坛主题活动

博鳌亚洲论坛 2015 年年会期间,举办了 13 项海南主题活动,活动的规模、内容均为历届之最。

海南省外事侨务办有关负责人表示,2015 年海南主题活动的“重头戏”,是围绕东盟主题和建设 21 世纪海上丝绸之路,借助海南在东盟地区的友好省州(城市)渠道,搭建起中国—东盟地方政府的对话桥梁,开展友城主题活动和分论坛,唱响中国—东盟地方政府合作的主旋律。同时,还配套举办"海南—东盟友城形象展",助推海南省与东盟友城地区的务实合作,在积极服务国家战略的基础上,推动海南进一步扩大开放,发挥建设 21 世纪海上丝绸之路的战略支点作用。为利用年会平台积极寻求合作商机,推动相关产业发展,海南还通过"互联网领域座谈会"以及"博鳌亚洲论坛健康产业招商活动"等形式,与参会嘉宾和企业家进一步建立人脉关系,促进合作。

论坛的十三大主题活动见表 7-2。

表 7-2　2015 年博鳌亚洲论坛主题活动一览

主 题 活 动	时　　间	地　　点
一、共建 21 世纪海上丝绸之路分论坛暨中国—东盟海洋合作年启动仪式	3 月 28 日 13:45—15:00	BFA 大酒店一层东方演艺厅
二、友城主题活动暨中国—东盟省市长对话系列活动	中国—东盟省市长对话 3 月 27 日 09:00—11:00	国际会议中心二期会议厅
	海南—东盟友城形象展 3 月 26—29 日 09:00—22:00	中信地产博鳌亚洲风情广场
	宴请论坛对话的参会代表 3 月 27 日 12:00—13:00	金海岸温泉大酒店新博鳌厅
三、海南省新闻发布会	3 月 27 日 09:00—10:00	国际会议中心一层东屿 D 厅
四、华商主题活动	华商领袖与华人智库圆桌会议 3 月 29 日 10:00—12:00	BFA 大酒店二层云亭
	海南省人民政府欢迎午宴 3 月 29 日 10:00—12:00	BFA 大酒店二层云亭
五、南海:"双轨思路"与合作共赢分论坛	3 月 29 日 16:30—18:00	国际会议中心一层东屿 C 厅
六、省领导会见活动	3 月 26 日—3 月 29 日	—
七、参与论坛议题讨论	3 月 26 日—3 月 29 日	—
八、海南·互联网专场座谈会	3 月 27 日 09:30—11:30	国际会议中心一层孔雀 2 厅
九、2015 博鳌大健康论坛	3 月 28 日 15:00—20:30	琼海华美达酒店
十、"百姓代表"电视选拔活动	初赛:3 月 7 日;复赛:3 月 12—15 日;决赛 3 月 21 日;参会:3 月 26—29 日	—
十一、海南骑楼实景街区展示	3 月 26—29 日	国际会议中心一层东侧户外走廊
十二、海南风情美食园	3 月 26—29 日	BFA 大酒店一层户外膜结构餐厅
十三、组织海南代表团参会		

资料来源:博鳌亚洲论坛 2015 年年会海南 13 大主题活动[EB/OL]. [2015-03-22]. http://hainan.ifeng.com/news/zaobanche/detail_2015_03/22/3688553_0.shtml,有改动。

第三节 会展的旅游活动策划

很多成功的会展都需要安排旅游活动,一方面使会展有张有弛,促进会展成功;另一方面,为与会者增加沟通的机会,加强交流。

一、会展旅游活动的内容

与会者及其伙伴常会把会展所在地的旅游当作参加会展的目的之一。这就要求会展组织者提供必要的旅游服务。

会展组织者应提供当地的旅游信息,包括当地的历史名胜、风景点、文化事件、影剧院、音乐厅、健身运动场及购物中心等信息,以及各地点的具体开放时间、天气状况等。可能的话,提供一套当地旅游观光小册子,为那些想自己安排旅游活动的与会者提供方便。

在我国,多数会展尤其是会议都要安排一次或两次当地旅游活动。旅游时间表和会展时间表相衔接。有的旅游安排会在会展期间,让与会者有休息的时间,但多数安排在会展结束后。

会展团体旅游应做好宣传工作,保证最基本的人数。在我国,旅游通常是按人头收费,收费标准应考虑到最低人数的限制,如果达不到最基本的人数,则每人所支付的价格就会高一些。一般价格包含了导游服务费、交通费、门票及入场费、过桥费和保险费等。如果超出 4 个小时并需要用餐还应包含餐费。组织团体旅游,还需要有详细的时间安排和旅游项目的游览安排,尤其是每一站到达和离开的具体时间。另外,还需要明确在何种情况下(如天气变化)取消旅游。

一般会展所在地的旅游活动分为导购旅游活动和观光旅游活动。

(一) 导购旅游活动

对很多与会者来说,到一个新的会展地点,总是要购买一些当地的土特产品。会展组织者根据协定组织导购活动,一般是包租客车,并由组织者提供向导,分期分批将与会者送到各个不同的地点。

购物属于旅游的非基本要求。一个地区的商业中心、购物街,反映了当地经济水平和产品特色。在会展旅游活动中,没有购物的旅游是极少的,所购物品不仅可以成为美好的纪念,而且是旅游活动中丰富多彩的不可缺少的一部分。这时,告诉客人们遵循约定的乘车时间很重要。

导购活动的基本信誉,就是保证公平、合理的价格,让客人放心满意。会展旅游活动组织者应详细向与会者介绍有关商店的特色及购物注意事项。

(二) 观光旅游活动

观光旅游的组织者应由会展服务经理同旅行社联系,并要求提供导游。观光旅游地点一般都是历史古迹、风景区、公园、大学校园、民俗住宅区等。

有组织的旅游是一种集体活动。组织者要根据旅游目的地,根据参加人的兴趣爱好、年龄特点、旅游时间的长短、经济条件及交通食宿条件等,通盘考虑,确定要去的地方,制订出切实可行的旅游计划。

观光旅游的类型有很多种,会展旅游活动组织者要一一向与会者介绍,协助其作出决策,并提供相应的会展旅游服务。观光旅游的类型具体如下。

(1)风景旅游地。构景条件多是青山绿水、奇峰异洞、喷泉飞瀑、云海怒潮、阳光沙滩等,这些地方风景奇佳、环境清幽、气候宜人,使人身临其境,心旷神怡。

(2)古迹旅游地。新旧石器时代的文化古迹、人类文明遗迹的名胜古迹,是寻古旅游的目的地所在,游览这些地方,使旅游者回溯历史、增长知识。

(3)疗养旅游地。这类旅游地依地理特征分类,有山地、湖畔、海滨、泉区等。

(4)宗教旅游地。这类旅游地如著名寺院、道观等,既吸引虔诚的信徒,也吸引对具有宗教特色的古建筑和艺术品有兴趣的旅游者。

(5)体育旅游地。这类旅游地以体育锻炼、比赛或探险为目的,如登山和滑雪运动。

(6)科教旅游地。这类旅游地兴建有先进的科研中心、大型会议场所和科学展览馆等,吸引专家学者及广大旅游者到此交流、参观和旅游。

(7)综合性旅游地。这类旅游地指具有多种旅游功能的地区。

二、会展旅游活动的要求

(一)确定会展旅游活动的日程

会展旅游活动是会展期间的一种休息,日程安排不能太紧,但又不能太松,活动要有节奏地把高潮放在每一个环节,或是一个高潮接一个高潮,这都要计划好。会展旅游活动的日程安排、行程路线的制定,需要根据会展活动的情况来具体安排。

1.确定会展旅游目的地

会展期间的旅游是为了休闲放松,选择旅游目的地时,要选择会展所在地具有知名度和影响力的景区或文娱场所,让与会者增加阅历、知识;同时要考虑旅游时间的长短,一般安排半天或一天的游览活动。

2.把握好会展旅游的时间

把握好时间是会展旅游活动安排中一个重要的问题。能否合理分析和把握时间,可以说是衡量一个会展旅游计划是否成功的标志。

把握会展旅游时间的前提是要有周密的计划,而制订周密的计划的目的,在于合理地分配时间。如何才能合理地分配时间呢?分配时间的基本原则是有张有弛、先张后弛。

有张有弛,是会展旅游安排计划的总原则。要保证会展旅游活动在各方面都取得满意的结果,就必须有张有弛。人不是机器,要休息,要娱乐。过分的紧张,或只张不弛,其结果只能是因疲劳过度而失去"张力"。因此,我们在安排计划的同时,要做到有张有弛。

先张后弛,是会展旅游者在完成会展旅游计划过程中,时时应该遵守的原则。这就要求组织者在会展旅游开始时紧张些,直到已经有把握按时完成计划的时候,再把赢得的时间疏散回去,给游客造成一种精神上无拘无束的怡然状态。相反,如果前松后紧,使游客以一种疲惫不堪或是被意外事故搞得措手不及的状态结束旅游,势必使他们感到厌倦,留下不好的回忆,从而破坏会展旅游的美感。

3. 会展旅游的必要准备

会展旅游开始前,通常要做如下基本准备。

(1) 备用药品。如清凉油、人丹、感冒药、止泻药、通便药、晕车药等基本用药。

(2) 其他。摄影爱好者可带上照相机,喜欢绘画者可带上画夹,爱好文艺创作或文物研究者可带上必要的资料、笔记本,如有望远镜也不妨带上,另可带些杂志或书籍在路上看。

(3) 旅游目的地资料。事先提供介绍旅游目的地的资料有助于提升旅游服务水平,达到更好的效果。

(二) 会展游览活动的安排

为了使会展旅游活动顺利进行并获得成功,会展服务人员尤其是导游应认真准备、精心安排、热情服务、生动讲解。

1. 出发前的工作

首先,做好必要的物质准备,核实餐饮落实情况,与司机联系。其次,清点人数,发现有人未到,要与会议组织者联系寻找,若有人愿在饭店休息或外出自由活动,要将其情况通知组织者。总之,若有缺席者,一定要了解其原因并做妥善安排。最后,提醒注意事项,要向旅游者预报天气和游览点的地形、行走路线的长短等情况,讲明游览路线、所需时间、集合时间和地点;提醒游客旅游车的型号、颜色、标志、车号和停车地点,以便旅游者万一离队、掉队时能准时到达集合地点。

2. 旅游的沿途导游

汽车离开饭店后,要向旅游者重申当天的活动内容。游览途中,导游要不失时机地介绍沿途景物,回答游客的问题。快到目的地时,介绍其概况,包括历史、形象、实体及传闻等。讲解要简明扼要,目的是满足与会者事先了解有关知识的心理,激起他们游览景点的欲望,也可节省到了目的地后的讲解时间。如果旅途长,可以组织游客讨论一些大家感兴趣的问题,如有外国游客,可教他们一些中文词组,并组织唱歌等娱乐活动,以活跃气氛。到目的地后,要求派现场导游进行讲解。

(三) 会展游览活动中的协调管理与服务

会展旅游活动组织者和服务者为了更好地安排会展旅游活动,应做到如下几点。

(1) 主动争取各方的配合,力戒短视行为和本位主义。

(2) 尊重各方的权限和利益,在平等的前提下本着互利的原则进行合作,切忌干涉对方的活动,侵害他方的利益。

(3) 注意建立友情关系。要正确运用人情关系,努力使理性关系与人情关系统一起来。

(4) 主动交流信息和沟通思想。相互沟通是消除误解、促进相互理解的重要途径,是搞好协作、提高工作质量的重要保证之一。

(5) 敢于承担责任。出现事故或矛盾,应分清责任,各方要勇于承担相应的约定的责任,不得相互推诿。

(四) 会展游览活动中的卫生和安全

会展旅游过程中,无论是乘车、坐船或者是在酒店用餐,在一定的空间内人数相对比较集中,人与人之间的接触比较频繁,并且由于旅行中人的流动性大,可多次与不同的人群接触,因此传染病的预防是十分重要的。

会展旅游中暂时停留地点,来自四面八方的陌生人之间的接触比较频繁,要注意预防传染性伤寒、副伤寒、痢疾、传染性肝炎、胃肠炎等肠道传染病。不要喝生水或未经煮沸的水,尽可能少用公共茶具和餐具。床上用品力求清洁,并注意不与口、鼻接触。尽可能不用公共毛巾、浴巾。如果发现旅舍内有臭虫、跳蚤等病媒生物,应立即请服务员采取杀虫措施。

有的人乘坐车、船,因路上颠簸、座位或座舱(卧舱)比较狭窄、柴油味或汽油味较重而感到眩晕、恶心以至呕吐。有晕车、晕船、晕机病史的人,可以在开车、开船或乘机半小时前口服海宁之类的镇静剂,必要时应闭目躺卧。一般稍有不适感时,要有意识地不乱看摇晃的景物,如波涛、附近的船舶、摇晃的桅杆、起伏的地平线等,注意闭目养神,注意不要低头看书写字、不吃油腻的食物、不能过饱(一般吃七八分饱),这样可以减轻或避免发生眩晕或呕吐。晕车、晕船的人乘坐车、船应尽可能地坐在车、船的中部靠窗口的地方,因为车、船的头部和尾部比较颠簸。

(五)会展游览活动中的开支管理

会展旅游活动的开支要有计划,无论是参观旅游,还是购物活动,都要按计划进行。一般要在会展前期做好安排,并进行预算,其费用通常都计算在会务费或其他会展收费中。所以,对于景点门票或娱乐活动要讲明哪些是统一安排由会务组开支的;哪些是自费项目,根据个人爱好自己选择。个人自费项目一般包括:①交通费。即会展团体外出游览,在旅游活动过程中所发生的交通费用,包括包车费、司机小费等。②景点门票或文娱活动场地费等。③途中的饮料费、餐费(景点用餐或外出用餐)。④导游小费。⑤不可预见的费用。

收支管理不仅是控制会展支出的必要手段,而且是会展旅游活动安排成功的保证。

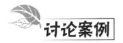 讨论案例

魅力四射的大连国际服装节

大连国际服装节诞生于改革开放不断深入发展的 1988 年,至 2011 年已成功地举办了 20 届。

大连国际服装节以弘扬服装文化、丰富人民生活、促进国际交流、推动经济发展为宗旨,在中共大连市委、大连市政府的领导下,服装节从小到大,滚动发展,从而成为具有鲜明国际色彩和深受广大人民群众喜爱的盛大节日。

大连国际服装节的举办,不仅取得了可观的经济效益和社会效益,而且促进了大连的全面发展。同时提高了大连人民的精神文明素质。因此,大连国际服装节越来越得到党和国家领导人的关心与外国政要的瞩目;越来越受到海内外新闻单位和记者的关注;越来越受到人民群众的喜爱。

大连国际服装节是集经贸、文化、旅游活动为一体的节日,具有既是经济活动又是文

化活动的特点，它的主要活动项目具有较强的吸引力。

一、极具吸引力的开幕式和广场文艺晚会

每届服装节都有规模宏大的极具吸引力的开幕式和广场文艺晚会，开幕仪式之后，在体育场进行规模宏大的文艺演出。从第四届开始，广场文艺晚会有《相聚在星空下》《太连，明亮的星》《大连之恋》《托起明天的希望》《这里通向世界》《明天更美好》等。每场都有数千名群众演员参加演出，气势恢宏；每场都有国内外知名演员进行表演，艺术精湛。明星表演与群众演出相映生辉，深受中外来宾和人民群众的欢迎。

二、具有明显经济效益的国际服装博览会和中国服装出口洽谈会

大连国际服装博览会是国内三大服装博览会之一，每届都吸引着众多的海内外客商前来进行服装交易。不仅有众多花色、品种、品牌、款式的新潮服装，还有模特拓销表演，同时还发布世界服装信息。

服装博览会每年都在大连星海会展中心举办。由于博览会在海外的知名度越来越高，710个标准展位远远满足不了日益增多的海内外参展商的需求。因此，不得不分两期进行服装博览。仅第八届就有18个国家和地区的280家外商参展，第九届服装成交额达11.1亿元。

与服装博览会一同开幕的大连中国服装出口洽谈会，每年也吸引着众多的服装进、出口商前来进行贸易洽谈，成交额也很可观，仅第八届出口成交额就达8700万美元。

三、富有特色的服装设计大赛和世界名师时装精品展示会

"大连杯"中国青年服装设计大赛是国内为数不多的服装设计赛事。每届都吸引着全国各省、自治区、直辖市的青年服装设计师参赛，它已成为培养中国服装设计师的摇篮。

第九届服装节的服装设计大赛共收到来自全国28个省、自治区、直辖市的参赛作品752个系列，最后选定40个系列的作品参加决赛。5名国外评委一致认为：参赛作品水平和欧洲设计师的水平相差无几，有些作品极具实用价值，稍加改动即可投入生产，可以取得较好的销售收益。

世界名师服装精品展示会，也是服装节的主要活动之一，如1997年举办的法国时装展演会和日本森英惠时装展演会都是当年世界上著名的展演会之一。世界一流的服装设计师、一流的时装、一流的时装模特引起了轰动，中外来宾交口称赞。法国时装会主席穆克里埃先生、日本桂由美、森英惠还率团来大连展示世界时装精品。

四、便于群众参与的时装表演和游园会

服装节已经成为深受大连人民喜爱的节日，大连人民的参与积极性和参与程度都很高。

每年服装节开始的当天，有群众组成的彩车队、秧歌队、锣鼓队、乐队等民俗表演队伍，还有动物车队，开上十里长街进行巡游表演。市内万人空巷，长街观众如潮，热闹非凡，外宾与表演队伍狂欢，市长与市民同乐，巡游表演已经成为服装节的一大景观。

此外，还在市中心的劳动公园举办为期一个月的游园会。不仅有文艺演出、露天电影、少儿趣味运动会等游艺节目，还有市民服装设计大赛、市民模特大赛。他们穿上自己设计、制作的服装在T台上表演，在某种意义上，其效果并不比名模表演逊色，每届游园会都有数十万观众参加。

除了上述活动之外，服装节还有规模宏大的闭幕式广场艺术晚会。

大连国际服装节每年都吸引着海内外近百万人参加它的各项活动,成为大连闻名遐迩的盛大节日。大连国际服装节的举办的确为大连的改革开放、经济发展、城市建设带来了较好的直接效益和隐形效益。

资料来源:高佳欢.第一届大连国际服装节[EB/OL].[2009-08-25].http://dalian.runsky.com/2009-08/25/content_3348786.htm,有改动.

思考:

1. 大连国际服装节能成功举办到今天,与组委会的精心策划是分不开的,请广泛查阅资料,分析大连国际服装节都有哪些相关活动,其活动内容都有哪些?

2. 试分析其中一种相关活动的策划流程,并写出策划方案。

3. 大连服装节每年都会吸引大量海内外游客慕名而来,请结合大连的旅游资源现状,拟订一份服装节旅游活动方案(请注意旅游活动方案的设计应以服装节的举办为前提)。

本 章 小 结

本章以会展相关活动的定义入手,介绍了会展相关活动策划的作用和原则,阐述了会展活动策划的内容和步骤。详细介绍了会展相关活动策划的种类和方法,介绍了会展旅游活动策划的内容。

复 习 思 考 题

1. 会展相关活动策划的作用和原则有哪些?
2. 会展相关活动的种类有哪些?
3. 阐述会议策划的内容和流程。
4. 简述会展旅游活动策划的内容。

即 测 即 练

第八章

会展品牌策划

 **引 言**

党的二十大报告提出："必须坚持科技是第一生产力、人才是第一资源、创新是第一动力，深入实施科教兴国战略、人才强国战略、创新驱动发展战略，开辟发展新领域新赛道，不断塑造发展新动能新优势。"会展品牌需要以创新为动力、人才为保障，才能在行业中独树一帜，才能成就自身的会展品牌，拥有行业中的新动能和新优势。

随着经济全球化程度的日益加深，会展业已发展为新兴的现代服务贸易型产业，会展业的发达程度成为衡量一个城市国际化程度和经济发展水平的重要标准之一。

纵观国内会展市场，中国经济贸易展览会总量和专业展馆数量均居世界第二、亚洲第一，每年经贸类展会约 3 000 个，展览面积达 8 000 万平方米，截至 2012 年年底全国已拥有 500 平方米以上的会展场馆 316 个，可供展览面积 1 237 万平方米。但由于展会办展机构水平参差不齐，其中的一些展会并未获得良好的经济效益，而随着国内会展竞争的日益激烈，品牌化成为中国会展业的唯一出路。

本章在阐述会展品牌概念的同时，从会展品牌形象的定位、会展品牌识别系统规划、会展品牌经营等方面系统地介绍会展品牌策划的理论与具体方法。这些对于会展品牌化具有十分重要的理论和实践意义。

 本章学习目标

➢ 了解会展品牌的含义、功能和作用，理解会展品牌的特征，熟悉建立会展品牌的途径；

➢ 熟悉并掌握会展品牌定位的流程与策略；

➢ 理解会展品牌形象设计原则，熟悉会展品牌形象设计的程序；

➢ 了解会展品牌识别的来源，理解会展品牌识别系统的要素；

➢ 熟悉并掌握会展品牌的规划过程；

➢ 熟悉会展品牌经营的主要内容。

 导入新视角

打造会展品牌，佛山要把握机遇克服短板

珠三角乃至粤港澳大湾区是全国会展场馆最密集的地区之一，佛山要脱颖而出，关键在于找准定位，实现与其他会展城市的差异化发展。如佛山的潭洲国际会展中心提出的"打造中国工业会展第一馆"，在国内会展城市中是第一家，具有开拓性与创造性。

潭洲国际会展中心的定位,开创了"潭洲会展模式":以当地的工业经济作为出发点与落脚点,依托于中德工业服务区等重要机构,把政府和市场这两种资源与力量引入发展工业会展之中。潭洲国际会展中心场馆的硬件建设,一开始就定位为特色工业会展,政府也出台了许多发展工业会展的政策与相应的配套服务,把促进会展业的发展作为经济发展的一个重要抓手来抓,是做好会展品牌的重要基础。

佛山要继续发展会展经济,还需要克服一些短板,抓住一些新的机遇。

首先,要引进、培育工业会展品牌。佛山会展产业虽已培育出了珠江西岸先进装备制造业投资贸易洽谈会、陶瓷博览会等工业会展品牌,但还有很大的发掘潜力。佛山作为重要工业城市,一方面要继续培育且做大做强本地的工业会展品牌,另一方面要进一步吸引国内外重要工业会展来佛山办展,从而扩大佛山会展的朋友圈,加强行业的内部交流,这是下一步佛山发展会展经济的重要任务。

其次,要培育好本地的会展人才队伍以及专业的会展公司。目前潭洲国际会展中心与德国的汉诺威开展合作,引进了一些汉诺威会展的人才,提升了会展队伍的专业水平。在未来,还需要打造好本土人才团队,加强与粤港澳大湾区会展人员的营销与交流,不断提高本土会展人才的专业水平。

再次,探索生态会展的发展之路。绿色会展强调节能降耗与降低污染,而在疫情防控常态化的形势下,如何做一个安全、健康的会展尤为重要。会展行业在绿色会展的基础上进一步升级,提出了生态会展,它既包括了重大不确定情况下的安全防控,也包括了软硬件层面上比如会展的政策、会展的服务环境的优化,这也是未来会展行业发展的方向之一。

最后,实现会展与数字经济的融合发展。2020年的新冠肺炎疫情客观上促进了数字经济与会展业的融合。在疫情之下,会展业的全面停摆促进了线上会展的发展,但线上会展不能完全取代线下实体展会。发展线上会展,仍面临着如何找到适合的商业模式等问题。并且,随着疫情防控形势的向好,线下的会展也必将迎来复苏,我们不能一条腿走路,而必须探索数字经济与会展业、线上与线下会展的深度融合之路。当前,许多互联网巨头比如腾讯、阿里巴巴也正在开拓会展领域,如何抓住这一机遇,是佛山发展会展产业所必须思考的问题。

资料来源:袁再青. 打造世界级会展品牌,佛山在发力! 中德工业服务区三龙湾[EB/OL]. (2020-08-17). https://mp.weixin.qq.com/s/7YI1e60cuFqbaBkWIYcQfQ,有改动.

点评

会展的高层次竞争是品牌竞争。

第一节　会展品牌概述

21世纪全球已进入品牌竞争时代,品牌成为商业世界的通用语言。在会展业,品牌既是办展机构的一面旗帜,也是会展国际化的一面旗帜。一般的非名牌的专业性会展,其收入主要来源于展位费,参展商的数量决定了展会能否收回成本,而参展商的质量又决定了展会能否吸引到有效的观众,即购买商,有效的购买力又是一个展会能否继续存在、能否成为名牌的重要条件。在竞争如此激烈的国内外会展市场,没有品牌的产品或服务很难有长久的生存空间。

一、品牌的含义

品牌起源于英文单词"brand",品牌的代表性定义主要有以下四种。

(1) 符号说。市场营销专家菲利普·科特勒博士认为品牌是一个名称、名词、符号或设计,或者是它们的组合,其目的是识别某个销售者或某群销售者的产品或劳务,并使之同竞争对手的产品和劳务区别开来。这也是品牌的一般定义。

(2) 形象说。品牌形象理论的代表者大卫·奥格威对品牌作出这样的定义,"品牌是一种错综复杂的象征,它是品牌的属性、名称、包装、价格、历史、声誉、广告风格的无形组合"。这个定义受到了奥美、萨奇这样的国际性广告公司和罗兰贝格、麦肯锡这样的咨询公司的广泛认同与传播。

(3) 关系说。该定义认为品牌是广大消费者对一个企业及其产品过硬的产品质量、完善的售后服务、良好的产品形象、美好的文化价值、优秀的管理结果等所形成的一种评价和认知,是企业经营和管理者投入巨大的人力、物力甚至几代人长期辛勤耕耘建立起来的与消费者之间的一种信任。这种定义主要是从消费者的角度考虑,认为品牌的认可最终由消费者决定。

(4) 价值说。这种定义主要是从品牌价值来考虑的,认为品牌资产是一种超越生产、商品及有形资产以外的价值。

综上所述,品牌是一种综合体现产品(或服务)核心价值的符号、标志,它的本质是维系产品(或服务)和消费者之间的关系,实质是产品(或服务)的差异化,对品牌拥有者来说是一种无形的资源。

 **知识链接**

品牌的英文单词"brand",源于古挪威文 Brandr,意思是"烧灼"。人们用这种方式来标记家畜等需要与其他人相区别的私有财产。到了中世纪的欧洲,手工艺匠人用这种打烙印的方法在自己的手工艺品上烙下标记,以便顾客识别产品的产地和生产者。这就产生了最初的商标,并以此为消费者提供担保,同时为生产者提供法律保护。16世纪早期,蒸馏威士忌酒的生产商将威士忌装入烙有生产者名字的木桶中,以防不法商人偷梁换柱。到了1835年,苏格兰的酿酒者使用了"OldSmuggler"这一品牌,以维护采用特殊蒸馏程序酿制的酒的质量声誉。在《牛津大辞典》里,品牌被解释为"用来证明所有权,作为质量的标志或其他用途",即用以区别和证明品质。随着时间的推移,商业竞争格局以及零售业形态不断变迁,品牌承载的含义也越来越丰富,甚至形成了专门的研究领域——品牌学。

二、会展品牌的含义

会展业的主要产品是展会项目,如中国进出口商品交易会、世博会等,属于服务产品。会展品牌是指展会项目的无形资产的总和,物化可视的是展会的名称、标识、吉祥物等,抽象感知的是好的联想和亲近感。品牌展览会是指具有一定规模,能代表这个行业内的发展动态,能反映这个行业的发展趋势,能对该行业有指导意义并具有较强影响力的展览会。展会品牌的实质是差异化,是建立在满足展会客商需求,定位清晰、主题明确、形象鲜明、卓有成效的基础上的。

一个品牌展会的打造,需要明确的品牌战略,以及相应的实施策略,包括品牌定位、品牌形象树立、品牌经营和品牌文化形成等。

树立会展品牌的基础要素主要有以下几个方面。

(一)权威协会和行业代表的坚定支持

在国际上政府一般不干预企业办展,展会的成功与否,多取决于整个行业和企业对其的认可。会展企业若能取得权威行业和该行业内主要代表的支持和合作,无疑就增加了该展会的商誉和可信度,使之规模不断扩大,并带来巨大的宣传效果和影响力。

(二)代表行业的发展方向

能代表行业发展的方向的展会就会有明确的目标市场和目标客户,就能提供几乎涵盖这个行业的所有信息,展会提供的信息越全面、专业,观众就越积极,参展企业也就越踊跃。

(三)较好的规模效应

品牌会展有明显的成效,能吸引众多参展商、专业观众的参与,同时具备相当的展位规模,一定是本行业中名列前茅的。

(四)提供专业完善的服务

专业的展会服务要求会展企业的整个运作过程迅速高效、服务周到。从市场调研、主题方向、寻求合作、广告宣传、招展手段、观众组织、活动安排、现场气氛营造、展会服务,甚至包括会展企业对外文件、信函的格式化、标准化,都必须具备较高的专业水平和从业员工的严谨处事态度。

(五)配合强势的媒体宣传

新闻媒体的宣传是塑造品牌的一个重要环节。一个好的展会虽在行业本身有一定的知名度,但频繁的新闻报道和适当地"炒作"更能促进展会的宣传,以此形成良好的互动,使展会更具有吸引力。世界上几个著名贸易展览公司如 Miller Freeman 和 Reed 集团同时都经营着世界上著名的商业出版社。这个得天独厚的条件为其展会的品牌提供了竞争优势和条件。

(六)获得世界知名会展机构的认证

对会展观众和展览数据进行认证是当今国际上的通行做法。会展认证包括对参会注册、参会人员行业职位信息等会展出席信息,及参展商信息等进行认证。会展认证将帮助会展主办方、参展商对会展活动进行更精确的评估,并对不同会展进行更准确的标准化比较。如全球展览业协会对申请加入其协会的展览项目和其主办单位有着严格的要求和详细的审查程序。由于有了这套较为熟悉的资质评估制度,UFI 认可和 UFI 使用标记就成了名牌展会的重要标志。

(七)坚持长期的品牌战略

培养一个品牌展会并不容易,必须有长远的眼光、敢于投资、敢于承担风险、精心呵护、耐心培育。会展必须确立长远的品牌发展战略,从短期的价格竞争转向谋取附加值、谋取无形资产的长期竞争,用先进的品牌营销策略与品牌管理技术抢占会展市场的制高点。培育我国会展业的品牌展会,首要的一点就是要求经营和管理者树立牢固的品牌意识,认识到走品牌化的发展道路才是中国会展业持续健康发展的唯一途径,并从场馆设计、主题的选择、展会的规划、展会的组织与管理等具体方面来实施会展业的品牌化发展。

(八)会展本身质量

展会可以作为一个产品来考量。展会的产品化概念对展览会主办单位而言,它提供给参展商的实际上是一种服务,服务质量也代表了会展的质量。然而,这种服务不是简单意义上的主办单位对参展商所提供的会展组织服务,更多的是展会本身应具有的功能性服务。

三、会展品牌的特征

(一)规模性

规模效应是会展品牌的明显特征。在短短几天的展览期间,展会几乎将整个参展相关行业浓缩于展厅之内。在德国,每年举办的国际贸易展览有 130 多个,展出面积 690 万平方米,参展商 17 万个,参观商逾千万个,仅成立于 1947 年的汉诺威博览会展出面积就达 31 万平方米。世博会、汽车展等已为大众熟知,其中很重要的原因就是展会的规模效应所产生的宣传效果和影响力。

(二)专业性

品牌是用以识别生产者或销售者的产品或服务的。品牌拥有者经过法律程序的认定,享有品牌的专有权,有权要求其他企业或个人不能仿冒和伪造。在现代会展业的发展过程中,以往综合性的博览会已逐渐被代表一个或几个经济部门的专业博览会所取代,会展品牌一般都有明确的目标市场和目标客户。一方面,会展品牌的专业性表现为会展内容的主题化;另一方面,会展品牌的专业性还表现为配套服务的专业化。会展品牌不仅要求现场的服务内容全面、运作高效,还要求会展企业从市场营销、展会形式、项目组织到人员安排等整个运作过程都要针对会展的主题来完成。

(三)表象性

品牌是企业的无形资产,不具有独立的实体,不占有空间,但它最原始的目的就是让人们通过一个比较容易记忆的形式来记住某一产品或企业,因此,品牌必须有物质载体,需要通过一系列的物质载体来表现自己,使品牌形式化。品牌的直接载体主要是文字、图案和符号,间接载体主要是产品的质量、产品服务、知名度、美誉度、市场占有率。没有物质载体,品牌就无法表现出来,更不可能达到品牌的整体传播效果。优秀的品牌在载体方面表现较为突出,而会展品牌更多的是通过间接载体来塑造自身形象。一个会展可以凭借高素质的参展商和观众、高水平的展会服务、国际化的操作团队不断扩大品牌的影响力。

（四）权威性

会展品牌一般都得到了业内权威协会或代表企业的大力支持。如德国于1907年成立的"德国经济展览和博览委员会"（AUMA），它是由参展商、购买者和博览会组织者三方面力量结合而成的联合体，以伙伴身份塑造市场；而法国则由主要的展览公司共同组织了法国国际专业展促进会，它是一个由商会和政府牵头组织的民间团体，任何一家展览公司都可申请加入，但对于同一个专题的展会只接纳一个会员，而且优先接纳质量最好的会员。在我国的各个地方也有很多政府主导、民间团体积极参与、众多企业热烈响应的协会组织，它们共同制定行业准则，规范行业秩序。会展品牌的运作大多取决于这些行业协会和业内主要企业的合作，无形中使自身的知名度和可信度得到了增强。

（五）前瞻性

会展品牌的前瞻性主要表现为它始终走在参展行业发展的最前沿，它不仅能够提供几乎涵盖参展行业市场的所有专业信息，而且能代表行业的发展趋势，引导行业的发展方向。这不仅大大提高了观众在展会中获得信息的数量和质量，更扩充了信息的价值含量，使观展者不仅对行业的发展现状，更对行业未来的发展方向有较大程度的把握，由此提高了展会自身的影响力。例如中国国际高新技术成果交易会（以下简称"高交会"），是经国务院批准举办的，由多家政府部门、科研单位和深圳市人民政府共同主办的高新技术成果展示与交易的专业展会。每年的11月16日至21日，在深圳举行。高交会作为国家级、国际性的科技成果交易平台，将着力开发和整合中国国内外的技术、产品、信息、资金、人才等各种要素资源，进一步促进科技创新成果向现实生产力转化，促进中外经济技术交流与合作，为建立国家创新体系、建设创新型国家作出积极贡献。

（六）互动性

为了更好地宣传品牌，强化品牌，城市会展品牌非常注意与旅游、文化、媒体等相关行业和部门的合作，以形成良好的互动式发展。如1992年西班牙塞维利亚世博会，一开始就注重旅游业的全程参与，采用整体营销的战略，仅针对游客就做了8次市场调研，最终共吸引了108个国家、4 200万人次的参展者和旅游者，获得了巨大的成功。再如上海世博会举办前夕，投入了大量广告宣传，聘请了多位中外知名演艺明星作为世博会的形象宣传大使，创作了多首世博歌曲，并且推出了"网上世博会"项目，采用微营销，吸引了超过7 000万的参观人数，创下了历届世博之最。丰富多样的推广手段增强了与观众之间的良性互动。

四、会展品牌的功能与作用

（一）有助于强化会展的差异化程度

会展给目标市场提供的是差异化利益，创造的是一种差异化竞争优势。差异化程度越高，对参展商和专业观众的吸引性越强，排斥新竞争者的行业壁垒越高，竞争优势和获利能力越强。同时，产品可以被模仿，而品牌却是独一无二的，因此参展商和观众会根据自己的需求、目的、展会价格、方便程度和品牌因素选择适合的展会。

（二）有助于发展与参展商的牢固关系

品牌作为会展的一种无形资产，一方面积累于展会的质量，另一方面取决于展会的规模。实力的高低决定了会展品牌在市场中的竞争地位和参展商对会展的信任度。好的口碑会使参展商对办展机构产生长期信任，形成品牌忠诚。

（三）有助于会展享有较高的经济效益和社会效益

品牌是市场。会展想要持续成功地举办，离不开参展商，参展商的展费是会展的经济基础。知名的展会能增强会展的感召力，进而占有较高的市场份额。参展商在品牌展会不仅会获得大量订单，也会获得心理满足，即使参展费远远高于其他会展也乐于参加，从而形成一种良性循环。在企业外部，品牌可以为其开展网络化经营、特许经营，输出管理扫清障碍、拓宽渠道，产生强大的增值效应。

（四）有助于提高会展的国际竞争力

加入 WTO 以后，中国会展市场对外开放程度不断加深，尤其是在 2004 年颁布了《设立外商投资会议展览公司暂行规定》后，德国、法国、英国、日本等国际会展巨头凭借其雄厚的资金实力、丰富的管理经验、强大的经营规模和先进的会展经营理念等优势，通过资本运作、展会移植等方式进入中国会展市场。为中国会展市场带来了先进的经验、技术和管理理念，为中国会展业注入了新活力，同时也对中国会展业产生了前所未有的冲击。因此，中国会展在国际会展市场竞争中最需要的是品牌。

五、建立会展品牌的途径

建立会展品牌有多种途径，应按照自身优势和基础条件，根据市场的变化，选择适合自身的品牌建设方法。

（一）自我培育

选择能代表某一行业先进水平或某一领域发展方向的展览题目，充分体现会展具有前瞻性、专业性强和涵盖面广的特点，这种展会经过数年培育，可以成为品牌展会。例如，深圳的"高交会"和珠海的"航空展"，虽然举办的历史较短，但是"政府搭台，企业唱戏"的运作方法已使展会的名声大振。再如，"大连国际服装博览会"目前已成为国内举办时间最长、国际化程度最高的服装交易会，在 2002 年加入国际展览联盟，围绕品牌与时尚两大主题，着力在品牌化、时尚化、国际化等方面进行打造，展会品牌知名度不断提升。

（二）走联合之路

品牌会展的一大特征是规模，它要求尽量把同类或相类似的展览会进行整合，实行同一主题或相关主题展会的联合。如北京的"中国国际机床展览会""中国制冷展览会""北京国际印刷技术展览会"等由分散到联合被国际展览联盟认可，这些展会无论在国际化、专业化还是品牌化方面都已初露端倪。

（三）品牌移植

我国的展览事业发展时间不长，品牌展览并不多。我国入世后，国际知名展览公司进入国内市场是必然趋势，将国际知名的展览会办到国内来，借帆出海，不失为国内展会品牌化的一种方法。如中国国际展览中心的"世界计算机博览会",就是引入了美国在其行业中影响力和水平最高的展览会,形成一定的品牌效应。

(四)品牌收购

并购展会是市场的发展趋势。在全球范围内,并购展会项目很多。需要注意的是,并购并不是"大鱼吃小鱼"的资本运作,实际上应是从长远出发,强强联合,即 1+1>2,使整个产业链更成熟,解决参展商和观众的需要。例如,2013 年,中国首屈一指的展会主办方励展博览集团成功并购上海世贸商城主办的上海国际礼品、家庭用品展览会;2016 年,云端会议管理公司 Cvent 同意被私募股权公司 Vista Equity Partners 收购,交易价值约16.5 亿美元。

拓展阅读

会展品牌收购成为必然趋势

中国已成为亚洲会展并购市场的主战场。据了解,英国 ITE 公司收购了中国涂料展50% 股权,英国塔苏斯集团收购 50% 的 SIUF 展会股权,UBM 收购上海天盛展览有限公司大部分股权。MMS 总裁史蒂夫·莫宁顿表示,在中国市场上,比并购更多的项目是战略合作。德国法兰克福展览公司与广东玩具协会合作举办广州国际玩具及模型展览会和广州童车及婴童用品展览会;成都博览局与励展博览集团、UBM、意大利罗马会展有限公司建立了战略合作关系。据粗略统计显示,在华的外资展览公司均有并购项目。

随着中国会展业的逐步成熟,展览项目正向国际化、专业化、市场化、品牌化的"四化"趋势发展,会展企业由以前注重项目数量向现在注重项目质量转变。其中,国际化程度成为衡量展会品牌含金量的标准。通过出售股权,本地企业筹集到相应的资本。与国际组展公司合作,既增加了本土展会的国际展商参与度,又提高了本地企业在市场中的竞争优势。而国际组展公司通过买入本地企业现有的基础设施及既有展会项目,加快进入该会展市场,降低了风险,实现了双赢。

资料来源:中国成为会展并购主战场[EB/OL].[2014-10-16]. http://epaper.qingdaonews.com/html/qdrb/20141016/qdrb788263.html,有改动.

第二节　会展品牌定位

会展品牌策划的第一步是为会展品牌找准定位,清晰的品牌定位是会展品牌形成的重要基础,多角度、全方位的品牌定位是一个综合性的系统过程。

一、会展品牌定位的含义

会展品牌定位是办展机构根据内外部条件(包括品牌自身特点、外部的环境条件、目标市场需求特点以及市场竞争等因素),运用适当的营销方式来影响目标受众对品牌独特含义的认知,通过建立和发展会展差异化优势,使本会展在参展企业和观众心目中形成一个鲜明而又独特的形象的过程。

会展的品牌定位是一个不断调整和优化的过程。影响品牌定位的因素是不断变化的，随着办展机构的运营发展、目标市场的需求变化、外部竞争的威胁以及会展节事自身技术的改进等，办展机构应及时调整品牌定位以适应变化。成功的会展品牌定位往往需要反复多次的过程才能实现。

二、会展品牌定位的原则

在会展品牌定位时，通常要遵循以下原则。

（一）顾客导向原则

品牌定位的重心在于对目标受众需求心理的把握。在信息爆炸时代，目标受众获取信息的渠道发生了巨大变化。首先，目标受众所接收到的信息是有限的，真正进入大脑的信息更是少之又少。因此，进行品牌定位时如果没有新的记忆点，就会很容易受到目标受众的排斥。其次，目标受众对接收到大脑中的不同概念的信息并不是平等地进行处理，而是先进行梯度排序，然后按顺序处理。所以品牌定位成功的关键是迎合目标受众的需求，使会展输出的信息成为目标受众的关注点。

（二）个性化原则

品牌带给目标受众功能利益和情感利益。参展商和观众对会展的需求既会考虑其实用功能，也会关注它的品牌个性。当品牌表现出的个性和他们的需求价值相吻合时，他们才会选择该会展。个性化原则要求品牌定位具有独创性和"人无我有，人有我优"，即使这种创意和个性本身与会展并不相关，是人为赋予的，但只要得到目标受众的认同，就具有竞争力。

（三）差别化原则

随着微营销等新媒体营销的不断涌现，目标受众每天接收的广告信息多而杂。面对不计其数的信息，目标受众会产生排斥心理，即使接收也会很快被其他信息所取代。因此，成功的品牌定位要通过各种渠道向目标受众传达会展的特定信息，凸显差异性优势。

（四）动态调整原则

市场环境瞬息万变，技术、产品、竞争对手和目标受众也不断变化，品牌定位的动态调整非常重要。该原则要求办展机构抛弃过去传统以静制动，以不变应万变的静态定位思想，时刻保持高度敏感，通过开发新性能、扩大定位点等方式，及时调整品牌定位策略。

三、会展品牌定位的流程

会展品牌定位流程应包括诊断品牌现状、寻找各种潜在的竞争优势、甄别各种潜在的竞争优势、明确潜在竞争优势、有效地向经过选择的目标市场传达会展的品牌定位意图五步，流程如图 8-1 所示。

（一）诊断品牌现状

诊断品牌现状可从以下三方面入手：一是参展商与观众的情况，包括两者对品牌的态度以及顾客对品牌所形成的看法，可以通过设计调查表和量化指标，在展前、展中与展后

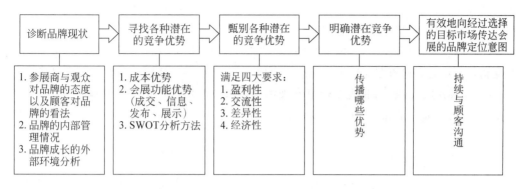

图 8-1　会展品牌定位流程

三个环节,对参展商及观众进行跟踪调查,从中获知他们对品牌定位的看法及品牌价值的认可程度。二是品牌的内部管理情况,包括会展的管理、组织、人员、制度、文化等是否支撑相应品牌的定位。三是品牌成长的外部环境分析,包括市场竞争的公平性、法律法规的健全性、国际经济环境的利弊等,为品牌定位奠定基础。通过以上分析,对会展品牌发展的制约因素与有利条件做到心中有数,在品牌的建设中可以有针对性地推进,逐步完善并向外传播。

（二）寻找各种潜在的竞争优势

竞争优势能使本会展比其他同类会展带给参展商和观众更多的价值,它可以来源于办展成本优势或会展功能优势,如更符合趋势的主题选择,更优惠的价格,更具代表性、更权威的参展商,更高质量的专业观众,更人性化的服务,等等。会展可以就某一方面的功能进行打造,也可进行全方位的塑造,但是并不是所有的潜在竞争优势都能转化为现实中的竞争优势。办展成本优势是在同等的条件下,该会展的办展成本要低于其他同类会展,成本优势可以转化为价格优势和其他优势。会展功能优势是会展能提供更符合目标参展商和观众需要的会展功能。

一般来说,会展具有成交、信息、发布和展示四大功能。一个会展可以集中精力打造上述四大功能中的某一个功能,使它成为该会展参与市场竞争的"王牌",也可以全面塑造上述四大功能,使该会展成为他人难以动摇的"巨无霸"。至于会展品牌究竟具有哪些方面的潜在竞争优势,可以结合会展的定位,采用 SWOT 分析方法来具体分析。

（三）甄别各种潜在的竞争优势

并不是所有潜在的竞争优势都能转化为现实的竞争优势,因为将不同的潜在竞争优势转化为现实的竞争优势是需要条件和成本的。有些潜在竞争优势可能不具备转化成现实竞争优势的条件,有些可能因为转化的成本太高而不值得转化,还有一些可能不适合会展的定位而必须放弃。所以,并不是所有的潜在优势都有价值,必须对它们有所选择。能够被选择作为品牌形象定位基础的潜在竞争优势必须满足以下四个要求。

（1）营利性。该潜在优势具有转化为现实优势的可行性,办展机构将该潜在优势转化为现实优势是有利可图的。

（2）交流性。这是说会展品牌可以向目标受众传达,使他们能够感知得到。如可以赋予品牌更大的想象空间，可代表一种文化，给会展注入更多的文化内涵。通过会展会刊、广告、标识语、相关活动等提升它的品牌影响力。

（3）差异性。它是其他同题材会展所不具备的，或者即使其他同题材会展具备了，本会展也能以比其更优越的方式提供。如果本会展具备了该优势，其他同题材会展将很难模仿。

（4）经济性。参展商和观众通过参加本会展来获取该优势带来的利益比通过其他方式要来得优越，他们也愿意为获取该利益而支付参加本会展的有关费用，并且也支付得起这种费用。

（四）明确潜在竞争优势

经过上述甄别后，有利用价值的潜在优势就不多了，但并不是说所有满足上述条件的潜在优势都要包含在会展品牌形象定位之中。会展品牌形象定位到底要传播哪些优势，还要结合会展的定位和参展商与观众对会展的期望来做最后的选择。以会展的功能优势为例，到底是选择成交、信息、发布和展示四大功能中的哪一个或哪几个，除了要符合上述四个条件外，还要考虑会展的定位，更要考虑参展商与观众参加本会展的主要目的，是成交、获取信息，还是发布产品或者是展示产品和企业形象，或者四者都要具备。很多时候，参展商与观众参加会展的目的不是单一的，而是多重的。例如，既希望多成交，又希望能收集更多的行业信息，等等。所以，最后确定的优势不一定就是某一个单一的优势，而是多重优势的综合体。

（五）有效地向经过选择的目标市场传达会展的品牌定位意图

持续与顾客沟通是品牌定位很重要的一项工作。例如，可以花几个月的时间，建立顾客的认知、回忆与了解，之后再开始建立顾客的忠诚度。另外，要确保公司对外发出的信息是一致的，不会给顾客带来前后不一的感觉。

四、会展品牌定位的策略

会展品牌定位有以下几种方式。

（一）特色定位

特色定位又称市场空缺定位，此种定位是建立在差异化的基础上的，要显示出定位的与众不同。随着经济全球化、产业细分化的趋势日益突出，会展业日益向纵深方向发展，其专业化分工将越来越明显，特色化定位成为建立竞争优势的有效方式，如会展的形式、特色、性能、风格和设计等品质属性都可以作为定位依据。

（二）利益定位

此种定位是致力于满足参展商和观众的某种利益，如更人性化的服务、更具影响力的宣传推广、更优惠的价格、更便利的设施、更多的附加值回报等，用来定位的"利益"可以是一项或多项。

（三）竞争定位

这是指针对现有竞争者的定位，参考同类题材展会的优劣，进行本展会的定位。采用此种方式，会展企业需要有足够的实力与勇气展开直接竞争。同时，也可利用与本展会有直接竞争关系的展会来拓展自己的影响力。

（四）功能定位

会展的功能一般有成交、信息、发布、展示等，如果本展会在这几大功能中的一项或几项很突出，则可采用此种定位方法。

（五）品质价格定位

很多时候，价格是品质好坏的反映，可以根据会展的"性价比"来定位。例如，将会展品牌定位为"高品质高价格"或者"高品质普通价格"。

（六）类别定位

将会展与某类特定的会展节事联系起来，如出口型展会、国内成交型展会、地区型展会等，然后将本展会归入其中的某一类。

在给会展品牌定位时，要尽量避免出现以下问题。

（1）定位不够。定位不够即对展会所具有的特征、优势及展会所能带给参展商和观众的利益表达不充分，或者是不能全面地概括展会的特征、优势及利益，导致参展商和观众对展会存在一个非常有限的印象，不利于会展的发展。

（2）定位过于充分。定位过于充分即夸大了展会所具有的特征、优势及展会所能带给参展商与观众的利益，或者展会定位宣传带给参展商与观众的利益是不可行的，不利于展会的持续发展。

（3）定位模糊。定位模糊即展会定位不能清楚准确地表达展会所具有的特征、优势及展会所能带给参展商和观众的利益，使展会丧失品牌号召力，不利于对展会竞争优势的培养。

（4）定位疑惑。虽然会展定位准确及表达清晰，但由于展会的展出现场操作等问题，参展商和观众从展会的现场和实际操作过程中难以理解展会的定位宣传，从而对定位产生疑惑，对展会整体产生不信任感。展会定位疑惑，将不利于展会得到目标客户及大众的认可。

（5）定位僵化。定位僵化即展会定位不能紧跟市场形势的变化而变化。市场形势已经发生变化，而展会的定位还是老样子，落后于形势，不能反映市场的最新需求，不利于展会随市场的发展而发展。

 案例故事

威海市国际人居节品牌定位

人居节的品牌形象定位，要避免品牌形象模糊、定位不清、定位过分等错误，否则会给目标客户带来品牌认知上的错误，也会在市场上失去特色。同时，人居节的品牌形象定位还要注重提炼展会的品牌个性，将"人居节"与"威海"紧紧相连，创造出一提"人居节"，就想到"威海"的效果，就像巴黎时装周、汉诺威工业博览会一样。对人居节的品牌形象定位我们可以从以下几个方面介入：大打"海"文化牌、"人类宜居"的品牌价值及文化内涵、CSI（顾客满意指数）品牌形象战略。

一个品牌要想赢得顾客忠诚度，品牌文化发挥着巨大的作用，良好的品牌文化能够提

升品牌展会的底蕴。人居节在威海市的举办,可以借用威海市早已久负盛名的清澈、环保、卫生的"海文化"。借用威海市的海文化,来提升人居节的美誉度和品牌价值。一是在人居节举办期间,策划高雅的"海文化"活动,并且贯穿于人居节整个过程中,使其成为人居节的一大特色。二是通过游客在"海"边旅游,进行全方位的宣传。三是在洽谈会期间、展览期间,会议室、展览中心的设计,要独具匠心地采用"海"的色彩、"海"的设计形象,使"海"文化的理念不动声色地植入到人居节价值体系中。

资料来源:王惠姣.中小城市会展品牌化发展研究[D].长沙:湖南大学,2013,有改动.

思考:

请思考并讨论威海人居节的品牌定位是否符合定位原则以及采用了何种定位策略。

假设要将你所在城市的某种文化打造成节事品牌,请查找相关资料,设计调查问卷,对市民就选定的品牌进行市场调研,确定其定位方向,撰写调研报告。

第三节　会展品牌形象设计

对会展品牌形象进行定位后,就可以根据该定位为会展创立一个符合品牌形象定位的会展品牌。所谓为会展创立一个品牌,就是指在会展进入实际筹备工作之际,为会展理顺和统一经营理念、树立一面旗帜,使会展与其他同类会展有所区别,以便将会展能带给目标参展商和观众的更好价值向他们传播,并以此获取竞争优势。

一、会展品牌形象的含义

会展品牌形象是指目标参展商和观众如何看待会展品牌。它是目标参展商和观众所得到与理解的有关会展品牌的全部信息的总和。

会展品牌形象定位决定了会展品牌形象设计的基本方向,会展品牌形象设计不能脱离会展品牌形象定位而存在。

二、会展品牌形象设计的原则

会展品牌形象设计是对展览理念和形象的总体策划与设计,是会展企业进行会展策划不可缺少的组成部分。会展企业必须把握以下原则。

(一)全方位推进原则

会展企业进行会展品牌形象设计,是涉及企业方方面面的。因此会展品牌形象设计必须从会展的内外环境、内容结构、组织实施、传播媒介等方面综合考虑。在具体设计时要做到以下三点。

(1)适应企业内外部环境。成功的会展品牌形象设计,从会展理念、行为到视觉设计,都能够充分体现时代潮流。

（2）符合会展发展战略。会展品牌形象从设计到实施的所有内容必须符合会展发展战略的需要,体现其要求。

（3）具体措施合理搭配。会展品牌形象设计是为了实施,实施的时机如何把握、具体安排是否周到细致、人物财力安排是否合理等都是会展品牌形象设计必须认真考虑的内容。

（二）与民族文化相结合原则

会展品牌形象设计越具有民族特色,就越能为公众所接受,从而越有生命力。同时,会展品牌形象设计越具有民族色彩,就越容易找到自己的位置,以自己的民族特色走向世界。

（三）实事求是原则

会展品牌形象设计的实事求是原则从以下几个方面来体现。

（1）敢于正视会展的劣势与不足,只有认真对待、分析原因、找出对策,才能使会展品牌形象设计更具有针对性。

（2）立足于会展的现实基础。会展品牌形象设计只有立足于现实基础,在对现实进行充分了解的基础上进行设计,才能顺利实施,取得成功。

（3）从员工实际出发。会展品牌形象设计首先要考虑人的因素,特别是从员工实际出发,只有被员工所理解的会展品牌形象才具有实施的可能。

（4）对外展示会展实情。把真实的会展品牌形象展示在公众面前,表明改进的诚意,拿出解决问题的措施,才能树立起一个真实可靠的会展品牌形象。

（四）标准化原则

标准化是会展品牌形象设计应遵循的技术性原则。在实际操作过程中,应遵循以下原则。

（1）简洁明了。会展标志越简洁明了,所包含的信息量越大,传播的效果越好。

（2）统一。反映会展标志的多种形式应统一到一个层面上或限制在一定范围内,从而增强会展的凝聚力。

（3）通用。会展的标志可以在各种场合互换使用。

（五）求异创新原则

会展品牌形象设计的求异创新原则,要求塑造独特和个性鲜明的会展形象。主要体现在要有独特的展览理念、要有创新、视觉要素与众不同、实施手段新颖别致四方面。

三、会展品牌形象设计的程序

会展品牌形象设计的程序通常会因会展类型不同而有所区别,但具体程序大致相同,主要包括以下几个步骤。

（1）设计前的准备。其包括设立会展品牌形象设计筹备委员会,研究会展品牌形象设计计划,了解会展品牌形象设计的实施意义和目的,决定会展品牌形象设计的范围。

（2）分析会展现状。其包括内外部环境分析。内部环境分析是指对员工意识进行调查,和最高负责人沟通,找出会展目前存在的问题,以便会展品牌形象设计问题明朗化;外部环境分析是指对会展所处社会背景和企业环境的分析。

（3）确立会展理念。推行会展品牌形象设计时,要重新审视会展理念,赋予其时代内涵,以便塑造会展新形象,指导会展的发展。

（4）调整会展结构。调整会展结构即在会展品牌形象设计专业公司、外部专业智囊人员或本企业专业人员的协助下,重新设定会展管理的组织结构、体制以及传达系统,形成新的会展管理体制。

（5）制作品牌形象设计手册。品牌形象设计手册包括会展品牌形象导入介绍、基本要素(标志、标准字等)、基本要素组合、应用要素、标志、标准字印刷的样本与标准色。

知识链接

会展品牌形象设计筹备委员会的主任多由董事长兼任,成员一般从会展企业内各部门的中级以上主管选出,以 5～10 人为宜。

即学即用

会展品牌形象设计——就第二节所选定的会展品牌,根据会展品牌形象设计程序,进行会展品牌形象策划。

第四节　会展品牌识别系统规划

无论是会展的品牌定位,还是会展的品牌形象,只有传播给会展的目标参展商和观众并对他们产生积极的影响,对会展才有促进作用。规划好会展的品牌识别系统,对会展品牌形象的传播有巨大作用。

一、会展品牌识别的来源

会展品牌识别(CI)是那些能使会展的目标参展商和观众认知展会的理念、行动及符号。它标志着办展机构希望会展的目标参展商和观众如何认知会展与对展会产生怎样的联想。会展的 CI 是在结合展会市场定位、营销策略、品牌定位和品牌形象的基础上,经过系统化后提出的一套促进会展形象传播的整体策略。

会展的 CI 主要来源于会展本身以及与会展密切相关的其他几个方面。

（1）会展。会展本身是会展品牌识别的主要来源,会展的定位、会展的规模、会展的参展商和观众来源与构成、会展的类别、会展的特征、会展的品质以及会展的核心价值等,都可以作为会展品牌识别的重要因素。在设计会展的品牌识别系统时,可以根据实际情况,对上述各因素进行取舍,并确立上述各因素在会展品牌识别系统中的地位。

（2）象征。与会展密切相关的一些能给参展商和观众带来丰富联想的象征也是会展品牌识别系统的重要来源,如会展的品牌名称、Logo、标识语和它们的色彩,以及设计者期望它们能给参展商和观众带来的某些暗示与联想等。这些富有象征意义的东西,对于参展商和观众认知会展来说更直观、更有趣、更富有感染力与亲和力。

（3）办展机构。会展的主办单位、承办单位、协办单位和支持单位等办展机构，以及它们的声誉、对客户的态度、创新能力、价值观念和文化理念等，都可以成为会展品牌识别的组成要素。与此相关的会展的地理特性以及历史渊源也能成为会展品牌识别的要素。

（4）营销。会展的营销，如营销手段、营销策略、营销地域范围等也是会展品牌识别的重要来源，在实际操作中，将之置于会展现场的显眼位置，使之成为本会展品牌识别的重要组成部分。

二、会展品牌识别系统的要素

会展品牌识别系统包括四大要素。

（一）品牌理念识别系统

品牌理念识别系统（MI）是品牌最核心的内容，是会展的灵魂与宗旨，是整个会展得以生存的原动力。所谓会展办展理念，就是指包括会展定位、会展品牌形象定位、办展方式、会展价值、顾客利益、会展规范、会展发展策略等在内的有关会展办展的指导方法，对会展本身的发展也有极大的影响。

会展的 MI 策划主要是确定会展办展理念的基本原则，它不同于会展定位、会展规范等具体执行方案，它具有原则性。因此，会展的 MI 常常被总结为一段或几段精辟的文字。

会展的 MI 策划关系到会展发展和会展品牌形象的活动。会展的 MI 策划的有关理念须得到办展机构高层管理者的认同。一旦会展 MI 策划完成，办展机构也需从物质和观念上保障会展 MI 策划的贯彻执行。

（二）品牌视觉识别系统

品牌视觉识别系统（VI）主要分为基础系统和应用系统两部分。其中基础系统又包括会展现场布置、会展标准字、会展标准色、会展标准信封和信笺、会展 Logo、会展吉祥物、会展广告设计等；应用系统则包括会展办公用品应用、包装用品应用、交通工具应用、指示应用、销售应用、促销用品应用、产品上的标志应用、服饰应用等。

会展的 VI 策划通过鲜明的视觉冲击力和形象感染力，强化品牌的记忆点。因此，它在设计上特别强调设计的目标性、视辨性、美观性和合法性。目标性是指会展的 VI 不能脱离会展的定位和会展的品牌形象定位，要以准确地传播会展品牌形象为目标；视辨性是指会展的 VI 要能被大众所理解，要符合办展当地的风俗习惯，不犯禁忌；美观性是指会展的 VI 不仅在工程上要具有可行性和经济性，还要美观、简洁、大方；合法性是指会展的 VI 的有关符号、图案要符合办展当地的法律，不能违反有关法律规定。

 **案例故事**

规划视觉系统，增强品牌传播力，扩大品牌影响力

在品牌形象对外宣传上，武汉国际会展中心进行了视觉形象包装，规范了形象宣传形式,加强了品牌形象的宣传力度,提升了受众联想度。其具体内容如下。

标志

为了尽可能地宣传武汉国际会展中心的品牌形象,体现建筑物设计风格的属性以及标志的个性化,标志在设计时就考虑将武汉国际会展中心的形象巧妙融入其中,并将其发展的态势和执着的追求寓意表现出来。标志整体分为图形和文字两部分(图8-2)。图形中左右三条灰蓝色杠自上而下、由细到粗倾斜排列,形似会展中心两侧的展厅,代表武汉三镇,两侧中间的两条白色杠代表长江和汉江,标明了地域属性,代表交通的四通八达和信息沟通的便利。中间顶部红色的"C"代表中国、中心,成汇聚信息、资源的瓶口之形。红色的"W"是武汉的第一个字母,使标志具有了专属性。"W"还形似众人举手相连,代表武汉会展中心员工的激情澎湃、勇于拼搏。标志中采用红色是因为古代湖北人崇尚红色,体现了文化传承;两侧的灰蓝色是会展中心玻璃的颜色,代表科技和博大。字体部分汉字字体线条笔直、细节分明,代表着会展中心管理和服务的规范化与标准化。使用英文名称,方便了会展中心的对外宣传。标志整体构图简单,颜色对比明确,既方便受众识别,又展示了自己的多方面特点,在任何场合出现,都能体现会展中心的品牌形象。

图8-2 武汉国际会展中心标志

吉祥物

吉祥物既是理念系统的重要体现,又可以作为重要的馈赠用品。通过对当地的区域特色以及会展中心的行业特色进行综合考虑,长江将武汉一分为二,武汉也有"江城"的称号,选择了长江中特有的白鳍豚设计为吉祥物(图8-3),理由有三:首先,湖北省长江段是白鳍豚的重要聚集地,武汉是湖北省的省会,又有"江城"之称,武汉市的标志建筑物武汉国际会展中心选择白鳍豚为吉祥物,表明了所在区域和地方文化特色;其次,白鳍豚是智商高的生物,喜欢群居,而武汉国际会展中心集现代化与专业化于一身,服务于不同团体,是重要的人流集散场所,所以两者有一定的联想度;最后,白鳍豚是国家保护动物,知名度高,而武汉国际会展中心是中部地区最大的会展场馆,又以服务业巨子为形象定位,决定了两者的匹配度。

图8-3 武汉国际会展中心吉祥物

考虑到武汉国际会展中心的服务行业特色,将吉祥物设计为一只跃水而起、身披彩带的白鳍豚。白鳍豚双鳍展开,披的彩带又印有会展中心的标志和英文名称缩写,构建了一个欢迎宾客、用心服务的形象;白鳍豚面容憨厚,有跃水而起之势,一方面体现了武汉国际会展中心"立德践行、诚信经营"的经营理念,强化了对客户的用心服务、全程服务;另一方面则表现了武汉国际会展中心迎难而上、勇于拼搏的精神面貌,符合它现代化、专业化的特点。

资料来源:武汉国际会展中心[EB/OL]. 北绘文化传播有限公司官网(2001). http://www.beihui.com/Services/Cases_293.html,有改动.

(三)品牌行为识别系统

品牌行为识别系统(BI)是会展办展行为的对外展示,主要包括会展服务活动、会展营销、会展礼仪、会展工作人员行为、会展现场相关活动等。

会展的 BI 策划是一些对展会行为富有指导意义的规则、目标和策略,并不是会展营销、会展相关活动等的具体执行方案。

会展的 BI 策划是对会展的 MI 策划的具体执行,是将会展 MI 策划的部分内容有形化而使该内容对会展的目标参展商和观众可视。会展 BI 策划作为 MI 的外化,必须秉承MI 的统一性和个性化特征,必须与 MI 的口径统一、步调一致。

(四)品牌听觉识别系统

品牌听觉识别系统(AI)是通过声音以及以声音为主要传播手段的媒介来展示会展的一种方式。它主要包括会展的品牌名称、标识语、广告用语、会展标识音乐,以传播会展的品牌形象。

在会展的 CI 策划中加入 AI 策划的内容,对于会展的目标参展商和观众有很大的作用。会展的 AI 对于强化人们对会展的印象有重要作用。

三、会展品牌的规划过程

会展品牌的规划可以分为三个阶段。

(一)品牌建立阶段

这主要是运用组织系统对品牌识别要素加以实体性的视觉化表现的过程,主要包括以下几方面工作。

(1)品牌名称的建立。一个好的品牌名称是至关重要的,因为品牌的名称其实就是整个品牌营销大战的序幕。序幕越精彩,越能吸引人,就越能为以后的品牌整合传播提供更为坚实、广阔的发展空间。

(2)视觉识别系统的建立。视觉识别系统主要分为基础系统和应用系统。其中基础系统又包括标准字、标准色、标准图案等;应用系统则包括办公用品应用、包装用品应用、交通工具应用、指示应用、销售应用、促销用品应用、产品上的标志应用、服饰应用等。视觉识别系统通过鲜明的视觉冲击力和形象感染力,强化品牌的记忆点。

(3)确定会展产品品牌标识语。品牌的标识语是与品牌的整体推广密切相关的,必须从视觉识别中独立出来,加以充分重视。优秀的品牌标识语不但能够有效地传达品牌识别信息,还能引发丰富的品牌联想,更可以指引"广告语"的方向,产生独特鲜明的"概念营销效应",达到意想不到的传播效果,有利于品牌形象的深入人心。

(二)品牌推广阶段

会展产品品牌推广阶段主要包括以下过程。

（1）推广会展产品品牌识别。这主要是运用媒介系统对品牌进行整合营销传播,在实践中建立品牌的四个识别要素:会展产品品牌核心价值、品牌定位、品牌理念和品牌个性。

（2）推广品牌形象。这主要是通过丰富多彩的媒介形式和营销组合、视觉表现系统、组织展览展示活动,真正把品牌形象做到消费者的心中。

（3）累积品牌资产。这主要包括品牌知名度、品牌认知度、品牌美誉度、品牌联想度、品牌忠诚度,以及其他专属资产。

（三）品牌建立阶段

品牌建立阶段主要包括以下四方面的内容。

（1）品牌的有效延伸决策。这主要是指评估各阶段的营销状况,判断是否有必要引入颇具竞争力的新商品,以加强品牌的活性化,满足消费者的最新需求。

（2）品牌资产长远的科学规划及管理。这主要是指对累积的各种品牌资产所开展的长远规划和管理。

（3）品牌的改善和创新。这主要是根据市场环境和竞争对手的变化,进行品牌的产品、技术、传播、通路、组织、管理等方面的检讨和创新决策。

（4）品牌的长期传播规划及管理。这主要是指未来五年的广告投放策略、促销组合方案、整合传播方案等。

拓展阅读

会展品牌形象的"五力"模型中的视觉识别

导语:在会展业,品牌是一种资源,它意味着高利润、高附加值、高市场占有率,展会品牌的建立是一个从知名度到美誉度再到忠诚度的过程,是招展招商的重要前提,没有好的品牌,展会就难以吸引到足够数量和质量的展商,而展商的素质又决定了能否吸引到足够数量的专业买家。因此,展会品牌是会展营销的核心内容,其中的各个要素都值得深入研究和苦心经营。

会展品牌识别系统包括展会理念识别、展会行为识别、展会视觉识别、展会听觉识别(AI)和客户满意战略(CS),五个方面相互作用,构成了会展品牌识别的"五力"模型(图 8-4)。

一个好的品牌能养活一个企业数十年,甚至上百年。一个好的展会品牌,同样也是一场展会赖以生存和发展的根本。展商和观众根据品牌判断展会的质量和信誉,它集中体现了人们对该展会的综合评价。于是,参加"有牌子的"展会,就可以获得质量和信誉上的保证,免却后顾之忧和意外风险。归根结底,展会品牌是影响展会"生命周期"的关键因素,也是展会实现产业化发展的必要前提。

市场营销学家们普遍认为:在当今竞争激烈的市场环境中,消费者购买的是商品,但选择的是形象,故有人把当今时代称为"形象时代"。"品牌展会"的概念就是把业内的知名品牌和实力企业集中起来,并设立一定的门槛,来凸显这些企业的品牌形象。唯有注重品牌形象的建设,展会才能走出"价格战"的困扰,在同类展会中脱颖而出,迅速占据市场

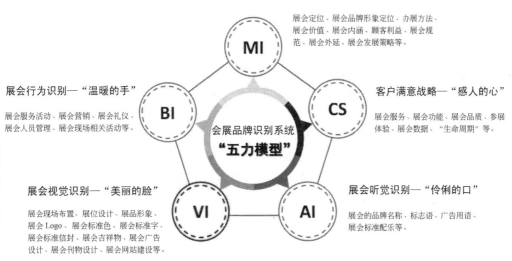

展会理念识别—"强大的脑"

展会定位、展会品牌形象定位、办展方法、展会价值、展会内涵、顾客利益、展会规范、展会外延、展会发展策略等。

展会行为识别—"温暖的手"

展会服务活动、展会营销、展会礼仪、展会人员管理、展会现场相关活动等。

客户满意战略—"感人的心"

展会服务、展会功能、展品品质、参展体验、展会数据、"生命周期"等。

会展品牌识别系统
"五力模型"

展会视觉识别—"美丽的脸"

展会现场布置、展位设计、展品形象、展会Logo、展会标准色、展会标准字、展会标准信封、展会吉祥物、展会广告设计、展会刊物设计、展会网站建设等。

展会听觉识别—"伶俐的口"

展会的品牌名称、标志语、广告用语、展会标准配乐等。

图8-4　会展品牌识别系统的"五力"模型

份额,并实现产业化发展。

对于展会而言,是要塑造展会的品牌形象;对于展商而言,是要培养对展会品牌的识别能力,所谓"识别"实际上是从"认知"到"认识"的转变。会展品牌识别的"五力"模型是展会围绕品牌形象塑造,进行一系列展会经营活动的战略模型,我们把经营理念(MI)比作"脑"、经营活动比作"手"、视觉识别比作"脸"、听觉识别比作"口"、客户满意战略比作"心",五力共同作用,缺一不可。

品牌是有独特形象的、有个性的,是展会整体竞争力的体现,是展会有形形象和无形形象的统一。展会品牌形象的塑造不仅仅在于"视觉识别"和"行为识别",更重要的是"理念识别",再辅以"听觉识别"和"客户满意战略"。只有当展会品牌的经营理念贯彻于"视觉识别"和"行为识别",展会品牌形象的塑造才能有章可循,展会的理念和价值方可具象化传播。

因此,在会展营销的整个战略体系中,展会品牌形象的塑造是其对自身的理念文化、行为方式、视听识别及客户关系管理(CRM)进行系统的革新,是一个帮助展会从创办宗旨、经营模式、营销策略、展品审核、公共关系、媒体推广、人员管理等各方面,进行全方位综合整治的系统工程,为展会"活血换血",延长展会的"生命周期"。

展会视觉识别

展会视觉识别,是对展会品牌的有形展示。其中,首要的是展会名称(需要考虑语言/法律/营销)、展会Logo(创意/设计/营销/认知/情感)和标志语(识别/沟通/传播)等的设计;现场布置、展位/台设计、展览设备、服务人员等通常由专门的搭建公司和服务供应商全权代理,帮助提升展会的品牌形象;而广告公司则负责相关的广告设计、场刊设计等;最后,媒体、会展公司以及所有与会人员都会对展会的品牌形象进行有意识或无意识的传播,扩大品牌的影响力。

展会为什么要求视觉识别?

这是个看脸的时代,因为爱美之心,人皆有之;

也是个脸盲的时代,因为竞争对手,无处不在。

我们要思考如何快速、持久地给人以印象?

注意:这里我们列举可借鉴的案例,无任何商业性质,仅供读者参考。部分信息涉及公司机密隐去,如有数据变化,以实际情况或个人感受为准。

案例一:法兰克福展览公司统一全球展览会的展位形象设计

法兰克福展览公司在品牌战略中对展位的装修和设计有明确的规定,无论是在欧洲、亚洲还是美洲举办展会,展位的总体设计风格要保持一致,严格要求装修公司按照正方体Logo 的形象搭建,目的是让参观全世界法兰克福的展会时,感到在形象上是整齐划一的,从认知/识别上给人熟悉的感觉,这是法兰克福展览公司制定全球品牌战略和塑造全球统一品牌形象的重要举措。

法兰克福展览公司 Logo,以及对展位统一设计的要求,简洁、创新且让人过目不忘(图 8-5)。

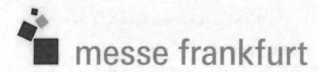

图 8-5 法兰克福展览公司 Logo

早期,对于在全球范围举办的旗下展会,法兰克福展览公司在其展位装修上就有如下要求。

展位的所有装修元素都必须是立方体形状(联想公司 Logo),如要求长方体则可由多个正方体组成。

展位的侧面长度为 * cm,尺寸可根据实际情况略做调整,但立方体形状必须在任何情况下保持;

展位装修的个体元素可以是任何适用的材料,如木料、金属等,但颜色必须依照设计规定,容许略微色差等。

尽管在把规则传达给装修公司时,难免有时听到一些抵触的声音,但法兰克福展览公司总会耐心地告知以原因,协商解决,因为这已经成为法兰克福展览公司的精神。

案例二:厦门市会展业的品牌形象标识(资料整理自:海峡之声网)

厦门市会展业品牌形象标识于 2017 年 10 月 31 日正式发布,全新的 Logo、VI 视觉、国际营销宣传口号以及宣传视频首次对外亮相。

厦门市会展业全新的 Logo 是一只由"金砖五色"组合而成的"金砖鹭"(图 8-6)。"金砖鹭"的标识设计,其灵感来源于厦门市市鸟"白鹭",整体外形设计是一只昂扬向上的白鹭,由金砖五色(分别指代会议、会奖、展览、节庆、赛事)、"MICE XIAMEN"、"厦门"中国印组成的"X"字样,代表厦门市和厦门市会展业无限可能。

全新的 VI 辅助图形同样巧妙地应用了金砖五色,似飘带似海浪似音律,极具活泼与灵动,以充满律动的线条,描绘出充满活力、无限延伸的概念,将厦门城市特征与"一带一路"倡议相互融合,展示出厦门市会展业积极向上的全新形象。

图 8-6　厦门会展业 Logo——"金砖鹭"

"金砖厦门"是五彩的、多元的、国际的。"金砖厦门·会展名城"是厦门会展业全新国际营销宣传口号。在配套的宣传物料以及宣传视频中,更是以五大颜色、五大主题贯穿始末,以一首"鼓浪屿之波"带入画中,视频全方位展现了厦门市会展环境、办展办会条件与多元化的资源储备。

案例三:中国国际美博会中"法国·纯壹"的展台设计(资料整理自:艺臻创意)

大多数的设计公司,都喜欢大面积的设计,不光造价高昂,而且发挥空间大,容易形成出彩的作品。但就展会而言,并非每个参展商都有上百平方米的展位。因此,要想在有限的空间,尽可能多地创造丰富的内容和联想,是非常考验设计师功力的。

在中国国际美博会上,"法国·纯壹"的展位面积仅 22.5m²,通过精致的设计,把空间、展品、色彩和气味从整体上发挥到了一个很高的水平(图 8-7)。

图 8-7　"法国·纯壹"的展位效果图(图片来源:艺臻创意)

这个效果图让你想起了什么?地中海的风,轻轻吹过;爱情的味道,缓缓散开……这样的气氛充满着浪漫,浪漫扩散开来就是产品,一种叫纯一的精油,地中海的味道和产品的味道合二为一(图 8-8)。

那么,这么小的展位里,放些什么产品能够快速吸引人的注意?"纯壹"选择了摆件和

图8-8　展台设计的联想图（图片来源：艺臻创意）

点缀。整个展台用了40多件摆件和鲜花，从迷迭香到玫瑰，从永生花到玻璃烧杯，每一件都是恰如其分的搭配。

另外，"法国·纯壹"高度利用从气味到视觉的产品展示。展位上放置着公司的主打产品，并释放出浓郁的香味，不管客户是不是知道这个产品，进馆之后第一时间就被气味所吸引，以此引导客户通过"闻香"来识别展位，从而提高产品的识别度和知名度。

设计师根据产品的特点和展位的面积，因地制宜，因材施建，就可以把一个小展位打造成清新亮丽的风景，同时也获得了良好的展会效应。

最后做个总结：这是个看脸的时代，因为爱美之心，人皆有之；也是个脸盲的时代，因为竞争对手，无处不在。如果说视觉识别是展会的一张"脸"，那么知名度就是会展在人们印象中的"脸熟"程度。

资料来源：裴泽宇. MICE会展洞察. https://mp. weixin. qq. com/s/cWdd-_u8GrUu9hc2BTzT_g.

第五节　会展品牌经营

将自己举办的展会逐步培育成在国内外具有影响力的品牌是每个企业不懈追求的。品牌会展是通过对展会进行卓有成效的品牌经营培育出来的。

一、形成品牌产权

会展品牌经营是指用品牌的观念来经营展会，将会展培育成品牌，并通过会展品牌来加强展会与参展商和观众关系的一种会展经营策略。会展品牌经营的主要目的就是通过对展会进行品牌化经营来提高展会的影响力和市场占有率，并努力使本展会在该题材的市场上形成一种相对的垄断，也就是形成一种"品牌产权"。

会展品牌经营最常见的途径就是根据市场竞争的主要态势，选择某一题材的展览市场，然后通过努力经营这一市场使本展会在这个题材的展览市场上占据主导地位，并对该市场形成垄断。在我国,随着会展经济的发展,会展市场的垄断也随之开始出现。

品牌产权在会展无形资产中的构成中占据着越来越重要的地位。一般来说,一个展会一旦在市场上形成了一种品牌产权,该展会就拥有品牌知名度、品牌认知度、品牌忠诚度、品牌联想度四大核心资产,这些资产是展会开展市场竞争最有力的武器。

二、积累品牌资产

品牌产权有四大核心资产:品牌知名、品质认知、品牌联想、品牌忠诚。通过积累这些资产,品牌会展获得其目标参展商和观众的认同,并最终实现品牌会展的持续经营。

(1)提升品牌知名度。所谓品牌知名度,即指会展项目的参展商和观众知道或者想起某一品牌并进而知道或者想起某一项目的能力。品牌知名度分为四个层次:无知名度、提示知名度、未提示知名度、第一提及知名度。逐步提升会展项目品牌知名度,就是要使项目品牌逐步从无知名度走向第一提及知名度。

(2)扩大品质认知度。所谓品质认知度,即指项目的目标参展商和观众对项目的整体品质或优越性的感知。品质认知度使参展商和观众对项目作出是好还是坏的判断,对项目的档次作出评价。扩大品质认知度,有助于会展项目的销售、招展和招商工作;可以扩大会展项目的性价比、竞争优势,促进品牌会展的进一步发展。

(3)创造积极品牌联想。所谓品牌联想,即指项目的参展商和观众能记忆与该会展品牌相关的事情,包括由该品牌引起的项目类别、项目品质、项目服务、项目价值和顾客利益等。主办方要努力营造积极的品牌联想,强化会展项目的差异化竞争优势,提高目标参展商和观众参展的兴趣与热情。

(4)提升品牌忠诚度。所谓品牌忠诚度,即指目标参展商和观众对项目品牌的感情度量,它揭示了目标参展商和观众从一个品牌转向另一个品牌的可能程度。目标参展商和观众对一个项目品牌的忠诚度越高,他们就越倾向于参加该展会。品牌忠诚度是会展项目品牌最为核心的资产,也是在进行项目品牌策划时所努力追求的核心目标之一。拥有最多品牌忠诚度的参展商和观众的会展项目,必将成为该行业中最为著名和最具影响力的品牌会展项目。

三、会展品牌经营应遵循的基本原则

会展品牌经营要以市场营销的观念来经营展会,用关系营销和合作营销的策略来经营展会与目标参展商和观众的关系,通过在一个选定的目标市场上经营某个展会,最终形成垄断。为此,在经营品牌时,要注意把握好以下几个基本原则。

1. 市场导向原则

从展会目标参展商和观众的需求出发,通过会展品牌经营来促成目标参展商和观众对会展的认同,促使双方建立一种共赢共荣的关系。

2. 目标性原则

通过会展品牌经营来使会展在业界知名,赢得目标参展商和观众对会展的品牌认知,提高他们对品牌的忠诚度,给他们带来积极的品牌联想,最终在市场上形成品牌产权。会展品牌经营要围绕上述目标进行。

3. 系统性原则

会展品牌建设本身是一个富有层次的系统工程,会展品牌经营要有全局视角、多层次的协调、多角度的长远规划。

4. 针对性原则

会展品牌经营的对象是目标参展商和观众、会展的服务商以及办展机构自己的员工,极富针对性。

5. 诚信原则

许多著名会展最终走向没落的一个共同原因,是这些会展都没有实现自己最初对市场所作出的"承诺"。一旦发现自己被某会展所欺骗,目标参展商和观众就会毫不犹豫地抛弃该会展,该会展在市场上也就没有了立足之地。

四、会展品牌化的途径

(一)制定品牌战略

培育品牌会展,首要的一点就是要经营者与管理者树立牢固的品牌观念,认识到品牌现代化的发展才是中国会展业持续健康发展的唯一途径,并从场馆的设计、主题的选择、会展的规划、会展的组织与管理等具体方面来实施会展业的品牌化发展策略。

(二)提升品牌质量

提升品牌质量主要从会展的硬件和软件两个方面入手。会展的硬件设施是影响品牌质量的一个重要因素,国际上著名的品牌展览会中所使用的设备也往往是最先进的。因此,要实现会展品牌质的飞跃则要求会展公司加大投入,不失时机地更新会展的硬件设备。会展的软件服务方面,会展企业要加大专业人才的引进力度,积极加入国际性的会展组织,通过这些途径实现会展服务与国际接轨。总之要运用先进的技术和管理理念,加强会展人才的培养。

(三)拓展品牌空间

会展品牌的拓展空间具有三维性,即时间、空间和价值。时间是指品牌的影响力随着时间的延续而不断发散和扩张。一般来说,会展延续时间越长则参展商与参观商之间的交流就越充分,会展的效果就越显著。国外的会展延续时间有十来天,而我国的会展往往只有三五天时间,这对于会展品牌的拓展来说是远远不够的。空间是指品牌在地域上的扩张。德国汉诺威展览公司就通过在上海举办的汉诺威办公自动化展(CEBLL),成功地迈出了世界性扩张的第一步。价值是指品牌作为会展企业的无形资产,其经济价值的含量是可以增加的,品牌价值的提升实际上也是为会展业品牌在时间上和空间上的拓展创造条件。

(四)打造网络品牌

如今,网络已日益成为人们生活中的第二空间,我国会展业应该充分利用网络的信息资源优势,在现实世界之外打造出知名的中国会展网络品牌。网络品牌的建立主要从企业网络形象塑造、网络会展的建设以及开展网络营销等方面进行。借助网络优势开发出形象生动、交互性能良好、功能强大的网络会展平台。

网络品牌的缔造同样离不开对品牌的宣传和推广。在网络世界,品牌的推广可以通过几种渠道实现。例如,将网络资源登录到国内外知名的搜索引擎上,便于人们建立相关的链接,对于专业性比较强的行业来说,该方式可能是较为有效的;与网民展开互动型的公关活动,同样可以达到网络品牌推广的目的。

 **拓展阅读**

新常态下会展品牌化途径

与中国经济新常态一样,中国会展经济也从高速发展转变为趋于和缓增长的新常态。随着米兰、汉诺威等国际会展巨头通过并购合作方式入驻中国,未来会展业国际竞争必然愈加激烈。在此经济形态下,中国会展企业如何结合互联网信息技术,整合各新兴渠道手段开展会展营销,全面提升会展品质服务,打造强国际竞争力的品牌会展,成为未来行业发展变革的重要挑战。

会展品牌形象塑造,不应忽略整体统一性输出

就传统意义的品牌推广而言,建设企业品牌的 CI 统一识别系统(理念、行为、视觉、听觉识别系统)是推广的前提。有的会展企业认为具备统一的会展 Logo、定位了会展服务的理念文化就创建了会展品牌的识别形象,却忽略了在会展推广中会展品牌形象的整体统一性输出问题。

互联网时代,人们获取信息的习惯发生了改变,会展官网、会展官方社交媒体平台,成为受众了解会展品牌信息的主要入口,在各入口平台进行会展形象的整体统一性输出就变得非常重要。

会展品牌传播:扩大各接触点品牌曝光,在不断传播中提高品牌认知

随着互联网的高速发展,观众和参展商获取信息的习惯也正变得更多元化、碎片化。会展品牌传播是通过各个接触点的会展信息传递来完成的,那么在会展推广中,扩大各接触点的会展信息曝光,持续不断地进行会展品牌传播,才能提高受众对会展品牌的认知度。

近年来,直邮、电话销售等传统会展营销手段正被颠覆,越来越多的展览企业开始尝试结合多个网络营销手段进行会展营销。例如,日本纺织成衣展、深圳国际家纺布艺暨家居装饰展览会、中国国际宠物水族用品展览会、中国义乌国际小商品博览会等多个一线会展,就通过微会展提供的软文营销、SEO(搜索引擎营销)推广、EDM 营销(电子邮件营销)、活动营销、社交媒体营销等多个互联网新媒体营销手段进行会展营销,以多渠道、多手段、多角度的会展品牌信息持续曝光,来提升参展商和观众对会展品牌的认知。

资料来源:会展经济新常态下:中国会展如何进入品牌时代[EB/OL]. http://finance.china.com/fin/sxy/201501/29/8399932.html,有改动.

五、品牌延伸扩张

品牌延伸(brand extensions)是指企业将某一知名品牌或某一具有市场影响力的成功品牌扩展到与成名产品或原产品不近相同的产品上,凭借现有成功品牌推出新产品的过程。品牌延伸对企业有诸多优势:可以加快新产品的定位,保证企业新产品投资决策迅速、准确；有助于减少新产品的市场风险；有益于减少新产品的市场导入费用；有助于强化品牌效应，增加品牌这一无形资产的经济价值；品牌延伸能够强化核心品牌的形象，能够提高整体品牌组合的投资效益，即整体的营销投资达到理想经济规模时，核心品牌的主力品牌因此而获益。

（一）会展品牌延伸的概念

会展品牌延伸是指办展企业将某一展览会的知名品牌或某一具有市场影响力的成功品牌扩展到与原来题材近似或相同的题材但定位不同的展览会上，凭借现有成功品牌推出新的展览会项目的过程。品牌延伸策略有助于加快会展的主题定位，减少会展的市场风险，强化品牌效应，增加品牌无形资产。

（二）会展品牌延伸的策略

1．产品线品牌策略

产品线品牌策略是一种局部单一品牌策略。产品线品牌策略是同一条类题材中密切相关的一些会展以相同或相似的市场定位，采取相同或相似的营销策略，服务于一些有密切联系的目标市场，维持会展品牌的持久形象，减少推广费用。产品线品牌策略有利于集中营销资源，取得品牌规模效益，可降低新会展的举办风险和节约促销费用。

2．分类品牌策略

分类品牌策略就是给一些处于相同水平和层次的会展以同一品牌，使所有的会展都使用不同类别的家族品牌。分类品牌战略可使所有会展集中在一个单独的品牌下，从而避免了传播的随机分散，使品牌知名度能为所有会展所共享，有利于统一和规范会展的营销模式。

3．伞状品牌策略

伞状品牌策略就是不同题材的会展冠上同一品牌，是一种统一类别的家族品牌策略。伞状品牌策略适用于那些与原会展有较高关联度的新会展，有利于集中办展机构的资源来培育会展品牌，消除参展商和观众对新会展的不信任感。

4．双重品牌策略

双重品牌策略就是将所有会展集中置于同一个母品牌下，再给每一个会展一个子品牌，形成每一个会展都同时拥有两个品牌的双重品牌结构。通过子品牌占领细分市场，利用子品牌的贡献来强化母品牌的价值，子品牌和母品牌共同作用，相互促进，共同稳定和占领某一个细分市场。

5．担保品牌策略

担保品牌策略与双重品牌策略原理相似，只不过在担保策略下，在市场上起主要作用的是子品牌，母品牌只是对所有子品牌起担保作用。担保品牌策略既给各子品牌以自由调度的权利，也使各子品牌可以共享母品牌的价值。

即学即用

根据所学的专业知识，任选一个你喜爱的主题进行品牌延伸策划，策划内容包括会展活动的品牌价值现状调查、品牌延伸策略选择等。

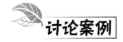
讨论案例

上海国际车展的品牌之路

上海国际汽车工业展览(International Automobile and Manufacturing Technology Exhibition)又称上海国际车展(Automobile Shanghai),创办于 1985 年,两年举办一届。2004 年 6 月,上海国际车展通过全球展览业协会 UFI 的认证,成为中国第一个经 UFI 认证的汽车展。上海车展见证了 30 年来中国汽车工业的发展和中国人生活方式的巨大改变,但随着繁荣而来的却是中国民族汽车工业发展和能源"瓶颈"两个巨大的问号,其间还夹杂着德国大众将中国市场称为"最大的不确定因素"的声音,上海车展面临巨大挑战。

2015 年 4 月 22 日第十六届上海车展于上海国家会展中心开幕,主题为"创新·升级"。上海车展定位为"展示企业技术和品牌的汽车展览会",实现了从庙会到展销会,再到文化盛典,最后到专业会展的转变,其中展销会的时间跨度最长,从展销会转变为专业会展不仅是一种定位的转变,更是一种理念的转变。会展产品实现了从 2009 年的"山寨车"到如今的自主品牌的转变,创新成为趋势。上海车展发展历程如图 8-9 所示。

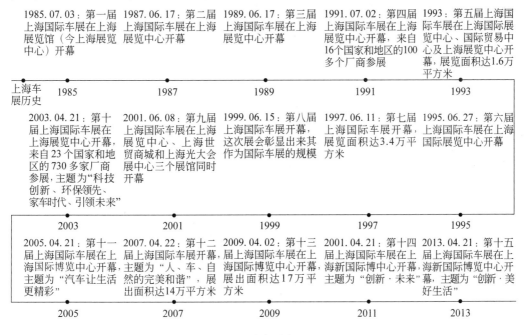

图 8-9　上海车展发展历程

资料来源:上海国际汽车工业展览会[EB/OL]. http：// baike. baidu. com/link? url ＝ JrzR0v5RZhrsu6 XpUo1nVuMNppI6HSHq-FE41AvEtzTy3BrBJ-4XCRwIFvNIuPki9llZWat4QpeeW3256qtlEN5q,有改动.

思考:

1. 上海车展品牌定位运用了何种策略?定位是否合适?

2. 上海车展的品牌化途径有哪些？请对其今后的品牌塑造提点建议。

本 章 小 结

本章内容包括：会展品牌的概念和特征；会展品牌的作用和建立途径；会展品牌定位的原则、流程和策略；会展品牌形象设计的原则、程序；会展品牌识别系统包括理念识别、视觉识别、行为识别、听觉识别；从品牌产权、品牌资产管理、品牌延伸策划等方面进行会展品牌经营。

复习思考题

1. 什么样的会展才算品牌会展？
2. 会展品牌化会不会促进会展的营销工作？
3. 如何从当地的优势条件出发，打造相应的会展品牌？
4. 根据所学知识，思考如何进行会展品牌创新？
5. 简述会展品牌识别系统规划的要素。
6. 如何进行会展品牌经营？

即 测 即 练

第九章

会展客户关系管理

 引言

党的二十大报告提出要增强中华文明传播力影响力。坚守中华文化立场,提炼展示中华文明的精神标识和文化精髓,加快构建中国话语和中国叙事体系,讲好中国故事、传播好中国声音,展现可信、可爱、可敬的中国形象。会展客户关系管理是展示中华文明、提炼文化精髓、传播中国形象的重要路径之一。在客户关系管理中赋予中国文化,有助于提升客户黏性,培养忠诚客户。

一个成功的会展,离不开行业内众多企业的长期支持和合作。与客户建立长期良好和稳固的合作关系已越来越重要。会展客户关系管理就是在全面了解客户的基础上,通过办展机构内部的资源整合和向客户提供创新服务,与客户建立互利、互信和合作双赢的关系来促进会展长期稳定发展(包括发掘新客户和保留老客户)。在我国,会展客户数量随着会展规模的扩大而飞速增加,传统的简单记忆和初级客户资料整理方式已不能满足会展服务与客户管理的需要。

本章在阐述会展客户关系概念的同时,从会展客户关系管理流程、策略以及评价体系等方面系统地介绍了会展客户关系管理的理论与方法。这些对于会展招商招展具有十分重要的理论和实践意义。

 本章学习目标

➢ 了解会展客户关系管理的定义,理解会展客户关系管理的重要性;
➢ 熟悉并掌握会展客户的构成,了解会展客户关系管理的目标和作用;
➢ 熟悉并掌握会展客户关系管理的内容、方法和策略;
➢ 熟悉会展客户关系管理流程;
➢ 了解会展客户关系管理系统。

 导入新视角

从"展览主办方"到"关系经纪人"

不论是顺利举办一场会展,还是成功地把一个企业推向国际市场,都需要做大量的工作,其中最重要的就是摸清每个行业不同的市场需求。目前世界第一大会展主办机构英国励展博览集团全球首席执行官陆思琦认为一个会展失败的根本原因只有一个,就是不够了解市场和客户的需求,或者没有及时注意到行业内较大的改变。

中国市场正在发生非常剧烈的变化,会展业的发展让人印象深刻,几乎每个城市都建设了设施完善的会展场地,国内客户的需求和要求变得越来越多,行业竞争也更加激烈。我们必须不停地学习才能持续地对变化作出应变。因此我们提供的服务也变得更多。过去我们被称为"展览主办方",现在我们被叫作"关系经纪人"。我们把关系放到一个大的平台上去考量,这就是会展业的未来。另一变化来自数字世界,这让这个行业的沟通方式也变得不同。现在有一些会展已经不采用传统的推广方式了,而是用社交媒体做一些病毒式的营销活动,在线上与观众和参展商等各方客户进行沟通。励展在技术上投入了很多资金,为客户提供线上和线下并行的客户管理系统,让观众与观众、参展商与观众,都能在这个系统中实现互动。以前我们的会展通常持续3~4天,现在我们会用线上的服务把这个时间拉得更长。

资料来源:郭苏妍.陆思琦:从"展览主办方"到"关系经纪人"[EB/OL].[2014-03-21].http://www.cnena.com/news/bencandy-htm-fid-13-id-50875.html,有改动.

点评

会展组织者的性质类似于中介,通过经营客户关系,最终撮合各方达成交易,获得以展位费为主的客户回报。

第一节　会展客户关系概述

一、会展客户关系的定义

在竞争日益激烈的市场环境下,企业仅靠产品的质量已经很难留住客户,服务成为企业制胜的另一张王牌。会展企业提供的产品以服务为主,因此,很多会展企业在服务上下功夫。会展企业如何利用信息技术,通过对客源的追踪、管理和服务,建立自己的忠诚顾客,吸引新顾客的加入,并针对每个客户的不同需求,提供更为人性化的系列服务,已成为会展企业需要高度重视的问题。

(一) 客户关系管理

客户关系(customer relationship)是指企业为达到其经营目标,主动与客户建立起的某种联系。这种联系可能是单纯的交易关系,也可能是通信联系,也可能是为客户提供一种特殊的接触机会,还可能是为双方利益而形成某种买卖合同或联盟关系。

客户关系管理思想起源于美国。在1980年年初便有所谓的"接触管理"(contact management),即专门收集客户与公司联系的所有信息;1985年,巴巴拉·本德·杰克逊提出了关系营销的概念,使人们对市场营销理论的研究又迈上了一个新的台阶;到1990年则演变成包括电话服务中心支持资料分析的客户关怀(customer care);1999年,Gartner Group Inc公司提出了CRM概念。

客户关系管理是指企业为提高核心竞争力,利用相应的信息技术以及互联网技术来协调企业与顾客间在销售、营销和服务上的交互,从而提升其管理方式,向客户提供创新式的个性化的客户交互和服务的过程。其最终目标是吸引新客户、保留老客户以及将已有客户转为忠实客户,增加市场份额。

(二) 会展客户关系管理

会展客户关系管理是指办展机构通过收集客户信息,在分析客户需求和行为偏好的基础上积累与共享客户知识,并有针对性地对不同客户提供个性化的会展专业服务,以此来培养客户对会展的忠诚度和实现会展与客户的合作共赢共荣;是办展机构以会展客户为中心,不断探究客户需求和行为偏好,有针对性地对不同客户提供个性化会展专业服务,以培养客户满意度和忠诚度的一种经营理念与策略。

会展客户关系管理包括以下含义。

(1)会展办展机构的企业整体管理,需要各部门的协同配合,强调"以客户为中心"的服务理念。

(2)通过细致分析客户信息而采用有效的会展营销战略。

(3)需要技术支持,有数据库、互联网、计算机数据处理的软件系统。

二、会展客户关系管理的重要性

1. 会展业本身特点的需要

会展业具有以下四个基本特点:第一,会展业既是一种经济活动,也是一种社会公共事件;第二,参展企业规模不一、观众来源复杂,目标和期望得到的服务各不相同;第三,观众众多、中小企业所占的比例大,使会展服务对象的数目非常庞大;第四,参展商和观众所需要的服务面很广。会展业的上述特点使会展客户关系管理日益为会展企业所重视。

2. 适应会展业日益激烈竞争的需要

目前,我国会展业竞争已经非常激烈,主要表现在:办展机构之间的竞争日益多样化;同题材会展之间的竞争日益白热化;会展城市之间的竞争日益凸显;我国会展业越来越多地参与国际竞争;会展业相对垄断的趋势越来越明显。为了在会展业激烈的竞争中生存和获取优势,会展必须进行有效的客户关系管理。

3. 会展企业发展的现实需要

会展客户关系管理可以为企业建立强大的客户数据库,也可以帮助办展机构树立以客户为中心的经营理念。培养以客户为主的服务意识,实施客户关系管理,不仅在于实现企业经营管理理念的转变,更重要的是,提高企业寻找新的市场机会的能力。

4. 对客户关系价值重要性的重新认识的需要

随着竞争的日益激烈,不同会展对有限的客户资源的争夺更加白热化,办展机构也日益认识到客户稳定对会展发展的重要性,认识到客户关系在会展经营中的重要地位,认识到保留老客户所付出的成本较低,忠诚的客户关系具有相对的稳定性,因此许多办展机构开始将客户关系管理作为促进会展稳定发展的一项战略。

5. 接触和服务的复杂化的需要

会展的客户群体大而且复杂,会展与客户面对面接触的机会很多,面对众多需求各不相同的客户,会展与客户的接触以及提供的服务日益复杂化。接触和服务的复杂化使办展机构必须创新客户管理办法,能让每个业务员有效分享会展的客户信息与资源,准确地把握每一个客户的需求,为客户提供个性化的服务。

6. 技术飞速发展的需要

信息技术的飞速发展使会展客户关系管理体系日益成熟。如果一个办展机构能比其他竞争对手更好、更快和更廉价地利用客户关系管理来分析客户的需求并提出相应的解决方案,它就必然能在市场竞争中获得比竞争对手更多的竞争优势。为此,应用新技术解决新问题成为许多先进办展机构的必然选择。促进会展客户关系管理体系日益成熟的信息技术主要包括数据处理技术等。

客户关系管理的利器——呼叫中心

呼叫中心又叫作客户中心,它是基于CTI(computer telephony integration,计算机电话集成)技术,充分利用通信网和计算机网的多项功能集成,并与企业连为一体的一个完整的综合信息服务系统,它利用现有的各种先进的通信手段,有效地为客户提供高质量、高效率、全方位的服务。呼叫中心在会展项目的招商招展、客户回访、信息更新等方面具有很强的实用性。

三、会展客户的构成

一般地,在谈到会展客户时,许多人习惯地认为,会展的客户只包括参展商。其实,认为会展的客户只包括参展商是对会展客户含义的一种严重的误解。实际上,会展的客户至少包括三个方面:参展商、观众和会展服务提供商。

(一)参展商

参展商包括会展现有的参展商和潜在的目标参展商。会展现有的参展商是已参加会展的参展商,潜在的目标参展商是因种种原因目前还未参加会展、但会展认为他们将来有可能参加的目标客户。参展商在会展客户群体中处于核心地位,是会展经济效益的主要来源,是会展活动最为核心的客户。参展商主要是企业、销售单位或政府部门。会展主办者的办展经济收益主要来源于参展商的参展费用;参展商在行业中的影响力和代表性直接关系到会展的品质和档次的高低;参展商是否连续参加会展是一个会展成功与否的重要标志。另外,参展商的参展收益是会展综合效益的重要组成部分,参展商收益高,会展主办者的经济收益才有可靠的保障;如果参展商的参展收益不高,会展主办者的经济收益就难有保障,即使会展其他各方面都做得很好,但参展商的参展收益不高,会展的效益就会畸形和难以持久。因此,参展商是会展客户关系管理的中心环节。

(二)观众

观众是会展另一个重要的客户,和参展商一样,观众也有现有观众和潜在的目标观众之分。现有观众是已参观会展的观众,潜在的目标观众是目前还没有到会参观、但会展认为他们将来可能来会展参展的业内人士。观众也有专业观众和普通观众之分。专业观众带有一定商务目的,普通观众则主要是最终消费者。

观众和参展商是会展相互影响的两方面。一方面,参展商在产品展示、交易成交、收集信息、新品发布等方面离不开目标观众。另一方面,观众参观会展的目标的实现也离不开参展商:贸易成交的采购对象主要是参展商,了解行业最新动态离不开参展商的展品展示,收集的信息许多来自参展商。所以,目标观众和参展商的相互影响与配合能在最大程度上提高会展举办的成功率。

(三)会展服务提供商

会展服务提供商主要是为会展主办者、参展商和观众提供服务的部门。他们服务的内容包括展台搭建、展品运输、保险、保安、消防、法律咨询、酒店接待等。会展服务提供商是会展业发展的基本和必要条件。在会展客户关系的构成当中,参展商和观众基本上都是向会展支付费用的,而会展服务提供商则向会展索取费用。为了保证会展服务提供商所提供服务的质量,不影响整个会展的举办,会展主办方应该把会展服务提供商作为自己会展活动中的一个重要组成部分,将会展服务提供商与其他会展客户成员融为一体,提高会展客户关系管理的资源整合效率。

除了以上所说的会展主办方、参展商、观众和会展服务提供商之外,会展活动的参与者还包括政府合作单位、行业协会、展览馆、媒体、赞助商等。会展客户关系示意图如图9-1所示。

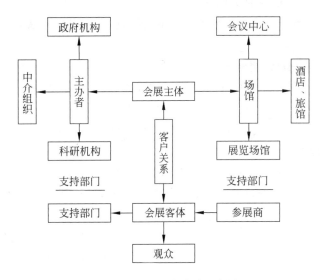

图 9-1　会展客户关系示意图

资料来源:胡芬,刘海燕,李恒.会展项目管理[M].武汉:武汉大学出版社,2014:23.

四、会展客户关系管理的目标和作用

（一）会展客户关系管理的目标

会展企业在经营管理过程中引入客户关系管理理念及系统软件,不仅将客户关系管理"以客户为中心"的管理理念融入会展企业文化中,而且在管理客户信息、预测市场动态、协调客户关系、培植客户忠诚、降低销售成本、提高工作效率、创造客户价值、发展企业战略等多个方面都能够起到积极的作用。如何使客户关系管理所产生的多元效用最大化就是会展企业客户关系管理的终极目标。其实现途径是建立4R的关系文化。

1. R1——**保持**(retain)

所谓保持关系文化,就是指会展企业重视现有客户群体,通过满足或超过客户需求,提高客户满意度,培植客户忠诚度,建立起一种长久信赖的客户关系。

2. R2——**关联**(relation)

关联关系文化体现出会展企业同各种客户群体之间的协调关系,指由于客户与企业建立了基于信任、守信、交流和理解的关系,从而购买相关的产品和服务。

3．R3——推荐(recommend)

推荐关系文化是建立在客户群体对会展企业良好口碑的基础之上的,指由客户满意度带来的口头宣传效应,那些感到满意的客户会向他人传递强有力的信息。

4．R4——恢复(recover)

恢复关系文化是指将失误或者错误导致的客户失望转化成新的机会。通过恢复,可以重申会展对客户的承诺。

(二)会展客户关系管理的作用

进行会展客户关系管理能实现会展与客户之间的合作,共荣共赢。对于会展的举办方来说,会展客户关系管理能起到增加销售量、提高服务质量、降低销售成本、提高客户满意度等作用。

1．增加销售量、提高服务质量

会展客户关系管理是一种以客户为中心的服务管理,在信息技术的支持下,通过分析客户的不同需求,制订出有针对性的服务营销计划,为客户提供个性化服务。这样,不仅有助于提高会展服务质量,而且还可以提高展位、门票等的销售量。

2．降低销售成本

有效的会展客户关系管理可以降低销售成本,主要表现在:一方面,可以留住更多的老客户;另一方面,可以减少开发新市场的成本。研究表明,开发一个新客户的成本比留住一个老客户的成本平均要高出5倍。因而,会展客户关系管理工作的重要目标是要留住老客户,减少老客户的流失,从而降低销售成本。在开发新市场的时候,对会展客户关系管理系统提供的信息资料进行分析、整理、更新,有利于市场开发人员识别有价值的潜在客户,避免盲目性,节约开支。

3．提高客户满意度

作为会展的重要客户——参展商与观众,其参加会展的主要需求可以通过对会展客户关系管理系统提供的信息进行分析而获得。会展组织者以个性化的服务手段,来满足不同客户的需求,使客户获得更佳的参展效果,达到参加会展的目标,从而提高客户满意度,实现会展与客户之间的双赢。只有这样,与客户之间的关系才能固定下来,会展才能长盛不衰。

 拓展阅读

会展的核心在于为客户创造价值

会展业属于现代服务业的范畴,而服务的核心是为客户创造价值。会展的主要客户是参展商和专业观众,如何为他们最大化地创造价值就成为办展机构孜孜以求的目标。

传统的会展组织模式简单,满足于"租馆—卖展位—请观众"三点一线的工作流程。随着会展业作为朝阳产业的不断发展,特别是以互联网为代表的新经济的出现和迅猛发展,越来越多的办展机构开始思考和实践会展核心功能的扩展以及会展为客户创造价值

的不断丰富与创新。"会展营销整体解决方案""个性化服务定制"等围绕会展的核心功能而展开的服务理念及内容的扩展和创新开始成为办展机构追求的目标。

资料来源：张玉奎.创造客户价值是会展提升竞争力的核心 ——慕尼黑展览(上海)有限公司董事总经理毛大奔谈会展业[EB/OL].[2012-03-15].http://doc.qkzz.net/article/df3026fe-acd5-4082-9ff4-9578ed0f7455_2.htm,有改动.

第二节　会展客户关系管理的内容、方法、策略

近年来随着我国会展业的高速发展,参展商和观众的数量都有了大幅度提高,但由于会展企业缺乏对客户关系管理的认知,如何改善与客户沟通的技巧,以及如何对客户关系进行科学的管理,是会展企业目前需要考虑的主要问题。因此,在国际大型会展企业纷纷进入中国之际,增加对客户关系管理的深入了解和实施客户关系管理策略,已经成为新时期我国会展企业持续发展的必然途径。

一、会展客户关系管理的内容

通常情况下,会展客户关系管理的内容主要包括以下三个板块。

（一）客户数据的采集与分析

对办展机构来说,客户管理的基础工作是收集和整理参展商、赞助商以及接受办展机构邀请的专业观众的现实数据,以及纳入办展机构市场开拓目标范围内的其他客户数据,其中参展商数据是重中之重。参展商的数据主要包括参展商的企业性质、规模、历届会展参加情况以及与办展机构的交易额等。

办展机构可以根据自己的需要,将这些数据划分为三个层面。

1. 客户原始记录

客户原始记录是关于客户的基础性资料。它通常是办展机构获得的第一手资料,具体包括以下内容：客户代码、名称、所在国家和地区、具体地址、邮政编码、联系人、电话号码、银行账号等。一般来说,这些信息办展机构可以从专业的企业名录提供商处购买,也可以从相关的行业协会获取。

2. 统计分析资料

统计分析资料主要是办展机构通过客户调查分析得到的资料或向相关信息咨询企业购买的第二手资料。包括客户对会展的态度和评价、客户的合同履行情况与存在的问题、客户与其他竞争者的交易情况、客户的需求特征和发展潜力等。

3. 企业投入记录

企业投入记录是指办展机构与客户进行联系的时间、地点、方式(如访问、打电话)和费用开支,给予哪些优惠(价格、购物券等),提供的产品和服务,合作与支持行为,为争取和保持每个客户所做的其他努力与费用等的记录。

以上所列三个方面是办展机构客户档案的一般性内容。同时应注意到,无论是办展机构自己收集资料,还是向信息咨询企业购买资料都需要一定的费用。所以,办展机构的客户档案应设置哪些内容,不仅取决于客户管理的对象和目的,而且也受到企业费用开支

和收集信息能力的限制。不同企业应根据自身管理决策的需要、资金和客户的需求特点等，选择不同的客户档案内容，以保证档案的经济性和实用性。

（二）客户关系的建立与维护

制定具体的管理策略来推进客户关系的发展并与有潜力的客户建立相互信任的合作关系是办展机构进行客户关系管理的根本出发点和最终目标，而客户信息的收集与整理只是这一过程中的基础工作。所以，办展机构进行客户关系管理的重要内容是根据客户信息，区分客户类别，针对不同的客户类别，投入不同数量的资源并采取不同的管理措施。关于具体的客户关系管理方法和策略，本节还将在下面专门进行阐述，在此不再赘述。

（三）与客户交流信息

从实质上说，办展机构客户关系管理过程就是办展机构与客户交流信息的过程。实现有效的信息交流是办展机构建立和保持企业与客户良好关系的途径。办展机构与客户信息沟通的内容主要包括两个方面：一方面，办展机构充分利用现代信息技术手段及时将会展产品与服务信息提供给参展商以及观众，并给予这些客户以技术支持与良好的售后服务。另一方面，办展机构还需要从展会参加者那里收集到关于客户对展会评价与建议的重要信息。展会客户反馈的信息，既是衡量办展机构承诺目标实现程度的重要指标，又是办展机构及时发现展会举办过程中出现的相关问题的重要途径。一般情况下，投诉是客户反馈信息的重要途径，正确处理客户的意见和投诉，对于消除客户不满、维护客户利益、赢得客户的信任十分重要。

二、会展客户关系管理的方法

会展企业与客户之间建立和发展某种形式的联系，双方均能明显得到效益，实现双赢。对于会展企业而言，则不仅能够降低成本，增加利润，也能在一定程度上控制市场风险，实现企业持续、稳定地发展。一般来讲，企业通过增加提供给顾客的价值、减少客户付出的成本、提高顾客的退出壁垒以增加其转换成本这三种方式实现建立并保持顾客关系的目的。

（一）增加提供给顾客的价值

参展商参加会展，不仅希望能从会展企业得到会展举办期间应得到的基本会展服务，还希望能够获得一些额外的服务，能够使自己购买的会展产品价值更加丰富。参加会展的专业观众也希望在购票参展的同时，能够获取更多的产品价值。因此，会展企业可以通过为参展商或观众提供相关的增值服务，如免费的贵宾服务、亲情服务等，增加客户能感受到的商品和服务的价值。

（二）减少客户付出的成本

会展企业一方面可以通过增加产品附加值来提升顾客满意度；另一方面也可以通过降低客户购买产品的成本来提升客户对产品的认知度。会展企业减少客户成本的付出，主要通过以下两个方面实施：一是直接返还财务利益，减少顾客财务成本，如提供折扣价、积分卡优惠等，这是最直接和最常用的吸引并维持顾客的方法；二是通过提供便利服务，节省顾客的时间和精力，降低其机会成本，如提供单一窗口服务以减少顾客等候时间、接受网上直接订购以减少交易环节。

（三）提高顾客的退出壁垒以增加其转换成本

提高顾客的退出壁垒以增加其转换成本主要表现在两个方面：一是通过顾客对会展企业专有技术的使用和熟悉来实现技术壁垒，如微软的视窗软件对于 PC（个人计算机）桌面处理技术的垄断；二是通过长时间的学习关系，实现顾客对会展企业某一产品或服务的高度依赖。很明显，虽然通过提高顾客退出壁垒的方法对于顾客关系的保持最为彻底和有效，但也是最为困难的，要么企业拥有核心的专有技术，要么需要较长的时间投入。

三、会展客户关系管理的策略

会展客户关系管理的策略表现在以下三个方面。

（一）客户获取策略

会展企业要生存首先要有客户支持，因而 CRM 的第一步是获取客户，即建立客户关系。企业要与客户建立关系，一方面要寻找目标客户；另一方面要让客户了解企业，只有双方都认为可以从对方的交换中获取合理的利益时，这种关系才可能建立。因此，建立客户关系的首要原则是"公平合理"。对会展活动而言，这种公平合理体现为：客户参展可以为会展企业带来可观的经济效益与社会效益，并为会展带来适当水平、档次的产品，保证会展质量，提高会展信誉；同时，通过参展，客户可以利用会展企业提供的专业技术服务更好地包装，以达到拓展市场的目的。这种互利是双方建立关系的前提。会展企业获得客户的策略主要包括加强会展宣传力度和提高管理及服务水平两个方面。

1. 加强会展宣传力度

大多数参展商表示对会展的规格、知名度、同类参展商、主办者的名誉地位、会展企业的资质等要素十分在意。因此，针对目标客户的需求，会展企业需要通过各种有效的传播手段向参展商及观展商报道有关信息，介绍会展项目和相关服务，并将这些信息迅速、准确地输送给客户，争取客户的支持与信任，把他们吸引到自己的会展上来。例如，云南在举办民族服装博览会时，虽然本省少数民族众多、服装服饰多样，但只有本省的物品，终究不能代表全国。于是，主办方通过广泛造势，宣传民族服装业发展的大好前景，对各地产生了很大吸引力，博物馆、厂商、收藏爱好者都纷纷前来，最终汇集了各类服装、服饰3 000 多套，15 000 多件，使博览会取得了成功。

2. 提高管理及服务水平

企业通过宣传将客户吸引到会展中来，还需要凭借高效、完备、优质的服务建立良好的第一印象，赢得客户信任，再进一步留住客户。这就要求会展企业按照国际惯例、遵循国家标准为客户提供现代化、个性化、人性化的服务。香港会展企业不仅具备一流的设备，其服务水平也备受国际同行的称赞。香港的会展公司为参展客户提供全方位的服务。例如，会展开始时，政府官员通常会到现场进行政策、法规问题解答，银行会到现场服务；同时，主办者还与酒店、旅游机构密切合作，为会展参加者提供完善的服务。企业真正为客户着想，使参展商达成更多交易，从而有效地建立了企业与客户的良好关系。互联网技术的迅速发展对会展服务工作提出了"快捷"的要求。在网络经济时代，参展商与观众要求会展企业提供的服务优质、快捷。大多数会展企业对此深有同感，并采取各种措施积极应对，如实行网上招展、网上预订机票与旅馆、对客户的咨询通过 E-mail 及时回复、上传客户需要的有关展会的各种资料等。

（二）客户保留策略

作为办展机构，会展企业长期的工作目标就是要巩固、加深与客户的关系，尽可能留住客户，建立客户忠诚度。具体而言，会展企业需要不断寻求增进关系的方法，理解、满足甚至超越参展客户的期望，预计参展客户可能出现的问题，并尽可能去解决。这就要求会展企业对参展客户的需求变化能充分把握，同时了解客户参展的业务与目的，帮助他们增加利润。

1. 追踪与满足客户的服务需求

只有不断满足客户的需求，才能取得他们的长期信任。最有效地了解参展客户需求的方法就是直截了当地发问，而开座谈会、发调查表和电话访问都是捕捉客户信息的常规方法。参展商的需求在不断变化，这些调查必须持续进行。然而捕捉信息只是第一步，要建立长期相互信任的关系，关键还在于会展企业要学会倾听客户意见和建议并付诸行动。每一位参展商都希望会展企业关心他们，真正为他们的成功而努力。

2. 关注与提高客户的参展交易额

客户参展的直接目的是想通过会展拓展市场，最终达成产品交易。如果专业观众少或质量不高，参展商就不能取得预期收益，他们与会展企业的关系就很难维持，会展企业的市场就会逐步萎缩。因此，会展企业要想从根本上留住客户就必须关注客户在会展上的交易情况，有效组织贸易商，增加参展商的交易额。为了增加目标观众，会展企业必须制定可行的渠道策略，建立高效畅通的会展渠道。西方国家的许多展览公司都有固定的客户渠道，它们能将众多的制造商、贸易商和批发商集中在一起，形成展览大超市，天天搞展示促销，吸引众多的专业观众前来看样品、下订单。例如，成立于1925年的全球展览业协会就是世界展览行业的龙头老大，其成员遍布世界67个国家的140多个城市。

（三）客户忠诚策略

客户忠诚既可以界定为一种行为，也可以界定为一种心态，或者一系列态度、信念及愿望，它的某些组成因素对企业而言确实非常琐碎，但对客户而言又不可或缺。会展企业得益于客户的忠诚行为，而这种行为取决于他们的心态。因此，要建立和保持客户忠诚，最关键的一点就是会展企业应主动开展显示自身忠诚的工作。

1. 实施促销激励

企业管理者在谈到与忠诚客户的关系时，往往首先把注意力集中在促销激励措施上，如价格折扣、免费或低成本地促销产品和服务等，这种现象在会展企业经营中很常见。例如，香港会展中心承接大量会展业务，建立了自己广泛的客户关系。为了培育顾客忠诚度，该中心采取积分激励的措施，即在客户中建立参展积分栏，按其一定时间内在中心参展的记录计次数积分，当积分达到不同数量时，可实施不同级别的奖励，即在缴纳展位租赁费用时享受不同的折扣，以鼓励客户长期参展。另外，免费或低成本促销的优惠形式也比较常见，目的是让忠诚客户从中获利，得到回报。

2．提供获利帮助

举办参展商培训班，就参展的有关问题请权威专家进行讲座，以帮助参展商提高参展效果。这要求会展企业努力了解忠诚客户每次参展的业务和目的，尽量为他们的获利提供支持。例如，在会展取得成功后，会展企业应该从帮助参展商的角度出发，不断寻求提升会展效果的方法，甚至组织参展商座谈会，集思广益，收集成功办展的新举措。

3．加强彼此联系

通过开展各种联谊活动，如成立会员俱乐部等，也能有效加强会展企业与忠诚客户的联系。会展企业可以通过一定的途径，向会员无偿提供商业供求信息，为重点参展商提供展览知识方面的服务以及优先保证他们参加会展企业组织的各种培训，等等。

 **案例思考**

汉诺威信息技术展的服务管理

为了使观众有更多的机会进入各展厅，更好地满足参展商与客户洽谈和交易的需求，汉诺威信息技术展组织者规定不满 15 岁的参观者只能在周日与会展最后一天参观，其他时间则谢绝进入，为的是把更多的参观机会留给专业人士，残疾人还可以享受到半价的优惠待遇。

会展组织者还提供了极为便捷的交通服务。组织者为会展修建了一个可容纳 1 150 辆汽车的多层停车场和一座可以直通会展场馆及东侧停车场的 30 米宽的天桥。此外，有轨电车可直接从汉诺威火车站到达展览中心，两条郊区路线可分别到达展览中心的北边和东边。由于展馆面积太大，主办者还特意在 27 个展馆间开通了几条免费巴士路线，以方便参观者乘坐，不同的路线还用不同的颜色标在站牌和车窗上，以方便搭乘。为了方便参展商，会展还特别提供了网上的在线预订服务，参展商可以通过互联网快速方便地预订会展的相关服务信息，从而为展前的准备工作节省了大量的时间。会展还特设参展服务中心（ASC），在会展举办前和举办期间为参展商提供综合服务，帮助其解决有关安全保卫、停车、会议室、办公区、技术和通信服务等方面的问题。会展还为展团制定细致化的行程安排。

同时，会展的现场组织工作也有条不紊。各展馆间、每个展馆的各个展位间的设计布局合理，十分利于参观。会展餐饮的安排也合理、方便，参观者既可以在各个展馆内部专门开辟的正规餐厅去享用精美的快餐，也可以去展馆外不远处的各种风味餐厅慢慢品味佳肴。

资料来源：展商服务与观众服务［EB/OL］.（2016-03）.汉诺威消费电子、信息及通信博览会官网．http：//www.cebit.com.cn/，有改动.

思考：

会展企业如何培养忠诚的会展客户？

（四）具体策略

会展企业进行客户关系管理具体策略主要有以下几种。

1. 客户细分策略

客户细分是指会展企业把企业的所有客户划分为若干个客户群，同属于一个细分群的客户具有相同或者类似的特征，隶属于不同细分群的客户具有明显的不同特点。客户细分是会展企业进行客户关系管理的前提条件。

（1）狄克（Alan S. Dick）和巴苏（Kunal Basu）的客户细分法。美国学者狄克和巴苏根据客户对企业的产品及服务的续购率与客户对本企业的相对态度把客户划分为忠诚者、潜在忠诚者、虚假忠诚者、不忠诚者（图9-2）。客户对本企业的相对态度指客户偏好本企业的程度以及客户对本企业与其他企业的态度差异。

图9-2　狄克和巴苏的客户细分

A类客户，是指续购率高，觉得某个企业的产品比其他企业的产品更好的忠诚客户。他们是企业和营销人员追求的对象。A类客户一般不会特意收集其他品牌的信息，愿意向他人推荐自己所忠诚的品牌。

B类客户，是指对某个品牌有强烈的偏好，或者觉得这个品牌比其他品牌好，但由于环境因素，购买该品牌产品和服务的频率较低的客户。这类客户是企业的潜在忠诚者。

C类客户，是指虽然经常购买某个品牌的产品和服务，但认为各个品牌的产品和服务差别不大，并没有对某一个品牌的产品和服务产生情感依附的客户。这类客户是企业的虚假忠诚者。

D类客户，是指认为各个品牌无差别，也很少重复购买同一品牌的产品和服务的客户。这类客户对任何企业都不忠诚，他们会经常转换品牌，购买的随意性较大。

（2）英国学者诺克思（Simon Knox）的客户细分法。诺克思根据客户购买的产品和服务的品牌数量与客户的投入程度将客户划分为忠诚者、习惯性购买者、多品牌购买者和品牌改换者（图9-3）。

图9-3　诺克思的客户细分

忠诚者和习惯性购买者往往只购买少数几个品牌的产品与服务，表现出较高程度的行为忠诚。因此，企业为这两类客户服务往往最能获利。但是，忠诚者和习惯性购买者的购买方式不同。忠诚者的投入程度较高，愿意花费时间和精力与企业保持关系；而习惯性购买者每次购买的产品和服务基本上没有什么区别，他们之所以购买某个企业的产品和服务，是因为这个企业能供应他们需要的产品和服务，而不是因为他们对该企业有较强的情感依附。

多品牌购买者和品牌改换者的购买行为比较相似。他们都购买多种品牌的产品和服务。企业为这两类客户服务往往获利不多。这两类客户的购买动机很不相同。多品牌购买者在不同的消费场合购买不同品牌的产品和服务。他们积极寻找各种品牌。品牌改换者一般对价格优惠比较感兴趣。他们的购买策略是以最低的价格购买自己需要的产品和服务。

（3）雷纳兹（Werner Reinartz）和库玛（V. Kumar）的客户细分法。美国学者雷纳兹和库玛根据企业为客户服务所能获得的利润和客户与企业保持关系的时间长短将客户划分为"陌生人""花蝴蝶""真正的朋友"和"藤壶"（附于水面之下的物体上的小甲壳动物）。

"陌生人"指那些对企业不忠诚、企业为他们服务不能盈利的客户。企业应尽早识别"陌生人"，不要花费过多的时间和精力为他们服务。

"花蝴蝶"指那些对企业不忠诚、却可使企业盈利的客户。企业可对这类客户进行短期的硬性推销，尽可能从他们那里获取最大的短期利润。但是，企业应在适当的时候终止与这部分客户的关系。

"真正的朋友"指那些对企业忠诚且能使企业盈利的客户。这类客户对自己与企业的关系比较满意。企业为"真正的朋友"服务，能获得最大的经济收益。因此，企业应采取适当的措施，回报客户的忠诚行为，以便增强"真正的朋友"的忠诚感。

"藤壶"指那些对企业高度忠诚却无法使企业盈利的客户。由于这类客户与企业的交易规模太小，交易次数太少，对于这类客户，企业应首先判断他们的购买能力。如果他们的经济收入低，不可能增加消费量，企业就不值得继续为他们服务。如果他们有较强的购买力，但企业目前对他们的业务占有率较低，企业就应继续为他们服务。

总之，上述三种客户细分方法尽管侧重点有所不同，但共同关注两个非常重要的分类指标。一是客户对本企业的"忠诚程度"；二是客户对本企业的"价值"，即客户对本企业的利润贡献究竟有多大以及是否具有发展潜力等。因此，会展企业要在参展商、赞助商以及观众中，考察哪些客户对会展企业是最忠诚的，哪些客户对会展企业的利润是最有贡献的等。通过客户细分为会展企业有针对性地开展营销工作奠定基础。

2. 客户关系发展策略

客户关系发展策略是指会展企业在客户细分的基础上，为不同类型的客户制定相应的关系发展策略。一般情况下，对于能够给会展企业带来绝大部分利润的忠诚客户，会展企业应该将其列为"战略合作伙伴"，与其建立长期、密切的战略联盟型伙伴关系；对于那些对会展企业具有重要经济价值、但是对会展企业的认可度不是很高的客户，组展商应该努力提高对这些客户服务的水平，争取给这些客户留下好的印象，并最终将其培育成忠诚客户；对那些与会展企业有着良好的合作关系，但是对会展企业利润贡献并不大的参展商，组展商要注重与其建立"维持型合作关系"，因为这些参展商虽然对利润的贡献不大，但是对提升会展的人气来说非常重要，所以会展企业需要尊重并维护和这些客户的合作关系，但不必投入过多的精力；而对那些在会展企业利润方面几乎没有贡献同时又对会展企业特别挑剔的客户，会展企业最好采取委婉谢绝的策略，如提高参展门槛等措施，终止与他们的合作关系。

3. 营销资源分配策略

会展企业应为不同的客户关系分配相应的企业资源。对于忠实于会展企业同时对会展企业利润贡献较大的客户，会展企业应投入足够的资源，致力于长期密切合作；对于那些对会展企业利润贡献大、但是尚没有建立相互信任合作关系的客户，会展企业也要投入较大的资源，促进与这些潜在战略合作伙伴的客户关系的发展；对于那些忠实于会展企业、但是对会展企业利润贡献不大的客户，会展企业不应为其投入过多的资源；最后，对于那些对会展企业利润贡献不大、同时又不忠诚于会展企业的客户，会展企业应将对其的资源投入降至最低。

4. 客户关系的健康发展战略

为使客户关系得以健康发展,会展企业一方面要维系现已建立的与价值客户(战略客户和主要客户)之间的良好的信息共享、信息交换关系;另一方面要促使客户关系的提升发展,使普通的交易客户向主要客户转变,主要客户向战略客户转变,从而实现企业盈利最大化的目标。

 **拓展阅读**

大数据与会展客户关系管理

(1) 基于客户洞察的分析,推断预测客户的需求。具体到会展,表现为"会展立项"分析。

(2) 数据收集与分析。大数据时代的一个重要特征是对数据的专业分析。在这方面,会展业还"任重道远"。

(3) 会展现场的管理方面。通过观众"跟踪"技术,如 RFID(射频识别)技术或蓝牙NFC(近距离无线通信)技术,优化门禁系统,特别是"跟踪"观众在会展场馆的活动轨迹和规律,分析人们对产品及企业的关注度,并调整展览的运营管理。这方面已经有一些很好的实践和探索。一方面,展商和买家(终端)可以在现场利用相关技术实现对彼此位置的准确感知,尝试更高效率的贸易合作;在展后,展商也可以查询哪些客户到过展台,对哪些产品感兴趣,以实现精准营销和产品结构及功能的调整。另一方面,主办方通过大数据了解客户喜好和感兴趣的产品信息,可以更好地对展览项目进行调整,为客户服务。

资料来源：沙克仲. 关于会展业大数据的几点认识[EB/OL]. [2015-04-08]. http://www.cnena.com/news/bencandy-htm-fid-13-id-60524.html,有改动.

第三节　会展客户关系管理流程

客户关系管理的实施是一个循环往复的过程,是一个螺旋式上升的过程。会展企业客户关系管理的实施流程如图 9-4 所示,包括收集客户信息、制订客户方案、实现互动反馈和评估活动绩效四个环节,继而上升到新一轮循环。

图 9-4　会展企业客户关系管理的实施流程

一、收集客户信息，发现市场机遇

会展企业客户关系管理流程的第一步就是分析会展市场客户信息以识别市场机遇和制定投资策略。在展前阶段，会展企业通过自有的参展商、观众和服务商数据库收集信息。在展中阶段，会展企业可以通过客户资料登记以及客户现场沟通获取参展商和观众的信息。在展后阶段，会展企业可以通过发布会总结资料获取信息。它通过客户识别、客户细分和客户预测来完成。

1. 会展客户识别

会展企业所面对的客户市场是一个广泛而复杂的群体，不同的客户有着不同的参展需求。会展客户识别即在广泛的客户群体中，通过各种客户互动途径，包括因特网、客户跟踪系统、呼叫中心档案等，收集详尽的数据，包括客户资料、消费偏好以及交易历史资料等，储存到客户数据库中，然后将不同部门的客户数据库整合成单一的客户数据库（表 9-1）。同时把它们转化成管理层和计划人员可以使用的知识与信息，使其从中识别出有参展需求的客户。收集客户信息的渠道见表 9-2。

表 9-1 会展客户数据库中的信息

参展商信息	全部展商清单/本年签约展商/潜在展商/未审核展商/展商回收站/邮编为空的展商清单/联系人为空的展商清单/打印展商信封/批量展商分配/未分配展商清单/组团设置	展位数量排序表/展商经营产品项目统计表/展商投入金额排序表/展商地区统计表/海外展商统计表	展商款项情况表/展商广告款项情况表/展商活动款项情况表/展商运输款项情况表/展商租赁款项情况表
专业观众信息	观众清单/本届预登记观众/未审核观众/观众回收站/错误列表/重复记录列表/条形码/重复观众/地址为空观众/邮编为空观众/城市错误观众/国家错误观众/姓名地址重复观众/打印观众信封/成批设置观众条形码/成批删除未参展观众/观众查看	观众查询统计/观众职业统计/观众企业性质统计/观众经营产品项目统计/观众地区统计/海外观众统计/观众入场情况统计/观众来源统计	从网上导入观众数据/标准观众数据导入/将有条码观众导出到 Excel
供应商信息	展馆 / 酒店 / 租车公司	公关公司 / 展品运输公司	展示设计公司 / 广告公司
主办单位信息	主办单位 / 协办单位	支持单位 / 开幕嘉宾	媒体

资料来源：庾为.会展营销[M].天津：南开大学出版社，2011：274.

2. 会展客户细分

通过集中有参展需求的客户信息，会展企业可以对所有不同需求信息之间的复杂关系进行分析，按照需求差异进行客户市场的细分，并描述每一类客户的行为模式。最终会展企业可以根据会展的主题定位，从中选择某些客户需求群体进行专门的市场营销。

表 9-2　收集客户信息的渠道

分类	方　法	解　　释
外部	客户调查表	较为便捷,但不能进行深入的调查了解
	电话调查访谈	较常见的方式
	现场采访调查	近距离交流,便于采访者见机行事,对访谈内容有较大的掌控空间,调查内容针对性较强
	新闻媒体宣传报道	影响面较大,具有一定可信度
	相关文献资料查阅	来源主要包括政府部门、行业协会、企业、高校、竞争对手等,获取信息非常全面且有针对性
内部	展会客户数据库	主要针对老展会
	员工意见反馈	要求与客户接触的员工有一定商务意识,认真捕捉信息并能及时反馈
	现场观察	最可靠的方法之一

3. 会展客户预测

会展客户预测是通过分析目标客户的历史信息和客户特征,预测客户在本次会展活动中,在各种市场变化与营销活动情况下,可能的服务期望和参展行为的细微变化,以此作为客户管理决策的依据。

二、制订客户方案,实施定制服务

定制服务即针对客户类别,设计适合客户的服务与市场营销活动。现实当中,企业对于各类客户通常是一视同仁的,而且定期进行客户活动。但是从客户关系管理的观念来看,这样做显然是不合适的,客户关系管理要求"看人下菜"。它要求会展企业在全面收集客户信息的基础上,针对项目客户,预先确定专门的会展活动,制订服务计划。这就加强了会展企业营销人员以及会展服务团队在展前的有效准备和在展中的针对性服务,提高了会展企业在客户互动中的投资机会。在这一流程中会展企业通常要使用营销宣传策略,向目标客户输送会展各项服务信息,以吸引客户的注意力。

1. 确定细分客户群的标准

确定细分客户群的标准,包括参展商的个性化资料、参展频率、参展方式、地理区位、关系网等。

2. 深入分析客户群信息

对客户群的信息进行进一步分析,以便识别具有不同价值的客户或客户群。

3. 制定不同的服务策略

对于不同的客户群,会展企业应确定不同客户群的价值(表 9-3)、重要程度,并针对不同客户群的购买行为、期望值制定不同的营销服务策略。

表 9-3   客户价值分类

发展阶段	客户分类	交易情况	投入情况	客户价值排序
未建立关系	潜在客户	无	少量投入	5
初步建立关系	新客户	较少	投入量最大	3
关系发展中	发展中客户	快速上升	投入逐渐减少	2
关系稳定	稳定客户	达到最大	投入较少,只需维持投入	1
关系减弱	撤退客户	逐步减少	投入减少	4
关系不稳定	风险客户	不确定	不确定	6
关系结束	无价值客户	降至无	几乎没有投入	7

资料来源:李敏.会展会议活动项目管理手册[M].北京:中国电力出版社,2015:295.

 知识链接

会展客户价值

会展客户价值是指为了让客户最大限度地对会展满意,办展机构必须充分注意增加客户的总价值和减少客户参加会展的总成本。客户总价值与客户总成本之差就是客户让渡价值,即客户价值。

会展客户总价值包括会展价值、服务价值、人员价值、形象价值和个人价值五个方面。客户总成本包括货币成本、时间成本、精力成本和心理成本四个方面。

三、实现互动反馈,追踪需求变化

这是会展企业借助及时的信息提供来执行和管理与客户(及潜在客户)的沟通的关键性活动阶段,它使用各种各样的互动渠道和前端办公应用系统,包括客户跟踪系统、销售应用系统、客户接触应用和互动应用系统。通过与客户的互动,会展企业可以随时追踪有关参展商的需求变化以及参展后的有关评价,不断修改客户方案。以往市场营销活动一经推出,通常无法及时监控活动带来的反应,效果如何往往最后以销售成绩来判定。客户关系管理却可以对过去市场营销活动的资料进行相关分析,并且通过客户服务中心或呼叫中心及时地进行互动反馈,实时调整进一步的营销活动。

四、评估活动绩效,改善客户关系

这是会展企业客户关系管理的一个循环过程即将结束时,对所实施的方案计划进行绩效分析和考核的阶段。客户关系管理通过各种市场活动、销售与客户资料的综合分析,建立一套标准化的考核模式,考核施行成效,并通过捕捉和分析来自互动反馈中的数据,理解客户对企业各项营销活动所产生的具体反应,为下一个客户关系管理循环提出新的建议,以此不断改善会展企业的客户关系。

请根据所学知识，自己假定情境，撰写一个会展客户关系管理计划。

第四节　会展客户关系管理系统

一、会展客户关系管理模块的管理对象

现代会展是由若干相互联系的要素有机构成的一个系统，在这个会展系统中存在着五大基本要素：一是会展的主体，即会展的参展厂商为会展的客户；二是会展的经营部门或机构，即专业行业协会和会展公司是会展的组织者；三是会展的客体，即会展的展示场所为会展馆或会展中心；四是会展市场，即参展厂商获取信息和宣传企业形象的渠道；五是参观会展的观众，即最终的用户和消费者。

会展管理软件的客户关系管理模块的管理对象全面涵盖现代展览系统的基本要素，它们是会展软件的主要管理对象，也是系统管理和服务的中心。"提高客户满意度"中提及的"客户"主要就是以上五要素。会展管理软件的客户关系管理模块的管理对象在下面进行详细介绍。

（一）参展厂商——系统的动力层次

参展厂商亦称参展客户，是基于三个方面的原因：①参展厂商为系统最基础的要素，没有参展厂商的参与根本就不存在展览会。参展厂商之所以成为系统的动力层次，主要是因为市场的需求和参展厂商的存在，才产生了展览系统的其他要素。②参展厂商是系统得以存在和发展的原始动力。如果没有参展厂商的展览行为，就不会产生展览组织者和观众的行为，也就无所谓展览系统了。③参展厂商是系统具有活力的前提。事实表明，凡是参展厂商群体庞大、行业组织支持度高、展览竞争越激烈的地区，展览系统越活跃。

（二）展览组织者——系统的主体

凡以经营展览业务为盈利手段的单位都属于展览经营部门。目前我国的展览组织者有专营、兼营和代理三种形式。在成熟的展览系统中，展览组织者这个要素是指专营展览业务的机构和部门，即展览公司和一些行业协会。展览组织者在展览系统中的作用使它成为系统的主体。这是因为在展览系统中，只有展览组织者处于核心和支配地位，它不但决定展览的性质、特点和形式，而且决定展览的最终效果，所以，展览组织者的状况决定展览系统状况。

（三）会展的媒体（展示场所）——系统的神经

展览媒体是指展示场所——展览馆或展览中心。展览项目经过策划后，如果不通过一定的方式集中向消费者展现其中的成果，展览的意义也就不存在了。在展览系统中，展览的生命在于展现和传播。媒体与展览组织者（主办单位）、市场和观众（消费者）所发生的密切的联系。参展厂商与展馆的联系通过展览组织者来实现。在展览系统中，展览场所的主要功能就是通过提供媒介及形象展示，付出智慧，传播信息，其情形恰似系统的

神经。

（四）展览市场——系统结构的纽带

展览系统中的市场是指广义的市场，因为展览系统是一个开放的系统，它所涉及的内容和经济关系远远超出了纯粹商品交换的范围。在这个系统中，既有以展览为媒介反映参展厂商和消费者关系的商品交换行为，也有反映参展厂商与展览组织者和展馆之间的分工协作行为。在展览系统中，市场这个要素的重要性随着商品经济的发展日益显著，一方面，它使系统其他要素的功能通过市场发生有机的联系，各要素之间的联系一定要通过市场的商品交换来实现，没有商品交换的展览活动是不可思议的。即使是那种以树立企业形象和创造品牌印象为目的的战略性展览也是为商品交换的顺利进行所做的一种准备工作；另一方面，市场以它特殊的功能调整着系统各要素之间的关系因为各要素的行为方式的变化和行为后果，都要从市场中得到反馈。以市场为媒介反映出的展览信息必然会影响各个要素之间的关系，组织者以此为据，作出相应的反应和调整。所以市场是展览系统的纽带。

（五）参观展览的观众（消费者）——系统结构的起点和终止

消费者就是商品的购买者或使用者，包括生产消费者和生活消费者。消费者这个要素在商品经济活跃发展的条件下，其数量是很难确定的。在展览系统结构中，消费者是一切展览行为的起点。从社会再生产过程中看，如果没有消费，便不可能存在有目的的生产，没有生产便不可能产生参展厂商，也就不可能有其他行为。消费者还是展览行为的终点，因为展览活动之最终目的是满足消费者的购买和选择的需要，展览效果的好坏也要由消费者最后决定。

二、会展客户关系管理系统理论模块

会展 CRM 的理论模块是软件开发前对系统开发目标在理论上的明确和设计，一般应用型软件的开发都要经过系统需求分析、系统设计、系统实施工程和系统维护更新几个阶段，理论模块的构建是整个系统开发的基础和指导。结合国内会展企业的运作模式和特征，总结得出会展企业 CRM 在理论上的完善信息流程如图 9-5 所示，将有助于我们研究国内会展客户关系管理系统在理论和技术上的构建，并逐步引导其升级。会展客户关系管理系统理论模块的构建主要基于以下几个方面。

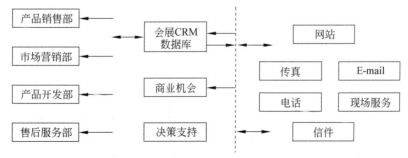

图 9-5 会展客户关系管理平台信息流程

资料来源：胡芬.会展项目管理[M].武汉：武汉大学出版社，2014：30.

(一) 理念模块

CRM 系统需对业界发展前景有一个清晰的认识,每个决策和执行功能都能朝着特定目标发展,并最终实现它。CRM 系统的理念应基于"以客户为中心"的待客态度、客户的价值观(CVP)及整体会展品牌的价值。CRM 系统的理念,应充分考虑如何使会展企业从竞争中凸显出来;使目标客户知道名牌会展能给他们什么样的期望;使会展企业的员工知道如何得到外部客户经验并成功地分享;CRM 系统的理念更应把激发员工斗志、增加客户忠诚度、赢得市场份额作为重要的基础工程。

(二) 战略模块

CRM 战略瞄准的收益目标及方向与企业商业战略应是一致的,应为企业增加盈利的机会。"客户的忠诚度"是会展企业与客户关系的"良性因素"之一,意味着客户愿意接受企业"品牌会展"的服务并愿花更多的时间和钱,会向其他人推荐该企业并且不介意付一些额外的费用。CRM 战略就是从如何实现"品牌会展"收益的角度出发,发现、赢得、发展并且维持有价值的客户。

(三) 经验模块

好的经验可以提升客户对会展企业的满意度、信任度和较长久的忠诚度,差的经验则正好相反,会严重影响企业增进与潜在客户的关系,且最终失去客户。因此,客户与企业交往的经验深刻地影响他们对该企业的印象——这就要求 CRM 系统对"客户经验"在客户关系中的价值和重要性有功能上的预置。

(四) 协调模块

无论是个人、团队还是整个会展企业,都要更加关注客户的需求。会展 CRM 系统的协调功能应能"以变应变",无论变化来自何方,如组织结构、动机、补救、方法甚至企业文化的变化,特别是正在管理上发生的变化。其实企业从技术上导入 CRM 系统并不能使企业进入"以客户为中心"的时代,唯有企业自身从理念到行为实现根本的转变。

三、会展客户关系管理系统技术模块

在国内,有些会展企业甚至从未有过基本的管理信息系统(MIS),这与欧美企业在信息化和自动化程度上有很大的差距及不同,也就决定了中国市场所需要的 CRM 产品不是西方 CRM 模型的汉化,我国会展企业目前所需的 CRM 系统还处于操作层次和分析层次,具体主要包括以下几个重要的功能模块。

(一) 数据集成与数据挖掘功能模块

收集客户的信息可以说是客户关系管理的第一步。零乱或不完整的客户信息是没有用的,数据需要转化为信息,只有健全、准确、持续的客户信息才有使用价值。首先必须建立起完善和高效率的客户采集系统,提供能够与客户畅通无阻沟通的 CRM 平台,在与会展客户多种方式的接触过程中,大量关于客户、合作单位、参展商、贸易商的记录和商业机会的信息资料分散于各部门或岗位员工的私人邮件、文本文档、传真件、工作簿中,这就要求建立起完善的客户信息入库登记制度。然后通过科学手段对客户信息进行去伪存真,精心提炼出客户信息，使其具备利用价值。利用数据仓库的数据对会展业务和行业进行分析预测，对原有和潜在顾客的消费行为进行分析，提供报告和预测未来发展的模型。

（二）客户价值评估功能模块

客户价值的评估是筛选客户的基础。客户价值评估用于进行客户利润贡献度和客户生命周期价值评估，客户价值的判断标准是客户在全价值生涯中给企业带来的利益（即全生涯周期利润，CLP），而非与客户的交易额，基于对 CLP 的预测，选择客户的当前价值、客户的增值潜力两个维度指标对客户进行组合排列得到：铁质客户、铅质客户、白金客户、黄金客户四种类型，同时还可以建立潜在客户价值评价模型及其应用策略、潜在客户各种转化形态的实现条件、机理以及转化策略。CRM 系统非常关注客户价值，并且应具备为 CRM 其他功能模块（特别是呼叫中心和门户网站）提供实时支持的能力，应该将企业资源（推广的经费及与客户保持联系交流等）放在回报较高的客户群上。

（三）客户分类管理功能模块

客户的分类管理是实现优质服务的前提。客户分类管理主要包括以下内容：一是确定细分会展客户群的标准，包括参展商的个性化资料、参展支付费用及频率、参展方式、地理区位、客户的关系网等；二是对会展客户群信息进一步分析，以便识别不同价值的客户或客户群；三是对不同客户群的管理，会展企业确定不同客户群对企业的价值、重要程度，并针对不同客户群的消费行为、期望值等制定不同的销售服务策略。虽然淘汰不良客户资料可能在短时期内对会展影响不好，但是从长期看，健康的客户渠道才能造就健康的品牌会展。对客户信息的分类管理将有助于完善管理和信息的功能。

（四）客户与市场信息互动处理功能模块

客户与市场信息的互动处理是维持良好客户关系的根本保障和措施。随着因特网、移动通信网络的发展，越来越多的会展客户习惯于通过计算机、手机等方式与会展企业交流沟通，电子商务和呼叫中心的建立及不断完善大大地提高了企业客户信息的处理效率，系统能够自动为客户提供客户信息查询、历史交易查询等，还可为客户提供多样化、个性化的服务，及时反馈客户的需求信息，实时调整服务的内容和策略，最终真正、最大限度地发挥信息对营销和竞争的作用。会展客户关系管理技术系统模型如图 9-6 所示。

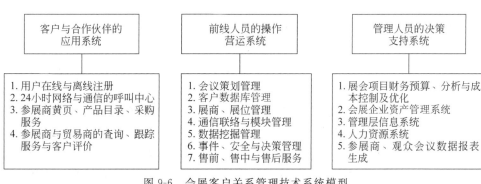

图 9-6　会展客户关系管理技术系统模型

资料来源：胡芬.会展项目管理［M］.武汉：武汉大学出版社，2014：30.

拓展阅读

"互联网+"背景下的会展客户信息管理——苦瓜软件成功之道

苦瓜软件在开发时,首先考虑到的是用户的使用需求,在灵活性之外,其任何一个功能特征都为使用者考虑到了通用性的特点。苦瓜软件在做产品开发时提前定义了功能的相关规则,客户可以根据实际需求自己去创建。例如"提醒"功能,传统的软件产品是将客户需要的提醒在系统里定义好,后期增加则需付费进行二次开发。苦瓜软件的处理是,用户可以自定义规则,如分配数据、给同事指派任务、创建合同等,类似这样的操作都可以被视为某种规则,出现这种情形时,用户需要增加的提醒功能内容就可以进行自定义。

随着很多会展企业业务越来越多元化,一款好用的会展软件应当具备持续使用的延展性,而不是每隔四五年就需要重新购买一套会展 CRM 系统。苦瓜软件在每个功能模块上,设置了灵活的延展空间,可以适用于不同的业务流程。用户只需在使用时配套不同的功能模块,而无须重新购置两套互不兼容的管理系统,这无疑大大降低了企业的成本,并延长了软件的使用寿命。能够提供"软件+顾问式服务"的会展软件产品,在会展企业走向信息化的未来大趋势上将发挥更大的作用。

资料来源:会展业的信息化变革:"软件+顾问式服务"成大趋势[EB/OL].[2014-08-05]. http://finance. china.com/fin/sxy/201408/05/0804303.html,有改动.

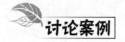

讨论案例

解决广交会的客户烦恼

中国进出口商品交易会又称广交会,创办于 1957 年春季,每年春秋两季在广州举办,是中国目前历史最长、层次最高、规模最大、商品种类最全、到会客商最多、成交效果最好的综合性国际贸易盛会。广交会由 50 个交易团组成,有数千家资信良好、实力雄厚的外贸公司、生产企业、科研院所、外商独资企业、私营企业参展。自广交会创办以来,其取得了骄人的成绩,同时也暴露出许多问题。例如广交会上,上万客商云集,价格透明度非常高,出口厂商杀价竞争的情况非常严重,结果是低价竞争吞噬了本来就微薄的利润;还有,展位的供不应求现象又催生了"黑展位"交易,定价几万元的展位被以数倍的高价转手倒卖也是公开的秘密。2007 年 4 月 15 日广交会由中国出口商品交易会更名为中国进出口商品交易会,易名后在会展上设立进口展区,无疑可以借助广交会的品牌优势和影响,吸引更多的国外企业和国际知名品牌商品参展。但从"出口窗口"到"进口平台"合二为一的会展方式并不符合会展自身的发展规律。目前的广交会是一个庞杂的综合会展系统,而非高新技术专业会展,其性质决定了参会的中方企业主要是来做出口成交,到会的外商是来采购低廉的中国商品。一国进口国外产品,有一个质量、品牌、价格、售后等选择的范围与取舍过程,诸如进口产品的技术外溢度、新型材料、结构与国别之甄选等,这些要素并不能在广交会上得以自我实现。这一切都加剧了看上去热闹但实际上失衡的恶性竞争。结果导致参展商以高昂的成本投入,却不能获得期望的消费价值,最终失去参展的兴趣。

资料来源:揭开广交会摊位倒卖黑幕[EB/OL]. http://www.home intour.com/huizhan/huizhandt-954.html,有改动.

思考:

1. 结合案例,分析如何实施参展商客户管理。未来客户关系管理的重点是什么?
2. 试论述广交会如何进行关系营销。

本 章 小 结

本章内容包含会展客户关系管理的概念和内涵;会展客户的构成;客户关系管理的目标和作用;会展客户关系管理的内容、方法和策略;会展客户关系管理的流程;会展客户关系管理系统。

复 习 思 考 题

1. 讨论会展为什么要进行客户关系管理?
2. 会展的客户分别具有怎样的需求?
3. 会展客户关系管理的创新对策有哪些?
4. 说明狄克和巴苏的客户细分法、诺克思的客户细分法、雷纳兹和库玛的客户细分法,并进行比较。
5. 简述会展客户关系管理系统的功能模块。
6. 论述如何培养忠诚的会展客户。

即 测 即 练

第十章

会展危机管理

引 言

党的二十大报告指出"必须坚持问题导向。问题是时代的声音,回答并指导解决问题是理论的根本任务。今天我们所面临问题的复杂程度、解决问题的艰巨程度明显加大,给理论创新提出了全新要求。要增强问题意识,聚焦实践遇到的新问题、改革发展稳定存在的深层次问题等,不断提出真正解决问题的新理念新思路新办法"。会展项目中环节多、工作任务复杂,存在诸多变动因素,危机情况随时可能出现。必须培养问题意识,勇敢地解决问题,创新、灵活地解决危机。

会展业是一种很容易"受伤"的行业,即使是很周全的会展也经受不住一些突发危机事件的冲击。市场环境瞬息万变,各种突发因素难以预料成为危机爆发的导火索。但是如果"盗窃门""踩踏门""示威门"之类本可以避免的危机却没能控制住,就会使得会展遭遇不必要的损失。如果会展危机防控意识淡薄,监管力度不够,就会增加会展危机发生的概率。因此,危机预防和管理必须引起会展企业足够的关注,把危机发生的概率降到最低。

本章在阐述会展危机概念的同时,从会展危机管理内容、原则、要点、阶段以及常见会展危机的处理等方面系统介绍了会展危机管理的理论与具体方法。这些对于会展应对各种突发事件具有十分重要的理论和实践意义。

本章学习目标

➢ 了解会展危机的概念、特点以及类型;
➢ 理解会展危机管理的原则,熟悉会展危机管理的内容以及要点;
➢ 了解并熟悉会展常见的安全危机的表现形式以及处理方式;
➢ 了解并理解会展危机的预防原则,熟悉并掌握会展危机预防策略,熟悉危机处理。

导入案例

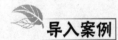

香港珠宝展会 数百万元钻石被盗

2015 年 6 月 25 日,在香港湾仔会展开幕的"六月香港珠宝首饰展览会",疑遭珠宝贼团攻陷,首天发生 12 宗失窃案,其中 8 宗共被盗走 9 颗名贵钻石,总值 560 万港元。珠宝贼团以"偷龙转凤"及"声东击西"等手段,在会展摊位下手盗窃,其间屡次得手。25 日中午 12 时许,两名女子在会场内假扮买家,要求一个参展商摊位职员取出珠宝货品观看,细看一番后离开。28 岁张姓女职员收回珠宝后检查,发现其中一颗钻石和原本取出的不同,怀疑钻石遭人"偷龙转凤",遂迅速截停两女并报警。

资料来源:香港珠宝展首天发生 12 宗失窃案 560 万钻石被盗[EB/OL]. [2015-06-26]. http://news.163.com/15/0626/23/AT2SNIHV00014AED.html,有改动。

名贵首饰在日本展览中失窃　价值近百万人民币

2016 年 1 月 20 日,在日本东京会展中心举办的"第 27 届国际首饰展"发生了一起失窃案,一枚钻石戒指和一条高级珍珠项链被盗,价值约合 1 700 万日元(约 95 万元人民币)。据报道,此次盗窃案发生在当地时间 1 月 20 日下午,参加首饰展的一家首饰公司发现一只钻石戒指(约 280 万日元)和一条珍珠项链(约 1 460 万日元)不翼而飞。此次展出共有约 1 180 家厂商参展。工作人员在 20 日闭馆后才发觉首饰不翼而飞并立即报警。

资料来源:日本东京第 27 届国际首饰展发生一起失窃案[EB/OL]. [2016-06-22]. http://www.cnena.com/News/bencandy-htm-fid-55-id-67686.html,有改动.

点评
会展危机预防是会展成功的重要前提。

第一节　会展危机

一、会展危机相关概念

世界旅游组织把危机定义为:影响旅行者对一个目的地的信心并扰乱继续正常经营的非预期事件。这类事件可能以无限多样的形式在许多年中不断发生。罗森塔尔和皮内伯格认为危机是具有严重威胁、不确定性和危机感的场景。

对于会展业而言,危机是指影响参展商和观众对会展举行目的的信心和扰乱会展组织主体继续正常经营的非预期性事件。结合上述危机的定义,本书认为会展危机是指会展活动中一切潜在的对相关主体的威胁的总称,这种威胁是不确定的,隐含在会展活动的整个过程中。其中一切相关主体包括会展活动中涉及的人,会展的展品,会展设备,会展的流程、策划等;既包括对人、财、物的威胁,也包括对会展的软环境的威胁。会展项目从策划、立项、招展到开幕一般需要一年甚至几年的时间,一旦受到干扰,会展组织者会损失惨重。例如,2003 年春天的"非典"疫情让全国展览会的收入下降了近 55%,利润下降了约 60%。

二、会展危机的特点

(一)危害性

危机的不可预知性会给产业或企业带来损失,有时这种损失是不可估量的,损失可能是有形的,也可能是无形的。有形的损失可以衡量,如危机造成机器设备、房屋建筑等的毁坏,导致资金流失甚至人身伤亡;无形的损失难以衡量,如危机破坏国家或企业形象、声誉,导致整个市场低迷,由此给国家或企业带来的负面影响可能在很长一段时间内都难以消除。

(二)突发性

危机是偶发事件,一旦爆发,事物原有的发展格局突然被打乱,人们无所适从。危机事件中的混乱局面使人们既得利益丧失,面临一个全新的不熟悉的环境,使人们更加感到危机是突发性的。

（三）不确定性

危机事件具有很大的不确定性,这是会展危机的本质性特征。"会展"因为它的技术含量和复杂程度,又使它在整个社会的经济运行中和方方面面都有千丝万缕的联系,无形中增加了这个行业的许多不确定性。人们很难判断危机事件是否会发生,也很难预测它发生的时间。人们依据以往经验作出预测,但有些危机事件只发生一次,人们依据以往经验和统计规律去判断往往会作出错误的预测。另外危机情景也有很大的不确定性,由于危机的发展受各种因素的影响,特别是不可控因素的影响,所以发展经常出人意料,因而在危机事件中要密切关注危机的进展,如2001年美国的"9·11"事件以及中国2003年经历的"非典"疫情等重大意外性事件。它令人感到意外和突然,也给人们带来惊恐和不安。

（四）紧迫性

紧迫性是会展危机的实践性特征,由于事发突然,要求相关单位及时作出反应和应对方案,因为任何拖延行为都会为组织带来不可估量的损失。而且危机的发展也非常迅速,随着危机的发展,危机造成的损失会变大。所以在危机中,时间非常紧迫,对时间的把握很大程度上决定了危机事件管理是否有效。

三、会展危机的类型

每当会展拉开序幕,人们从四面八方相约而至,从此刻开始,会展危机也就相伴而来。诸如会展活动场馆的规模和区位(社会治安状况、周边交通环境、场馆设施条件等);当地的气候条件和变化;会展活动的时间和性质、特征;会场的食物、水、饮品、与会人数、现场消防和动力安全;等等,随着各种变量因素的积累和变异,将会产生各种难以预测和控制的后果。

（一）按危机发生的动机划分

1. 自然危机

这是指由自然因素引起的危机,诸如突然发生地震、海啸、飓风或暴雨、洪水等重大自然灾害。这是办展者无法抗拒的,当属不可控制范畴。为了防范这些危机,办展者一定要加强与政府相关管理部门的信息沟通,一旦获得消息,定要"宁可信其有,不可信其无"。会展活动要做好时间调整,及时更改会展日期或变更场地,直至被迫终止而避开危机的发生。

2. 人为危机

人为危机是指事故的发生是人为因素或人的不安全行为所导致的事先有预谋的危害,如恐怖袭击、爆炸、食物投毒、偷盗等有预谋的事件,还有工作人员的疏忽因素导致的危害,如现场踩踏事件、工程事故、火灾等。

（二）按危机波及的范围划分

按危机波及的范围,会展危机可划分为国际危机、国内危机、组织危机。

（三）按危机的类型划分

(1) 医疗保健型。如食物中毒、传染病疫情、群体不明原因疾病。

(2) 安全事务型。如火灾、盗窃、工程事故、电脑病毒。

(3) 政策和法律法规型。如劳动纠纷、合同纠纷。

(4) 重大活动变更型。如天气原因、嘉宾缺席。

（四）按危机发生的状态划分

（1）可以控制型。

（2）不可控制型。

2012 年伦敦奥运会遭市民游行示威抗议

伴随着奥运会金牌日的到来,各国运动员在奥运会上披荆斩棘,创造了一个个奇迹,然而在赛场外,英国民众却在用自己的方式表达着对政府举办奥运会的不满。英国当地时间 7 月 28 日 12 点左右,伦敦大批民众在奥林匹克公园附近地区举行示威游行,抗议伦敦奥运会过度商业化,以及对所谓的承诺的背弃。

在 2012 年伦敦奥运会的开幕式上,主办方将英国全民医疗保障体系 NHS 作为亮点展示给全世界的观众,但参加示威游行的民众认为,英国人引以为豪的全民医疗保障体系已经受到了奥运会的影响。由于经济不景气,又耗资办奥运,政府对医疗保障的投入减少,部分公立医院关门,很多医护人员被裁,普通百姓可以获得的医疗服务大打折扣。这次游行走在最前面的就是那些最有可能受到影响的残疾人。除此之外,英国政府借助奥运发展伦敦东区的承诺能否实现也大受质疑。

抗议活动组织者史蒂尔说:"政府许诺重新开发这里,帮助社区增加就业,但实际上他们关闭了这里的很多设施,限制出行,到处搜查,显示出对伦敦东区百姓的一种蔑视。"抗议者称,奥运会本应是人民的运动会,但它已经被全球性大公司和大金融机构所操纵,成了宣传他们品牌的市场。一位女士告诉记者:"体育运动,世界和平,这些都很好,但我认为这次的奥运会,被大赞助商劫持了。"

尽管如此,抗议者同时强调,他们无意对伦敦奥运会的举行造成干扰,而且也不都是对奥运会在伦敦举办表示不满。游行途中,一些人打出了五环旗,表示自己对奥运会本身的支持。

2012 年奥运会上,游行只是一个开始,在开幕式后的半个多月的时间里,伦敦的出租车司机和英国东米德兰公司的火车司机等,也陆续举行抗议示威活动。

资料来源:伦敦爆发大规模示威游行.抗议奥运影响医疗保障[EB/OL].[2012-07-29]. http:// 2012. sohu. com/20120729/n349288030. shtml,有改动.

第二节　会展危机管理概述

说到危机管理,大家或许陌生,但是提到肯德基"苏丹红"事件、三鹿"毒奶粉"事件、红牛"进口假红牛"风波、联合利华"立顿红茶氟超标"事件、高露洁"牙膏致癌"危机、"非典"疫情,以及东南亚发生的"海啸"事件、吉尔吉斯斯坦政治动乱事件等对国家和企业造成的危害,大家肯定深有感触。面对这些潜在的危险,转危为安,变危机为契机,这便是所谓的危机管理。

会展危机管理就是对会展过程中的危机的有效防控和应对管理。管理的内容包括:与会人员、员工的生命财产安全的管理;相关活动的隐私安全管理;会展公共秩序安全的管理。

一、会展危机管理的原则

会展危机管理的原则主要有以下几个方面。

(一)"及时性"原则

采取紧急处置手段,及时控制危机事态的发展是危机管理的第一原则。第一时间作出反应,危机后的 24 小时是解决危机的有效时限。企业要牢牢抓住危机实质,尽快分析危机产生的原因,要在第一时间内迅速作出判断,并制订出相应的危机营销方案。

(二)"核心立场"原则

危机一旦爆发,会展企业应在最短的时间内针对事件的起因、可能趋向及影响(显性和隐性)作出评估,并参照企业一贯秉承的价值观,明确自己的"核心立场"。在整个危机事件的处理过程中,均不可偏离初期确定的这一立场。顾全大局,兼顾各种利益,设法使受到危机影响的公众站在公司(组织)的一边,帮助公司(组织)解决有关问题。

(三)"最高利益"原则

"最高利益"原则是指企业在管理危机事件时的"倾向性"。协调各方利益并不意味着"无原则的平衡",有所侧重本就是合理的。最高利益是无论如何也不容侵犯、不计得失也必须捍卫的企业关键价值。将公众利益放在首位,要倾听公众的意见,把握公众情绪,可能的话,通过调查研究来验证公司(组织)的看法。

(四)"绝对领导"原则

缺失权威必然引发混乱,所以企业领导者应在危机乍现之时便赋予危机事件管理者充分的权柄,对危机实行"集权管理"。凡涉及危机事件管理的一切工作,危机事件管理者都拥有决策的权力。甚至有的时候,连企业最高领导者也应接受危机事件管理者的建议,为化解危机贡献心力。"绝对领导"原则强调的是"事急集权"。

企业应组建危机管理领导小组,担任危机领导小组组长的一般应该是企业"一把手",或者是具备足够决策权的高层领导。企业高层的直接参与和领导是有效解决危机的重要措施。统筹整个会展危机的处理过程,不能出现多重指挥而造成现场的指挥混乱。

(五)"单一口径"原则

化解危机需要"疏堵"结合。"疏"对外,"堵"对内。对于同一危机事件,企业内部竟传出不一样的声音,这是危机管理的大忌,不仅会令原本简单的事态趋于复杂,更会暴露出企业内部的"矛盾",甚至可能由此引发新的危机。所以对内,必须杜绝那种未经授权便擅自发声的情况;对外则根据事前的部署,由危机事件管理者指定的发言人发布信息。同时,"单一口径"原则不仅包括了企业对外的言论发布,也涵盖了企业对内的解释说明。

在企业出现危机时,最好成立一个以企业重要人物为中心的新闻中心,发言的立场前后一致,减少失真信息的传播。但就这一概念,没有必要理解成人们日常生活中的新闻中心的概念。这一机构应以不同企业在不同危机面前,根据具体实际情况而设立。这一机构可以是临时性的,也可以是长期性的。在出现危机时,它的作用在于将危机真相告诉消费者。同时这一机构可以是一群人,也可以是以一个人为中心的几个人。设立这样的机构或专人,有助于企业使大批媒体采编人员在离开危机地后,仍然能获得很多关于危机的消息,尽可能地避免媒体在事后的猜测。这一机构有必要安排一人专门写稿,介绍危机的详细情况以及企业所作出的决策。

(六)"信息对称"原则

在危机处理过程中,应努力避免信息不对称的情况。理想状态是,在对内、对外两个层面上,保持信息管道的双向畅通。从操作的层面看,"信息对称"原则的操作要诀有四个:①谨记"有信息比没信息好、充分的信息比片面的信息好";②无论如何也不可让内外受众在失控状态下胡乱猜测;③保证对内、对外发布的所有信息都是经过精心准备、严格审核的,不可信口开河、即兴发挥;④不仅是对外,对内也应保持信息对称。

为会展危机管理人员设立专用的电话,以应付外面打来的电话,保持信息通道的畅通。在危机发生后,要尽快对外发布有关背景消息,以显示组织已有所准备。

(七)"媒体友好"原则

新闻媒介总是传播危机消息的先锋,并总是向消费者介绍大量的有关危机的来龙去脉。每当这时,媒介的信息采编人员总是千方百计地收集并传播着消息,这些危机消息通过他们迅速传播给了消费者和社会。这些消息将深深地并长期地影响着消费者的心理和购买行为。

直面媒体、直面事实、以平常心面对各种新闻单位,并将与新闻单位的交流视为一条重要的渠道、传递企业消息的关键途径,主动积极地与之保持良好的沟通与联系,才是做好危机处理这项工作应有的态度。开诚布公地面对媒体,说明事情的原委,诚恳地接受批评后才能淡化矛盾、转化危机。

(八)"全面性"原则

围绕危机事态所作出的一切管理决策,都应以办展主体、展商、观众和媒体为决策之基准点,进行全方位的衡量和筹谋,平衡各方面的利益。除此之外,还要兼顾经济利益、社会利益和环境利益。这一原则要求决策人员有大局意识、果断决策的战略能力和高度的社会责任感。

(九)"留白"原则

在危机处理中,不能盲目封闭自己的转圜空间,不能轻易放弃自己的回旋余地。"留白"原则要求企业在"危机处理资源准备"和"危机影响控制"两大层面留出一定的空间。一方面,企业不应仅按照危机影响评估的"最低限"进行资源(如团队、物力支持、方案等)准备;另一方面,企业也不可从自己所能承受的"最高限"来尝试控制危机的影响(如信息管制、赔偿方案、客户关系等)。准备一份应急新闻稿,留出空白,以便在危机发生时,可直接充实并发出。成功的危机公关一定是在尽量早的阶段消除危机,尽量迅速地解决问题、平息冲突。努力尽早去化解危机,对个别小范围内发生的事,应减少曝光,化敌为友,消除不利影响。

二、会展危机管理的内容

按照会展流程，会展危机管理可分为以下四个方面。

（一）选择场馆

在筹备大型活动的各项工作时，都应该考虑如何确保每一轮参加大型活动的人的安全。自然，首先需要考虑的就是场地的选择。一旦确定了举办大型活动的城市，就应该立即着手深入全面地调查这个城市的安全状况。这一调查应该包括对举办城市的评估，考察这个城市具体的利益集团、犯罪率、劳工纷争以及自然灾害发生的可能性。

安全调查的重点是场地设施。在考察场地期间，应该仔细注意建筑物的外在情况，询问为确保人身安全而采取的措施，检查一些易于被人忽略的地方，看是否有乱涂乱画、垃圾等，因为这些地方最能说明安全工作是否到位。注意该场地是否安装了电子监控系统。更为重要的是，了解这些监控系统是何时、通过什么方式工作的。

（二）制定安全规章制度

制定安全规章制度是为了保护大型活动管理人员和参加者，使他们避免那些安装、拆卸、使用设施导致的有关风险。这些规章制度通常有两大类，即场地风险和活动风险。场地风险指的是那些直接与设施有关的风险。活动风险指的是活动管理方和参与者就大型活动的规章、制度及政策的理解不同而产生的问题。

（三）成立管理组织

确定危机管理小组的成员，包括危机管理经理和两三个经理助理。经理应该是善于处理危机情形的人，能够根据各种可能的危机情形随机应变。

（四）保险

对某一会展应投入足够多的保险，决定保险需求的首要关键是风险评估，这时需要弄清楚策划的新会展或是已经举办过多届会展可能遇到的问题。对于应当拥有多少种保险，要根据主办方实际情况来作出决定。保险费通常基于对风险的测评，如展台的数量、估计的观展者数量、会展的类型等。

三、会展安全管理的要点

1. 加强教育，提高认识

会议场所和展览场馆是一个综合性服务场所，需要提高对安全保卫工作的认识。

2. 计划着手，居安思危

会议场所和展览场馆安全计划的内容应该包括以下几个方面。

（1）会展人员安全计划。会展人员安全计划主要包括人口控制、电梯控制、走道安全、客人实物处理、客人伤病处理、员工劳动保护措施、个人财产安全、保护员工避免遭外来袭击等内容。

（2）会展消防计划。会展消防计划主要包括消防安全告示、火灾报警、火灾后各部门应采取的行动、火灾疏散程序等。

（3）会展施工安全计划。会展施工安全计划主要包括用电安全计划、超高攀爬规定、施工现场戴安全帽等内容。

（4）会展紧急事故处理计划。这也称作应急预案，要围绕各种可能出现的问题提前制订出应急措施。常见的主要是关于客人伤病、客人死亡、客人违法、客人报失、遇到自然灾害等情况的处理办法。

3. 健全制度，落实责任

健全制度包括选好人，把好进口关；加强教育，打牢队伍基础；坚持岗位培训，提高业务素质；强化制度管理，树立保安形象；建立"流动淘汰机制"确立保安队伍的内部纯洁。

4. 安全管理，紧抓环节

安全管理还要紧抓关键环节，这一关键环节包括关键部位、关键时刻和关键对象等。所谓关键部位，就是指容易发生安全问题的地点，如展馆中摄像头的"死角"；所谓关键时刻，就是指容易发生安全问题的时间，如展馆的开馆和闭馆时间；所谓关键对象，就是指容易发生安全问题的人物，如一些有"前科"人员的进入。

四、会展危机管理四阶段

会展危机管理包括预警阶段（readiness）、处理阶段（handling）、形象再塑阶段（remodeling）和评估阶段（assessing）四个阶段。

（一）预警阶段

建立会展危机管理的机构，做好会前危机隐患的排除工作，是会展危机管理的基础。首先对可能出现的危机进行风险评估，找出会展可能面临的危机有哪些，分析这些危机发生的概率，并确认这些可能发生的危机的性质，以便采取有效的管理措施来处理这些危机。建立危机预测和分析系统，做好危机预警的辅助工作。并且熟知会展危机事态类型，制订专项的防控措施，并且对危机事件进行分类、汇总，做好评估，对各个预警方案反复排查演习。会前做好相关人员的安全培训工作。

（二）处理阶段

首先是危机的监测，对会展活动的宏观环境和现场进行监控，防止盗窃、冲突、医疗事件的发生。借助现代电子装置，时刻准备在危机管理中把握机会，分析会展潜在危机的形态，制定种种预防危机的对策，制定具体处理每一项潜在危机的战略和战术。在制订危机应变计划时，可倾听外部专家的意见，将有关计划落实到文字；要对有关计划进行不断的温习以灵活掌握；平时应对有关人员进行特殊的危机管理训练。

危机的处理：采用公共宣传、新闻发布会、与相关部门沟通、主动说明和积极赔偿等手段，做好会展危机的应对。具体的措施包括任命一个危机管理小组和危机控制检查专案小组，使组织的行为与公众的期望保持一致，确定可能受到危机影响的公众，建立有效信息传播的渠道，最大限度减少危机对组织声誉的影响。

调整预案：现场处理要有一定的灵活性，做到"临危不惧"，灵活地处理危机的突发情况，将损失降到最小。保持冷静理性，迅速按照危机管理计划将所有人员布置到位，控制现场，防止负面影响的扩散。保持所有信息渠道的畅通，注意相关部门的协调配合，及时将现场情况以及处理的进程与结果公布于众。

（三）形象再塑阶段

会展的品牌是会展得以长期生存的基础,对于会展企业来讲,危机事态对形象和品牌的危害往往较财产安全要严重得多,而且危机事态对形象的危害也是最深刻、最长远、最难恢复的。在危机发生之后,会展企业的立足点应放在维护会展的形象上,在危机管理的全过程中,要努力减少给形象带来的损失,争取参展商和观众的谅解、信任。

维护形象是危机管理的主要内容,危机在维护形象、提升品牌知名度方面,也是一种机会,所以"危"中有"机"已成为业界的共识。

（四）评估阶段

对危机事件造成的人、财、物的损失进行估价,对无形财产损失客观合理地评估价值,对事件做好记录。形成危机事件的评估报告,归档管理。

第三节　会展常见的危机

会展业是一个极易受社会以及会展现场的一些突发事件影响的行业。在会展筹划筹备的漫长时间里,一些突如其来的国际国内政治、经济和社会事件会严重地干扰甚至阻碍会展筹备工作的正常进行。办展机构在策划举办会展时,对可能发生的"危机"要有一定的应对方案。要对这些潜在的"危机"有足够的了解,以便制订有效的预防措施。

一、会展危机的类型

会展危机有财务危机、经营危机、法律危机和突发事件危机四种类型。

（一）财务危机

财务危机包括办展机构自有资金投入和举债经营给财务带来的不确定性与威胁性。如果会展资金不到位,资金跟不上项目的进度,耽误会展安排的进程,会展的筹备会受到影响甚至存在搁浅危机。如果投资方向有误,或者投入资金比例不当,办展机构投入资金难以按期收回,就使得会展陷入财务危机。因此在项目的选择上要慎重,在会展招商阶段要谨慎,要建立在对市场有足够的调研基础上。

（二）经营危机

经营危机是指办展机构经营方面的原因而给会展带来的危机。按照危机导致的因素将经营危机分为营销危机、人力资源危机及管理危机。

1.营销危机

会展招商招展初期,若定位偏颇,以及对市场预估错误,会使会展宣传的效果不佳。由于营销环节存在的偏差,会给整个会展带来效益危机。

2.人力资源危机

会展人员选择上出现失误、人员结构不当、人力资源不足等给会展带来的人员危机,统称为人力资源危机。

3.管理危机

会展期间管理层疏忽带来的会展危机包括会展现场布置不当、建筑设施等老化引起的坍塌、火灾等危机;因电梯以及楼梯通道等不畅引起的电梯事故和踩踏事故等;投毒食品危机以及偷盗事件。

（三）法律危机

法律危机是指办展当地的政治法律因素而导致的危机,包括国家政策的调整以及相关法律法规的更新而对会展造成的影响,使得会展难以进行。

（四）突发事件危机

因难以预料的突发因素而导致的危机统称为突发事件危机,包括地震、海啸、洪水等自然灾害以及游行示威等人为因素而导致的危机。

二、会展危机表现形式

在展前、展中、展后都潜伏着各种危机,会展危机的表现形式各种各样,使得危机难以预料。常见的会展危机表现为以下六个方面。

（一）场馆专有风险

场馆专有风险指的是那些直接和会展设施或会展展馆相关的风险,如参展商被要求遵守当地的消防条例,不能使用易燃性的产品和材料;明火要经过消防局与合格的设施代表的检测;消防通道和消防设备要清晰标出、随时可见;会展不能封堵这类消防设施。另外,观展者在场时,不能将消防通道锁住。

防火证明,现场易燃性检测,硬纸盒和板条箱的存放,有活动部件的机器或者可以屏蔽废屑、火花和有毒物质的机器,激光束,特殊的医疗仪器如 X 光机等,所有这些都需要制定具体的规章制度来管理,以满足会展的安全标准。所有的大型活动中,用电设备的安装必须达到专业标准并且与电相关的操作职能应由合格的电工来完成。通常,电器、电缆以及其他的外围设备等,都必须通过注册实验室的确认并且必须遵守举办地的规定。

（二）会展专有风险

会展专有风险指的是发生在管理方和参展方,或是参展方和参展方之间的纠纷,主要针对规则标准的解释问题或销售合同问题。大多数会展专有风险与会展相关政策紧密相关。同样在销售合同中,很多情况也可以用平实的、确定的语言避免。例如,一些展台的报价可能根据净场地的价格,而其他的展台则以打包的方式报价。净场地,顾名思义,就是没有任何服务的场地。一个打包单元通常会包括挂有帷幔的后墙和两侧的栏杆、地毯、公司标志和电源插口。打包应当明确任何种类的家具是否都包括在内,如搬运板条箱、清扫或其他服务是否都包括在内。对于在会展中发生的盗窃、损坏、遗失或破坏等情况公司是负有限责任还是不负责任,都要清楚地加以说明。

（三）安全保障风险

确保所有会展参与者的安全必须预先计划。安全涉及会展的许多方面,如会展场馆的选择、展览品的保护、犯罪情况的预防、仅限于合格观展者的准入等。

确保会展安全的第一步,就是选择安全的会展场馆。应将安全检查融入会展场馆的选择中。第二步是确认展览和展览内容受到保护。参展方应当对自己的仪器设备和工作人员负责,因为承包商、会展主办方或是设施方都不可能为参展方的损失提供保险。个人参展商则期望买足够多的保险来保护自己,避免可能发生的损失,建议参展商和自己的保险顾问联系,以获得现有政策或新的条款的详细说明来确保正确的责任范围。主办方服务能提供一家有声望的保险公司来为个人参展商服务,而个人参展商也可能需要这个服务。这种保险通常是定期保险,涵盖搭建、展览、拆卸这类特定时段的特定损失。在会展上遭到偷盗或破坏因而蒙受了损失的参展商,应被告知立即与主办方指定的工作人员联系。工作人员应迅速通过安全代表作出调查,最后写一份调查报告。这份书面报告在遗失物品最终没有被找到的情况下是很重要的文档,并且对接下来向保险公司索赔也是很重要的。第三步是设计登记系统来控制进入会展大厅的人员,避免犯罪现象的发生。通俗地讲,就是所有参加会展的人都应树立安全意识。第四步就是确保观展者的人身安全。国际展览管理协会(IAEM)以"会展行业中生命/安全指导方针"为题提出很多论点。以下两点应特别注意。

(1)出入口区域。展厅出入口区域不能有障碍物,并且要足够开阔,使其能作为紧急出入口。紧急出口在观展者参观期间一定不能关闭。不要将消防设施和应急设备隐藏或遮挡。灭火器、盛放灭火水龙头带的橱柜、报警信号箱、消防用水管,不能以任何方式隐藏或遮挡。最初的展厅楼层规划应当清楚地说明上述所有设施的具体位置。

(2)交通区域。展厅中的走廊和人行道至少要有2.5米宽,如果是公众会展,这个宽度要增大到3米。展场内用留有足够的安全疏散通道,主通道不得小于5米。建筑物安保负责人、主办方现场管理者,应当监控所有人流拥挤而出口狭窄的地方。

(四)健康与卫生风险

每个会展健康与卫生设施都要有合格的员工在场来处理紧急医疗事件。除了对正式员工及签约雇员进行事先培训,指导其如何应对紧急事件外,还应当聘请合格的医生或护理人员在观众入场、展览期间以及观众退场时值班。聘请的医护人员或是场馆中可用的紧急救援人员应当精通基本的救生常识、伤病诊断、急救主持和心肺复苏术,通晓危机通报计划的应用以及整个危机管理计划中的所有其他要素。

(五)自然灾害风险

在会展的举办地,有可能发生自然灾害,并由此导致危机财产和人身的风险。由于地震灾害的剧烈性和大范围破坏的可能性,在有地震活动风险的地方,地震急救都应当被考虑并且作出相应计划。作为会展主办方,如果所在的城市有可能发生地震,就应当和公众安全办公室或紧急服务办公室联系,以获得有关地震应对方案和灾难应对计划的专门信息。大多数会展设施在地震易发区域都有严格的建造标准,这些标准是参展商在展览期间的安装和搭建过程中都必须遵守的。展厅平面布置图必须包括过道和出口区域,并且要符合当地标准。

其他一些应当提前考虑的自然灾害包括天气灾害,如龙卷风、冰雹、浓雾和水灾,展览馆都应为观展者的安全和撤退方便而建特殊报警器。在做场地检查时,要确保已经对所有警报装置都有了清楚的认识。

（六）人为灾难和暴力行为

虽然不能预知一切，但还是有一些人为灾难和暴力行为是可以提前作出计划应对的，并有望将其发生的可能性降到最低。

1.食物中毒

在人群聚集的地方发生最多的人为灾难就是食物中毒。食物中毒是由于食品和饮料的提供商的工作失误而发生的，这时必须立即采取紧急措施。由世界卫生组织主持的研究表明，食物中毒事件的数量是已报道数量的300～500倍。食品安全是一个全球性的问题。食物中毒几乎在任何时间、任何地方举办的任何会议和展览活动中都有可能发生。美国疾病控制和预防中心估计，每年有650万人由于吃了受污染的食物而发生呕吐现象。

要解决食品安全问题，最好就是采取前瞻性的方法，即作出规划使食物中毒事件不要发生，对会展全盘管理计划中的食品安全部分进行有效的管理。在会展全面应急计划中，应该有处理食物中毒的对策。如果确有食物中毒的可疑情况，就必须收集证据，并妥善保存，直至开始进行全面调查。

要做好食品安全工作，开始时最好先做基本的调研，要收集关于安全的食品准备和处理方面的信息，要与会展所在地的公共卫生机构、酒店保持沟通，保障在外就餐的消费者的健康和安全。对会展场馆的厨房进行全方位的实地检查，在餐饮准备期间而非空闲时间做这项检查。在现场检查中包括所有的餐饮准备区域，检查它们是否符合公共卫生标准，如卫生手套、带盖子的垃圾箱、洗手和换手套习惯、冲洗菜板并消毒、食物存放。检查完毕，立即将任何不符合规定的事情通报给厨师和餐饮服务经理。

2．火灾

火灾是第二个最为常见的人为灾难。所有的公共设施的消防规章都必须严格遵守。另外，一定要遵守关于举办会展的防火条例。消防检查清单在场地检查时是必需的。每一份参展商手册中都应该注明防火要求。在每一位观展者登记入住的时候，所在酒店都应该给他们一份防火小册子。如果酒店没有给，那会展主办方就需要在观展者的登记礼包中放入一份，这对会展主办方来讲是大有好处的。

3.暴力行为

暴力行为范围很广，它包括扒窃、袭击、骚扰、恐怖主义分子爆炸威胁或暴乱。通晓主办会展所在的区域的犯罪率和以前会展期间发生过的犯罪种类，是制订危机管理计划的基础。如有必要，可向当地警方查询，以获知所在区域过去的治安情况。总而言之，为了会展期间活动所在地的安全需要，要对暴力行为的发生非常敏感并预作计划。

4.示威

示威是一种由组织的公开展示，表达了对可感知的令人生厌的人和政策的反对观点。示威者通常拿着标志和横幅大声呼喊，并往往分发传单来说明他们的意图。倘若示威已经得到相关部门的批准，并且没有干扰会展的正常进行，在这种情况下是合法的。当然这一批准也会限制示威者与会展场馆的接近程度。

通常，主办方如果聘请了一位能言善辩的发言人或是有一位重要的客人卷入这场论战之中，这时就可能发生示威。主办方要为会展中的活动和客人提供额外的安全保障，来确保活动和观展者不受干扰或伤害。

5. 对抗

对抗是一对一的相互作用，且会扰乱会展的正常业务。很多对抗都起因于示威，所以应当预先计划以保证任何已知的示威不会失控。通常来讲，如果事先知道有示威活动会发生，聘请一位受过专门训练、处理过此类情形的专家是更明智的做法。让这位专家成为危机管理小组的一分子，并且留意他所给出的建议。当然也可以雇用更多的安保人员或是集结当地的警力，来确保客人和观展者得到足够的保护。

6. 恐怖主义

恐怖主义是真实的，而且不幸的是主办方几乎不能做任何事情来避免恐怖主义袭击。然而，承认恐怖主义的存在是减少遭受这种袭击可能性的第一步。美国联邦调查局（FBI）将恐怖主义定义为，对人身、财产非法使用武力或暴力，以便恐吓或强迫政府、民众或其任何部分，来实现其政治、社会目的。

为了降低潜在的风险，了解恐怖主义可能袭击的目标很重要。国际恐怖主义是会展管理者、观展者和参展商最可能遇到的恐怖主义形式。袭击的很大一部分目标是针对交易的。还有一个令人担忧的全球性趋势，那就是恐怖主义袭击的目标越来越多地指向旅游者。因此，提前做好计划是减少潜在风险的最好方式。

第四节　会展危机预防

避免危机的发生或者将危机消灭于萌芽状态是会展危机管理过程中成本最低、危害最小、波及面最窄的措施，因此会展危机的预警机制与危机的预防尤为重要。为此要特别关注会展危机之前的危机预防。

一、会展危机预防原则

会展企业在项目运作过程中，出现风险是不可避免的，除了提高企业识别风险、评估风险能力外，会展企业还应该加强风险防范，未雨绸缪，充分调动内外部的积极因素，化险为夷，渡过难关，尽可能降低风险。这是会展企业经营管理的重要任务，也是会展企业做强、做大的必然要求。

（一）树立风险意识

会展企业的管理者以及所有的员工都应该树立风险意识，提高自身的风险防范能力。世界旅游组织发布的《旅游业危机管理指南》中指出："永远不要低估危机对旅游业的可能危害，它们是极端危险的。"会展危机是客观存在的，危机的影响不能完全消除，把危机的影响降低到最小是危机防范的最根本的意图。会展管理者和员工要对各种风险的出现有充分的思想准备，要对风险的出现有一定的预案和应对策略；并且要有基本的风险培训，提高应对危机的综合素质。

（二）合理转移风险

会展项目的运作，涉及租赁、交通、酒店、旅游等不同行业和多个经济主体。会展企业在与各相关利益主体共享利益的同时，也要争取共担风险，实现风险的外部化、社会化，促成会展企业风险的合理转移。特别是在与会展场馆、酒店等合作时，合同的条款中，要商定免责和共担会展项目风险、分担比例等合同内容。在与其他客户的合同中，也要商定免责和共担会展项目风险、分担比例等合同内容，实现风险的合理转移。另一种转移风险的方式是保险，通过保险的形式起到风险平移的作用。按照《旅游业危机管理指南》中提出的："如果要投保，首先应该要对那些发生概率低但后果严重的风险进行担保，比如：自然灾害类的风险。"

一些规模较大、实力较强的旅行社，都设有会展旅游部，专门经营会展旅游业务。这时，会展企业一方面可以通过投保"旅行社责任险"转移风险；另一方面要积极和保险公司沟通，根据会展项目的经营特点选择适宜的险种。

（三）积极与客户沟通

对于会展项目面临的风险，会展企业要通过电话、传真、电子邮件甚至亲自拜访等形式，积极与客户保持良好的沟通，向他们坦诚讲明白目前的情况，争取客户的理解与支持并对公司保持信心。

（四）采取恰当的公共关系政策

一次失败的会议或展览，给会展企业带来的不仅是经济方面的损失，更多的是企业的形象和信誉的损失，并且可能一蹶不振。此时，会展企业应采取恰当的公共关系策略，利用政府、行业组织、媒体等各种途径，扭转危机事件的发生所带来的不良后果，并在更广泛的活动领域里为企业营造一个积极的、和谐的氛围。

（五）培育核心竞争力、增强抵御风险的能力

一方面，会展企业要通过多种途径培养一批会展企业人才，积极参与国际会展业的交流和学习。参加相关的国际会展以及旅游协会，如国际大会及会议协会、国际会议组织者协会、国际协会联合会、国际会议专家协会、欧洲会展旅游城市联盟（EFCT）等，交流信息，加强合作。另一方面，会展企业要明确分工，突出特色，形成各自优势，不要见会就办，要准确定位，在专业化方面做足文章；承办同类型的国内外会展时，则要做出品牌，形成核心能力，培育核心竞争力。全球展览会协会形成了一套较为成熟的资质评估制度。因此，UFI 的标记成为名牌博览会的重要标志。截至 2014 年，取得 UFI 标记，得到全球展览会协会资质认证的展览会有 629 个，中国获得该资质的已达 58 个，包括北京国际印刷技术展览会、中国国际冶金展览会、上海国际汽车工业展览会、中国国际服装服饰博览会、中国国际模具技术和设备展览会等。其展出面积一般都在 4 万～6 万平方米。我国从事会展业务的企业既要争取取得 UFI 标记，成为名牌展览会，提高会展企业的知名度；也要通过专业化运作与管理，在不同的领域培育各具特色的名牌专业会展，在产品开发、市场培育等方面精耕细作，以品牌效应保护市场地位，增强风险抵御能力。

（六）风险自留，提高承担风险能力

由于风险的必然和不确定性，会展企业虽然可能采取了若干有力措施规避风险，但风险的发生仍难以避免。在风险防范上，除了增强意识、减少风险外，还必须在企业可以承受的范围内接受风险带来的损失，也就是所谓的风险自留。《会展业导论》一书中指出，风险自留是指将风险可能造成损失的全部或者一部分留给会展企业自己承担。会展企业决

定自留风险可能是主动的,如因损失金额相对较低而被企业预留;风险自留也可能是被动的,如因供货商或赞助商破产或不履行义务而自留的风险。会展企业也可通过建立风险准备金,留足流动资金,保证流动资金规模,以提高承担风险的能力。

二、会展危机预防的策略

首先,战略预防是会展企业应对危机、加强自身生存能力的前提。在危机发生前采取有效的措施阻止危机的发生。例如,在火灾发生前就将可能引发火灾的危机源消灭掉,在观众入场之前就合理安排好参观通道以免过度拥挤,等等。其次,完善的制度规范是保证会展企业科学、及时预防危机的根本。完善合理的制度规范可以使企业员工责任明确、操作规范,对预防危机事件的发生有重大意义。最后,危机教育是会展企业预防危机的有力保障。危机教育可分为危机意识教育和危机预控专业知识教育。在会展危机准备工作中,首先,组织内确保有危机反应机构和专门的授权,即组织内信息有适当的程序和环节达到合适的管理层级。其次,还要考虑在危机反应机构内部进行合理的人员配置,做到责任清晰、权利明确、权责对等,避免危机阶段的互相推诿或竞相处理。

对可能发生的危机进行预防,其应对措施包括四个方面。

(一)危机阻止

危机阻止简单易行,可以彻底消除危机,或将危机消灭在萌芽状态,对保证会展安全举行具有重要作用。但是,它只对办展机构或有关部门可以控制的危机事件有效,对一些危机如市场经济危机、行业危机就显得无能为力。并且,如果危机阻止的成本很大,大到超过阻止危机发生而获得的机会收益,采取这种危机预防策略也很不经济。办展机构专门成立现场督察小组,对会展的布展、展览和撤展等阶段实时监控,一旦发现危机源,就立即消灭。几乎所有的办展机构在会展举行期间都是与有关政府部门联合行动以防止危机的发生,如与消防部门合作以防止火灾的发生,与安全保卫部门合作以维护现场秩序,等等。

(二)危机回避

危机回避是指危机预警发出危机信号,办展机构在危机发生前就主动远离危机而避免危机给自己带来更大的损失的一个危机预防阶段。包括先期回避和中途放弃。先期回避是办展机构根据危机信号,在危机发生前就远离危机而不承担危机风险的一种策略。这种策略在现实中应用广泛,在 2003 年"非典"疫情危机期间很多办展机构就是采取先期回避的策略。中途放弃是因为种种原因而使得办展机构中途放弃已经承担的危机风险。这种策略一般不常见,使用这种策略一般都是被逼无奈,和先期回避策略相比,中途放弃的成本较高,也较难处理中途放弃后各方面的关系和有关利益补偿等问题。

(三)危机转移

危机转移是指办展机构通过合理的途径,将危机风险或危机可能造成的损失转移给其他有关机构承担的一种策略。危机转移策略在会展业的实践中经常被使用。例如,办展机构通过与指定展品运输代理签订协议,将展品运输过程中可能出现的各种风险转移给展品运输代理;办展机构通过向保险公司投保展品险以及第三者保险等险别,将展品损坏和人员伤亡风险转移给保险公司。危机控制型转移策略是将危机风险及其潜在损失和危机控制等一起转移的策略,如指定展品运输代理转移运输风险策略,危机控制型转移策略可以采用出售、分包和签订免责协议等办法来实施。危机财务型转移策略是将危机风险的潜在损失从财务上转移到相关机构的一种办法,如向保险公司投保。危机转移只是转移了危机的风险承担对象及财务损失,却不能转移危机对会展带来的不利影响。

(四) 危机接受

危机接受是主张在危机风险无法或来不及阻止、回避或转移的情况下,办展机构要勇敢地承担起自己的责任,主动地接受危机风险,并通过采取一系列有效措施来尽量降低危机发生的可能性,降低一旦危机真正发生所带来的不利影响和损失,使会展能顺利渡过难关。在危机接受策略下,办展机构有损失预防、损失减少、不利影响掌控和财务对策等应对措施来努力消除危机造成的损失和带来的不利影响。

三、制订危机管理计划

制订危机管理计划的步骤如下。

(1) 确定危机管理小组成员。

(2) 清楚地规定并设立报告系统。这将有助于在事件发生时和发生后收集必需的信息。

(3) 根据可能发生的危机情况及可能采取的措施的轻重缓急来排序。在危机管理计划中对这些应对措施加以详细的记述,这些应对措施包括:责任人、遵循的信息传达草案、制定的报告程序、左右员工所起的作用等。

(4) 确定由于会展的地理位置、所在城市、时间选择、有争议的客人所造成的各种可能出现的情形。这些情形可以基于这一地区以往发生的自然灾害、犯罪现象,以及与该会展同期发生的政治动荡和劳工运动而加以推测。如果示威和对抗发生的可能性上升,则应准备好雇用一位安全专家。

(5) 对会展危机管理小组中的所有成员进行培训,使他们掌握如何在危机情形中作出反应,包括如何运用双向电通信设备等。在会展开幕之前,进行一次演习。保证在会展中工作的任何人都提高警惕,都接受过危机管理的培训,并且都参与到演习中来。

(6) 确保所购买的保险的保障范围已经涵盖所有的情况,这样无论出现什么紧急情况都能减少损失。

(7) 为每一件可能发生的意外作出计划。

第五节　会展危机的处理

危机的实时管理阶段是会展危机管理的关键阶段。在这一阶段,危机的处理机制及其实施状况将决定会展危机的影响范围与危害深度。因而必须从系统的角度,充分考虑会展危机的生命周期规律及演化阶段特征,采取有效的会展危机处理措施。

一、实时管理阶段

实时管理阶段的会展危机处理机制主要包括以下内容。

(一)危机中的信息与沟通管理

要切实加强信息处理系统在危机管理过程中的作用。首先,应注意加强会展业的外部沟通,识别危机相关信息的传播方向,并及时向相关主体传递准确信息。其次,应注意加强会展业的内部沟通,将危机的发展趋势及危机控制的进展及时通报会展业内部各利益相关者,发动群众力量,组织其进行有效的危机处理。最后,应以主动的姿态与社会公众和媒体合作,并进行有效的信息沟通,避免不实报道引起的不必要的恐慌。

会展危机的沟通包括两个方面:一方面是加强危机管理小组与各部门之间的沟通,指定各部门的沟通负责人,以确保危机信息能快速到达相关部门,使各部门做好防范准备;另一方面是对外沟通,由于会展危机信息不对称,会展主体在处理危机事件时,如不能及时公布危机信息,则极易谣言四起,使参展商和相关公众陷入恐慌。因此,办展机构应与媒体之间建立良性互动机制,一旦发生危机就要明确传播的媒介,第一时间抢占信息源,避免错误信息发布。同时,要及时更正媒体传播内容与事实不相符的信息。对于专业性比较强的会展,虽属于商业活动,但因其具有国际性的影响,具有外事工作的某些特点,还应注重与上级主管部门建立有效的沟通系统,以求在危机处理过程中获得正确的政策指导和工作支持。

(二)危机中的公关对策

公关对策主要包括会展危机的关联主体分析、危机中的媒体关联以及会展在危机状态下的形象管理。在危机中应对媒体有以下三个方法。

1. 将媒体作为危机管理的重要对象

将媒体作为一个重要的管理对象纳入会展危机管理计划,可以主动地引导媒体报道和采访,主动地向媒体提供信息来有计划地引导媒体为危机管理服务。指定与媒体沟通的负责人或成立相关管理部门,是办展机构将媒体纳入管理对象的一项重要举措。媒体管理部门对内进行信息筛选,对外进行沟通,发挥极大的协调作用。

2. 多渠道地与媒体保持沟通和密切联系

办展机构可以采用新闻发布会、媒体会议、现场采访、随机采访等,多渠道地与媒体保持沟通和密切联系。对于新闻发布会和媒体会议,注意发布的信息要考虑新闻发布的四个要素,即危机在本会议召开时的情况如何、人们的兴趣所在、当前事态怎样、将来如何应对。在发布形式上,要注意做到:简明清晰地介绍信息发布的动机和内容;做一个本事件给人们带来的影响的简单评论;清晰地陈述自己已经、当前和将要采取的危机管理措施;给媒体留下如何继续获取信息的时间、地点和途径。在新闻发布会上,如果有背景材料介绍效果会更好。对于各种采访,危机管理者要有一定的准备,要使被采访者能镇定应对,不要陷入猝不及防的尴尬状态;被采访者对外提供的信息要口径一致。

3. 适当地控制媒体在危机中的活动范围

控制媒体在危机中的活动范围的目的在于减少干扰,抓紧时间和集中精力处理好危机事件。在对媒体活动范围进行控制时,还要对媒体说明原因,取得媒体的信任、理解和配合;同时还要积极给媒体提供必要的信息,只有这样,范围控制才有效。适当地控制媒体在危机中的活动范围,并不是拒绝媒体对危机现场进行采访和报道,更不是对媒体进行封锁。实际上,通过控制媒体在危机中的活动范围来达到封锁消息的目的是行不通的。因为,如果媒体得不到相关消息,媒体就会想方设法地冲破危机管理者的限制。另外,一旦媒体不能通过正常渠道得到其所希望的信息,他们就会从非正常渠道获取,这种非正常的渠道获得的信息往往是失真的。不管哪种情况,对于会展危机的处理都是不利的。不允许媒体进入的范围也可以是动态的、调整的,随着危机处理的进程,受限制的范围可以逐步缩小,到危机完全被控制,就可以取消范围限制,给媒体活动的自由。

案例思考

某会展发生了展台倒塌事故,媒体蜂拥而至,办展机构经理为了控制负面影响,有意识地控制媒体的活动范围。但是个别媒体试图突破活动范围进行采访,致使工作人员和媒体发生了肢体冲突。在随后的新闻发布会中,办展机构经理对会展的一些不利信息进行弱化和回避处理,对展台搭建商因为其搭建质量问题而导致的本次事故进行了言辞激烈的指责。最后,表示对此事故造成的参展商和观众的损失承担全部责任,并表示慰问。在随后的采访中,办展机构经理对电视台的采访讲了很多。结果,因为播出后的节目是经过剪辑的,该经理提出强烈的抗议,认为电视台"断章取义"!

思考:

该办展机构处理媒体公关的策略是否恰当?你觉得应该如何改进?

(三)危机中的决策分析

由于危机的突发性和不确定性,危机状态下利用有限的信息资源在最短的时间内作出决策确实不易。无论是危机管理指挥中心,还是部门主要决策者和管理者,都应在对关键信息与资料广泛收集的基础上尽快作出决策。这种快速决策包括快速信息沟通、快速判断、快速反应、快速行动和快速修正等一系列组织能力。此外,应遵循"抓主要矛盾"的原则,对危机事件迅速作出有效的反应,尽快控制危机发展态势。并有效协调各相关部门与利益冲突者之间的关系,在"统一指挥,各负其责"的原则下,有序地、渐进地处理危机事件。

(四)危机处理过程中的实时监控与评估

对作出的决策及其执行效果实时监测,及时对这些决策进行评价,或进行修正或继续执行,避免决策失误导致"事倍功半"的结果及监督不力导致的危机恶化或加剧。

二、危机反馈机制

危机后阶段的主要任务是恢复、反思、修正:恢复包括会展业或企业的形象恢复、客源市场恢复以及信心恢复三部分;反思包括对事故原因的反思、对处理措施与效果的反思、对危机管理机制及应急预案的反思;修正包括对原有突发事件处理预案的修正、对组织结构及人员分配的修正、对组织原有危机管理相关规章制度的修正等。

三、危机后的管理阶段

为了避免重蹈覆辙,在危机发生后,对危机发生的原因进行总结,在管理中找经验。所以,危机后的管理阶段也是危机处理中又一个关键阶段。这一阶段危机管理的主要任务包括以下两方面。

(一)危机的善后处理事宜

危机的爆发可以显现企业危机处理的综合能力,企业要在会展危机的处理中进行经验总结。

1.评估危机源

对危机产生的原因进行系统、全面的调查,排除可能诱发危机的因素,从而强化危机防范体系,提高危机预警能力。

2.危机评价

对危机等级进行初步评价,建立危机档案的留存与管理机制,对整个危机的影响后果作出评估。

3.过程评价

前期的预警工作是否充分,过程处理是否及时有效,危机管理是否妥当,是危机过程评价主要解决的三个问题。对危机管理各环节所采取的措施、各相关部门的执行力、各相关主体在危机管理过程中的作用等进行评价,并根据评价结果对会展危机应急措施进行修正,总结此次危机管理的优点与不足。从中吸取教训,并据此修改会展危机处理预案,避免同样的问题再次发生。

(二)声誉重建

危机或多或少都会对企业的口碑和形象产生不良影响,使企业市场形象遭受损失。由于企业形象是一种无形资产,难以客观地计算在危机的损失当中,然而企业的形象又是一种极为重要的资产。因而在危机后的管理阶段,企业声誉重建是十分必要的。

一般来说,常见的形象再塑的途径有:媒体公关宣传、新闻发布会、举办公益与联谊活动、完善销售策略、提升产品质量、改进与公众交流的渠道。

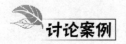

讨论案例

模拟情境训练

某会展公司在某热带国家一著名风景名胜地举办会议,其间遇到反常的天气,种种预测和迹象表明:热带风暴即将来临。但由于该会议的筹办始于半年前,会议主办者因缺乏经验忽略了对天气变化的考虑。目前各个参会者都已做好参加会议的准备,举办者进退两难。临时取消的话,势必造成巨大损失和不可挽回的影响,同时又心怀侥幸,觉得不至于倒霉到正好碰到风暴。

思考：

如果你是会议组织者，你应该如何决策？

本 章 小 结

本章内容包含会展危机的内涵；会展危机的危害性、突发性、不确定性、紧迫性等特性；会展危机的管理九原则；危机后管理阶段的主要任务、修正；危机后管理阶段的管理内容等。

复习思考题

1. 名词解释

风险回避　风险转移　风险自留

2. 概述会展危机管理四阶段？

3. 会展危机预防的策略有哪些？

4. 危机后管理阶段主要任务包括哪些？

即 测 即 练

第十一章

会展信息管理

引 言

党的二十大报告在建设现代化产业体系的任务中提出要"构建优质高效的服务业新体系,推动现代服务业同先进制造业、现代农业深度融合。加快发展物联网,建设高效顺畅的流通体系,降低物流成本。加快发展数字经济,促进数字经济和实体经济深度融合,打造具有国际竞争力的数字产业集群"。客户定制化的电子邮件系统和VRM、在线注册和商业配对、信息检索、销售自动化、互动和沉浸式的产品展示、即时通讯、数据挖掘和精准营销等网络技术与会展产业的深度融合,促进了会展业的数字化进程,形成了会展业的多样化业态。

本章在阐述会展信息相关概念的同时,从会展信息管理的作用、实现途径、我国会展信息化所处阶段等方面系统介绍了会展信息管理的理论,进一步介绍了会展信息化管理系统与会展电子商务,这些对于会展信息管理具有十分重要的理论和实践意义。

本章学习目标

➢ 了解会展信息的定义及分类,了解会展信息管理的作用、内容;
➢ 熟悉并掌握会展信息化管理运用的主要内容;
➢ 熟悉会展信息管理系统的功能、结构;
➢ 了解会展电子商务的发展。

导入新视角

时代双雄:云计算与大数据

1. 蓝蓝的天上白云飘

近几年,云计算的概念受到了学术界、商界,甚至政府的热捧,一时间云计算无处不在,这真让同时代其他的IT技术相形见绌,无地自容。

目前,虽然对云计算的定义各自表述,无法统一(虚拟化技术、分布式计算、网格计算、效用计算,软件的、硬件的都一股脑儿地端上来了),但对云计算主流的理解大多建立在软件即服务、平台即服务、基础设施即服务这三个层次上(虽然也有非主流的认识,如流程即服务等);也正是由于云计算没有统一的定义,给众家各自发挥的空间,大家各自表述(卖书的亚马逊、卖软件的微软、卖服务器的IBM、卖数据库的ORACLE、卖数据的谷歌……),相互补充,相安无事,好不热闹! 其实,静观风云变幻,很多人口中的云计算只是他们混饭吃的嗎头而已,虽然技术新意不多但云计算带来可观的利润,足以让个利益主体为之"大动干戈"。在新常态的经济环境下,"云计算"给经济发展提供新的引擎。于是,名目繁多的云计算中心被建立起来,"云数据"平台、"云项目"风靡一时。

2. 白云下面数据跑

当云计算被炒得火热之时,另外一个名词也渐入人们的视野:大数据!一听这个名字就让人感受到霸气十足!早在 20 世纪 90 年代,"数据仓库之父"Bill Inmon 就对这个大数据情有独钟,2008 年 9 月,《自然》杂志上一篇 *Big data:science in the petabyte era* 再次将大数据搞得一发不可收拾!与云计算出道时让大家云山雾罩的感觉不同,人们对于大数据的感受是实实在在的。进入 IT 时代以来,我们积累了海量的数据,这些数据不断急速增加,给我们的时代带来两个方面的巨变:一方面,在过去没有数据积累的时代无法实现的应用现在终于可以实现;另一方面,从数据匮乏时代到数据泛滥时代的转变,给数据的应用带来新的挑战和困扰,简单地通过搜索引擎获取数据的方式已经不能满足我们千变万化、层出不穷的应用需求,如何从海量数据中高效地获取数据,有效地深加工并最终得到感兴趣的数据变得异常困难。无论大数据给我们带来利也好,弊也罢,总之大数据时代已经来临。在这种背景下,"数据为王"的说法呼之欲出。

"数据为王"的时代已经到来,大数据的爆炸式增长在大容量、多样性和高增速方面,全面考验着现代企业的数据处理和分析能力;同时,也为企业带来了更丰富、更深入和更准确地洞察市场行为的大量机会。对会展行业而言,能够从大数据中获得全新价值的消息是令人振奋的。然而,如何从信息中发掘出"真金白银"则是会展行业的现实挑战。

资料来源:Jimmy Huang. 时代双雄:云计算与大数据[EB/OL]. [2015-07-21]. http://www.lovedata.cn/ec/dashuju/2015/0722/4032.html,有改动.

点评

大数据与云计算呼唤会展信息化。

第一节　会展信息管理概述

一、会展信息管理相关概念

(一)信息

"信息"一词来源于拉丁文"information",原意是解释、陈述。在现代社会中,信息已经是一个被广泛使用的名词。随着信息的地位和作用的不断增强,人们对信息赋予的内涵不断加深,信息的概念早已超越了原始含义。目前,人们对信息的表述有多种表现形式。

(1)信息是物质资源配置的信号。

(2)信息是关于客观世界某一方面的知识。

(3)信息是经济活动决策的依据。

(4)信息是一种可以供开发利用的,并且具有自身价值的资源。

(5)信息是经过加工并对人们的行动产生影响的数据等。

综上对信息的表述,普遍认为比较准确的阐述信息本质属性的定义为:反映客观世界客观事物的特征以及表达各种事物变化的状态的载体,通过有形无形的符号传递事物之间的联系。该定义包含信息的三个本质特征。

1. **信息是客观事物的状态的反映**

人们通常所用的信号、指令、档案、资料、情报、数字等都属于信息的范畴,它们都表述事物某些特征和性质,是对客观世界的反映。

2. **信息是可以传递的**

信息可以通过图形、符号、文字、语言等形式的载体传递、识别、转换为主观上有用的数据。

3. **信息的表达可以是有形的也可以是无形的**

信息的表达载体可以是有形的符号、数字、文字等可以保存的形式,也可以是无形的声波、电波。

(二)会展信息的定义

会展行业是一个交叉性很强的行业,对于会展行业信息的定位不能局限于行业本身。它是一个信息极其密集的行业,信息的采集、加工、传输、存储、更新和维护也是一个复杂的过程。

会展信息是指包括展览和会议企业以及项目管理的信息,主要包含参展商信息、观众信息、场馆信息、会展企业信息(会展信息)及会议组织信息等内容。

二、会展信息的分类

(一)会展行业信息

会展行业信息包括国内外展览馆的信息、专业展览会的信息、参展商和厂商的信息、展览观众以及展览服务商的信息。

(二)参展商信息

参展商信息包括参展商的基本租赁展台、会场布置的服务需求、保险等信息。

(三)观众信息

观众信息主要以观众名片信息为主,包括以下几个内容。

1. **观众基本信息**

观众基本信息包括观众姓名、单位、部门、职务信息以及基本的联系方式等。具体有以下几个方面:观众职位高低,主要业务范畴,观众所在城市、区域以及观众的级别。

2. **观众需求信息**

观众在入口填写的调查表数据,一般包括了观众参展的目的和个人需求。因此收集分析调查表数据,能够获得观众的基本需求信息。

3. **观众现场信息**

观众在展览会上进出的场馆、参加的研讨会、访问的各展台的记录等都是重要的数据。特别是一些业内重要的采购经理,留下的访问信息都是会展信息中重要的数据。

通过对观众的相关数据进行分析,可以统计会展的高峰期以及观众的关注点,是会展后续管理的重要参考数据。

(四)场馆信息

场馆信息是关于场馆的布置、场馆的接待人数、会展的安全通道等数据信息。

(五)会展企业信息

会展企业信息也叫会展信息,一般如参观指南、招展书、参展手册、会刊、会展评估报告等都是展会信息。

（六）综合评估信息

综合评估信息指会展评估报告，分析报告，主展商、观众、参展商、服务商满意度等调查报告。

三、会展信息的作用

（一）提高会展活动的效率

信息化实现了会展行业的发布网络化、会展信息化、招商电子化。特别是网络会展的出现，在增加会展的便捷性的同时，电子支付的应用使得会展行业的效率大大提升。

（二）降低会展活动的业务经费

信息化实现了数据的无纸化操作，信息的数据库模块实现了数据的电子化，节省了纸质化的数据支出，很大程度上节省了数据保存的成本、人工统计的劳动力成本，降低了会展活动的业务经费。

（三）有利于会展管理水平的提高

信息的利用使得会展管理水平大幅度提高，特别是会展信息的共享，数据库的高速运算、存储能力，使得会展管理更加科学化。

（四）便于会展服务规范化、科学化发展

信息在会展业高效传输，可以保证会展行业举办的会展在行业内共享。会展行业信息化的加深和规范，加快了会展数据的标准化，促进了会展行业发展的规范化。

（五）促进会展业的全球化、国际化发展

会展设施方面要求具有联系全球的通信设施，这种通过信息的全球化、网上会展的模式，促进了会展行业的全球化、国际化发展。

（六）有利于传统会展业的完善和发展

会展与现代信息技术结合，在信息技术平台上，信息资源的开发利用促进了传统会展业的升级发展，尤其是建立在信息共享基础上的会展，提升了会展的效率和效益，从而增加了会展业的竞争力。

四、会展信息的管理

会展信息管理是指利用现代信息化技术管理会展的各个环节，会展信息化的实施为会展举办方、参展商和参展观众提供信息交换与互动的平台。会展的信息化管理的作用，主要体现在优化企业各类资源、提高客户关系管理能力、提高会展服务质量和效率、拓展会展业务领域四个方面。

当前，会展行业处于信息管理水平较低的阶段，会展活动中会展主办方和参展商各自独立地重复收集观众名片信息，数据没有共享和交换；缺乏对信息深入地利用；不同会展活动直接数据独立，数据缺乏归并和统一处理，没把信息的孤岛变成信息的海洋。

(一)信息管理工作的主要内容

信息是管理活动一项重要的资源,管理的科学性取决于对信息的管理和利用。信息的管理包括以下几个方面。

(1)原始数据的收集。

(2)信息的加工。

(3)信息的传递。

(4)信息的存储。

(5)信息的检索。

(6)信息的输出。

(二)实现信息管理的有效途径

1.信息管理的标准化

信息管理的标准化是提高信息管理水平、建立计算机管理信息系统的前提条件,包括原始数据收集制度化、信息载体规范化、信息加工程序化、信息传递工艺化。

2.信息管理的高效化

信息管理的高效化是指信息管理的各个环节做到及时、准确、适用、经济四个方面。高效率的信息管理既是信息管理工作的目标,也是贯穿于信息管理全过程的工作标准。

3.信息管理的现代化

现代化的信息管理,需要做到人才管理、机构管理、技术全面、硬件过硬,同时,要树立现代化的管理理念。

(三)实现信息有效管理的方法

1.信息收集

在大型数据库支持下,同一会展主办单位的各届会展之间的数据完全可以得到及时的归并和统一的处理,汇总成统一的数据库资源,以便各个会展部门进行相关数据的查询。

2.实现对数据的综合分析和利用

通过决策支持系统,实现对各届数据汇总库的数据挖掘,实现数据的深入利用。

3.信息资源共享

在会展活动中,会展主办方采集的观众信息可以为参展商所利用。而参展商在展台收集到的观众行为信息也为会展主办方所共享。会展服务商通过信息共享可以为会展客户提供服务。

五、会展信息管理的作用

(一)优化企业各类资源

信息化管理能够帮助会展场馆管理者选择会展场馆使用和出租的最优方案,以实现利润最大化。同时能改进场馆日常管理,使其维持良好状态。信息技术还有助于正确预测场馆需求,对场馆进行必要的更新、改造或扩建。例如,客户资源管理软件通过收集整理客户资源,建立和扩大客户数据库,分析客户偏好,与客户进行双向交流,实现以客户为中心的管理模式。通过对客户资源的分析,为会展的立项、宣传、配套服务提供参考和依据。

（二）提高客户关系管理能力

事实上，会展行业特别是展览会对于客户的重视远不止把他们当作一种资源那么简单。因为客户的认可和参与程度直接决定展览的成败，所以客户关系管理成为会展管理的头等大事。

会展业作为一个特殊的服务行业，面向商品生产领域和流通领域的大量客户，需要有强大的客户关系管理能力。欧洲最受行业公认的大型专业贸易博览会，如法兰克福春季消费品博览会、法兰克福国际书展、纽伦堡国际玩具博览会、杜塞尔多夫国际鞋展，每届都接待参展商数千家，专业观众数十万人。一个大型的展馆年接待观众人数应该在百万人次以上。法国巴黎国际博览会每年一次，为期两周，观众人数达到百万。开发和保持如此大规模的客户群体通常需要巨大的精力，不是少数几个人就能够完成的。客户群体规模越大，信息量越大，控制和分析客户信息、掌握客户关系的难度就越大。电脑和互联网的出现为会展的海量客户信息的高效管理提供了帮助。

客户关系管理系统正是商业活动从以产品为中心转向以客户为中心的必然产物，成为企业管理中继 ERP（企业资源计划）之后的又一热点。相对于 ERP 系统，CRM 系统又被归类为企业的前台系统。典型的 CRM 系统主要功能包括市场营销管理、销售管理、客户服务支持管理以及客户分析。由于 CRM 强调的是从整体上全面改进企业与客户有关的业务流程，这样对于过去难以量化管理的市场部门、客户服务部门、后勤服务部门均可以按照客户的满意度及其他与客户有关的指标进行量化管理。在企业引入 CRM 系统及理念后，对于市场部门可增加"客户保持量"的指标，对于客户服务等后勤部门可增加"客户满意度"等综合指标，使企业的所有人员全部面向客户。同时对销售部门的考核将不仅仅是销售额及利润等几个简单的指标，员工的工作均可以按照一定的指标进行，工作效率更高，目的性更强。

（三）提高会展服务的质量和效率

信息化管理系统的强大功能使得办展机构有更多精力专注于提高服务的质量，增加服务的内容，因而必然使展览衍生行业的规范与控制成为办展机构的关注重点。欧洲一些有影响的国际性贸易展览会已开始尝试为参展商提供服务套餐（package service），也就是为参展商提供包括展品、展台、人员等各方面参展活动安排的全面服务。参展商不用再找别的机构安排自己展品的运输、人员的商旅活动、展台的设计和装修，所有这些可以由办展机构全部协调包干。因为对于一个拥有上千家参展商的国际性展览会而言，要把所有客户需要的全部服务都揽在自己手里，无疑要耗费管理者大量精力，不利于组织者提高会展的核心业务质量。而实现信息化管理后，原先复杂的操作变得简单化、程序化了，尤其是已经十分成熟的热门展览会。因此，办展机构可以充分满足客户的需求，切实提高会展服务质量，从而提高客户参展的满意度，进而提高其忠诚度，自然也就保证了会展项目的成功和可持续发展，从而获得实实在在的经济效益。

（四）拓展会展业务领域

随着电子商务日益成为一种重要的经济运行形式，电信运营商提供了种类繁多、日益便利的上网手段。如果说过去传统会展主要通过建立网站以宣传自身，那么今天的网上会展已经具备了一些传统会展所不具备的功能和手段,不再仅仅是传统会展的宣传手段,而是渐渐成为一个相对独立的新的会展形式。

一些大型会展纷纷开设电子版,有的干脆就全部搬到网上。网页设计也跨上了一个新的台阶,不但设计精美、更新及时,而且普遍增加了许多实用性功能,如网上签约、下单、链接贸易伙伴等。与传统会展相比,网络会展具有参会者不受地域限制、交易成本低、组织工作简单等优点,日益受到会展主办方的青睐。网上会展以其低投入、高效益的特点必将成为传统会展的有效补充和延伸。

第二节　会展管理信息系统概述

一、会展信息化管理的运用

(一)展前信息化管理

1. 网页开发以及信息发布

利用会展企业网站或建立特定项目的会展网站,通过多种网络技术手段进行会展项目的信息发布,对会展项目进行在线宣传,是拓展信息传播渠道,发布会展企业和项目招展、招商信息的重要方式之一。会展网站的巨大优势是可以为广大参展企业和浏览者提供功能强大的信息查询平台,方便参展商和观众迅速找到自己需要的信息,作出参展、参会或参观的决策,从而使会展企业能充分利用网络营销的优势,开拓会展产品营销市场,进一步延伸会展项目和品牌企业的网络形象。

2. 胸卡设计和印刷

注册登记流程是为主办方和参展商提供跟踪观众信息的手段,并提供更多的信息以确保更完整的管理流程。这个流程的信息化是以胸卡的制作为中心进行的。目前,胸卡有多种类型。

1) 条码胸卡

条码胸卡是在彩色硬纸上打印观众的姓名和基本信息,并且用一个唯一的条码来实现整个会展期间的扫描和跟踪。这个条码能使展会信息管理者通过主系统对观众的辨别号码进行交叉配对。某些会展信息服务公司能在一定范围内选择颜色并通过制作多种不同的胸卡来区分不同类别的会展参加者,还可以按照会展组织方选择的文字尺寸来显示观众的名字和一切所需的信息。在这些信息的下面会打印出一个独立的、唯一的认证条码和与其相配对的数字。一台入口条码扫描机被应用于登记所有进入会展的出席者,一旦这些记录被下载到信息服务公司的系统中,系统将会提供出席者的名字等信息。进而参展商也可以通过条码扫描器来获取观众详细资料,并且有资格在会展上对他们进行线索跟踪。

2) 二维条码

二维条码是一种包含大量观众信息的条码,它包括观众的公司、职务、地址、电话号码、传真和电子邮件地址等信息。数据录入人员可以通过很便捷的方式用高速打印机制作二维条码胸卡。会展信息管理者通过激光扫描就可以读取二维条码。这使得参展商可以很容易、清晰地阅读观众的胸卡,观众也可以快速地进入会展现场。

3）磁条胸卡

磁条胸卡直接把所有观众信息储存在胸卡背面的磁条里,就和普通信用卡把相关用户资料储存在背面磁条里类似。研究显示,在信用卡普及的社会里,人们将会持续偏好于类似的塑料卡片,使用这些胸卡能有效地增加登记观众的出席率。在特定的会展上,自己设计的个性化塑料胸卡可以提供给特别的赞助商,或者吸引公众对会展的关注和兴趣。当然在卡片正面的会展信息下会粘贴一张清晰打印着观众姓名和单位以及其他必要资料的标签。入口处的工作人员在某一个特殊的门外扫描胸卡,以便观众迅速无阻地进入会展。与此同时,他们的进入已经被记录下来。参展商可以使用特殊的商业线索跟踪器,并通过观众的磁条胸卡及时获得参观其层位的观众的详细信息。

4）智能芯片胸卡

通过和磁条胸卡相同的流程可以制作智能芯片胸卡。它的最大优点在于智能芯片上芯片可以储存大量的信息。这个芯片可以使用一套"信用点数"的系统,观众可以通过卡上预先储存的点数在现场享受相应的服务,也可以使参展商或会展组办者在处于潜在的没有直接联系的状态下,对现场的观众和代表进行持续的跟踪。

3. 参展商和观众预登记

预登记是时下组织和管理商业会展中十分重要的一个流程,主办方可以提前预知到访观众和其他一些与会展相关的信息。利用信息管理系统实行预登记时,会展参加者(参展商、观众等)通常只需登录指定的会展网站,详细填写在线登记表格并提交,就可以收到组织方发送的一封电子确认函。在一些更先进的会展信息化系统中,会展参加者的手机上还会同时通过短信收到一个条码,在门口扫描一下就可以进入会展现场。信息化能够让观众对参观展览的时间和顺序做更好的安排规划,因为观众已经通过网络查询,了解到展览会的大概情况,这样就能根据自己的兴趣需要来安排参观的流程,用最短的时间达到最优的效果。但前提是观众要在主办方的系统中留下自己的信息。信息化的观众登记能使现场管理变得很轻松。据统计,持续 3 天的展览会有 60％的观众会在第一天和第二天9 点到 11 点之间到达会场。预登记和先进的胸卡制作方法一般都能保证在高峰时段也能尽快地进场。

（二）展中信息化管理

展中信息化管理阶段包括现场接待和组织管理过程中的观众信息的采集、录入、处理;发放事先印刷好的参展卡,现场打印观众基本信息,生成个性化的参观卡,便于参展商识别,现场打印带照片的参观卡,一一对应的 IC 卡、电子标签卡等;会展出入口门禁管理;现场分析报告制作;提供展览会各会场和研讨会当天的观众到达人数曲线、到达人数变化曲线、观众区域分布、观众职位统计等分析报告。

1. 观众入场即时信息采集

观众首次入场时提交个人信息,通过技术手段处理信息并写入观众胸卡。一般通过自动识别系统处理后,经过人工校对,并完成录入过程。但是如果观众信息不规范,如手写信息等,则需要人工录入。但是这样会导致观众等待时间过长,通道处理能力降低,容易引起观众投诉和现场混乱。对系统来说,需要名片识别系统、制卡系统、录入系统同时并存。如果对现场恶劣环境的防范程度不够，再加上所有观众都必须经过一样的流程，紧急情况下就会导致部分观众的信息不能被写在卡上。在信息使用中，可以推荐参展商租用设备读取观众卡信息，参展商扫描观众胸卡后就能马上得到观众的详细信息，观众参观完毕后，参展商只需把这些信息通过软盘复制回去即可。这种方式易于利用，无论是参展商还是主办商，都能及时得到消息，会中也可能生成完整的报告。但是，众多的兼职人员在现场会影响信息处理的精度，可能降低信息的价值。观众入场时即采信息不但能很好地服务参展商，而且能得到及时的报告，但是实施难度比较大，存在着准确率低的风险。

2. 现场调查信息采集

观众入场时的调查、观众完成参观后的意见反馈、参展商问卷调查等现场调查信息的采集一般在观众登记处完成。在观众登记时给每人提供一份调查问卷，通过调查了解观众的参观目的、所属行业、参展兴趣、会展的渠道等相关信息。观众完成参观后的意见反馈一般采取抽样调查的方式对已经参观过会展的观众进行调查，由专门的工作人员通过面对面的方式完成。通过调查可以了解观众对会展的意见和建议，是直接了解观众的观展感受的好方式。参展商问卷调查在会展的后半时段进行，调查人员直接到参展商的展台上询问相关负责人来完成。通过调查能了解到参展商的参展反馈和意见，并且能让参展商产生被重视和受关注的感觉。

3. 观众会后信息采集

在这种方式中，观众入场只需要现场接待即可，信息的录入处理在会后完成。不论何种名片，快速录入公司、姓名、职务即可打印，只需要录入系统和打印机，就可以现场打印。高峰期可以简单采集信息，发放参观卡。展台使用简单，但没有观众的详细信息。所以会后他们还需要从服务商那里得到扫描的观众详细信息。用会后采集信息的方式入场，不仅接待速度快，而且准确性高，但是有参展商信息缺乏的风险。

（三）展后信息化管理

1. 商业线索追踪服务

借助于信息技术，通过收集专业观众信息和购买意愿，发现和挖掘商业机会，进一步联系专业观众，达成交易。及时跟进专业观众订购的信息，通过电话、微信等途径与参展商进行联系，提供及时周到的服务，提高成交量。

2. 展后回访

形成完善的卖家信息资料库和买家信息资料库，以此为基础，提供专业的观众回访服务，方式包括邮寄、E-mail、传真等，内容包括会后满意度调查、下届参观意向等。通过展后回访，可以分别管理观众各种联系方式的有效性，进一步提高信息质量。观众展后访问本次会展站点时，可以查看新发布的会展资料，查询曾经访问过的参展商，查看参展商的最新消息，下载参展商的参展资料，并可通过留言簿或电子邮件联络参展商或主办单位。

3. 会展数据分析

展后数据需进行规范化处理，一般采用专业统计分析工具 SPSS、SRA，以便提出全面翔实的数据分析报告。这些会展统计分析报告是基于观众基本信息、需求信息等数据的多种分析和关联性分析报告，包括以下几个方面。

（1）曲线类分析报告。提供展览会各会场和研讨会的观众到达人数曲线、在馆人数曲线、到达人数变化曲线等,这些曲线可以帮助主办者分析现场展览效果,辅助未来展览策略。例如,研讨会主办者可以分析和比较不同研讨会会展的在馆人数曲线,了解演讲的受欢迎程度和达到的效果。

(2)比例性分析报告。根据规范化的数据,以饼图或柱状图的形式提供基于观众职位、部门、观众来源区域等的分析报告。

(3)调查类报告。通过对观众填写的调查表进行统计和分析,对组委会关心的调查问题提供备选答案的饼图、柱状图或图表报告,以及对每个调查问题的相关性进行分析,如对职位和每个问题看法的相关性分析。

(4)专业角度的思考和建议。对会展收集到的信息进行价值评估,作出合理的建议和咨询。

二、会展管理信息系统

(一)会展管理信息系统的内涵

会展管理信息系统是一个以人为主导,利用计算机硬件、软件、网络通信设施以及其他办公设施,进行信息的收集、加工、传输、存储、更新和维护,以会展行业的企业战略竞优、提高效益和效率为目的的,支持企业高层决策、中层控制、基层动作的集成化的人机系统。

会展被推崇为"城市的面包",具有强大的产业带动效益。不仅能给城市带来租费、搭建费、广告费、运输费等直接收入,还能创造住宿、餐饮、通信、旅游、购物、贸易等相关收入。更为重要的是,会展汇集巨大的信息流、技术流、商品流和人才流,会对一个城市或地区的国民经济和社会进步产生难以估量的影响与催化作用。信息技术的广泛应用可以使会展经济所带来的复杂的资金、商品和信息流动更加顺畅合理,降低会展各方面的运营成本。会展业的发展也推动了信息技术和信息资源的开发应用。它要建立一个参展企业的数据库,并能实现共享,在会展设施方面要求具有联系全球的通信设施。同时,会展业经济的发展对信息产业的发展,尤其是信息服务业提供了更广阔的市场。

(二)会展管理信息系统的主要功能

1. 数据处理能力

将各种来源的会展信息进行合理的分类、整理和保存,以供查询。

2. 预测能力

通过对数据的分析判断,运用各种预测方法,对会展企业的决策和经营进行预测。

3. 计划功能

系统合理地计划和安排会展企业各部门以及整个企业的生产经营计划,以供及时决策和产生对策。

4. 控制功能

可以对每个工作岗位和整体计划的执行情况进行预测、检查,通过比较和分析,提供合理的修正方案,达到企业预期的目的。

(三)会展管理信息系统的结构

会展管理信息系统的结构是指系统各个部分之间的相互关系的总和。从不同的侧面观察和理解,针对不同的应用,会展管理信息系统具备多种结构形式,主要包括物理结构、软件结构和功能结构。

1. 会展管理信息系统的物理结构

会展管理信息系统的物理结构包括单机结构、集成结构和网络结构。

1)单机结构

会展管理信息系统的单机结构是最简单的一种结构。它由一台计算机和相应的外部设备组成,所有数据集中在该计算机上进行输入、存储和输出,同一时刻只能供一个用户使用。它的优点是数据共享度高、一致性好、操作简单、开发周期短;缺点是速度慢、存储容量小、处理能力低,适合小型的会展企业使用。

2)集成结构

会展管理信息系统的硬件集成结构是由一台计算机主机和多个终端设备通过通信线路连接而成,各个终端可以同时输入数据,分别传输到主机,由主机集中处理,结果再从主机同时返回各个终端。这种结构优点是处理能力强、数据共享程度高、一致性好、操作简单、系统工作效率高;缺点是无法满足多个用户同一时刻对信息的处理要求,适合信息输入量大、用户使用时间冲突较少的中小型会展企业。

3)网络结构

这是目前会展管理信息系统使用最为广泛、最为复杂的一种物理结构。它由多台计算机通过通信线路连接在一起组成一个功能强大的计算机网络系统,其中,各个计算机又可接多个终端设备。分布在不同地理位置的每一台计算机可以独立使用,自成系统,又可以通过网络共享其他计算机上的硬件、软件和数据资源。这种结构的最大优点是实现了多用户资源共享和分布式处理,提高了数据处理的可靠性和灵活性;缺点是结构复杂,建立费用高,适合大型会展场馆和会展企业使用。

2. 会展管理信息系统的软件结构

会展管理信息系统的软件结构主要由技术管理、场馆经营管理、客户关系管理、财务支持、会展服务管理、会展经营管理、物流管理、信息处理、高层管理等子系统构成。在实际工作中,一个会展管理信息系统的开发可能只涉及其中的某几个子系统,某个子系统的开发也可能只涉及某些层次的信息管理活动,这可以根据实际应用而决定。

3. 会展管理信息系统的功能结构

从管理职能的角度来看,管理信息系统主要涉及对企业的人、财、物、信息资源的管理和生产、供应和销售过程的管理。一个会展管理信息系统针对它所服务的展馆、会展、参展商品和用户,有不同的功能结构。

物联网行业,硬件开发迎来新机遇

核心提示:目前在 PC(个人计算机)和智能手机的迅速发展状况下,随着物联网的萌芽和发展,底层芯片将有机会作出一番新的事业和突破。

原因是:相较于 PC 和智能手机,在物联网时代,硬件的业务需求无疑会变得更加多

样化。IOT（物联网）相比 PC 和手机在应用场景上更复杂，硬件产品的种类也更多样，为了满足这种更丰富的业务需求，芯片需要更灵活地把计算资源适配到各个场景下的需求上。

在这一方面，FPGA（现场可编程逻辑门阵列）或许会发挥更大的作用。这种现场可编程逻辑门阵列在芯片出厂后，客户可根据不同场景（如数据加密）进行重新编程，这时，它的运行速度会远超 Intel Xeon 这类常规的微处理器。它为微软的 Bing 搜索提供支持，在为类似于 Siri、Cortana 这样的人工智能技术提供支持上，也相当具有潜力。英特尔其实看到了这一趋势，他们在 PC 芯片外寄希望于针对提供云服务公司的数据中心业务，此前曾一口气投资了 16 家物联网和智能硬件相关的创业公司，并且已经收购了 Altera，而 Altera 生产的正是 FPGA 芯片。

百度 IDL（深度学习研究院）常务副院长余凯不久前离职创业，选择的恰恰也是这个方向。离职前的内部邮件表示，余凯将创建一家机器人公司。从 36 氪得到的消息来看，余凯接下来很可能会开发物联网和机器人的"大脑"芯片。据猜测，余凯要做的这一款芯片很有可能也是基于 FPGA。FPGA 的一大优点就在于它的灵活性上，它能动态地把计算资源调度和适配到各种物联网的使用场景上。

硬件的开发使用给互联网在传统行业上的应用提供了更好的技术支撑。物联网的研究为电子商务会展提供了良好的平台。

资料来源：物联网还没真正到来 底层芯片的变革机会已经摆在那里［EB/OL］.［2015-06-25］. http：//www.50cnnet.com,有改动.

第三节　会展电子商务

会展电子商务通常是指在世界各地广泛的商业贸易活动中，在因特网开放的网络环境下，基于浏览器/服务器应用方式，买卖双方通过远程进行各种商贸活动，实现网上选购、网上下单、电子支付的新型商业运营模式。会展电子商务是电子商务在会展行业的应用，实现会展采购商和参展商之间的网上购物、商户之间的网上交易和在线电子支付等商业活动。

一、会展与电子商务

会展业，作为一个朝阳产业，拥有庞大的潜在市场和广阔的发展前景。作为国民经济新的增长点，会展业也是促进贸易的直接、有效的宣传手段，已经成为第三产业中不可忽视的新生力量。随着经济的全球化、贸易量的增加，会展行业必然成为全球贸易的对接点之一。经过几百年的发展，特别是 21 世纪互联网的普及，会展行业正日益成为全球信息交流、技术进步和商品传播的重要载体，成为与信息通信业、交通运输业、城市建设、休闲旅游等关联度极高的综合性服务行业。

会展行业各个经济要素如参展商、展馆、组委会等，一直在利用各种信息化手段提高运作效率，扩大知名度。随着电子商务逐渐成为一种重要的商业化模式，电信运营商也开发了各种便捷的上网门户网站，会展行业作为各种行业的交叉点和集合体，必然会适应新的商业模式,也必定会迎合"互联网＋"带来的新的商业契机。在这种大的商业环境下,"电子商务会展"应运而生,并且优势明显。充分利用互联网带来的信息化,电子商务会展相较传统会展业来说,具有低投入、高产出的特点。因而发展电子商务会展是会展行业在新的经济环境下的必然选择,会展行业电子化的水平决定整个行业的发展水平。

二、电子商务会展的特点

目前,电子商务会展主要是指网上会展,即利用互联网,在网站上举行会议或公布展览信息,它是传统实体的会展行业利用网络的一种电子虚拟手段。其中,会展信息的发布、会展展馆的设计以及后期的交易活动、支付活动等都是通过电子化的手段实现的。相比传统会展,电子商务会展有哪些特点呢?

1. 组织手段网络化

传统会展通过文件、传真、电话、电子邮件等手段传达会展的信息,会展的招商、场馆的选择等通过媒体作为介质;而电子商务会展是通过网络平台发布会展的各种信息,包括招商、招展,以及会展商品信息的发布。

2. 会展场所虚拟化

借助互联网的平台发布参展的商品以及商品的相关信息,用虚拟的网络达到互联互通,并且提供交互平台,在交易过程中提供服务。

3. 受众全球化

互联网是一个全球互联互通的平台,电子商务会展借助网络平台接触到全球性的客户,并且受众的类型不确定化,客户的身份、地域、专业等无法确定。

4. 交易电子化

电子商务会展最后的交易是以电子化的手段完成的,交易订单通过电子邮件、视频等网络数据传播,以"电子支付"完成订单支付。

三、电子商务会展的优势

电子商务会展虽然发展时间不长,仍不够完善成熟。但是电子商务会展已经具备了一些传统会展无法企及的功能和手段,使得会展不再是传统会展那种单一的交易和宣传形式,日益成为一个新的会展形式,带动更多产业的发展。电子商务在会展行业上的应用表现出巨大的优势。

1. 提高会展的效率

电子商务实现了信息的高速、高效传播和处理,不仅简化了信息处理的过程,也便捷了信息的保存和分析,提高了信息传播的准确性。互联网的应用提高了会展活动业务的处理效率,并且在会展的整个活动中,不像人工操作那样烦琐,节约了时间,整体上提高了运作的效率和准确性。

2. 降低会展的成本

会展行业利用网络平台节省了会展活动的业务成本,提高了会展的效益,主要表现在两个方面:一方面,电子商务实现了网上交易,降低了传统会展过程中场馆的租赁、人工等费用,也节省了交易的单据支出;另一方面,电子商务渗透到会展活动的方方面面,节省了会展活动中组织、广告宣传、交易等环节的支出。

3. 会展服务精准化

利用互联网进行的会展服务,可以突破时空的局限,随时沟通,随时提供服务;同时也把组展者、参展者、观众之间的联络从传统的电话、传真、信件中解放出来,使得沟通的效率增加;再者,网上的商品展示更为广泛,信息更全面,易于重复阅读和比较,能够提高参展信息展示的全面化。网络的交互服务,可以精准地介绍商品信息,第一时间解决各地客户的不同问题,增加交易机会。

4. 会展行业管理规范化

网络会展可将会展信息及时向外界公布,使得会展的组织和事务的处理过程标准化、规范化,有利于促进会展行业的成熟。同时,电子商务会展能够及时回收客户的反馈信息,有利于进一步调整服务方向,也能及时对市场需求作出反应,从而为会展行业进一步发展提供良好的指引,搭建一个科学的服务平台。

5. 会展行业国际化

网络使得会展项目、组织机构的对外宣传面向全世界进行,展览信息从有限的边界扩大到无边界,打破了地理位置的束缚,使得会展行业变成国际的技术、商品和服务的交流平台。

四、电子商务在会展上的应用

电子商务会展以利用最少的资源,创造最大的利润,提供最精准的服务为理念,在会展各个环节中实现服务增值,提高互联网信息平台的利用效率,最终实现电子商务会展的多样性和个性。

(一)3D 会展场馆

在传统的会展场馆基础上辅助提供 3D 会展场馆主要是为距离远、时间少的客户服务。采用客户机/服务器模式,借助 3D 技术,在客户机和服务器之间实现互联互通,模拟现实的展馆,打造无地域、无时间限制的展馆,随时随地实现商品信息的逼真展示。展出的信息随时更新,自行维护,自动存档。

(二)信息平台的集成化管理

会展前,网上会展门票的远程预订、会展观众胸卡的制定;会展中,观众入场信息的录入、客户信息的统计;会展后,会展观众数据整理、订单的统计分析、会展远程参观访问量统计、会展的售后服务。这些都贯穿于会展整个过程中,利用电子商务,借助电子商务的信息平台,将展馆展示、服务介绍、展馆服务预订、会展发布、会展报道、会展统计分析、展览论坛等融为一体,以集成化处理模式实现信息平台的集成化管理。

2014 年 10 月上海后世博研究中心(全称:上海世纪后世博成果与发展研究中心)唯一授权和委托上海后博信息科技有限公司负责开发运营"掌上世博"平台。"掌上世博"平台不仅仅是"线上世博会",而且是以"世界博览"为目标的跨界高端全景媒体互联网集成平台,集"场景 O2O/互联网+行业服务/B2B2C"多种功能与商业模式于一体。平台创新了世博传播方式,实践和丰富了"互联网+"在大型会展和公共活动项目行业的实践与应用，打造了世博史上首个永不落幕的世博会——2015米兰世博会，建成了世界上第一个"数字化世博会博物馆"，让世博会的主题、文化、科技、理念和每一个精彩瞬间永远流存。该平台采用WAP（无线应用协议）门户网站、微信、微博和App等全互联网传播方式。具有创新性、精彩性、娱乐性和互动性，目前分为10个引流渠道与五大内容板块，平台集"场景O2O/互联网＋会展B2B2C2B/世博品牌/官方背景"等功能和特点于一体，完全满足了会展中心对于网络设计在高性能、数据、语音和视频合一，安全性，可扩展性及易于管理等方面的要求。

（三）服务多样化

现代会展中网络技术的应用越来越广泛，具体表现在服务形式多样化、服务个性化。

1. 网上报名

允许出席者直接在网上填写申请表，在网上浏览会议详情。自动统计出席者人数、自动监控财务交易。运用网上报名数据库的一个最大的优点是使会展组织者拥有一个不断更新而精准的报告。

2. 住宿、旅行安排

会展组织者引导参展者在网上预订酒店，可以根据客房预订状态，提供增值服务，把有需求的消费者联系起来统一安排食宿、旅游来满足个性化的需求。例如，让参展者在网上选择旅行的行程、网上预订门票；网上报名与网上预订系统相结合。

3. 电子名片的制定

参展商可以自由选择租用组委会提供的电子名片读取设备，将设备连接到自己的电脑上就可以开始使用。观众把名片给参展商时，参展商只需读取存有观众信息的入场卡就可以将观众的信息存进整个会展的信息系统中。参展商还可以把双方谈话的要点记录备注到信息卡里，时刻关注客户的需求信息。

4. 网络营销

网络营销建立在对企业的外部和内部环境充分了解的基础上。外部环境包括网上在线人数、在线交易额、互联网技术、互联网安全的相关信息、政府政策倾向等；企业内部环境包括产品特性、资金、品牌价值等。对于服务类和个性化的产品，不能或者不适合通过物流配送来完成物流，可借助互联网进行营销传播、口碑塑造，借用传统的分销渠道辅助产品的交易。对于软件、电子书籍和可以通过网络渠道进行传播的产品，企业应该通过信息平台替代传统的销售，促进高效、精准的营销。

拓展阅读

万亿规模贸易展会停滞，会展行业进入云上数字经济时代

突如其来的新冠肺炎疫情，让2020年仓促开局，同样也打乱了很多行业的节奏，传统会展和外贸行业也随之进入"至暗时刻"。

报告显示，2020年2月到4月受疫情影响的境内展会数千场，影响贸易产值在万亿元以上，出境展受影响程度更为严重。

为缓解疫情给会展行业带来的影响,加速复工复产,4月13日,商务部印发《关于创新展会服务模式,培育展览业发展新动能有关工作的通知》,明确提出要积极引导、动员和扶持企业举办线上展会。同时,积极打造线上展会新平台,加快推进展览业转型升级和创新发展。

在此背景下,市场催生新的需求、新的业态和新的模式,传统会展开始加速向数字化转型,会展业迎来"云上"时代。

广交会网上办,会展业数字化的标志性事件

自1957年创办以来,广交会已成为我国历史最长、规模最大、商品最全、客商最多、成交效果最好的综合性国际贸易盛会,被誉为中国外贸的"晴雨表"和"风向标"。

2020年政府工作报告明确提到,要促进外贸基本稳定,加快跨境电商等新业态发展,提升国际货运能力。

广交会63年来首次在线上举行,腾讯作为技术服务商,为广交会网上举办提供整体技术支持、平台研发服务与云资源支撑,助力广交会从线下转向线上,既是广交会应对疫情的务实之举,也是外贸创新发展的一项重大举措。

第127届网上广交会参展企业超过2.5万家,展位超过6万个,有来自210多个国家和地区的20万客商参加。

从线上展示对接平台、跨境电商专区,到直播营销服务,如何将展示、对接、洽谈、交易流畅地融为一体,为境内外参展商和采购商提供高效的线上体验,是搭建此次"网上广交会"的关键。

基于腾讯20多年积累的大数据、AI(人工智能)、物联网、云、安全、直播等方面的技术能力,腾讯将为"网上广交会"提供一个综合的,涉及展前、展中、展后的全流程解决方案,以服务于线上会展中的智能匹配、互动展示、翻译、洽谈、签约等重要环节。

同时,通过整合腾讯会议、企业微信、微信小程序、翻译君、企点等大量产品能力,腾讯将会充分利用自身优势,搭建出体验感、交互性更强的线上会展场景,保障广交会顺利举行。

政府的政策推进提振了市场信心,广交会网上办给会展行业提供了示范,直接带动全国各地拥抱会展经济。数据显示,腾讯云会展已经为北京、上海、广州、深圳、天津等15个一线城市,超过100场大型展会接入数字化技术提供咨询和服务,涉及范围覆盖金融、文化、贸易、消费、跨国交流多个行业和领域。

提效率、促就业、稳外贸,云会展是数字经济的新实践

线上会展如火如荼开展的同时,很多人也不禁会产生一个疑问:未来,线上会展是否会取代线下会展,成为会展的主流形式?

这个问题在会展行业内已经讨论了至少10年,至今没有一个确切的答案。

腾讯云副总裁、腾讯文旅总裁曾佳欣表示,云会展模式再流行,也不会取代传统实体展,而是作为线下补充,带动云上数字经济的繁荣。

这意味着,云会展的创新形式,不再是一门选修课,会成为策展方和参展商的一项基本功,为线下会展提供强有力的支撑与辅助。

在线下会展中,供采双方面对面的深度沟通优势是不言而喻的,但与此同时,一场会展的时间长度普遍来说仅有2～10天,对于参展企业来说,即使在短时间内有高强度的意向客户大量涌入,企业在展台上的接待能力,以及后续的跟进、消化、交付能力也十分有限。

云会展则通过5G、VR/AR、大数据等现代信息技术手段,利用VR、3D、视频、图片等可视化、高沉浸的展览形式链入参展商情况,延伸了线下展本身的互动玩法和经济效益。

同时,以更加全面的网络覆盖能力、更快速的传播能力,突破了线下会展的物理空间和时间限制,成为企业触达大量客商的"跳板"。客商在了解参展企业信息、产品状况之后也可以直接通过场景线上下单,促进订单成交,实现销售转化。

与此同时,对于策展方来说,传统线下会展需要消耗大量人力、财力以及时间成本去调动资源、协调多方,但通过数字化技术,能够极大提高办展的灵活性、稳定性以及效率,降低人力成本。

全国各地已经关注到云会展带来的数字经济红利,加紧推动会展行业数字化、智慧化、平台化转型,云会展也成为稳外贸、加速数字经济发展的新实践。

"云会展,是实体经济向数字经济跨越的实践之一,未来会像云办公、云上课、云商务成为一种常态",曾佳欣总结道。

云会展作为数字经济体系的重要组成部分,不仅可以推动会议、展览、活动等直接收入,还拉动着旅游、餐饮、住宿等十几个行业发展,成为地方政府和企业扩大对外开放、增加社会就业、拉动当地消费增长的重要途径。

资料来源:汪虹.中国新闻周刊[EB/OL].(2020-05-22).https://mp.weixin.qq.com/s/7Xt_uhmYqphHnuo4ftnRyg,有改动。

讨论案例

2015中国出境旅游交易会信息发布平台

第十一届中国出境旅游交易会于2015年4月14—16日在北京举行,约有65个国家和地区的380家出境资源供应商前来参展。

中国旅游业界名人及行业专业人士应邀出席此次交易会并发表主题演讲,演讲主要内容为中国出境游消费行为深度解析、出境游发展趋势及新型互联网旅游产品消费等。

中国出境旅游交易会(COTTM)是中国唯一专注于出境旅游和B2B的专业会展,是致力于为中国出境旅游运营商、旅行社与海外旅游产品供应商建立直接联系而打造的年度性采购、交流和合作平台。中国出境旅游交易会始于2005年,是由英国塔苏斯集团在中国创办的定位于中国出境旅游市场的专业展览会。塔苏斯集团总部设在伦敦,是一家国际传媒集团公司,拥有多家展览、会议、杂志出版和在线媒体等子公司,其在美国、欧洲、亚洲、非洲和中东等地区运营项目。

资料来源:2015中国出境旅游交易会在京闭幕[EB/OL].http://news.sina.com.cn/o/2015-04-16/184731726105.shtml,有改动。

思考：

通过查阅资料,讨论中国出境旅游交易会信息发布平台的发展优劣势。

本 章 小 结

本章主要讲述会展信息,包含参展商信息、观众信息、场馆信息、会展企业信息及会议组织信息内容;会展信息管理是指利用现代信息化技术管理展览会的各个环节,会展信息化的实施是为会展举办方、参展商和参展观众提供信息交换与互动的平台;会展的信息化管理的作用,主要体现在优化企业各类资源、提高客户关系管理能力、提高会展服务质量和效率、拓展会展业务领域四个方面;实现信息管理的有效途径有信息管理的标准化、信息管理的高效化、信息管理的现代化;会展管理信息系统是一个以人为主导,利用计算机硬件、软件、网络通信设施以及其他办公设施,进行信息的收集、加工、传输、存储、更新和维护,以会展行业的企业战略竞优、提高效益和效率为目的的,支持企业高层决策、中层控制、基层动作的集成化的人机系统;会展信息化管理的运用包括展前信息化管理、展中信息化管理、展后信息化管理。

复习思考题

1. 会展信息管理的作用有哪些?
2. 简述会展管理信息系统的概念及功能。
3. 根据你对会展的了解,谈谈会展信息化管理的运用。
4. 谈谈你对会展电子商务的概念及优势的理解。
5. 谈谈我国会展电子商务的发展。

即 测 即 练

参 考 文 献

[1]　张红,郝庆智.会展概论[M].2版.北京:高等教育出版社,2015.

[2]　苏悦.会展基础[M].北京:对外经济贸易大学出版社,2011.

[3]　马勇,冯玮.会展管理[M].北京:机械工业出版社,2006.

[4]　王春雷,王晶.国际城市会展业发展理论与实践[M].北京:中国旅游出版社,2014.

[5]　张健康.会展学概论[M].杭州:浙江大学出版社,2013.

[6]　张丽,蔡萌.新编会展概论 [M].天津:南开大学出版社,2015.

[7]　刘国靖.现代项目管理教程[M].北京:中国人民大学出版社,2004.

[8]　袁亚忠.会展企业管理[M].广州:中山大学出版社,2010.

[9]　过聚荣.中国会展经济发展报告[M].北京:社会科学文献出版社,2013.

[10]　江金波.会展项目管理——理论、方法与实践[M].北京:清华大学出版社,2014.

[11]　李敏.会展会议活动项目管理手册[M].北京:中国电力出版社,2015.

[12]　郑建瑜.会展经营策划师[M].北京:中国劳动社会保障出版社,2006.

[13]　冯学刚,于秋阳,黄和平.会展业导论[M].北京:清华大学出版社,2014.

[14]　程爱学,徐文锋.会展全程策划宝典[M].北京:北京大学出版社,2008.

[15]　刘有千.如何选择会议举办地[J].中国会展,2009(24).

[16]　庚为.会展营销[M].天津:南开大学出版社,2011.

[17]　刘松萍.会展营销与策划[M].北京:首都经济贸易大学出版社,2006.

[18]　张玉明.会展服务管理[M].广州:中山大学出版社,2010.

[19]　庞华.会展服务管理[M].北京:清华大学出版社,2013.

[20]　朱华,张哲乐.会展节事策划与管理[M].北京:北京大学出版社,2015.

[21]　方圆.大型公众活动策划[M].广州:中山大学出版社,2001.

[22]　龚平,赵慰平.会展概论[M].2版.上海:复旦大学出版社,2009.

[23]　消温雅.会展营销实务[M].北京:机械工业出版社,2011.

[24]　刘松萍.会展营销与策划[M].北京:首都经济贸易大学出版社,2006.

[25]　胡平.会展营销[M].上海:复旦大学出版社,2006.

[26]　胡芬.会展项目管理[M].武汉:武汉大学出版社,2014.

[27]　贺刚,金蓓.会展管理信息系统[M].北京:中国商务出版社,2004.

附　　图

教师服务

感谢您选用清华大学出版社的教材！为了更好地服务教学，我们为授课教师提供本书的教学辅助资源，以及本学科重点教材信息。请您扫码获取。

》教辅获取

本书教辅资源，授课教师扫码获取

》样书赠送

旅游管理类重点教材，教师扫码获取样书

 清华大学出版社

E-mail: tupfuwu@163.com
电话：010-83470332 / 83470142
地址：北京市海淀区双清路学研大厦 B 座 509

网址：https://www.tup.com.cn/
传真：8610-83470107
邮编：100084